LILITH EPHEMERIS 1900-2000AD

by

Delphine Jay

Programed by
Michael Guttman

© Copyright 1983 by Delphine Jay
All rights reserved.

No part of this book may be reproduced or transmitted in any form or by any means, electronic or mechanical, including photocopying or recording, or by any information storage and retrieval system, without written permission from the author and publisher, except in the case of brief quotations embodied in critical reviews and articles. Requests and inquiries may be mailed to: American Federation of Astrologers, Inc., P.O. Box 22040, Tempe, Arizona 85282.

First Printing 1983
Second Printing 1986
ISBN Number: 0-86690-255-4
Library of Congress Catalog Card Number: 83-71862

Cover design by: Anne Marie Bush

Published by:
American Federation of Astrologers, Inc.
P.O. Box 22040, 6535 South Rural Road
Tempe, Arizona 85282

Printed in the United States of America

This book is dedicated to Leland Delong for his quiet
inspiration and longstanding support of our
Lilith research efforts through the years.

Other books by Delphine Jay

INTERPRETING LILITH
PRACTICAL HARMONICS

FOREWORD

Most astrologers, I believe, are eager to explore and research any new or re-born tool which might give helpful insight into the wonders and mysteries of horoscopic interpretation, — perhaps even some subtle nuance in the personality or character which might otherwise remain hidden or over-looked. And, like myself, many of you have been aware of Lilith and it's importance, and have eagerly acquired any work on the subject. Too many correlations between it's house and sign position, and personality and mundane conditions, were noted to cross it off our list and not take it seriously as an important interpretive tool. We have used Lilith, and found that indeed it has something to tell us — both in the natus and by direction.

Even so, before we could give Lilith as much attention as we give to other recognized planets and luminaries in our interpretations, we needed more information.

We needed an in-depth work, researched by a dedicated astrologer, willing to devote years of time, energy and expertise to the project We needed an astrologer with not only the patience and understanding of research, but one who could clearly define the results of such research in the written word. Then we also needed someone who would nourish the spark of enthusiasm for Lilith in those of us who have already seen that it has a definite influence on the individual, and also one who would kindle the investigative spark in the astrologer not yet aware of Lilith's importance in the horoscope.

Noting that Lilith appeared to have positive qualities in the natal chart, my personal quest was to find a definitive work on Lilith which would give us guidelines as to it's positive or constructive use as well as the growth potentials. This for I, as many of you, have found that the planets signify energies which can be positively or negatively employed. Ptolemy, in his Tetrabiblos put it well:

"...make use of the malefics to the same moderate extent as the skillful physician would use poisons in order to perform cures."

Here he was referring to electional charts, yet the technique is applicable to all branches of astrology. I sought a work which would help us to utilize Lilith's positive energies, while of course making us quite aware of the problems engendered through the mis-use of it's dynamic energy.

After many years, we have found the answer to our seeking in the form of Delphine Jay's most enlightening and thorough work, *Interpreting Lilith*. Yet even this was not quite enough. We needed a more accurate ephemeris on Lilith — a daily ephemeris.

Again, Delphine rose to the challenge with this reference book, *Lilith Ephemeris 1900-2000AD*.

What is so remarkable to me, is that I found the answer to my quest of Lilith in my own "back yard" as it were, for I have known Delphine Jay for over fifteen years — and for most of these years Delphine has been absorbed in her Lilith research. In fact, I began to wonder if she *ever* would feel ready to share her findings with us!

Our long wait has been rewarded with not only her very interesting and definitive work, *Interpreting Lilith*, but this fine and very necessary *Lilith Ephemeris 1900-2000AD*, so painstakingly compiled, for our ready use in determining Lilith's position for any day of any year.

As readers of Delphine's works will soon realize, she is not an astrologer who writes quickly, (albeit creatively), for the prestige of being published. Rather have I found her to be a dedicated researcher, doing what she does, thoroughly — and well. She also possesses that rare gift — be it with the written or spoken word — to clearly express her findings and techniques in language which anyone can understand and utilize.

We all owe Delphine Jay much in the way of sincere appreciation for her dedication over the years in bringing to us what we have all needed to perfect our own use of Lilith, namely this *Lilith Ephemeris 1900-2000AD*, to go hand in hand with her most informative and thorough book, *Interpreting Lilith*.

Thank you, Delphine!

Sylvia DeLong PMAFA
Cassadaga, Florida
April 22, 1983

INTRODUCTION

A long and continual history of Lilith investigations has been made through the years by respected astrologers beginning with Sepharial. These inspired pioneering efforts and insights, and the empirically consistent conclusions made and reported these many years since 1918, worked at first to provoke our curiosity and then our dedicated interest and continuing investigation. Without it we could not have come as far as we have in our knowledge of the maturing process that Lilith influences on the mundane and emotional levels of the self, and the hallelujah chorus of inspiration it is on the otherwise impersonal levels of the mind and the creative drive we all long to express.

For those of you who have not yet investigated Lilith in the natal chart, it will prove to be a fascinating study of awakening extremes in influence that will open the natal chart to greater humanistic understanding. We give particular thanks to Ivy Goldstein Jacobson's ephemeris, without whose work in developing and publishing Lilith positions for us this author's research efforts could not have begun. Until greater exactitudes could be computed, this ephemeris served for many years as the mean standard. It proved very reliable if orbs were kept sufficiently tight, to compensate for variations in minutes from the mean standard motion, which it represents. Prior to the daily positions given for the twentieth century in the following pages, the ephemeris in Jacobson's *The Dark Moon Lilith in Astrology* was the forerunner for the monthly positions used in earlier research. Following that, Lois Daton, in her book *Lilith*, provided us with the positions for every ten days, with further refinements in the adjustment for leap years, giving us another valuable step forward in exactitudes.

Ms. Jacobson's source of information was the official paper by German astronomers listing Lilith's positions between 1870 and 1936, with special adjustments made that were required because of the discrepancy caused by February's variation in days, together with the additional variability caused by the satellite's erractic seconds of motion and the irregular waiting period for the next sighting. The positions were determined before 1870 back to 1860 as were the positions after 1936 projected to the year 2000, from consideration made for Lilith's otherwise regular return in 63 years, the lesser cycle, the cycle being 126 years.

The determinations of Lilith's motion had been originally calculated not only by Sepharial, for whose pioneering dynamics and incredible insight we are greatly indebted, but also by Genty whose list of sightings was published in 1925 in the *Voile d' Isis*, and by Marcel Gama, Tamos and Tisserand, the latter contributing to the collation of the dates of observations.

From 1870 to 1923 the prestigious publishers of Raphael's Ephemerides, W. Foulsham & Co., Ltd. of London, published ephemerides not only for Lilith, but for a third satellite of Earth also, offering the zodiacal determinations for both. However, since the latter is being dealt with elsewhere and is not the subject of our research, we will confine ourselves to the first of these sister moons, Lilith.

At this point I would like to quote Raphael himself at some small length from his Astronomical Ephemeris of the Planets' Places for 1935, p. 40. "A litle while back I received through the post a most ably compiled Ephemeris of these two "dark moons" covering the years of 1870 to 1936 inclusive, and published by W. van Breda Beausar, of 38 Meridika Lio, Bandoeng, Netherlands Indies." He says, "It would be as long ago as 1919 that I personally read the interesting work of Sepharial, in which he drew attention to the suggestions made by the German astronomer, Dr. (George) Waltemath, that are actually existed a dark, non-reflective orb in the form of a second earth moon.[1] Very significant reports of observations of this, and a second body were recorded by Dr. Alischer in 1720 (March 27th) and March 15th, 1721 at Fauer. By Lichtenberg and Sollnitz in 1762 (November 19th), by Hoffman in 1764 (May 3rd near Gotha, Germany), and others.[2] A concensus of the recorded observations has led to the compiling of the above referred to table of positions, and personally I am of the opinion that is fairly accurate. The thoughtful student with a critical bent will naturally ask, how comes it that if these two orbs exist our wonderfully expert and super-equipped observatories have not spotted them? That is exactly the position that I cannot answer. For fifteen years the matter has been "an open question" in my mind, yet constantly and frequently the practical results and evidence has been such as to provide the "missing links" and to compel my unwilling belief."

In answer to the question posed by the thoughtful student, from *The Moscow News* of August 6th, 1966, a Russian Daily printed in the English language, from an article entitled *Natural Sisters of the Moon*, "These natural Earth satellites are outside the orbits followed so far by space vehicles, but there is no doubt that as inter-planetary travel progresses these orbits will change." It is surmised that as we develop more sophisticated orbits, more will become known of these natural sisters of the Moon. This, and the following quotes are from Yuri Pskovsky, Master of Physics and Mathematics, senior research associate at the Schternberg State Astronomy Institute upon being asked to comment on press reports on the observations being carried

---

[1]*The Science of Foreknowledge*. Sepharial. 1918. Page 40. W. Foulsham & Co., Ltd. London.
[2]Listings are given in *Interpreting Lilith* by Delphine Jay. 1980. American Federation of Astrologers, Inc. Tempe, Arizona.

out by U.S. astronomers on two natural satellites of the Earth other than the Moon.

To Alexander Kharkovsky, Moscow News correspondent, he said, "Soviet scientists and their colleagues abroad, keep a constant watch on the dust satellites of the Earth. They were discovered (according to the Russians) in 1961-62 by Professor Kazimierz Kordylewski, a Polish astronomer. It is exceedingly difficult to observe them through the conventional telescope. They can be (more easily) observed on moonless nights, and when they are in a position opposite the Sun and nowhere near the Milky Way. Naturally such convenient conditions do not come about often. Astronomers knew of these 'dust' accumulations near the Earth long ago. They also knew that the Earth is, as it were, engulfed within a (cosmic) dust cloud itself. V. Moroz, a Soviet scientist, recently proved that the density of this cloud is gradually increasing. He states that the Earth adds, by its gravitational pull, some 300-400 million tons of cosmic dust to this cloud every year. A small part of it — about a million tons — falls out annually onto the surface of our planet." He goes on to say, "This dust is also the material from which the new natural satellites of the Earth are formed. Just like the Moon, they have phases, their brightness changing with their position in relation to the Sun and the observer on the Earth." The reference to these are as dust satellites that travel along the Moon's orbit, albeit further out.

Sepharial's Calculated Table of Dates when the Sun and Lilith would be in the same geocentric longitude covering the years from 1854 to 1901, proved correct to within several days of the official sightings that were reported on February 16, 1897 at Stuttgart and again at Munchen (Munich) in Germany. They coincided for the conjunctions that were predicted by Dr. Waltemath for early February and the end of July in 1898. For the Tables and the particulars of the basis from which it was devised the author suggests reference to *The Science of Foreknowledge*, which has since been reprinted by Health Research of Mokelumne Hill, California in 1967.

Knowledge of the satellite to astronomers, later to be named Lilith by Sepharial, dates back as far as September 2nd 1618, when the Italian astronomer Riccioli reported observation of the dark body in its approach to opposition and recorded the observation in *Almagestum Novum*, Volume ii, p. 16. On November 7th, 1700, it was sighted at Montpellier by Maraldi and Cassini and recorded in 1701 in *Memoires de l'Academie* in France.

The following are later-recorded dates of observations of Lilith's conjunction with the Sun, as sightings were primarily made on the dates when the dark body transited over the solar face, or was traveling at or near opposition.

December 23, 1719 in Hungary, five days before opposition.

June 29, 1735 by the Rev. Ziegler at Gotha, Germany three days prior to opposition. The information and painted impression was published by Ziegler.

June 6, 1761 at St. Neots, Huntingdonshire, England. Published in the London Chronicle. The same day also reported by Scheuten at Onfeld.

November 19, 1762 by Lichtenberg and Sollnitz near Erlangen, Germany.

March 25, 1784, by Superintendent Fritzsch, at Quedlinburg, Germany Reported in "Bode's Astron. Alk." in 1805.

October 10, 1802. Anonymous.

January 16, 1818. Capel Lofft at Ipswich.

October 20, 1839, in Rome by Decuppis.

June 11, 1855 by Dr. Ritter of Hanover, Germany. Spotted near Naples. The round black body was seen crossing the Sun's disc from West to East.

September 4, 1879 by Gowey at North Lewisburg, Ohio. Recorded in "Monthly Weather Review of the United States". (U.S. Weather Bureau - Washington, D.C.)

October 24, 1881.

February 16, 1897 at Munich and at Stuttgart in Germany from 8:45AM until 12:45PM.

February 4th, 1898 at Wiesbaden, Germany at 8:15AM by Dr. Georges Waltemath, and a second time at Griefwald at 1:30AM by Ziegler again as one in a group of twelve qualified observers.

The particular sighting upon which Sepharial opened this new ground to the astrological world was based on Dr. Waltemath's report of Lilith's sighting on January 1st, 1898 at 215° of longitude (or 5° of Scorpio). The sighting was officially documented by German astronomer Waltemath of Hamburg on January 22, 1898 in which the location of the orbit of the second satellite of Earth was given. It was published in *The Globe* on February 7th of that year. Sepharial also opened this new ground with the conclusions as to the manner from which to begin compiling an approximate ephemeris, from which we had since begun observations of Lilith in natal charts.

Most of the observers described it as a round black or dark body when seen at conjunction with the Sun, and as a reddish or fiery globe in its approach to opposition of the Sun. Based upon Berlin Local Mean Time, the elements of the new satellite given by Dr. Waltemath were:

Approximate daily motion — 3 degrees.
Synodic revolution — 177 days.

Equatorial radius of the Earth in distance — 161 radii, 700 kilometers (or approximately 435 miles) in diameter.

Lilith is 1/80th in mass as compared with the Earth. It is almost three times again as far from the Earth as is our Moon, but only one quarter the size of the Moon and moving only one quarter as quickly. Lilith orbits the Earth every 119 days, or approximately ten days per zodiacal sign, which in our transit research on Lilith has proved extremely valid.

The scholarly efforts with which Sepharial supported the existence of yet this second moon of Earth cannot be taken lightly, when we appreciate the further discovery he anticipated, to be a major planet beyond Neptune, that would be essentially martial in nature but infinitely more powerful and subtle, even to the probable name given to it to be "Pluto". Until this astronomical coup occurred, there had been continual searches for and observation of Lilith, particularly in Ultrecht, Holland, where a special Bureau had been established solely for its astronomical observation (Palembangstraat 4).

Without the findings of the past the subject might still be in limbo, having been transcended in awareness by the discovery of Pluto in 1930. So major a breakthrough in astronomy abruptly switched European observations of Lilith to the awesome potential of the intriguing new trans-Neptunian planet. However, in recent times, reports of serious renewed interest by the Russians of our dark satellite appear to indicate growing desire to continue the sky searches of the area surrounding the Earth beyond our known Moon for, as Pskovsky says, "man's interest in what he might encounter on space routes."

Several decades before the turn of the century (1879), the United States Weather Bureau had officially recognized Lilith as an asteroid or minor planet. In Nicholas Devore's *Encyclopedia of Astrology* Lilith is referred to as a name sometimes given to asteroid No. 1181, a minor planet of magnitude 14.1 In 1969 an English publication *The New Scientist*, reported on the findings of the American scientist Dr. John Bagby, who stated that several natural satellites circle Earth in calculated orbits, two of which were later photographed in their projected travel from these calculations.

The third satellite of Earth or second dark moon referred to also by the Soviets and considered with given positions in the Raphael Ephemerides from 1870 to 1923, had also been observed by Dr. Waltemath. However, not as much was known of its elements as was known of Lilith. Since it is not the object of this work, reference to the aforementioned work by Sepharial is suggested to those who have interest in knowing more about this area of discovery.

In all reports Lilith is consistently referred to as a dense "cloud or dustlike body" seen only against the backdrop of the Sun or in its approach to opposition. How fitting the name "Lilith" for the first of these sister moons, which means dust-cloud, as also is one of its legendary names "owl", the night bird who remains in the shadows — as the influence of Lilith remains in the shadows of human nature beyond the emotional stimuli of our first moon, Luna. Sepharial named Lilith after Adam's first wife before his eating of the proverbial apple (entry into mortal consciousness), to be then banished from paradise to embrace also within himself the material/emotional state.

As opposed to Lilith, the reflective moon Luna (Eve) indicates mortal woman; primal emotion and response; the maternal instinct relevant in both genders; and mortal propagation. Whereas our nonreflective satellite Lilith, indicates instinctive *thinking*, and thus impersonal response (woman emancipating from traditional roles — so evident in society today); the creative imagination and thus esthetic or vocational response; and the ultimate ability to depersonalize — in other words, to forget about ourselves as opposed to the emotionally personalized state of Luna where personalities involvement can obscure dispassionate logic and growth. As Moons, both represent the instinctive, but for different levels in our nature.

In the author's book, *Interpreting Lilith*, as a basic text for the beginner as well as the advanced student, clear explanations of Lilith through the signs; houses; aspecting the planets; and the specifics of Lilith's heretofore unexplained but definite growth influence in our lives; facts, rulerships and keywords are given — to investigate for yourself this longstanding natal influence that deals with the process of emotional maturation that is inherent in our nature by which to further develop control of our own lives, and to finally understand the mechanics of this uplifting process.

Particular thanks is given to the University of Illinois library for their most helpful research in assisting us to locate the 1966 information on our second satellite from the Moscow News and photocopying the material.

LILITH EPHEMERIS
1900 to 2000
NOON GREENWICH MEAN TIME

Conversions for Time in the U.S.

The positions in this ephemeris are calculated for Noon Greenwich Mean Time, which corresponds to :

7:00 AM Eastern Standard Time or 8:AM Eastern Daylight Time
6:00 AM Central Standard Time or 7:AM Central Daylight Time
5:00 AM Mountain Standard Time or 6:AM Mountain Daylight Time
4:00 AM Pacific Standard Time or 5:AM Pacific Daylight Time
2:00 AM Alaska/ Hawaii Standard or 8:AM Alaska/Hawaii D.S.T.

1900   LILITH EPHEMERIS

DAY	JAN	FEB	MAR	APR	MAY	JUN
1	22 SAG 41	26 PIS 13	20 GEM 42	24 VIR 14	24 SAG 45	28 PIS 16
2	25 SAG 42	29 PIS 14	23 GEM 43	27 VIR 15	27 SAG 46	1 ARI 17
3	28 SAG 43	2 ARI 15	26 GEM 44	0 LIB 16	0 CAP 47	4 ARI 18
4	1 CAP 44	5 ARI 16	29 GEM 45	3 LIB 17	3 CAP 48	7 ARI 19
5	4 CAP 45	8 ARI 17	2 CAN 46	6 LIB 18	6 CAP 49	10 ARI 20
6	7 CAP 46	11 ARI 18	5 CAN 47	9 LIB 19	9 CAP 50	13 ARI 21
7	10 CAP 47	14 ARI 19	8 CAN 48	12 LIB 20	12 CAP 51	16 ARI 22
8	13 CAP 48	17 ARI 20	11 CAN 49	15 LIB 21	15 CAP 52	19 ARI 23
9	16 CAP 49	20 ARI 21	14 CAN 50	18 LIB 22	18 CAP 53	22 ARI 24
10	19 CAP 50	23 ARI 22	17 CAN 51	21 LIB 23	21 CAP 54	25 ARI 25
11	22 CAP 51	26 ARI 23	20 CAN 52	24 LIB 24	24 CAP 55	28 ARI 26
12	25 CAP 52	29 ARI 24	23 CAN 53	27 LIB 25	27 CAP 56	1 TAU 27
13	28 CAP 53	2 TAU 25	26 CAN 54	0 SCO 26	0 AQU 57	4 TAU 28
14	1 AQU 54	5 TAU 26	29 CAN 55	3 SCO 27	3 AQU 58	7 TAU 29
15	4 AQU 55	8 TAU 27	2 LEO 56	6 SCO 28	6 AQU 59	10 TAU 30
16	7 AQU 56	11 TAU 29	5 LEO 57	9 SCO 29	10 AQU 00	13 TAU 31
17	10 AQU 58	14 TAU 30	8 LEO 59	12 SCO 31	13 AQU 01	16 TAU 33
18	13 AQU 59	17 TAU 31	11 LEO 60	15 SCO 32	16 AQU 02	19 TAU 34
19	16 AQU 60	20 TAU 32	15 LEO 01	18 SCO 33	19 AQU 03	22 TAU 35
20	20 AQU 01	23 TAU 33	18 LEO 02	21 SCO 34	22 AQU 04	25 TAU 36
21	23 AQU 02	26 TAU 34	21 LEO 03	24 SCO 35	25 AQU 05	28 TAU 37
22	26 AQU 03	29 TAU 35	24 LEO 04	27 SCO 36	28 AQU 06	1 GEM 38
23	29 AQU 04	2 GEM 36	27 LEO 05	0 SAG 37	1 PIS 07	4 GEM 39
24	2 PIS 05	5 GEM 37	0 VIR 06	3 SAG 38	4 PIS 08	7 GEM 40
25	5 PIS 06	8 GEM 38	3 VIR 07	6 SAG 39	7 PIS 09	10 GEM 41
26	8 PIS 07	11 GEM 39	6 VIR 08	9 SAG 40	10 PIS 10	13 GEM 42
27	11 PIS 08	14 GEM 40	9 VIR 09	12 SAG 41	13 PIS 11	16 GEM 43
28	14 PIS 09	17 GEM 41	12 VIR 10	15 SAG 42	16 PIS 12	19 GEM 44
29	17 PIS 10		15 VIR 11	18 SAG 43	19 PIS 13	22 GEM 45
30	20 PIS 11		18 VIR 12	21 SAG 44	22 PIS 14	25 GEM 46
31	23 PIS 12		21 VIR 13		25 PIS 15	

LILITH EPHEMERIS 1900

DAY	JUL	AUG	SEP	OCT	NOV	DEC
1	28 GEM 47	2 LIB 26	6 CAP 02	6 ARI 37	10 CAN 13	10 LIB 48
2	1 CAN 48	5 LIB 27	9 CAP 03	9 ARI 38	13 CAN 14	13 LIB 49
3	4 CAN 50	8 LIB 28	12 CAP 04	12 ARI 39	16 CAN 15	16 LIB 50
4	7 CAN 51	11 LIB 29	15 CAP 05	15 ARI 40	19 CAN 16	19 LIB 52
5	10 CAN 52	14 LIB 31	18 CAP 07	18 ARI 42	22 CAN 18	22 LIB 53
6	13 CAN 53	17 LIB 32	21 CAP 08	21 ARI 43	25 CAN 19	25 LIB 54
7	16 CAN 55	20 LIB 33	24 CAP 09	24 ARI 44	28 CAN 20	28 LIB 55
8	19 CAN 56	23 LIB 34	27 CAP 10	27 ARI 45	1 LEO 21	1 SCO 56
9	22 CAN 57	26 LIB 35	0 AQU 11	0 TAU 46	4 LEO 22	4 SCO 58
10	25 CAN 58	29 LIB 36	3 AQU 12	3 TAU 47	7 LEO 23	7 SCO 59
11	28 CAN 60	2 SCO 38	6 AQU 14	6 TAU 49	10 LEO 25	10 SCO 60
12	2 LEO 01	5 SCO 39	9 AQU 15	9 TAU 50	13 LEO 26	14 SCO 01
13	5 LEO 02	8 SCO 40	12 AQU 16	12 TAU 51	16 LEO 27	17 SCO 02
14	8 LEO 03	11 SCO 41	15 AQU 17	15 TAU 52	19 LEO 28	20 SCO 04
15	11 LEO 05	14 SCO 42	18 AQU 18	18 TAU 53	22 LEO 29	23 SCO 05
16	14 LEO 06	17 SCO 43	21 AQU 19	21 TAU 54	25 LEO 30	26 SCO 06
17	17 LEO 07	20 SCO 45	24 AQU 21	24 TAU 56	28 LEO 32	29 SCO 07
18	20 LEO 08	23 SCO 46	27 AQU 22	27 TAU 57	1 VIR 33	2 SAG 08
19	23 LEO 10	26 SCO 47	0 PIS 23	0 GEM 58	4 VIR 34	5 SAG 09
20	26 LEO 11	29 SCO 48	3 PIS 24	3 GEM 59	7 VIR 35	8 SAG 11
21	29 LEO 12	2 SAG 49	6 PIS 25	7 GEM 00	10 VIR 36	11 SAG 12
22	2 VIR 13	5 SAG 50	9 PIS 26	10 GEM 01	13 VIR 38	14 SAG 13
23	5 VIR 15	8 SAG 52	12 PIS 28	13 GEM 03	16 VIR 39	17 SAG 14
24	8 VIR 16	11 SAG 53	15 PIS 29	16 GEM 04	19 VIR 40	20 SAG 15
25	11 VIR 17	14 SAG 54	18 PIS 30	19 GEM 05	22 VIR 41	23 SAG 17
26	14 VIR 18	17 SAG 55	21 PIS 31	22 GEM 06	25 VIR 42	26 SAG 18
27	17 VIR 20	20 SAG 56	24 PIS 32	25 GEM 07	28 VIR 43	29 SAG 19
28	20 VIR 21	23 SAG 57	27 PIS 33	28 GEM 08	1 LIB 45	2 CAP 20
29	23 VIR 22	26 SAG 59	0 ARI 35	1 CAN 10	4 LIB 46	5 CAP 21
30	26 VIR 23	29 SAG 60	3 ARI 36	4 CAN 11	7 LIB 47	8 CAP 23
31	29 VIR 25	3 CAP 01		7 CAN 12		11 CAP 24

1901　　　　　　　　　　　　LILITH EPHEMERIS

DAY	JAN	FEB	MAR	APR	MAY	JUN
1	14 CAP 25	18 ARI 05	12 CAN 42	16 LIB 22	17 CAP 01	20 ARI 41
2	17 CAP 26	21 ARI 06	15 CAN 43	19 LIB 23	20 CAP 02	23 ARI 42
3	20 CAP 28	24 ARI 08	18 CAN 45	22 LIB 25	23 CAP 04	26 ARI 43
4	23 CAP 29	27 ARI 09	21 CAN 46	25 LIB 26	26 CAP 05	29 ARI 45
5	26 CAP 30	0 TAU 10	24 CAN 47	28 LIB 27	29 CAP 06	2 TAU 46
6	29 CAP 31	3 TAU 12	27 CAN 48	1 SCO 28	2 AQU 07	5 TAU 47
7	2 AQU 33	6 TAU 13	0 LEO 50	4 SCO 30	5 AQU 09	8 TAU 48
8	5 AQU 34	9 TAU 14	3 LEO 51	7 SCO 31	8 AQU 10	11 TAU 50
9	8 AQU 35	12 TAU 16	6 LEO 52	10 SCO 32	11 AQU 11	14 TAU 51
10	11 AQU 37	15 TAU 17	9 LEO 54	13 SCO 34	14 AQU 13	17 TAU 52
11	14 AQU 38	18 TAU 18	12 LEO 55	16 SCO 35	17 AQU 14	20 TAU 53
12	17 AQU 39	21 TAU 20	15 LEO 56	19 SCO 36	20 AQU 15	23 TAU 55
13	20 AQU 40	24 TAU 21	18 LEO 57	22 SCO 38	23 AQU 16	26 TAU 56
14	23 AQU 42	27 TAU 22	21 LEO 59	25 SCO 39	26 AQU 18	29 TAU 57
15	26 AQU 43	0 GEM 23	25 LEO 00	28 SCO 40	29 AQU 19	2 GEM 58
16	29 AQU 44	3 GEM 25	28 LEO 01	1 SAG 41	2 PIS 20	5 GEM 60
17	2 PIS 46	6 GEM 26	1 VIR 03	4 SAG 43	5 PIS 22	9 GEM 01
18	5 PIS 47	9 GEM 27	4 VIR 04	7 SAG 44	8 PIS 23	12 GEM 02
19	8 PIS 48	12 GEM 29	7 VIR 05	10 SAG 45	11 PIS 24	15 GEM 03
20	11 PIS 50	15 GEM 30	10 VIR 07	13 SAG 47	14 PIS 26	18 GEM 04
21	14 PIS 51	18 GEM 31	13 VIR 08	16 SAG 48	17 PIS 27	21 GEM 06
22	17 PIS 52	21 GEM 33	16 VIR 09	19 SAG 49	20 PIS 28	24 GEM 07
23	20 PIS 53	24 GEM 34	19 VIR 10	22 SAG 51	23 PIS 29	27 GEM 08
24	23 PIS 55	27 GEM 35	22 VIR 12	25 SAG 52	26 PIS 31	0 CAN 09
25	26 PIS 56	0 CAN 37	25 VIR 13	28 SAG 53	29 PIS 32	3 CAN 11
26	29 PIS 57	3 CAN 38	28 VIR 14	1 CAP 54	2 ARI 33	6 CAN 12
27	2 ARI 59	6 CAN 39	1 LIB 16	4 CAP 56	5 ARI 35	9 CAN 13
28	5 ARI 60	9 CAN 41	4 LIB 17	7 CAP 57	8 ARI 36	12 CAN 14
29	9 ARI 01		7 LIB 18	10 CAP 58	11 ARI 37	15 CAN 16
30	12 ARI 02		10 LIB 19	13 CAP 60	14 ARI 38	18 CAN 17
31	15 ARI 04		13 LIB 21		17 ARI 40	

LILITH EPHEMERIS 1901

DAY	JUL	AUG	SEP	OCT	NOV	DEC
1	21 CAN 18	24 LIB 46	28 CAP 14	28 ARI 42	2 LEO 11	2 SCO 39
2	24 CAN 19	27 LIB 47	1 AQU 15	1 TAU 43	5 LEO 12	5 SCO 40
3	27 CAN 20	0 SCO 48	4 AQU 16	4 TAU 44	8 LEO 13	8 SCO 41
4	0 LEO 21	3 SCO 49	7 AQU 17	7 TAU 45	11 LEO 14	11 SCO 43
5	3 LEO 22	6 SCO 50	10 AQU 18	10 TAU 46	14 LEO 15	14 SCO 44
6	6 LEO 23	9 SCO 51	13 AQU 19	13 TAU 47	17 LEO 16	17 SCO 45
7	9 LEO 23	12 SCO 51	16 AQU 20	16 TAU 48	20 LEO 17	20 SCO 46
8	12 LEO 24	15 SCO 52	19 AQU 21	19 TAU 49	23 LEO 18	23 SCO 47
9	15 LEO 25	18 SCO 53	22 AQU 21	22 TAU 49	26 LEO 18	26 SCO 49
10	18 LEO 26	21 SCO 54	25 AQU 22	25 TAU 50	29 LEO 19	29 SCO 50
11	21 LEO 27	24 SCO 55	28 AQU 23	28 TAU 51	2 VIR 20	2 SAG 51
12	24 LEO 28	27 SCO 56	1 PIS 24	1 GEM 52	5 VIR 21	5 SAG 52
13	27 LEO 29	0 SAG 57	4 PIS 25	4 GEM 53	8 VIR 22	8 SAG 53
14	0 VIR 30	3 SAG 58	7 PIS 26	7 GEM 54	11 VIR 23	11 SAG 55
15	3 VIR 31	6 SAG 59	10 PIS 27	10 GEM 55	14 VIR 24	14 SAG 56
16	6 VIR 32	9 SAG 60	13 PIS 28	13 GEM 56	17 VIR 25	17 SAG 57
17	9 VIR 32	13 SAG 00	16 PIS 29	16 GEM 57	20 VIR 26	20 SAG 58
18	12 VIR 33	16 SAG 01	19 PIS 30	19 GEM 58	23 VIR 27	23 SAG 59
19	15 VIR 34	19 SAG 02	22 PIS 31	22 GEM 59	26 VIR 28	27 SAG 00
20	18 VIR 35	22 SAG 03	25 PIS 32	25 GEM 60	29 VIR 29	0 CAP 02
21	21 VIR 36	25 SAG 04	28 PIS 33	29 GEM 01	2 LIB 30	3 CAP 03
22	24 VIR 37	28 SAG 05	1 ARI 34	2 CAN 02	5 LIB 31	6 CAP 04
23	27 VIR 38	1 CAP 06	4 ARI 35	5 CAN 03	8 LIB 32	9 CAP 05
24	0 LIB 39	4 CAP 07	7 ARI 36	8 CAN 04	11 LIB 32	12 CAP 06
25	3 LIB 40	7 CAP 08	10 ARI 36	11 CAN 04	14 LIB 33	15 CAP 08
26	6 LIB 41	10 CAP 09	13 ARI 37	14 CAN 05	17 LIB 34	18 CAP 09
27	9 LIB 41	13 CAP 09	16 ARI 38	17 CAN 06	20 LIB 35	21 CAP 10
28	12 LIB 42	16 CAP 10	19 ARI 39	20 CAN 07	23 LIB 36	24 CAP 11
29	15 LIB 43	19 CAP 11	22 ARI 40	23 CAN 08	26 LIB 37	27 CAP 12
30	18 LIB 44	22 CAP 12	25 ARI 41	26 CAN 09	29 LIB 38	0 AQU 14
31	21 LIB 45	25 CAP 13		29 CAN 10		3 AQU 15

1902   LILITH EPHEMERIS

DAY	JAN	FEB	MAR	APR	MAY	JUN
1	6 AQU 16	10 TAU 03	4 LEO 52	8 SCO 39	9 AQU 26	13 TAU 13
2	9 AQU 18	13 TAU 05	7 LEO 54	11 SCO 41	12 AQU 28	16 TAU 14
3	12 AQU 19	16 TAU 07	10 LEO 55	14 SCO 42	15 AQU 29	19 TAU 15
4	15 AQU 21	19 TAU 08	13 LEO 57	17 SCO 44	18 AQU 31	22 TAU 16
5	18 AQU 22	22 TAU 10	16 LEO 58	20 SCO 45	21 AQU 32	25 TAU 17
6	21 AQU 24	25 TAU 12	19 LEO 60	23 SCO 47	24 AQU 34	28 TAU 17
7	24 AQU 25	28 TAU 13	23 LEO 01	26 SCO 48	27 AQU 35	1 GEM 18
8	27 AQU 27	1 GEM 15	26 LEO 03	29 SCO 50	0 PIS 37	4 GEM 19
9	0 PIS 28	4 GEM 17	29 LEO 04	2 SAG 52	3 PIS 38	7 GEM 20
10	3 PIS 30	7 GEM 19	2 VIR 06	5 SAG 53	6 PIS 40	10 GEM 21
11	6 PIS 31	10 GEM 21	5 VIR 07	8 SAG 55	9 PIS 41	13 GEM 22
12	9 PIS 33	13 GEM 22	8 VIR 09	11 SAG 56	12 PIS 43	16 GEM 23
13	12 PIS 34	16 GEM 24	11 VIR 10	14 SAG 58	15 PIS 44	19 GEM 24
14	15 PIS 36	19 GEM 26	14 VIR 12	17 SAG 59	18 PIS 46	22 GEM 25
15	18 PIS 37	22 GEM 28	17 VIR 13	21 SAG 01	21 PIS 47	25 GEM 26
16	21 PIS 39	25 GEM 29	20 VIR 15	24 SAG 02	24 PIS 49	28 GEM 26
17	24 PIS 40	28 GEM 31	23 VIR 16	27 SAG 04	27 PIS 50	1 CAN 27
18	27 PIS 42	1 CAN 33	26 VIR 18	0 CAP 06	0 ARI 52	4 CAN 28
19	0 ARI 43	4 CAN 34	29 VIR 19	3 CAP 07	3 ARI 53	7 CAN 29
20	3 ARI 45	7 CAN 36	2 LIB 21	6 CAP 09	6 ARI 55	10 CAN 30
21	6 ARI 46	10 CAN 38	5 LIB 22	9 CAP 10	9 ARI 56	13 CAN 31
22	9 ARI 48	13 CAN 40	8 LIB 24	12 CAP 12	12 ARI 58	16 CAN 32
23	12 ARI 49	16 CAN 41	11 LIB 25	15 CAP 13	15 ARI 59	19 CAN 33
24	15 ARI 51	19 CAN 43	14 LIB 27	18 CAP 15	19 ARI 01	22 CAN 34
25	18 ARI 52	22 CAN 45	17 LIB 28	21 CAP 17	22 ARI 02	25 CAN 35
26	21 ARI 54	25 CAN 47	20 LIB 30	24 CAP 18	25 ARI 04	28 CAN 35
27	24 ARI 55	28 CAN 49	23 LIB 31	27 CAP 20	28 ARI 05	1 LEO 36
28	27 ARI 57	1 LEO 50	26 LIB 33	0 AQU 21	1 TAU 07	4 LEO 37
29	0 TAU 58		29 LIB 34	3 AQU 23	4 TAU 08	7 LEO 38
30	3 TAU 60		2 SCO 36	6 AQU 24	7 TAU 10	10 LEO 39
31	7 TAU 01		5 SCO 37		10 TAU 11	

12

LILITH EPHEMERIS 1902

DAY	JUL	AUG	SEP	OCT	NOV	DEC
1	13 LEO 40	17 SCO 00	20 AQU 20	20 TAU 42	24 LEO 00	24 SCO 21
2	16 LEO 41	20 SCO 01	23 AQU 21	23 TAU 43	27 LEO 01	27 SCO 23
3	19 LEO 41	23 SCO 01	26 AQU 21	26 TAU 43	0 VIR 01	0 SAG 24
4	22 LEO 42	26 SCO 02	29 AQU 22	29 TAU 44	3 VIR 02	3 SAG 26
5	25 LEO 43	29 SCO 03	2 PIS 23	2 GEM 44	6 VIR 03	6 SAG 28
6	28 LEO 43	2 SAG 03	5 PIS 24	5 GEM 45	9 VIR 04	9 SAG 29
7	1 VIR 44	5 SAG 04	8 PIS 24	8 GEM 45	12 VIR 04	12 SAG 31
8	4 VIR 45	8 SAG 05	11 PIS 25	11 GEM 46	15 VIR 05	15 SAG 33
9	7 VIR 45	11 SAG 05	14 PIS 26	14 GEM 47	18 VIR 06	18 SAG 34
10	10 VIR 46	14 SAG 06	17 PIS 27	17 GEM 47	21 VIR 06	21 SAG 36
11	13 VIR 46	17 SAG 06	20 PIS 27	20 GEM 48	24 VIR 07	24 SAG 38
12	16 VIR 47	20 SAG 07	23 PIS 28	23 GEM 48	27 VIR 08	27 SAG 39
13	19 VIR 48	23 SAG 08	26 PIS 29	26 GEM 49	0 LIB 08	0 CAP 41
14	22 VIR 48	26 SAG 08	29 PIS 30	29 GEM 50	3 LIB 09	3 CAP 43
15	25 VIR 49	29 SAG 09	2 ARI 30	2 CAN 50	6 LIB 10	6 CAP 44
16	28 VIR 50	2 CAP 10	5 ARI 31	5 CAN 51	9 LIB 11	9 CAP 46
17	1 LIB 50	5 CAP 10	8 ARI 32	8 CAN 51	12 LIB 11	12 CAP 48
18	4 LIB 51	8 CAP 11	11 ARI 32	11 CAN 52	15 LIB 12	15 CAP 50
19	7 LIB 52	11 CAP 12	14 ARI 33	14 CAN 52	18 LIB 13	18 CAP 51
20	10 LIB 52	14 CAP 12	17 ARI 34	17 CAN 53	21 LIB 13	21 CAP 53
21	13 LIB 53	17 CAP 13	20 ARI 35	20 CAN 54	24 LIB 14	24 CAP 55
22	16 LIB 54	20 CAP 14	23 ARI 35	23 CAN 54	27 LIB 15	27 CAP 56
23	19 LIB 54	23 CAP 14	26 ARI 36	26 CAN 55	0 SCO 15	0 AQU 58
24	22 LIB 55	26 CAP 15	29 ARI 37	29 CAN 55	3 SCO 16	3 AQU 60
25	25 LIB 55	29 CAP 15	2 TAU 38	2 LEO 56	6 SCO 17	7 AQU 01
26	28 LIB 56	2 AQU 16	5 TAU 38	5 LEO 57	9 SCO 18	10 AQU 03
27	1 SCO 57	5 AQU 17	8 TAU 39	8 LEO 57	12 SCO 18	13 AQU 05
28	4 SCO 57	8 AQU 17	11 TAU 40	11 LEO 58	15 SCO 19	16 AQU 06
29	7 SCO 58	11 AQU 18	14 TAU 41	14 LEO 58	18 SCO 20	19 AQU 08
30	10 SCO 59	14 AQU 19	17 TAU 41	17 LEO 59	21 SCO 20	22 AQU 10
31	13 SCO 59	17 AQU 19		20 LEO 59		25 AQU 11

13

1903　　　　　　　　　　LILITH EPHEMERIS

DAY	JAN	FEB	MAR	APR	MAY	JUN
1	28 AQU 13	2 GEM 07	27 LEO 03	0 SAG 57	1 PIS 51	5 GEM 45
2	1 PIS 15	5 GEM 09	0 VIR 05	3 SAG 59	4 PIS 53	8 GEM 45
3	4 PIS 16	8 GEM 11	3 VIR 06	7 SAG 01	7 PIS 54	11 GEM 46
4	7 PIS 18	11 GEM 13	6 VIR 08	10 SAG 02	10 PIS 56	14 GEM 46
5	10 PIS 20	14 GEM 15	9 VIR 10	13 SAG 04	13 PIS 58	17 GEM 47
6	13 PIS 22	17 GEM 17	12 VIR 12	16 SAG 06	16 PIS 60	20 GEM 47
7	16 PIS 23	20 GEM 19	15 VIR 13	19 SAG 08	20 PIS 01	23 GEM 48
8	19 PIS 25	23 GEM 21	18 VIR 15	22 SAG 10	23 PIS 03	26 GEM 48
9	22 PIS 27	26 GEM 23	21 VIR 17	25 SAG 11	26 PIS 05	29 GEM 49
10	25 PIS 29	29 GEM 25	24 VIR 19	28 SAG 13	29 PIS 07	2 CAN 49
11	28 PIS 30	2 CAN 27	27 VIR 20	1 CAP 15	2 ARI 08	5 CAN 49
12	1 ARI 32	5 CAN 29	0 LIB 22	4 CAP 17	5 ARI 10	8 CAN 49
13	4 ARI 34	8 CAN 31	3 LIB 24	7 CAP 19	8 ARI 12	11 CAN 50
14	7 ARI 36	11 CAN 33	6 LIB 26	10 CAP 20	11 ARI 14	14 CAN 50
15	10 ARI 37	14 CAN 35	9 LIB 27	13 CAP 22	14 ARI 15	17 CAN 51
16	13 ARI 39	17 CAN 37	12 LIB 29	16 CAP 24	17 ARI 17	20 CAN 51
17	16 ARI 41	20 CAN 39	15 LIB 31	19 CAP 26	20 ARI 19	23 CAN 51
18	19 ARI 43	23 CAN 41	18 LIB 33	22 CAP 28	23 ARI 21	26 CAN 52
19	22 ARI 44	26 CAN 43	21 LIB 34	25 CAP 29	26 ARI 22	29 CAN 52
20	25 ARI 46	29 CAN 45	24 LIB 36	28 CAP 31	29 ARI 24	2 LEO 53
21	28 ARI 48	2 LEO 47	27 LIB 38	1 AQU 33	2 TAU 26	5 LEO 53
22	1 TAU 50	5 LEO 49	0 SCO 40	4 AQU 35	5 TAU 28	8 LEO 53
23	4 TAU 51	8 LEO 51	3 SCO 41	7 AQU 37	8 TAU 29	11 LEO 54
24	7 TAU 53	11 LEO 53	6 SCO 43	10 AQU 38	11 TAU 31	14 LEO 54
25	10 TAU 55	14 LEO 55	9 SCO 45	13 AQU 40	14 TAU 33	17 LEO 55
26	13 TAU 57	17 LEO 57	12 SCO 47	16 AQU 42	17 TAU 35	20 LEO 55
27	16 TAU 58	20 LEO 59	15 SCO 48	19 AQU 44	20 TAU 36	23 LEO 55
28	20 TAU 00	24 LEO 01	18 SCO 50	22 AQU 46	23 TAU 38	26 LEO 56
29	23 TAU 02		21 SCO 52	25 AQU 47	26 TAU 40	29 LEO 56
30	26 TAU 04		24 SCO 54	28 AQU 49	29 TAU 42	2 VIR 57
31	29 TAU 05		27 SCO 55		2 GEM 43	

LILITH EPHEMERIS 1903

DAY	JUL	AUG	SEP	OCT	NOV	DEC
1	5 VIR 57	9 SAG 11	12 PIS 35	12 GEM 38	15 VIR 51	16 SAG 12
2	8 VIR 57	12 SAG 12	15 PIS 35	15 GEM 38	18 VIR 52	19 SAG 14
3	11 VIR 58	15 SAG 13	18 PIS 35	18 GEM 39	21 VIR 52	22 SAG 16
4	14 VIR 58	18 SAG 13	21 PIS 35	21 GEM 39	24 VIR 53	25 SAG 18
5	17 VIR 59	21 SAG 14	24 PIS 35	24 GEM 40	27 VIR 54	28 SAG 20
6	20 VIR 59	24 SAG 15	27 PIS 35	27 GEM 40	0 LIB 55	1 CAP 22
7	23 VIR 60	27 SAG 16	0 ARI 36	0 CAN 41	3 LIB 55	4 CAP 24
8	27 VIR 00	0 CAP 16	3 ARI 36	3 CAN 41	6 LIB 56	7 CAP 26
9	0 LIB 01	3 CAP 17	6 ARI 36	6 CAN 41	9 LIB 57	10 CAP 28
10	3 LIB 01	6 CAP 18	9 ARI 36	9 CAN 42	12 LIB 57	13 CAP 30
11	6 LIB 02	9 CAP 19	12 ARI 36	12 CAN 42	15 LIB 58	16 CAP 32
12	9 LIB 02	12 CAP 20	15 ARI 36	15 CAN 43	18 LIB 59	19 CAP 34
13	12 LIB 02	15 CAP 20	18 ARI 36	18 CAN 43	21 LIB 59	22 CAP 36
14	15 LIB 03	18 CAP 21	21 ARI 36	21 CAN 43	25 LIB 00	25 CAP 38
15	18 LIB 03	21 CAP 22	24 ARI 36	24 CAN 44	28 LIB 01	28 CAP 40
16	21 LIB 04	24 CAP 23	27 ARI 36	27 CAN 44	1 SCO 02	1 AQU 42
17	24 LIB 04	27 CAP 23	0 TAU 37	0 LEO 45	4 SCO 02	4 AQU 43
18	27 LIB 05	0 AQU 24	3 TAU 37	3 LEO 45	7 SCO 03	7 AQU 45
19	0 SCO 05	3 AQU 25	6 TAU 37	6 LEO 46	10 SCO 04	10 AQU 47
20	3 SCO 06	6 AQU 26	9 TAU 37	9 LEO 46	13 SCO 04	13 AQU 49
21	6 SCO 06	9 AQU 26	12 TAU 37	12 LEO 46	16 SCO 05	16 AQU 51
22	9 SCO 06	12 AQU 27	15 TAU 37	15 LEO 47	19 SCO 06	19 AQU 53
23	12 SCO 07	15 AQU 28	18 TAU 37	18 LEO 47	22 SCO 06	22 AQU 55
24	15 SCO 07	18 AQU 29	21 TAU 37	21 LEO 48	25 SCO 07	25 AQU 57
25	18 SCO 08	21 AQU 30	24 TAU 37	24 LEO 48	28 SCO 08	28 AQU 59
26	21 SCO 08	24 AQU 30	27 TAU 37	27 LEO 48	1 SAG 09	2 PIS 01
27	24 SCO 09	27 AQU 31	0 GEM 38	0 VIR 49	4 SAG 09	5 PIS 03
28	27 SCO 09	0 PIS 32	3 GEM 38	3 VIR 49	7 SAG 10	8 PIS 05
29	0 SAG 10	3 PIS 33	6 GEM 38	6 VIR 50	10 SAG 11	11 PIS 07
30	3 SAG 10	6 PIS 33	9 GEM 38	9 VIR 50	13 SAG 11	14 PIS 09
31	6 SAG 11	9 PIS 34		12 VIR 51		17 PIS 11

1904   LILITH EPHEMERIS

DAY	JAN	FEB	MAR	APR	MAY	JUN
1	20 PIS 13	24 GEM 14	22 VIR 12	26 SAG 14	27 PIS 14	0 CAN 59
2	23 PIS 15	27 GEM 16	25 VIR 14	29 SAG 16	0 ARI 15	3 CAN 59
3	26 PIS 17	0 CAN 18	28 VIR 16	2 CAP 18	3 ARI 17	6 CAN 59
4	29 PIS 19	3 CAN 20	1 LIB 18	5 CAP 20	6 ARI 18	9 CAN 60
5	2 ARI 21	6 CAN 22	4 LIB 20	8 CAP 22	9 ARI 20	12 CAN 60
6	5 ARI 23	9 CAN 24	7 LIB 22	11 CAP 24	12 ARI 21	16 CAN 00
7	8 ARI 25	12 CAN 26	10 LIB 24	14 CAP 26	15 ARI 23	19 CAN 00
8	11 ARI 27	15 CAN 28	13 LIB 26	17 CAP 28	18 ARI 24	22 CAN 01
9	14 ARI 29	18 CAN 30	16 LIB 28	20 CAP 30	21 ARI 26	25 CAN 01
10	17 ARI 31	21 CAN 32	19 LIB 30	23 CAP 32	24 ARI 27	28 CAN 01
11	20 ARI 33	24 CAN 34	22 LIB 32	26 CAP 34	27 ARI 29	1 LEO 01
12	23 ARI 35	27 CAN 36	25 LIB 34	29 CAP 36	0 TAU 30	4 LEO 02
13	26 ARI 37	0 LEO 38	28 LIB 36	2 AQU 38	3 TAU 31	7 LEO 02
14	29 ARI 39	3 LEO 40	1 SCO 38	5 AQU 40	6 TAU 33	10 LEO 02
15	2 TAU 41	6 LEO 42	4 SCO 40	8 AQU 42	9 TAU 34	13 LEO 02
16	5 TAU 43	9 LEO 44	7 SCO 42	11 AQU 44	12 TAU 36	16 LEO 03
17	8 TAU 44	12 LEO 46	10 SCO 44	14 AQU 46	15 TAU 37	19 LEO 03
18	11 TAU 46	15 LEO 48	13 SCO 46	17 AQU 48	18 TAU 39	22 LEO 03
19	14 TAU 48	18 LEO 50	16 SCO 48	20 AQU 50	21 TAU 40	25 LEO 03
20	17 TAU 50	21 LEO 52	19 SCO 50	23 AQU 52	24 TAU 42	28 LEO 03
21	20 TAU 52	24 LEO 54	22 SCO 52	26 AQU 54	27 TAU 43	1 VIR 04
22	23 TAU 54	27 LEO 56	25 SCO 54	29 AQU 56	0 GEM 44	4 VIR 04
23	26 TAU 56	0 VIR 58	28 SCO 56	2 PIS 58	3 GEM 46	7 VIR 04
24	29 TAU 58	4 VIR 00	1 SAG 58	6 PIS 00	6 GEM 47	10 VIR 04
25	3 GEM 00	7 VIR 02	5 SAG 00	9 PIS 02	9 GEM 49	13 VIR 05
26	6 GEM 02	10 VIR 04	8 SAG 02	12 PIS 04	12 GEM 50	16 VIR 05
27	9 GEM 04	13 VIR 06	11 SAG 04	15 PIS 06	15 GEM 52	19 VIR 05
28	12 GEM 06	16 VIR 08	14 SAG 06	18 PIS 08	18 GEM 53	22 VIR 05
29	15 GEM 08		17 SAG 08	21 PIS 10	21 GEM 55	25 VIR 06
30	18 GEM 10		20 SAG 10	24 PIS 12	24 GEM 56	28 VIR 06
31	21 GEM 12		23 SAG 12		27 GEM 58	

16

LILITH EPHEMERIS 1904

DAY	JUL	AUG	SEP	OCT	NOV	DEC
1	1 LIB 06	4 CAP 14	7 ARI 22	7 CAN 29	10 LIB 37	11 CAP 17
2	4 LIB 06	7 CAP 14	10 ARI 22	10 CAN 29	13 LIB 38	14 CAP 19
3	7 LIB 07	10 CAP 15	13 ARI 22	13 CAN 30	16 LIB 40	17 CAP 21
4	10 LIB 07	13 CAP 15	16 ARI 23	16 CAN 30	19 LIB 41	20 CAP 23
5	13 LIB 07	16 CAP 15	19 ARI 23	19 CAN 30	22 LIB 42	23 CAP 26
6	16 LIB 07	19 CAP 15	22 ARI 23	22 CAN 30	25 LIB 44	26 CAP 28
7	19 LIB 08	22 CAP 16	25 ARI 23	25 CAN 31	28 LIB 45	29 CAP 30
8	22 LIB 08	25 CAP 16	28 ARI 24	28 CAN 31	1 SCO 46	2 AQU 32
9	25 LIB 08	28 CAP 16	1 TAU 24	1 LEO 31	4 SCO 48	5 AQU 34
10	28 LIB 08	1 AQU 16	4 TAU 24	4 LEO 31	7 SCO 49	8 AQU 36
11	1 SCO 09	4 AQU 17	7 TAU 24	7 LEO 31	10 SCO 50	11 AQU 39
12	4 SCO 09	7 AQU 17	10 TAU 25	10 LEO 32	13 SCO 52	14 AQU 41
13	7 SCO 09	10 AQU 17	13 TAU 25	13 LEO 32	16 SCO 53	17 AQU 43
14	10 SCO 09	13 AQU 17	16 TAU 25	16 LEO 32	19 SCO 54	20 AQU 45
15	13 SCO 10	16 AQU 18	19 TAU 25	19 LEO 33	22 SCO 56	23 AQU 47
16	16 SCO 10	19 AQU 18	22 TAU 26	22 LEO 33	25 SCO 57	26 AQU 49
17	19 SCO 10	22 AQU 18	25 TAU 26	25 LEO 33	28 SCO 58	29 AQU 52
18	22 SCO 10	25 AQU 18	28 TAU 26	28 LEO 33	1 SAG 60	2 PIS 54
19	25 SCO 11	28 AQU 19	1 GEM 26	1 VIR 34	5 SAG 01	5 PIS 56
20	28 SCO 11	1 PIS 19	4 GEM 26	4 VIR 34	8 SAG 02	8 PIS 58
21	1 SAG 11	4 PIS 19	7 GEM 27	7 VIR 34	11 SAG 04	12 PIS 00
22	4 SAG 11	7 PIS 19	10 GEM 27	10 VIR 34	14 SAG 05	15 PIS 02
23	7 SAG 12	10 PIS 20	13 GEM 27	13 VIR 35	17 SAG 06	18 PIS 05
24	10 SAG 12	13 PIS 20	16 GEM 27	16 VIR 35	20 SAG 08	21 PIS 07
25	13 SAG 12	16 PIS 20	19 GEM 28	19 VIR 35	23 SAG 09	24 PIS 09
26	16 SAG 12	19 PIS 20	22 GEM 28	22 VIR 35	26 SAG 10	27 PIS 11
27	19 SAG 13	22 PIS 21	25 GEM 28	25 VIR 36	29 SAG 12	0 ARI 13
28	22 SAG 13	25 PIS 21	28 GEM 28	28 VIR 36	2 CAP 13	3 ARI 15
29	25 SAG 13	28 PIS 21	1 CAN 29	1 LIB 36	5 CAP 14	6 ARI 18
30	28 SAG 13	1 ARI 21	4 CAN 29	4 LIB 36	8 CAP 16	9 ARI 20
31	1 CAP 14	4 ARI 22		7 LIB 37		12 ARI 22

17

1905   LILITH EPHEMERIS

DAY	JAN	FEB	MAR	APR	MAY	JUN
1	15 ARI 24	19 CAN 30	14 LIB 34	18 CAP 41	19 ARI 46	23 CAN 09
2	18 ARI 26	22 CAN 32	17 LIB 36	21 CAP 43	22 ARI 47	26 CAN 09
3	21 ARI 28	25 CAN 35	20 LIB 38	24 CAP 45	25 ARI 47	29 CAN 09
4	24 ARI 30	28 CAN 37	23 LIB 40	27 CAP 47	28 ARI 48	2 LEO 09
5	27 ARI 33	1 LEO 39	26 LIB 43	0 AQU 50	1 TAU 49	5 LEO 09
6	0 TAU 35	4 LEO 41	29 LIB 45	3 AQU 52	4 TAU 50	8 LEO 10
7	3 TAU 37	7 LEO 44	2 SCO 47	6 AQU 54	7 TAU 50	11 LEO 10
8	6 TAU 39	10 LEO 46	5 SCO 49	9 AQU 56	10 TAU 51	14 LEO 10
9	9 TAU 41	13 LEO 48	8 SCO 51	12 AQU 58	13 TAU 52	17 LEO 10
10	12 TAU 43	16 LEO 51	11 SCO 53	16 AQU 00	16 TAU 53	20 LEO 10
11	15 TAU 45	19 LEO 53	14 SCO 56	19 AQU 03	19 TAU 53	23 LEO 10
12	18 TAU 47	22 LEO 55	17 SCO 58	22 AQU 05	22 TAU 54	26 LEO 10
13	21 TAU 50	25 LEO 57	20 SCO 60	25 AQU 07	25 TAU 55	29 LEO 10
14	24 TAU 52	28 LEO 60	24 SCO 02	28 AQU 09	28 TAU 56	2 VIR 10
15	27 TAU 54	2 VIR 02	27 SCO 04	1 PIS 11	1 GEM 56	5 VIR 10
16	0 GEM 56	5 VIR 04	0 SAG 06	4 PIS 13	4 GEM 57	8 VIR 10
17	3 GEM 58	8 VIR 07	3 SAG 09	7 PIS 16	7 GEM 58	11 VIR 11
18	7 GEM 00	11 VIR 09	6 SAG 11	10 PIS 18	10 GEM 59	14 VIR 11
19	10 GEM 02	14 VIR 11	9 SAG 13	13 PIS 20	13 GEM 59	17 VIR 11
20	13 GEM 04	17 VIR 13	12 SAG 15	16 PIS 22	17 GEM 00	20 VIR 11
21	16 GEM 07	20 VIR 16	15 SAG 17	19 PIS 24	20 GEM 01	23 VIR 11
22	19 GEM 09	23 VIR 18	18 SAG 19	22 PIS 26	23 GEM 02	26 VIR 11
23	22 GEM 11	26 VIR 20	21 SAG 22	25 PIS 29	26 GEM 02	29 VIR 11
24	25 GEM 13	29 VIR 23	24 SAG 24	28 PIS 31	29 GEM 03	2 LIB 11
25	28 GEM 15	2 LIB 25	27 SAG 26	1 ARI 33	2 CAN 04	5 LIB 11
26	1 CAN 17	5 LIB 27	0 CAP 28	4 ARI 35	5 CAN 05	8 LIB 11
27	4 CAN 19	8 LIB 29	3 CAP 30	7 ARI 37	8 CAN 05	11 LIB 12
28	7 CAN 21	11 LIB 32	6 CAP 32	10 ARI 39	11 CAN 06	14 LIB 12
29	10 CAN 24		9 CAP 35	13 ARI 42	14 CAN 07	17 LIB 12
30	13 CAN 26		12 CAP 37	16 ARI 44	17 CAN 08	20 LIB 12
31	16 CAN 28		15 CAP 39		20 CAN 08	

LILITH EPHEMERIS   1905

DAY	JUL	AUG	SEP	OCT	NOV	DEC
1	23 LIB 12	26 CAP 15	29 ARI 18	29 CAN 21	2 SCO 24	3 AQU 28
2	26 LIB 12	29 CAP 15	2 TAU 18	2 LEO 21	5 SCO 26	6 AQU 30
3	29 LIB 12	2 AQU 15	5 TAU 18	5 LEO 21	8 SCO 28	9 AQU 33
4	2 SCO 12	5 AQU 15	8 TAU 18	8 LEO 21	11 SCO 30	12 AQU 35
5	5 SCO 12	8 AQU 15	11 TAU 18	11 LEO 21	14 SCO 33	15 AQU 37
6	8 SCO 12	11 AQU 16	14 TAU 19	14 LEO 21	17 SCO 35	18 AQU 39
7	11 SCO 13	14 AQU 16	17 TAU 19	17 LEO 22	20 SCO 37	21 AQU 42
8	14 SCO 13	17 AQU 16	20 TAU 19	20 LEO 22	23 SCO 39	24 AQU 44
9	17 SCO 13	20 AQU 16	23 TAU 19	23 LEO 22	26 SCO 41	27 AQU 46
10	20 SCO 13	23 AQU 16	26 TAU 19	26 LEO 22	29 SCO 43	0 PIS 49
11	23 SCO 13	26 AQU 16	29 TAU 19	29 LEO 22	2 SAG 45	3 PIS 51
12	26 SCO 13	29 AQU 16	2 GEM 19	2 VIR 22	5 SAG 47	6 PIS 53
13	29 SCO 13	2 PIS 16	5 GEM 19	5 VIR 22	8 SAG 50	9 PIS 55
14	2 SAG 13	5 PIS 16	8 GEM 19	8 VIR 22	11 SAG 52	12 PIS 58
15	5 SAG 13	8 PIS 16	11 GEM 19	11 VIR 22	14 SAG 54	16 PIS 00
16	8 SAG 13	11 PIS 16	14 GEM 20	14 VIR 22	17 SAG 56	19 PIS 02
17	11 SAG 14	14 PIS 17	17 GEM 20	17 VIR 23	20 SAG 58	22 PIS 05
18	14 SAG 14	17 PIS 17	20 GEM 20	20 VIR 23	24 SAG 00	25 PIS 07
19	17 SAG 14	20 PIS 17	23 GEM 20	23 VIR 23	27 SAG 02	28 PIS 09
20	20 SAG 14	23 PIS 17	26 GEM 20	26 VIR 23	0 CAP 05	1 ARI 12
21	23 SAG 14	26 PIS 17	29 GEM 20	29 VIR 23	3 CAP 07	4 ARI 14
22	26 SAG 14	29 PIS 17	2 CAN 20	2 LIB 23	6 CAP 09	7 ARI 16
23	29 SAG 14	2 ARI 17	5 CAN 20	5 LIB 23	9 CAP 11	10 ARI 18
24	2 CAP 14	5 ARI 17	8 CAN 20	8 LIB 23	12 CAP 13	13 ARI 21
25	5 CAP 14	8 ARI 17	11 CAN 20	11 LIB 23	15 CAP 15	16 ARI 23
26	8 CAP 14	11 ARI 17	14 CAN 20	14 LIB 23	18 CAP 17	19 ARI 25
27	11 CAP 15	14 ARI 18	17 CAN 21	17 LIB 24	21 CAP 19	22 ARI 28
28	14 CAP 15	17 ARI 18	20 CAN 21	20 LIB 24	24 CAP 22	25 ARI 30
29	17 CAP 15	20 ARI 18	23 CAN 21	23 LIB 24	27 CAP 24	28 ARI 32
30	20 CAP 15	23 ARI 18	26 CAN 21	26 LIB 24	0 AQU 26	1 TAU 34
31	23 CAP 15	26 ARI 18		29 LIB 24		4 TAU 37

1906   LILITH EPHEMERIS

DAY	JAN	FEB	MAR	APR	MAY	JUN
1	7 TAU 39	11 LEO 50	6 SCO 55	11 AQU 06	12 TAU 13	15 LEO 12
2	10 TAU 41	14 LEO 52	9 SCO 57	14 AQU 08	15 TAU 13	18 LEO 12
3	13 TAU 44	17 LEO 55	12 SCO 60	17 AQU 10	18 TAU 13	21 LEO 12
4	16 TAU 46	20 LEO 57	16 SCO 02	20 AQU 13	21 TAU 13	24 LEO 12
5	19 TAU 48	23 LEO 59	19 SCO 04	23 AQU 15	24 TAU 13	27 LEO 12
6	22 TAU 50	27 LEO 02	22 SCO 06	26 AQU 17	27 TAU 13	0 VIR 12
7	25 TAU 53	0 VIR 04	25 SCO 09	29 AQU 19	0 GEM 13	3 VIR 12
8	28 TAU 55	3 VIR 06	28 SCO 11	2 PIS 22	3 GEM 13	6 VIR 12
9	1 GEM 57	6 VIR 09	1 SAG 13	5 PIS 24	6 GEM 13	9 VIR 12
10	4 GEM 60	9 VIR 11	4 SAG 16	8 PIS 26	9 GEM 13	12 VIR 12
11	8 GEM 02	12 VIR 13	7 SAG 18	11 PIS 28	12 GEM 13	15 VIR 12
12	11 GEM 04	15 VIR 16	10 SAG 20	14 PIS 31	15 GEM 13	18 VIR 12
13	14 GEM 06	18 VIR 18	13 SAG 22	17 PIS 33	18 GEM 13	21 VIR 12
14	17 GEM 09	21 VIR 20	16 SAG 25	20 PIS 35	21 GEM 13	24 VIR 12
15	20 GEM 11	24 VIR 23	19 SAG 27	23 PIS 37	24 GEM 13	27 VIR 12
16	23 GEM 13	27 VIR 25	22 SAG 29	26 PIS 39	27 GEM 13	0 LIB 12
17	26 GEM 16	0 LIB 27	25 SAG 32	29 PIS 42	0 CAN 12	3 LIB 12
18	29 GEM 18	3 LIB 29	28 SAG 34	2 ARI 44	3 CAN 12	6 LIB 12
19	2 CAN 20	6 LIB 32	1 CAP 36	5 ARI 46	6 CAN 12	9 LIB 12
20	5 CAN 23	9 LIB 34	4 CAP 39	8 ARI 48	9 CAN 12	12 LIB 12
21	8 CAN 25	12 LIB 36	7 CAP 41	11 ARI 51	12 CAN 12	15 LIB 12
22	11 CAN 27	15 LIB 39	10 CAP 43	14 ARI 53	15 CAN 12	18 LIB 12
23	14 CAN 29	18 LIB 41	13 CAP 45	17 ARI 55	18 CAN 12	21 LIB 12
24	17 CAN 32	21 LIB 43	16 CAP 48	20 ARI 57	21 CAN 12	24 LIB 12
25	20 CAN 34	24 LIB 46	19 CAP 50	23 ARI 60	24 CAN 12	27 LIB 12
26	23 CAN 36	27 LIB 48	22 CAP 52	27 ARI 02	27 CAN 12	0 SCO 12
27	26 CAN 39	0 SCO 50	25 CAP 55	0 TAU 04	0 LEO 12	3 SCO 12
28	29 CAN 41	3 SCO 53	28 CAP 57	3 TAU 06	3 LEO 12	6 SCO 12
29	2 LEO 43		1 AQU 59	6 TAU 09	6 LEO 12	9 SCO 12
30	5 LEO 45		5 AQU 01	9 TAU 11	9 LEO 12	12 SCO 12
31	8 LEO 48		8 AQU 04		12 LEO 12	

LILITH EPHEMERIS   1906

DAY	JUL	AUG	SEP	OCT	NOV	DEC
1	15 SCO 12	18 AQU 11	21 TAU 10	21 LEO 10	24 SCO 29	25 AQU 41
2	18 SCO 12	21 AQU 11	24 TAU 10	24 LEO 11	27 SCO 31	28 AQU 43
3	21 SCO 12	24 AQU 11	27 TAU 10	27 LEO 11	0 SAG 34	1 PIS 46
4	24 SCO 12	27 AQU 11	0 GEM 10	0 VIR 12	3 SAG 36	4 PIS 48
5	27 SCO 12	0 PIS 11	3 GEM 10	3 VIR 12	6 SAG 39	7 PIS 51
6	0 SAG 12	3 PIS 11	6 GEM 10	6 VIR 13	9 SAG 41	10 PIS 53
7	3 SAG 12	6 PIS 11	9 GEM 10	9 VIR 14	12 SAG 43	13 PIS 55
8	6 SAG 12	9 PIS 11	12 GEM 10	12 VIR 14	15 SAG 46	16 PIS 58
9	9 SAG 12	12 PIS 11	15 GEM 10	15 VIR 15	18 SAG 48	20 PIS 00
10	12 SAG 12	15 PIS 11	18 GEM 10	18 VIR 16	21 SAG 51	23 PIS 02
11	15 SAG 12	18 PIS 11	21 GEM 10	21 VIR 16	24 SAG 53	26 PIS 05
12	18 SAG 12	21 PIS 11	24 GEM 10	24 VIR 17	27 SAG 55	29 PIS 07
13	21 SAG 12	24 PIS 11	27 GEM 10	27 VIR 17	0 CAP 58	2 ARI 10
14	24 SAG 12	27 PIS 11	0 CAN 10	0 LIB 18	4 CAP 00	5 ARI 12
15	27 SAG 12	0 ARI 11	3 CAN 10	3 LIB 19	7 CAP 03	8 ARI 14
16	0 CAP 12	3 ARI 11	6 CAN 10	6 LIB 19	10 CAP 05	11 ARI 17
17	3 CAP 11	6 ARI 10	9 CAN 10	9 LIB 20	13 CAP 07	14 ARI 19
18	6 CAP 11	9 ARI 10	12 CAN 10	12 LIB 20	16 CAP 10	17 ARI 22
19	9 CAP 11	12 ARI 10	15 CAN 10	15 LIB 21	19 CAP 12	20 ARI 24
20	12 CAP 11	15 ARI 10	18 CAN 10	18 LIB 22	22 CAP 15	23 ARI 26
21	15 CAP 11	18 ARI 10	21 CAN 10	21 LIB 22	25 CAP 17	26 ARI 29
22	18 CAP 11	21 ARI 10	24 CAN 10	24 LIB 23	28 CAP 19	29 ARI 31
23	21 CAP 11	24 ARI 10	27 CAN 10	27 LIB 23	1 AQU 22	2 TAU 34
24	24 CAP 11	27 ARI 10	0 LEO 10	0 SCO 24	4 AQU 24	5 TAU 36
25	27 CAP 11	0 TAU 10	3 LEO 10	3 SCO 25	7 AQU 27	8 TAU 38
26	0 AQU 11	3 TAU 10	6 LEO 10	6 SCO 25	10 AQU 29	11 TAU 41
27	3 AQU 11	6 TAU 10	9 LEO 10	9 SCO 26	13 AQU 31	14 TAU 43
28	6 AQU 11	9 TAU 10	12 LEO 10	12 SCO 27	16 AQU 34	17 TAU 45
29	9 AQU 11	12 TAU 10	15 LEO 10	15 SCO 27	19 AQU 36	20 TAU 48
30	12 AQU 11	15 TAU 10	18 LEO 10	18 SCO 28	22 AQU 39	23 TAU 50
31	15 AQU 11	18 TAU 10		21 SCO 28		26 TAU 53

1907   LILITH EPHEMERIS

DAY	JAN	FEB	MAR	APR	MAY	JUN
1	29 TAU 55	4 VIR 09	29 SCO 17	3 PIS 31	4 GEM 15	7 VIR 12
2	2 GEM 57	7 VIR 11	2 SAG 19	6 PIS 32	7 GEM 15	10 VIR 12
3	5 GEM 60	10 VIR 14	5 SAG 22	9 PIS 34	10 GEM 15	13 VIR 12
4	9 GEM 02	13 VIR 16	8 SAG 24	12 PIS 35	13 GEM 15	16 VIR 12
5	12 GEM 05	16 VIR 19	11 SAG 27	15 PIS 37	16 GEM 15	19 VIR 12
6	15 GEM 07	19 VIR 21	14 SAG 29	18 PIS 38	19 GEM 15	22 VIR 12
7	18 GEM 09	22 VIR 24	17 SAG 31	21 PIS 40	22 GEM 14	25 VIR 11
8	21 GEM 12	25 VIR 26	20 SAG 34	24 PIS 41	25 GEM 14	28 VIR 11
9	24 GEM 14	28 VIR 28	23 SAG 36	27 PIS 43	28 GEM 14	1 LIB 11
10	27 GEM 16	1 LIB 31	26 SAG 38	0 ARI 44	1 CAN 14	4 LIB 11
11	0 CAN 19	4 LIB 33	29 SAG 41	3 ARI 46	4 CAN 14	7 LIB 11
12	3 CAN 21	7 LIB 36	2 CAP 43	6 ARI 47	7 CAN 14	10 LIB 11
13	6 CAN 24	10 LIB 38	5 CAP 46	9 ARI 49	10 CAN 14	13 LIB 11
14	9 CAN 26	13 LIB 41	8 CAP 48	12 ARI 50	13 CAN 14	16 LIB 11
15	12 CAN 28	16 LIB 43	11 CAP 50	15 ARI 52	16 CAN 14	19 LIB 11
16	15 CAN 31	19 LIB 45	14 CAP 53	18 ARI 53	19 CAN 14	22 LIB 11
17	18 CAN 33	22 LIB 48	17 CAP 55	21 ARI 54	22 CAN 13	25 LIB 10
18	21 CAN 36	25 LIB 50	20 CAP 58	24 ARI 56	25 CAN 13	28 LIB 10
19	24 CAN 38	28 LIB 53	23 CAP 60	27 ARI 57	28 CAN 13	1 SCO 10
20	27 CAN 40	1 SCO 55	27 CAP 02	0 TAU 59	1 LEO 13	4 SCO 10
21	0 LEO 43	4 SCO 58	0 AQU 05	4 TAU 00	4 LEO 13	7 SCO 10
22	3 LEO 45	7 SCO 60	3 AQU 07	7 TAU 02	7 LEO 13	10 SCO 10
23	6 LEO 48	11 SCO 02	6 AQU 10	10 TAU 03	10 LEO 13	13 SCO 10
24	9 LEO 50	14 SCO 05	9 AQU 12	13 TAU 05	13 LEO 13	16 SCO 10
25	12 LEO 52	17 SCO 07	12 AQU 14	16 TAU 06	16 LEO 13	19 SCO 10
26	15 LEO 55	20 SCO 10	15 AQU 17	19 TAU 08	19 LEO 13	22 SCO 10
27	18 LEO 57	23 SCO 12	18 AQU 19	22 TAU 09	22 LEO 12	25 SCO 09
28	21 LEO 59	26 SCO 15	21 AQU 21	25 TAU 11	25 LEO 12	28 SCO 09
29	25 LEO 02		24 AQU 24	28 TAU 12	28 LEO 12	1 SAG 09
30	28 LEO 04		27 AQU 26	1 GEM 14	1 VIR 12	4 SAG 09
31	1 VIR 07		0 PIS 29		4 VIR 12	

22

LILITH EPHEMERIS 1907

DAY	JUL	AUG	SEP	OCT	NOV	DEC
1	7 SAG 09	10 PIS 06	13 GEM 03	13 VIR 00	16 SAG 46	18 PIS 00
2	10 SAG 09	13 PIS 06	16 GEM 03	16 VIR 01	19 SAG 48	21 PIS 02
3	13 SAG 09	16 PIS 06	19 GEM 03	19 VIR 03	22 SAG 51	24 PIS 05
4	16 SAG 09	19 PIS 06	22 GEM 03	22 VIR 04	25 SAG 53	27 PIS 07
5	19 SAG 09	22 PIS 06	25 GEM 03	25 VIR 06	28 SAG 56	0 ARI 10
6	22 SAG 09	25 PIS 06	28 GEM 02	28 VIR 07	1 CAP 58	3 ARI 12
7	25 SAG 08	28 PIS 05	1 CAN 02	1 LIB 09	5 CAP 01	6 ARI 15
8	28 SAG 08	1 ARI 05	4 CAN 02	4 LIB 10	8 CAP 03	9 ARI 17
9	1 CAP 08	4 ARI 05	7 CAN 02	7 LIB 12	11 CAP 06	12 ARI 20
10	4 CAP 08	7 ARI 05	10 CAN 02	10 LIB 13	14 CAP 08	15 ARI 22
11	7 CAP 08	10 ARI 05	13 CAN 02	13 LIB 15	17 CAP 11	18 ARI 25
12	10 CAP 08	13 ARI 05	16 CAN 02	16 LIB 16	20 CAP 13	21 ARI 27
13	13 CAP 08	16 ARI 05	19 CAN 02	19 LIB 18	23 CAP 16	24 ARI 29
14	16 CAP 08	19 ARI 05	22 CAN 02	22 LIB 19	26 CAP 18	27 ARI 32
15	19 CAP 08	22 ARI 05	25 CAN 02	25 LIB 21	29 CAP 21	0 TAU 34
16	22 CAP 08	25 ARI 05	28 CAN 01	28 LIB 22	2 AQU 23	3 TAU 37
17	25 CAP 07	28 ARI 04	1 LEO 01	1 SCO 24	5 AQU 25	6 TAU 39
18	28 CAP 07	1 TAU 04	4 LEO 01	4 SCO 25	8 AQU 28	9 TAU 42
19	1 AQU 07	4 TAU 04	7 LEO 01	7 SCO 27	11 AQU 30	12 TAU 44
20	4 AQU 07	7 TAU 04	10 LEO 01	10 SCO 28	14 AQU 33	15 TAU 47
21	7 AQU 07	10 TAU 04	13 LEO 01	13 SCO 30	17 AQU 35	18 TAU 49
22	10 AQU 07	13 TAU 04	16 LEO 01	16 SCO 31	20 AQU 38	21 TAU 51
23	13 AQU 07	16 TAU 04	19 LEO 01	19 SCO 33	23 AQU 40	24 TAU 54
24	16 AQU 07	19 TAU 04	22 LEO 01	22 SCO 34	26 AQU 43	27 TAU 56
25	19 AQU 07	22 TAU 04	25 LEO 01	25 SCO 36	29 AQU 45	0 GEM 59
26	22 AQU 07	25 TAU 04	28 LEO 00	28 SCO 37	2 PIS 48	4 GEM 01
27	25 AQU 06	28 TAU 03	1 VIR 00	1 SAG 39	5 PIS 50	7 GEM 04
28	28 AQU 06	1 GEM 03	4 VIR 00	4 SAG 40	8 PIS 53	10 GEM 06
29	1 PIS 06	4 GEM 03	7 VIR 00	7 SAG 42	11 PIS 55	13 GEM 09
30	4 PIS 06	7 GEM 03	10 VIR 00	10 SAG 43	14 PIS 58	16 GEM 11
31	7 PIS 06	10 GEM 03		13 SAG 45		19 GEM 14

23

1908   LILITH EPHEMERIS

DAY	JAN	FEB	MAR	APR	MAY	JUN
1	22 GEM 16	26 VIR 32	24 SAG 43	28 PIS 59	29 GEM 13	2 LIB 09
2	25 GEM 18	29 VIR 34	27 SAG 45	1 ARI 59	2 CAN 13	5 LIB 09
3	28 GEM 21	2 LIB 37	0 CAP 48	4 ARI 60	5 CAN 13	8 LIB 09
4	1 CAN 23	5 LIB 39	3 CAP 50	8 ARI 00	8 CAN 13	11 LIB 09
5	4 CAN 26	8 LIB 42	6 CAP 53	11 ARI 01	11 CAN 12	14 LIB 08
6	7 CAN 28	11 LIB 44	9 CAP 55	14 ARI 01	14 CAN 12	17 LIB 08
7	10 CAN 31	14 LIB 47	12 CAP 58	17 ARI 02	17 CAN 12	20 LIB 08
8	13 CAN 33	17 LIB 49	16 CAP 00	20 ARI 02	20 CAN 12	23 LIB 08
9	16 CAN 36	20 LIB 52	19 CAP 03	23 ARI 03	23 CAN 12	26 LIB 08
10	19 CAN 38	23 LIB 54	22 CAP 05	26 ARI 03	26 CAN 12	29 LIB 08
11	22 CAN 41	26 LIB 56	25 CAP 08	29 ARI 04	29 CAN 12	2 SCO 08
12	25 CAN 43	29 LIB 59	28 CAP 10	2 TAU 04	2 LEO 12	5 SCO 08
13	28 CAN 45	3 SCO 01	1 AQU 12	5 TAU 05	5 LEO 11	8 SCO 07
14	1 LEO 48	6 SCO 04	4 AQU 15	8 TAU 05	8 LEO 11	11 SCO 07
15	4 LEO 50	9 SCO 06	7 AQU 17	11 TAU 06	11 LEO 11	14 SCO 07
16	7 LEO 53	12 SCO 09	10 AQU 20	14 TAU 06	14 LEO 11	17 SCO 07
17	10 LEO 55	15 SCO 11	13 AQU 22	17 TAU 06	17 LEO 11	20 SCO 07
18	13 LEO 58	18 SCO 14	16 AQU 25	20 TAU 07	20 LEO 11	23 SCO 07
19	17 LEO 00	21 SCO 16	19 AQU 27	23 TAU 07	23 LEO 11	26 SCO 07
20	20 LEO 03	24 SCO 19	22 AQU 30	26 TAU 08	26 LEO 11	29 SCO 06
21	23 LEO 05	27 SCO 21	25 AQU 32	29 TAU 08	29 LEO 10	2 SAG 06
22	26 LEO 07	0 SAG 23	28 AQU 34	2 GEM 09	2 VIR 10	5 SAG 06
23	29 LEO 10	3 SAG 26	1 PIS 37	5 GEM 09	5 VIR 10	8 SAG 06
24	2 VIR 12	6 SAG 28	4 PIS 39	8 GEM 10	8 VIR 10	11 SAG 06
25	5 VIR 15	9 SAG 31	7 PIS 42	11 GEM 10	11 VIR 10	14 SAG 06
26	8 VIR 17	12 SAG 33	10 PIS 44	14 GEM 11	14 VIR 10	17 SAG 06
27	11 VIR 20	15 SAG 36	13 PIS 47	17 GEM 11	17 VIR 10	20 SAG 06
28	14 VIR 22	18 SAG 38	16 PIS 49	20 GEM 12	20 VIR 10	23 SAG 05
29	17 VIR 25	21 SAG 41	19 PIS 52	23 GEM 12	23 VIR 09	26 SAG 05
30	20 VIR 27		22 PIS 54	26 GEM 13	26 VIR 09	29 SAG 05
31	23 VIR 30		25 PIS 57		29 VIR 09	

LILITH EPHEMERIS   1908

DAY	JUL	AUG	SEP	OCT	NOV	DEC
1	2 CAP 05	5 ARI 01	7 CAN 57	7 LIB 54	12 CAP 10	13 ARI 24
2	5 CAP 05	8 ARI 01	10 CAN 57	10 LIB 56	15 CAP 12	16 ARI 26
3	8 CAP 05	11 ARI 01	13 CAN 57	13 LIB 59	18 CAP 15	19 ARI 29
4	11 CAP 05	14 ARI 01	16 CAN 57	17 LIB 01	21 CAP 17	22 ARI 31
5	14 CAP 04	17 ARI 00	19 CAN 57	20 LIB 04	24 CAP 20	25 ARI 34
6	17 CAP 04	20 ARI 00	22 CAN 56	23 LIB 06	27 CAP 22	28 ARI 36
7	20 CAP 04	23 ARI 00	25 CAN 56	26 LIB 09	0 AQU 25	1 TAU 39
8	23 CAP 04	26 ARI 00	28 CAN 56	29 LIB 11	3 AQU 27	4 TAU 41
9	26 CAP 04	28 ARI 60	1 LEO 56	2 SCO 14	6 AQU 30	7 TAU 44
10	29 CAP 04	1 TAU 60	4 LEO 56	5 SCO 16	9 AQU 32	10 TAU 46
11	2 AQU 04	4 TAU 60	7 LEO 56	8 SCO 19	12 AQU 35	13 TAU 49
12	5 AQU 04	7 TAU 60	10 LEO 56	11 SCO 21	15 AQU 37	16 TAU 51
13	8 AQU 03	10 TAU 59	13 LEO 56	14 SCO 23	18 AQU 40	19 TAU 53
14	11 AQU 03	13 TAU 59	16 LEO 56	17 SCO 26	21 AQU 42	22 TAU 56
15	14 AQU 03	16 TAU 59	19 LEO 56	20 SCO 28	24 AQU 45	25 TAU 58
16	17 AQU 03	19 TAU 59	22 LEO 56	23 SCO 31	27 AQU 47	29 TAU 01
17	20 AQU 03	22 TAU 59	25 LEO 55	26 SCO 33	0 PIS 49	2 GEM 03
18	23 AQU 03	25 TAU 59	28 LEO 55	29 SCO 36	3 PIS 52	5 GEM 06
19	26 AQU 03	28 TAU 59	1 VIR 55	2 SAG 38	6 PIS 54	8 GEM 08
20	29 AQU 03	1 GEM 59	4 VIR 55	5 SAG 41	9 PIS 57	11 GEM 11
21	2 PIS 02	4 GEM 58	7 VIR 55	8 SAG 43	12 PIS 59	14 GEM 13
22	5 PIS 02	7 GEM 58	10 VIR 55	11 SAG 45	16 PIS 02	17 GEM 15
23	8 PIS 02	10 GEM 58	13 VIR 55	14 SAG 48	19 PIS 04	20 GEM 18
24	11 PIS 02	13 GEM 58	16 VIR 55	17 SAG 50	22 PIS 07	23 GEM 20
25	14 PIS 02	16 GEM 58	19 VIR 55	20 SAG 53	25 PIS 09	26 GEM 23
26	17 PIS 02	19 GEM 58	22 VIR 55	23 SAG 55	28 PIS 12	29 GEM 25
27	20 PIS 02	22 GEM 58	25 VIR 54	26 SAG 58	1 ARI 14	2 CAN 28
28	23 PIS 02	25 GEM 58	28 VIR 54	0 CAP 00	4 ARI 17	5 CAN 30
29	26 PIS 01	28 GEM 57	1 LIB 54	3 CAP 03	7 ARI 19	8 CAN 33
30	29 PIS 01	1 CAN 57	4 LIB 54	6 CAP 05	10 ARI 22	11 CAN 35
31	2 ARI 01	4 CAN 57		9 CAP 08		14 CAN 38

25

1909 LILITH EPHEMERIS

DAY	JAN	FEB	MAR	APR	MAY	JUN
1	17 CAN 40	21 LIB 56	17 CAP 05	21 ARI 10	21 CAN 07	24 LIB 04
2	20 CAN 42	24 LIB 58	20 CAP 07	24 ARI 10	24 CAN 07	27 LIB 04
3	23 CAN 45	28 LIB 01	23 CAP 09	27 ARI 10	27 CAN 07	0 SCO 04
4	26 CAN 47	1 SCO 03	26 CAP 11	0 TAU 10	0 LEO 07	3 SCO 04
5	29 CAN 50	4 SCO 06	29 CAP 13	3 TAU 10	3 LEO 07	6 SCO 04
6	2 LEO 52	7 SCO 08	2 AQU 15	6 TAU 09	6 LEO 07	9 SCO 03
7	5 LEO 55	10 SCO 11	5 AQU 18	9 TAU 09	9 LEO 06	12 SCO 03
8	8 LEO 57	13 SCO 13	8 AQU 20	12 TAU 09	12 LEO 06	15 SCO 03
9	11 LEO 60	16 SCO 16	11 AQU 22	15 TAU 09	15 LEO 06	18 SCO 03
10	15 LEO 02	19 SCO 18	14 AQU 24	18 TAU 09	18 LEO 06	21 SCO 03
11	18 LEO 05	22 SCO 21	17 AQU 26	21 TAU 09	21 LEO 06	24 SCO 03
12	21 LEO 07	25 SCO 23	20 AQU 28	24 TAU 09	24 LEO 06	27 SCO 03
13	24 LEO 09	28 SCO 26	23 AQU 30	27 TAU 09	27 LEO 06	0 SAG 03
14	27 LEO 12	1 SAG 28	26 AQU 32	0 GEM 09	0 VIR 06	3 SAG 03
15	0 VIR 14	4 SAG 31	29 AQU 34	3 GEM 09	3 VIR 06	6 SAG 03
16	3 VIR 17	7 SAG 33	2 PIS 36	6 GEM 08	6 VIR 06	9 SAG 03
17	6 VIR 19	10 SAG 35	5 PIS 39	9 GEM 08	9 VIR 05	12 SAG 02
18	9 VIR 22	13 SAG 38	8 PIS 41	12 GEM 08	12 VIR 05	15 SAG 02
19	12 VIR 24	16 SAG 40	11 PIS 43	15 GEM 08	15 VIR 05	18 SAG 02
20	15 VIR 27	19 SAG 43	14 PIS 45	18 GEM 08	18 VIR 05	21 SAG 02
21	18 VIR 29	22 SAG 45	17 PIS 47	21 GEM 08	21 VIR 05	24 SAG 02
22	21 VIR 31	25 SAG 48	20 PIS 49	24 GEM 08	24 VIR 05	27 SAG 02
23	24 VIR 34	28 SAG 50	23 PIS 51	27 GEM 08	27 VIR 05	0 CAP 02
24	27 VIR 36	1 CAP 53	26 PIS 53	0 CAN 08	0 LIB 05	3 CAP 02
25	0 LIB 39	4 CAP 55	29 PIS 55	3 CAN 08	3 LIB 05	6 CAP 02
26	3 LIB 41	7 CAP 58	2 ARI 57	6 CAN 07	6 LIB 05	9 CAP 02
27	6 LIB 44	11 CAP 00	5 ARI 60	9 CAN 07	9 LIB 04	12 CAP 01
28	9 LIB 46	14 CAP 03	9 ARI 02	12 CAN 07	12 LIB 04	15 CAP 01
29	12 LIB 49		12 ARI 04	15 CAN 07	15 LIB 04	18 CAP 01
30	15 LIB 51		15 ARI 06	18 CAN 07	18 LIB 04	21 CAP 01
31	18 LIB 54		18 ARI 08		21 LIB 04	

LILITH EPHEMERIS 1909

DAY	JUL	AUG	SEP	OCT	NOV	DEC
1	24 CAP 01	26 ARI 58	29 CAN 55	0 SCO 20	4 AQU 35	5 TAU 48
2	27 CAP 01	29 ARI 58	2 LEO 56	3 SCO 22	7 AQU 37	8 TAU 50
3	0 AQU 01	2 TAU 58	5 LEO 57	6 SCO 25	10 AQU 40	11 TAU 53
4	3 AQU 01	5 TAU 58	8 LEO 58	9 SCO 27	13 AQU 42	14 TAU 55
5	6 AQU 01	8 TAU 58	11 LEO 58	12 SCO 30	16 AQU 45	17 TAU 58
6	9 AQU 01	11 TAU 58	14 LEO 59	15 SCO 32	19 AQU 47	21 TAU 00
7	12 AQU 00	14 TAU 57	18 LEO 00	18 SCO 35	22 AQU 50	24 TAU 03
8	15 AQU 00	17 TAU 57	21 LEO 01	21 SCO 37	25 AQU 52	27 TAU 05
9	18 AQU 00	20 TAU 57	24 LEO 02	24 SCO 39	28 AQU 54	0 GEM 07
10	21 AQU 00	23 TAU 57	27 LEO 03	27 SCO 42	1 PIS 57	3 GEM 10
11	24 AQU 00	26 TAU 57	0 VIR 03	0 SAG 44	4 PIS 59	6 GEM 12
12	26 AQU 60	29 TAU 57	3 VIR 04	3 SAG 47	8 PIS 02	9 GEM 15
13	29 AQU 60	2 GEM 57	6 VIR 05	6 SAG 49	11 PIS 04	12 GEM 17
14	2 PIS 60	5 GEM 57	9 VIR 06	9 SAG 51	14 PIS 07	15 GEM 19
15	5 PIS 60	8 GEM 57	12 VIR 07	12 SAG 54	17 PIS 09	18 GEM 22
16	8 PIS 60	11 GEM 57	15 VIR 07	15 SAG 56	20 PIS 12	21 GEM 24
17	11 PIS 59	14 GEM 56	18 VIR 08	18 SAG 59	23 PIS 14	24 GEM 27
18	14 PIS 59	17 GEM 56	21 VIR 09	22 SAG 01	26 PIS 16	27 GEM 29
19	17 PIS 59	20 GEM 56	24 VIR 10	25 SAG 04	29 PIS 19	0 CAN 32
20	20 PIS 59	23 GEM 56	27 VIR 11	28 SAG 06	2 ARI 21	3 CAN 34
21	23 PIS 59	26 GEM 56	0 LIB 12	1 CAP 08	5 ARI 24	6 CAN 36
22	26 PIS 59	29 GEM 56	3 LIB 12	4 CAP 11	8 ARI 26	9 CAN 39
23	29 PIS 59	2 CAN 56	6 LIB 13	7 CAP 13	11 ARI 29	12 CAN 41
24	2 ARI 59	5 CAN 56	9 LIB 14	10 CAP 16	14 ARI 31	15 CAN 44
25	5 ARI 59	8 CAN 56	12 LIB 15	13 CAP 18	17 ARI 33	18 CAN 46
26	8 ARI 59	11 CAN 56	15 LIB 16	16 CAP 20	20 ARI 36	21 CAN 48
27	11 ARI 58	14 CAN 55	18 LIB 17	19 CAP 23	23 ARI 38	24 CAN 51
28	14 ARI 58	17 CAN 55	21 LIB 17	22 CAP 25	26 ARI 41	27 CAN 53
29	17 ARI 58	20 CAN 55	24 LIB 18	25 CAP 28	29 ARI 43	0 LEO 56
30	20 ARI 58	23 CAN 55	27 LIB 19	28 CAP 30	2 TAU 46	3 LEO 58
31	23 ARI 58	26 CAN 55		1 AQU 33		7 LEO 01

1910   LILITH EPHEMERIS

DAY	JAN	FEB	MAR	APR	MAY	JUN
1	10 LEO 03	14 SCO 18	9 AQU 26	13 TAU 01	13 LEO 00	15 SCO 58
2	13 LEO 05	17 SCO 20	12 AQU 27	16 TAU 01	15 LEO 60	18 SCO 58
3	16 LEO 08	20 SCO 23	15 AQU 28	19 TAU 01	18 LEO 60	21 SCO 58
4	19 LEO 10	23 SCO 25	18 AQU 29	22 TAU 01	21 LEO 60	24 SCO 58
5	22 LEO 13	26 SCO 28	21 AQU 31	25 TAU 01	24 LEO 60	27 SCO 58
6	25 LEO 15	29 SCO 30	24 AQU 32	28 TAU 01	27 LEO 60	0 SAG 58
7	28 LEO 18	2 SAG 33	27 AQU 33	1 GEM 01	0 VIR 60	3 SAG 58
8	1 VIR 20	5 SAG 35	0 PIS 34	4 GEM 01	3 VIR 60	6 SAG 58
9	4 VIR 22	8 SAG 37	3 PIS 35	7 GEM 01	6 VIR 59	9 SAG 58
10	7 VIR 25	11 SAG 40	6 PIS 36	10 GEM 01	9 VIR 59	12 SAG 58
11	10 VIR 27	14 SAG 42	9 PIS 37	13 GEM 01	12 VIR 59	15 SAG 58
12	13 VIR 30	17 SAG 45	12 PIS 38	16 GEM 01	15 VIR 59	18 SAG 58
13	16 VIR 32	20 SAG 47	15 PIS 40	19 GEM 01	18 VIR 59	21 SAG 58
14	19 VIR 34	23 SAG 50	18 PIS 41	22 GEM 01	21 VIR 59	24 SAG 58
15	22 VIR 37	26 SAG 52	21 PIS 42	25 GEM 01	24 VIR 59	27 SAG 58
16	25 VIR 39	29 SAG 54	24 PIS 43	28 GEM 00	27 VIR 59	0 CAP 58
17	28 VIR 42	2 CAP 57	27 PIS 44	1 CAN 00	0 LIB 59	3 CAP 57
18	1 LIB 44	5 CAP 59	0 ARI 45	4 CAN 00	3 LIB 59	6 CAP 57
19	4 LIB 47	9 CAP 02	3 ARI 46	7 CAN 00	6 LIB 59	9 CAP 57
20	7 LIB 49	12 CAP 04	6 ARI 47	10 CAN 00	9 LIB 59	12 CAP 57
21	10 LIB 51	15 CAP 07	9 ARI 49	13 CAN 00	12 LIB 59	15 CAP 57
22	13 LIB 54	18 CAP 09	12 ARI 50	16 CAN 00	15 LIB 59	18 CAP 57
23	16 LIB 56	21 CAP 11	15 ARI 51	19 CAN 00	18 LIB 59	21 CAP 57
24	19 LIB 59	24 CAP 14	18 ARI 52	22 CAN 00	21 LIB 59	24 CAP 57
25	23 LIB 01	27 CAP 16	21 ARI 53	25 CAN 00	24 LIB 58	27 CAP 57
26	26 LIB 03	0 AQU 19	24 ARI 54	28 CAN 00	27 LIB 58	0 AQU 57
27	29 LIB 06	3 AQU 21	27 ARI 55	1 LEO 00	0 SCO 58	3 AQU 57
28	2 SCO 08	6 AQU 24	0 TAU 56	4 LEO 00	3 SCO 58	6 AQU 57
29	5 SCO 11		3 TAU 58	7 LEO 00	6 SCO 58	9 AQU 57
30	8 SCO 13		6 TAU 59	10 LEO 00	9 SCO 58	12 AQU 57
31	11 SCO 16		9 TAU 60		12 SCO 58	

28

LILITH EPHEMERIS 1910

DAY	JUL	AUG	SEP	OCT	NOV	DEC
1	15 AQU 57	18 TAU 56	21 LEO 55	22 SCO 47	26 AQU 59	28 TAU 09
2	18 AQU 57	21 TAU 56	24 LEO 57	25 SCO 49	0 PIS 01	1 GEM 11
3	21 AQU 57	24 TAU 56	27 LEO 58	28 SCO 52	3 PIS 04	4 GEM 14
4	24 AQU 57	27 TAU 56	1 VIR 00	1 SAG 54	6 PIS 06	7 GEM 16
5	27 AQU 57	0 GEM 56	4 VIR 02	4 SAG 56	9 PIS 08	10 GEM 18
6	0 PIS 57	3 GEM 56	7 VIR 04	7 SAG 59	12 PIS 11	13 GEM 21
7	3 PIS 57	6 GEM 56	10 VIR 05	11 SAG 01	15 PIS 13	16 GEM 23
8	6 PIS 57	9 GEM 56	13 VIR 07	14 SAG 03	18 PIS 15	19 GEM 25
9	9 PIS 57	12 GEM 56	16 VIR 09	17 SAG 06	21 PIS 18	22 GEM 28
10	12 PIS 57	15 GEM 56	19 VIR 11	20 SAG 08	24 PIS 20	25 GEM 30
11	15 PIS 57	18 GEM 56	22 VIR 12	23 SAG 10	27 PIS 22	28 GEM 32
12	18 PIS 57	21 GEM 56	25 VIR 14	26 SAG 13	0 ARI 25	1 CAN 35
13	21 PIS 57	24 GEM 56	28 VIR 16	29 SAG 15	3 ARI 27	4 CAN 37
14	24 PIS 57	27 GEM 56	1 LIB 18	2 CAP 17	6 ARI 29	7 CAN 39
15	27 PIS 57	0 CAN 56	4 LIB 19	5 CAP 20	9 ARI 32	10 CAN 42
16	0 ARI 57	3 CAN 56	7 LIB 21	8 CAP 22	12 ARI 34	13 CAN 44
17	3 ARI 56	6 CAN 55	10 LIB 23	11 CAP 24	15 ARI 36	16 CAN 46
18	6 ARI 56	9 CAN 55	13 LIB 24	14 CAP 26	18 ARI 39	19 CAN 48
19	9 ARI 56	12 CAN 55	16 LIB 26	17 CAP 29	21 ARI 41	22 CAN 51
20	12 ARI 56	15 CAN 55	19 LIB 28	20 CAP 31	24 ARI 43	25 CAN 53
21	15 ARI 56	18 CAN 55	22 LIB 30	23 CAP 33	27 ARI 46	28 CAN 55
22	18 ARI 56	21 CAN 55	25 LIB 31	26 CAP 36	0 TAU 48	1 LEO 58
23	21 ARI 56	24 CAN 55	28 LIB 33	29 CAP 38	3 TAU 50	5 LEO 00
24	24 ARI 56	27 CAN 55	1 SCO 35	2 AQU 40	6 TAU 53	8 LEO 02
25	27 ARI 56	0 LEO 55	4 SCO 37	5 AQU 43	9 TAU 55	11 LEO 05
26	0 TAU 56	3 LEO 55	7 SCO 38	8 AQU 45	12 TAU 57	14 LEO 07
27	3 TAU 56	6 LEO 55	10 SCO 40	11 AQU 47	15 TAU 60	17 LEO 09
28	6 TAU 56	9 LEO 55	13 SCO 42	14 AQU 50	19 TAU 02	20 LEO 12
29	9 TAU 56	12 LEO 55	16 SCO 44	17 AQU 52	22 TAU 04	23 LEO 14
30	12 TAU 56	15 LEO 55	19 SCO 45	20 AQU 54	25 TAU 07	26 LEO 16
31	15 TAU 56	18 LEO 55		23 AQU 57		29 LEO 19

1911   LILITH EPHEMERIS

DAY	JAN	FEB	MAR	APR	MAY	JUN
1	2 VIR 21	6 SAG 33	1 PIS 39	4 GEM 50	4 VIR 52	7 SAG 54
2	5 VIR 23	9 SAG 35	4 PIS 39	7 GEM 50	7 VIR 52	10 SAG 54
3	8 VIR 26	12 SAG 38	7 PIS 40	10 GEM 50	10 VIR 52	13 SAG 54
4	11 VIR 28	15 SAG 40	10 PIS 40	13 GEM 50	13 VIR 52	16 SAG 54
5	14 VIR 30	18 SAG 42	13 PIS 40	16 GEM 50	16 VIR 52	19 SAG 54
6	17 VIR 33	21 SAG 45	16 PIS 41	19 GEM 50	19 VIR 52	22 SAG 54
7	20 VIR 35	24 SAG 47	19 PIS 41	22 GEM 50	22 VIR 52	25 SAG 54
8	23 VIR 37	27 SAG 50	22 PIS 41	25 GEM 50	25 VIR 52	28 SAG 54
9	26 VIR 40	0 CAP 52	25 PIS 42	28 GEM 51	28 VIR 53	1 CAP 55
10	29 VIR 42	3 CAP 54	28 PIS 42	1 CAN 51	1 LIB 53	4 CAP 55
11	2 LIB 44	6 CAP 57	1 ARI 43	4 CAN 51	4 LIB 53	7 CAP 55
12	5 LIB 47	9 CAP 59	4 ARI 43	7 CAN 51	7 LIB 53	10 CAP 55
13	8 LIB 49	13 CAP 01	7 ARI 43	10 CAN 51	10 LIB 53	13 CAP 55
14	11 LIB 51	16 CAP 04	10 ARI 44	13 CAN 51	13 LIB 53	16 CAP 55
15	14 LIB 54	19 CAP 06	13 ARI 44	16 CAN 51	16 LIB 53	19 CAP 55
16	17 LIB 56	22 CAP 08	16 ARI 44	19 CAN 51	19 LIB 53	22 CAP 55
17	20 LIB 58	25 CAP 11	19 ARI 45	22 CAN 51	22 LIB 53	25 CAP 55
18	24 LIB 00	28 CAP 13	22 ARI 45	25 CAN 51	25 LIB 53	28 CAP 55
19	27 LIB 03	1 AQU 15	25 ARI 45	28 CAN 51	28 LIB 53	1 AQU 55
20	0 SCO 05	4 AQU 18	28 ARI 46	1 LEO 51	1 SCO 53	4 AQU 55
21	3 SCO 07	7 AQU 20	1 TAU 46	4 LEO 51	4 SCO 53	7 AQU 55
22	6 SCO 10	10 AQU 22	4 TAU 46	7 LEO 51	7 SCO 53	10 AQU 55
23	9 SCO 12	13 AQU 25	7 TAU 47	10 LEO 51	10 SCO 53	13 AQU 55
24	12 SCO 14	16 AQU 27	10 TAU 47	13 LEO 52	13 SCO 53	16 AQU 56
25	15 SCO 17	19 AQU 30	13 TAU 48	16 LEO 52	16 SCO 54	19 AQU 56
26	18 SCO 19	22 AQU 32	16 TAU 48	19 LEO 52	19 SCO 54	22 AQU 56
27	21 SCO 21	25 AQU 34	19 TAU 48	22 LEO 52	22 SCO 54	25 AQU 56
28	24 SCO 24	28 AQU 37	22 TAU 49	25 LEO 52	25 SCO 54	28 AQU 56
29	27 SCO 26		25 TAU 49	28 LEO 52	28 SCO 54	1 PIS 56
30	0 SAG 28		28 TAU 49	1 VIR 52	1 SAG 54	4 PIS 56
31	3 SAG 31		1 GEM 50		4 SAG 54	

LILITH EPHEMERIS 1911

DAY	JUL	AUG	SEP	OCT	NOV	DEC
1	7 PIS 56	10 GEM 59	14 VIR 08	15 SAG 14	19 PIS 22	20 GEM 28
2	10 PIS 56	13 GEM 59	17 VIR 10	18 SAG 16	22 PIS 24	23 GEM 30
3	13 PIS 56	16 GEM 60	20 VIR 12	21 SAG 18	25 PIS 26	26 GEM 32
4	16 PIS 56	19 GEM 60	23 VIR 15	24 SAG 21	28 PIS 29	29 GEM 35
5	19 PIS 56	23 GEM 00	26 VIR 17	27 SAG 23	1 ARI 31	2 CAN 37
6	22 PIS 56	26 GEM 00	29 VIR 19	0 CAP 25	4 ARI 33	5 CAN 39
7	25 PIS 57	29 GEM 01	2 LIB 21	3 CAP 27	7 ARI 35	8 CAN 41
8	28 PIS 57	2 CAN 01	5 LIB 23	6 CAP 29	10 ARI 37	11 CAN 43
9	1 ARI 57	5 CAN 01	8 LIB 26	9 CAP 32	13 ARI 40	14 CAN 46
10	4 ARI 57	8 CAN 02	11 LIB 28	12 CAP 34	16 ARI 42	17 CAN 48
11	7 ARI 57	11 CAN 02	14 LIB 30	15 CAP 36	19 ARI 44	20 CAN 50
12	10 ARI 57	14 CAN 02	17 LIB 32	18 CAP 38	22 ARI 46	23 CAN 52
13	13 ARI 57	17 CAN 02	20 LIB 34	21 CAP 40	25 ARI 48	26 CAN 54
14	16 ARI 57	20 CAN 03	23 LIB 37	24 CAP 43	28 ARI 51	29 CAN 57
15	19 ARI 57	23 CAN 03	26 LIB 39	27 CAP 45	1 TAU 53	2 LEO 59
16	22 ARI 57	26 CAN 03	29 LIB 41	0 AQU 47	4 TAU 55	6 LEO 01
17	25 ARI 58	29 CAN 04	2 SCO 43	3 AQU 49	7 TAU 57	9 LEO 03
18	28 ARI 58	2 LEO 04	5 SCO 45	6 AQU 51	10 TAU 59	12 LEO 05
19	1 TAU 58	5 LEO 04	8 SCO 48	9 AQU 53	14 TAU 02	15 LEO 07
20	4 TAU 58	8 LEO 05	11 SCO 50	12 AQU 56	17 TAU 04	18 LEO 10
21	7 TAU 58	11 LEO 05	14 SCO 52	15 AQU 58	20 TAU 06	21 LEO 12
22	10 TAU 58	14 LEO 05	17 SCO 54	19 AQU 00	23 TAU 08	24 LEO 14
23	13 TAU 58	17 LEO 05	20 SCO 56	22 AQU 02	26 TAU 10	27 LEO 16
24	16 TAU 58	20 LEO 06	23 SCO 59	25 AQU 04	29 TAU 13	0 VIR 18
25	19 TAU 58	23 LEO 06	27 SCO 01	28 AQU 07	2 GEM 15	3 VIR 21
26	22 TAU 58	26 LEO 06	0 SAG 03	1 PIS 09	5 GEM 17	6 VIR 23
27	25 TAU 59	29 LEO 07	3 SAG 05	4 PIS 11	8 GEM 19	9 VIR 25
28	28 TAU 59	2 VIR 07	6 SAG 07	7 PIS 13	11 GEM 21	12 VIR 27
29	1 GEM 59	5 VIR 07	9 SAG 10	10 PIS 15	14 GEM 24	15 VIR 29
30	4 GEM 59	8 VIR 07	12 SAG 12	13 PIS 18	17 GEM 26	18 VIR 32
31	7 GEM 59	11 VIR 08		16 PIS 20		21 VIR 34

1912   LILITH EPHEMERIS

DAY	JAN	FEB	MAR	APR	MAY	JUN
1	24 VIR 36	28 SAG 44	26 PIS 38	29 GEM 45	29 VIR 52	2 CAP 58
2	27 VIR 38	1 CAP 46	29 PIS 38	2 CAN 45	2 LIB 52	5 CAP 58
3	0 LIB 40	4 CAP 48	2 ARI 38	5 CAN 45	5 LIB 52	8 CAP 58
4	3 LIB 43	7 CAP 50	5 ARI 39	8 CAN 46	8 LIB 53	11 CAP 59
5	6 LIB 45	10 CAP 51	8 ARI 39	11 CAN 46	11 LIB 53	14 CAP 59
6	9 LIB 47	13 CAP 53	11 ARI 39	14 CAN 46	14 LIB 53	17 CAP 59
7	12 LIB 49	16 CAP 55	14 ARI 39	17 CAN 46	17 LIB 53	20 CAP 59
8	15 LIB 51	19 CAP 57	17 ARI 40	20 CAN 47	20 LIB 53	23 CAP 59
9	18 LIB 54	22 CAP 59	20 ARI 40	23 CAN 47	23 LIB 54	26 CAP 60
10	21 LIB 56	26 CAP 01	23 ARI 40	26 CAN 47	26 LIB 54	29 CAP 60
11	24 LIB 58	29 CAP 03	26 ARI 40	29 CAN 47	29 LIB 54	2 AQU 00
12	28 LIB 00	2 AQU 04	29 ARI 40	2 LEO 48	2 SCO 54	6 AQU 00
13	1 SCO 02	5 AQU 06	2 TAU 41	5 LEO 48	5 SCO 54	9 AQU 00
14	4 SCO 05	8 AQU 08	5 TAU 41	8 LEO 48	8 SCO 55	12 AQU 01
15	7 SCO 07	11 AQU 10	8 TAU 41	11 LEO 48	11 SCO 55	15 AQU 01
16	10 SCO 09	14 AQU 12	11 TAU 41	14 LEO 49	14 SCO 55	18 AQU 01
17	13 SCO 11	17 AQU 14	14 TAU 42	17 LEO 49	17 SCO 55	21 AQU 01
18	16 SCO 13	20 AQU 16	17 TAU 42	20 LEO 49	20 SCO 55	24 AQU 01
19	19 SCO 15	23 AQU 18	20 TAU 42	23 LEO 49	23 SCO 55	27 AQU 02
20	22 SCO 18	26 AQU 19	23 TAU 42	26 LEO 49	26 SCO 56	0 PIS 02
21	25 SCO 20	29 AQU 21	26 TAU 43	29 LEO 50	29 SCO 56	3 PIS 02
22	28 SCO 22	2 PIS 23	29 TAU 43	2 VIR 50	2 SAG 56	6 PIS 02
23	1 SAG 24	5 PIS 25	2 GEM 43	5 VIR 50	5 SAG 56	9 PIS 02
24	4 SAG 26	8 PIS 27	5 GEM 43	8 VIR 50	8 SAG 56	12 PIS 03
25	7 SAG 29	11 PIS 29	8 GEM 43	11 VIR 51	11 SAG 57	15 PIS 03
26	10 SAG 31	14 PIS 31	11 GEM 44	14 VIR 51	14 SAG 57	18 PIS 03
27	13 SAG 33	17 PIS 32	14 GEM 44	17 VIR 51	17 SAG 57	21 PIS 03
28	16 SAG 35	20 PIS 34	17 GEM 44	20 VIR 51	20 SAG 57	24 PIS 03
29	19 SAG 37	23 PIS 36	20 GEM 44	23 VIR 52	23 SAG 57	27 PIS 04
30	22 SAG 40		23 GEM 45	26 VIR 52	26 SAG 58	0 ARI 04
31	25 SAG 42		26 GEM 45		29 SAG 58	

LILITH EPHEMERIS 1912

DAY	JUL	AUG	SEP	OCT	NOV	DEC
1	3 ARI 04	6 CAN 10	9 LIB 42	10 CAP 43	14 ARI 46	15 CAN 47
2	6 ARI 04	9 CAN 11	12 LIB 44	13 CAP 45	17 ARI 48	18 CAN 49
3	9 ARI 04	12 CAN 12	15 LIB 46	16 CAP 47	20 ARI 50	21 CAN 51
4	12 ARI 05	15 CAN 13	18 LIB 48	19 CAP 49	23 ARI 52	24 CAN 53
5	15 ARI 05	18 CAN 14	21 LIB 50	22 CAP 51	26 ARI 54	27 CAN 55
6	18 ARI 05	21 CAN 15	24 LIB 52	25 CAP 53	29 ARI 56	0 LEO 57
7	21 ARI 05	24 CAN 16	27 LIB 54	28 CAP 55	2 TAU 58	3 LEO 59
8	24 ARI 05	27 CAN 17	0 SCO 56	1 AQU 57	6 TAU 00	7 LEO 01
9	27 ARI 06	0 LEO 18	3 SCO 58	4 AQU 59	9 TAU 02	10 LEO 03
10	0 TAU 06	3 LEO 19	7 SCO 00	8 AQU 01	12 TAU 04	13 LEO 05
11	3 TAU 06	6 LEO 20	10 SCO 02	11 AQU 03	15 TAU 06	16 LEO 07
12	6 TAU 06	9 LEO 21	13 SCO 04	14 AQU 05	18 TAU 08	19 LEO 09
13	9 TAU 06	12 LEO 22	16 SCO 06	17 AQU 07	21 TAU 10	22 LEO 11
14	12 TAU 07	15 LEO 23	19 SCO 08	20 AQU 09	24 TAU 12	25 LEO 13
15	15 TAU 07	18 LEO 24	22 SCO 10	23 AQU 11	27 TAU 14	28 LEO 15
16	18 TAU 07	21 LEO 25	25 SCO 12	26 AQU 13	0 GEM 17	1 VIR 17
17	21 TAU 07	24 LEO 27	28 SCO 15	29 AQU 16	3 GEM 19	4 VIR 20
18	24 TAU 07	27 LEO 28	1 SAG 17	2 PIS 18	6 GEM 21	7 VIR 22
19	27 TAU 07	0 VIR 29	4 SAG 19	5 PIS 20	9 GEM 23	10 VIR 24
20	0 GEM 08	3 VIR 30	7 SAG 21	8 PIS 22	12 GEM 25	13 VIR 26
21	3 GEM 08	6 VIR 31	10 SAG 23	11 PIS 24	15 GEM 27	16 VIR 28
22	6 GEM 08	9 VIR 32	13 SAG 25	14 PIS 26	18 GEM 29	19 VIR 30
23	9 GEM 08	12 VIR 33	16 SAG 27	17 PIS 28	21 GEM 31	22 VIR 32
24	12 GEM 08	15 VIR 34	19 SAG 29	20 PIS 30	24 GEM 33	25 VIR 34
25	15 GEM 09	18 VIR 35	22 SAG 31	23 PIS 32	27 GEM 35	28 VIR 36
26	18 GEM 09	21 VIR 36	25 SAG 33	26 PIS 34	0 CAN 37	1 LIB 38
27	21 GEM 09	24 VIR 37	28 SAG 35	29 PIS 36	3 CAN 39	4 LIB 40
28	24 GEM 09	27 VIR 38	1 CAP 37	2 ARI 38	6 CAN 41	7 LIB 42
29	27 GEM 09	0 LIB 39	4 CAP 39	5 ARI 40	9 CAN 43	10 LIB 44
30	0 CAN 10	3 LIB 40	7 CAP 41	8 ARI 42	12 CAN 45	13 LIB 46
31	3 CAN 10	6 LIB 41		11 ARI 44		16 LIB 48

1913 LILITH EPHEMERIS

DAY	JAN	FEB	MAR	APR	MAY	JUN
1	19 LIB 50	23 CAP 53	18 ARI 20	21 CAN 32	21 LIB 44	24 CAP 56
2	22 LIB 52	26 CAP 54	21 ARI 20	24 CAN 32	24 LIB 44	27 CAP 56
3	25 LIB 54	29 CAP 55	24 ARI 21	27 CAN 33	27 LIB 45	0 AQU 57
4	28 LIB 56	2 AQU 56	27 ARI 21	0 LEO 33	0 SCO 45	3 AQU 57
5	1 SCO 58	5 AQU 57	0 TAU 22	3 LEO 34	3 SCO 46	6 AQU 58
6	5 SCO 00	8 AQU 58	3 TAU 22	6 LEO 34	6 SCO 46	9 AQU 58
7	8 SCO 02	11 AQU 59	6 TAU 22	9 LEO 34	9 SCO 46	12 AQU 58
8	11 SCO 04	14 AQU 60	9 TAU 23	12 LEO 35	12 SCO 47	15 AQU 59
9	14 SCO 06	18 AQU 01	12 TAU 23	15 LEO 35	15 SCO 47	18 AQU 59
10	17 SCO 08	21 AQU 02	15 TAU 23	18 LEO 36	18 SCO 47	21 AQU 60
11	20 SCO 10	24 AQU 03	18 TAU 24	21 LEO 36	21 SCO 48	25 AQU 00
12	23 SCO 12	27 AQU 04	21 TAU 24	24 LEO 36	24 SCO 48	28 AQU 00
13	26 SCO 14	0 PIS 05	24 TAU 25	27 LEO 37	27 SCO 49	1 PIS 01
14	29 SCO 16	3 PIS 06	27 TAU 25	0 VIR 37	0 SAG 49	4 PIS 01
15	2 SAG 18	6 PIS 07	0 GEM 25	3 VIR 38	3 SAG 49	7 PIS 02
16	5 SAG 20	9 PIS 07	3 GEM 26	6 VIR 38	6 SAG 50	10 PIS 02
17	8 SAG 23	12 PIS 08	6 GEM 26	9 VIR 38	9 SAG 50	13 PIS 02
18	11 SAG 25	15 PIS 09	9 GEM 27	12 VIR 39	12 SAG 51	16 PIS 03
19	14 SAG 27	18 PIS 10	12 GEM 27	15 VIR 39	15 SAG 51	19 PIS 03
20	17 SAG 29	21 PIS 11	15 GEM 27	18 VIR 40	18 SAG 51	22 PIS 04
21	20 SAG 31	24 PIS 12	18 GEM 28	21 VIR 40	21 SAG 52	25 PIS 04
22	23 SAG 33	27 PIS 13	21 GEM 28	24 VIR 40	24 SAG 52	28 PIS 04
23	26 SAG 35	0 ARI 14	24 GEM 29	27 VIR 41	27 SAG 53	1 ARI 05
24	29 SAG 37	3 ARI 15	27 GEM 29	0 LIB 41	0 CAP 53	4 ARI 05
25	2 CAP 39	6 ARI 16	0 CAN 29	3 LIB 42	3 CAP 53	7 ARI 06
26	5 CAP 41	9 ARI 17	3 CAN 30	6 LIB 42	6 CAP 54	10 ARI 06
27	8 CAP 43	12 ARI 18	6 CAN 30	9 LIB 42	9 CAP 54	13 ARI 06
28	11 CAP 45	15 ARI 19	9 CAN 30	12 LIB 43	12 CAP 54	16 ARI 07
29	14 CAP 47		12 CAN 31	15 LIB 43	15 CAP 55	19 ARI 07
30	17 CAP 49		15 CAN 31	18 LIB 44	18 CAP 55	22 ARI 08
31	20 CAP 51		18 CAN 32		21 CAP 56	

LILITH EPHEMERIS   1913

DAY	JUL	AUG	SEP	OCT	NOV	DEC
1	25 ARI 08	28 CAN 20	2 SCO 11	3 AQU 06	7 TAU 03	7 LEO 58
2	28 ARI 08	1 LEO 22	5 SCO 13	6 AQU 08	10 TAU 05	10 LEO 60
3	1 TAU 09	4 LEO 23	8 SCO 15	9 AQU 10	13 TAU 07	14 LEO 02
4	4 TAU 09	7 LEO 25	11 SCO 16	12 AQU 12	16 TAU 08	17 LEO 04
5	7 TAU 10	10 LEO 27	14 SCO 18	15 AQU 13	19 TAU 10	20 LEO 05
6	10 TAU 10	13 LEO 28	17 SCO 20	18 AQU 15	22 TAU 12	23 LEO 07
7	13 TAU 10	16 LEO 30	20 SCO 22	21 AQU 17	25 TAU 14	26 LEO 09
8	16 TAU 11	19 LEO 32	23 SCO 24	24 AQU 19	28 TAU 16	29 LEO 11
9	19 TAU 11	22 LEO 33	26 SCO 26	27 AQU 21	1 GEM 18	2 VIR 13
10	22 TAU 11	25 LEO 35	29 SCO 27	0 PIS 23	4 GEM 19	5 VIR 15
11	25 TAU 12	28 LEO 36	2 SAG 29	3 PIS 24	7 GEM 21	8 VIR 16
12	28 TAU 12	1 VIR 38	5 SAG 31	6 PIS 26	10 GEM 23	11 VIR 18
13	1 GEM 13	4 VIR 40	8 SAG 33	9 PIS 28	13 GEM 25	14 VIR 20
14	4 GEM 13	7 VIR 41	11 SAG 35	12 PIS 30	16 GEM 27	17 VIR 22
15	7 GEM 13	10 VIR 43	14 SAG 37	15 PIS 32	19 GEM 29	20 VIR 24
16	10 GEM 14	13 VIR 45	17 SAG 38	18 PIS 34	22 GEM 30	23 VIR 26
17	13 GEM 14	16 VIR 46	20 SAG 40	21 PIS 35	25 GEM 32	26 VIR 27
18	16 GEM 15	19 VIR 48	23 SAG 42	24 PIS 37	28 GEM 34	29 VIR 29
19	19 GEM 15	22 VIR 50	26 SAG 44	27 PIS 39	1 CAN 36	2 LIB 31
20	22 GEM 15	25 VIR 51	29 SAG 46	0 ARI 41	4 CAN 38	5 LIB 33
21	25 GEM 16	28 VIR 53	2 CAP 48	3 ARI 43	7 CAN 40	8 LIB 35
22	28 GEM 16	1 LIB 55	5 CAP 49	6 ARI 45	10 CAN 42	11 LIB 37
23	1 CAN 17	4 LIB 56	8 CAP 51	9 ARI 46	13 CAN 43	14 LIB 38
24	4 CAN 17	7 LIB 58	11 CAP 53	12 ARI 48	16 CAN 45	17 LIB 40
25	7 CAN 17	10 LIB 59	14 CAP 55	15 ARI 50	19 CAN 47	20 LIB 42
26	10 CAN 18	14 LIB 01	17 CAP 57	18 ARI 52	22 CAN 49	23 LIB 44
27	13 CAN 18	17 LIB 03	20 CAP 59	21 ARI 54	25 CAN 51	26 LIB 46
28	16 CAN 18	20 LIB 04	24 CAP 00	24 ARI 56	28 CAN 53	29 LIB 48
29	19 CAN 19	23 LIB 06	27 CAP 02	27 ARI 57	1 LEO 54	2 SCO 49
30	22 CAN 19	26 LIB 08	0 AQU 04	0 TAU 59	4 LEO 56	5 SCO 51
31	25 CAN 20	29 LIB 09		4 TAU 01		8 SCO 53

35

1914   LILITH EPHEMERIS

DAY	JAN	FEB	MAR	APR	MAY	JUN
1	11 SCO 55	15 AQU 49	10 TAU 07	13 LEO 26	13 SCO 44	17 AQU 03
2	14 SCO 57	18 AQU 50	13 TAU 08	16 LEO 27	16 SCO 45	20 AQU 04
3	17 SCO 58	21 AQU 50	16 TAU 08	19 LEO 27	19 SCO 45	23 AQU 04
4	21 SCO 00	24 AQU 51	19 TAU 09	22 LEO 28	22 SCO 46	26 AQU 05
5	24 SCO 02	27 AQU 52	22 TAU 09	25 LEO 28	25 SCO 46	29 AQU 05
6	27 SCO 04	0 PIS 52	25 TAU 10	28 LEO 29	28 SCO 47	2 PIS 06
7	0 SAG 05	3 PIS 53	28 TAU 11	1 VIR 30	1 SAG 48	5 PIS 07
8	3 SAG 07	6 PIS 54	1 GEM 11	4 VIR 30	4 SAG 48	8 PIS 07
9	6 SAG 09	9 PIS 54	4 GEM 12	7 VIR 31	7 SAG 49	11 PIS 08
10	9 SAG 11	12 PIS 55	7 GEM 13	10 VIR 31	10 SAG 50	14 PIS 08
11	12 SAG 12	15 PIS 55	10 GEM 13	13 VIR 32	13 SAG 50	17 PIS 09
12	15 SAG 14	18 PIS 56	13 GEM 14	16 VIR 33	16 SAG 51	20 PIS 10
13	18 SAG 16	21 PIS 57	16 GEM 14	19 VIR 33	19 SAG 51	23 PIS 10
14	21 SAG 18	24 PIS 57	19 GEM 15	22 VIR 34	22 SAG 52	26 PIS 11
15	24 SAG 19	27 PIS 58	22 GEM 16	25 VIR 34	25 SAG 53	29 PIS 11
16	27 SAG 21	0 ARI 59	25 GEM 16	28 VIR 35	28 SAG 53	2 ARI 12
17	0 CAP 23	3 ARI 59	28 GEM 17	1 LIB 36	1 CAP 54	5 ARI 13
18	3 CAP 25	6 ARI 60	1 CAN 17	4 LIB 36	4 CAP 54	8 ARI 13
19	6 CAP 26	10 ARI 01	4 CAN 18	7 LIB 37	7 CAP 55	11 ARI 14
20	9 CAP 28	13 ARI 01	7 CAN 19	10 LIB 37	10 CAP 56	14 ARI 14
21	12 CAP 30	16 ARI 02	10 CAN 19	13 LIB 38	13 CAP 56	17 ARI 15
22	15 CAP 32	19 ARI 03	13 CAN 20	16 LIB 39	16 CAP 57	20 ARI 16
23	18 CAP 33	22 ARI 03	16 CAN 20	19 LIB 39	19 CAP 57	23 ARI 16
24	21 CAP 35	25 ARI 04	19 CAN 21	22 LIB 40	22 CAP 58	26 ARI 17
25	24 CAP 37	28 ARI 04	22 CAN 22	25 LIB 40	25 CAP 59	29 ARI 17
26	27 CAP 39	1 TAU 05	25 CAN 22	28 LIB 41	28 CAP 59	2 TAU 18
27	0 AQU 40	4 TAU 06	28 CAN 23	1 SCO 42	1 AQU 60	5 TAU 19
28	3 AQU 42	7 TAU 06	1 LEO 24	4 SCO 42	5 AQU 01	8 TAU 19
29	6 AQU 44		4 LEO 24	7 SCO 43	8 AQU 01	11 TAU 20
30	9 AQU 46		7 LEO 25	10 SCO 43	11 AQU 02	14 TAU 20
31	12 AQU 47		10 LEO 25		14 AQU 02	

LILITH EPHEMERIS 1914

DAY	JUL	AUG	SEP	OCT	NOV	DEC
1	17 TAU 21	20 LEO 48	24 SCO 38	25 AQU 26	29 TAU 16	0 VIR 06
2	20 TAU 22	23 LEO 50	27 SCO 40	28 AQU 28	2 GEM 18	3 VIR 08
3	23 TAU 23	26 LEO 51	0 SAG 41	1 PIS 29	5 GEM 19	6 VIR 09
4	26 TAU 24	29 LEO 53	3 SAG 43	4 PIS 31	8 GEM 21	9 VIR 11
5	29 TAU 24	2 VIR 54	6 SAG 44	7 PIS 32	11 GEM 23	12 VIR 12
6	2 GEM 25	5 VIR 56	9 SAG 46	10 PIS 34	14 GEM 24	15 VIR 14
7	5 GEM 26	8 VIR 58	12 SAG 48	13 PIS 36	17 GEM 26	18 VIR 16
8	8 GEM 27	11 VIR 59	15 SAG 49	16 PIS 37	20 GEM 28	21 VIR 17
9	11 GEM 28	15 VIR 01	18 SAG 51	19 PIS 39	23 GEM 29	24 VIR 19
10	14 GEM 29	18 VIR 03	21 SAG 52	22 PIS 41	26 GEM 31	27 VIR 21
11	17 GEM 30	21 VIR 04	24 SAG 54	25 PIS 42	29 GEM 33	0 LIB 22
12	20 GEM 31	24 VIR 06	27 SAG 56	28 PIS 44	2 CAN 34	3 LIB 24
13	23 GEM 31	27 VIR 07	0 CAP 57	1 ARI 45	5 CAN 36	6 LIB 25
14	26 GEM 32	0 LIB 09	3 CAP 59	4 ARI 47	8 CAN 38	9 LIB 27
15	29 GEM 33	3 LIB 11	7 CAP 00	7 ARI 49	11 CAN 39	12 LIB 29
16	2 CAN 34	6 LIB 12	10 CAP 02	10 ARI 50	14 CAN 41	15 LIB 30
17	5 CAN 35	9 LIB 14	13 CAP 04	13 ARI 52	17 CAN 43	18 LIB 32
18	8 CAN 36	12 LIB 15	16 CAP 05	16 ARI 53	20 CAN 44	21 LIB 33
19	11 CAN 37	15 LIB 17	19 CAP 07	19 ARI 55	23 CAN 46	24 LIB 35
20	14 CAN 38	18 LIB 19	22 CAP 08	22 ARI 57	26 CAN 48	27 LIB 37
21	17 CAN 38	21 LIB 20	25 CAP 10	25 ARI 58	29 CAN 49	0 SCO 38
22	20 CAN 39	24 LIB 22	28 CAP 12	28 ARI 60	2 LEO 51	3 SCO 40
23	23 CAN 40	27 LIB 23	1 AQU 13	2 TAU 01	5 LEO 53	6 SCO 41
24	26 CAN 41	0 SCO 25	4 AQU 15	5 TAU 03	8 LEO 54	9 SCO 43
25	29 CAN 42	3 SCO 27	7 AQU 16	8 TAU 05	11 LEO 56	12 SCO 45
26	2 LEO 43	6 SCO 28	10 AQU 18	11 TAU 06	14 LEO 58	15 SCO 46
27	5 LEO 44	9 SCO 30	13 AQU 20	14 TAU 08	17 LEO 59	18 SCO 48
28	8 LEO 45	12 SCO 32	16 AQU 21	17 TAU 10	21 LEO 01	21 SCO 50
29	11 LEO 45	15 SCO 33	19 AQU 23	20 TAU 11	24 LEO 03	24 SCO 51
30	14 LEO 46	18 SCO 35	22 AQU 24	23 TAU 13	27 LEO 04	27 SCO 53
31	17 LEO 47	21 SCO 36		26 TAU 14		0 SAG 54

1915   LILITH EPHEMERIS

DAY	JAN	FEB	MAR	APR	MAY	JUN
1	3 SAG 56	7 PIS 31	1 GEM 55	5 VIR 22	5 SAG 48	9 PIS 15
2	6 SAG 57	10 PIS 32	4 GEM 56	8 VIR 23	8 SAG 49	12 PIS 16
3	9 SAG 58	13 PIS 33	7 GEM 57	11 VIR 24	11 SAG 50	15 PIS 17
4	12 SAG 59	16 PIS 34	10 GEM 58	14 VIR 25	14 SAG 51	18 PIS 18
5	16 SAG 01	19 PIS 34	13 GEM 58	17 VIR 25	17 SAG 51	21 PIS 18
6	19 SAG 02	22 PIS 35	16 GEM 59	20 VIR 26	20 SAG 52	24 PIS 19
7	22 SAG 03	25 PIS 36	20 GEM 00	23 VIR 27	23 SAG 53	27 PIS 20
8	25 SAG 04	28 PIS 37	23 GEM 01	26 VIR 28	26 SAG 54	0 ARI 21
9	28 SAG 05	1 ARI 38	26 GEM 02	29 VIR 29	29 SAG 55	3 ARI 22
10	1 CAP 06	4 ARI 39	29 GEM 03	2 LIB 30	2 CAP 56	6 ARI 23
11	4 CAP 07	7 ARI 40	2 CAN 04	5 LIB 31	5 CAP 57	9 ARI 24
12	7 CAP 08	10 ARI 40	5 CAN 05	8 LIB 32	8 CAP 58	12 ARI 25
13	10 CAP 10	13 ARI 41	8 CAN 06	11 LIB 32	11 CAP 58	15 ARI 25
14	13 CAP 11	16 ARI 42	11 CAN 06	14 LIB 33	14 CAP 59	18 ARI 26
15	16 CAP 12	19 ARI 43	14 CAN 07	17 LIB 34	18 CAP 00	21 ARI 27
16	19 CAP 13	22 ARI 44	17 CAN 08	20 LIB 35	21 CAP 01	24 ARI 28
17	22 CAP 14	25 ARI 45	20 CAN 09	23 LIB 36	24 CAP 02	27 ARI 29
18	25 CAP 15	28 ARI 46	23 CAN 10	26 LIB 37	27 CAP 03	0 TAU 30
19	28 CAP 16	1 TAU 46	26 CAN 11	29 LIB 38	0 AQU 04	3 TAU 31
20	1 AQU 17	4 TAU 47	29 CAN 12	2 SCO 38	3 AQU 05	6 TAU 31
21	4 AQU 19	7 TAU 48	2 LEO 12	5 SCO 39	6 AQU 05	9 TAU 32
22	7 AQU 20	10 TAU 49	5 LEO 13	8 SCO 40	9 AQU 06	12 TAU 33
23	10 AQU 21	13 TAU 50	8 LEO 14	11 SCO 41	12 AQU 07	15 TAU 34
24	13 AQU 22	16 TAU 51	11 LEO 15	14 SCO 42	15 AQU 08	18 TAU 35
25	16 AQU 23	19 TAU 52	14 LEO 16	17 SCO 43	18 AQU 09	21 TAU 36
26	19 AQU 24	22 TAU 52	17 LEO 17	20 SCO 44	21 AQU 10	24 TAU 37
27	22 AQU 25	25 TAU 53	20 LEO 18	23 SCO 45	24 AQU 11	27 TAU 38
28	25 AQU 26	28 TAU 54	23 LEO 19	26 SCO 45	27 AQU 12	0 GEM 38
29	28 AQU 28		26 LEO 19	29 SCO 46	0 PIS 12	3 GEM 39
30	1 PIS 29		29 LEO 20	2 SAG 47	3 PIS 13	6 GEM 40
31	4 PIS 30		2 VIR 21		6 PIS 14	

LILITH EPHEMERIS   1915

DAY	JUL	AUG	SEP	OCT	NOV	DEC
1	9 GEM 41	13 VIR 19	17 SAG 00	17 PIS 40	21 GEM 21	22 VIR 01
2	12 GEM 42	16 VIR 20	20 SAG 01	20 PIS 41	24 GEM 22	25 VIR 02
3	15 GEM 43	19 VIR 22	23 SAG 03	23 PIS 43	27 GEM 24	28 VIR 04
4	18 GEM 45	22 VIR 23	26 SAG 04	26 PIS 44	0 CAN 25	1 LIB 05
5	21 GEM 46	25 VIR 24	29 SAG 05	29 PIS 45	3 CAN 26	4 LIB 06
6	24 GEM 47	28 VIR 26	2 CAP 07	2 ARI 47	6 CAN 28	7 LIB 08
7	27 GEM 48	1 LIB 27	5 CAP 08	5 ARI 48	9 CAN 29	10 LIB 09
8	0 CAN 50	4 LIB 28	8 CAP 09	8 ARI 49	12 CAN 30	13 LIB 10
9	3 CAN 51	7 LIB 30	11 CAP 11	11 ARI 51	15 CAN 32	16 LIB 12
10	6 CAN 52	10 LIB 31	14 CAP 12	14 ARI 52	18 CAN 33	19 LIB 13
11	9 CAN 53	13 LIB 32	17 CAP 13	17 ARI 53	21 CAN 34	22 LIB 14
12	12 CAN 54	16 LIB 34	20 CAP 15	20 ARI 55	24 CAN 36	25 LIB 16
13	15 CAN 56	19 LIB 35	23 CAP 16	23 ARI 56	27 CAN 37	28 LIB 17
14	18 CAN 57	22 LIB 36	26 CAP 17	26 ARI 57	0 LEO 38	1 SCO 18
15	21 CAN 58	25 LIB 38	29 CAP 19	29 ARI 59	3 LEO 40	4 SCO 20
16	24 CAN 59	28 LIB 39	2 AQU 20	2 TAU 60	6 LEO 41	7 SCO 21
17	28 CAN 01	1 SCO 40	5 AQU 21	6 TAU 01	9 LEO 42	10 SCO 22
18	1 LEO 02	4 SCO 41	8 AQU 23	9 TAU 02	12 LEO 44	13 SCO 23
19	4 LEO 03	7 SCO 43	11 AQU 24	12 TAU 04	15 LEO 45	16 SCO 25
20	7 LEO 04	10 SCO 44	14 AQU 25	15 TAU 05	18 LEO 46	19 SCO 26
21	10 LEO 06	13 SCO 45	17 AQU 27	18 TAU 06	21 LEO 48	22 SCO 27
22	13 LEO 07	16 SCO 47	20 AQU 28	21 TAU 08	24 LEO 49	25 SCO 29
23	16 LEO 08	19 SCO 48	23 AQU 29	24 TAU 09	27 LEO 50	28 SCO 30
24	19 LEO 09	22 SCO 49	26 AQU 31	27 TAU 10	0 VIR 52	1 SAG 31
25	22 LEO 10	25 SCO 51	29 AQU 32	0 GEM 12	3 VIR 53	4 SAG 33
26	25 LEO 12	28 SCO 52	2 PIS 33	3 GEM 13	6 VIR 54	7 SAG 34
27	28 LEO 13	1 SAG 53	5 PIS 35	6 GEM 14	9 VIR 56	10 SAG 35
28	1 VIR 14	4 SAG 55	8 PIS 36	9 GEM 16	12 VIR 57	13 SAG 37
29	4 VIR 15	7 SAG 56	11 PIS 37	12 GEM 17	15 VIR 58	16 SAG 38
30	7 VIR 17	10 SAG 57	14 PIS 39	15 GEM 18	18 VIR 60	19 SAG 39
31	10 VIR 18	13 SAG 59		18 GEM 20		22 SAG 41

1916   LILITH EPHEMERIS

DAY	JAN	FEB	MAR	APR	MAY	JUN
1	25 SAG 42	29 PIS 20	26 GEM 52	0 LIB 27	1 CAP 00	4 ARI 35
2	28 SAG 43	2 ARI 21	29 GEM 53	3 LIB 28	4 CAP 01	7 ARI 36
3	1 CAP 44	5 ARI 22	2 CAN 54	6 LIB 29	7 CAP 02	10 ARI 37
4	4 CAP 46	8 ARI 23	5 CAN 55	9 LIB 30	10 CAP 03	13 ARI 38
5	7 CAP 47	11 ARI 24	8 CAN 57	12 LIB 31	13 CAP 05	16 ARI 39
6	10 CAP 48	14 ARI 26	11 CAN 58	15 LIB 32	16 CAP 06	19 ARI 41
7	13 CAP 49	17 ARI 27	14 CAN 59	18 LIB 34	19 CAP 07	22 ARI 42
8	16 CAP 51	20 ARI 28	17 CAN 60	21 LIB 35	22 CAP 08	25 ARI 43
9	19 CAP 52	23 ARI 29	21 CAN 01	24 LIB 36	25 CAP 09	28 ARI 44
10	22 CAP 53	26 ARI 30	24 CAN 02	27 LIB 37	28 CAP 10	1 TAU 45
11	25 CAP 54	29 ARI 31	27 CAN 03	0 SCO 38	1 AQU 11	4 TAU 46
12	28 CAP 55	2 TAU 32	0 LEO 04	3 SCO 39	4 AQU 12	7 TAU 47
13	1 AQU 57	5 TAU 33	3 LEO 06	6 SCO 40	7 AQU 14	10 TAU 48
14	4 AQU 58	8 TAU 34	6 LEO 07	9 SCO 41	10 AQU 15	13 TAU 49
15	7 AQU 59	11 TAU 35	9 LEO 08	12 SCO 42	13 AQU 16	16 TAU 50
16	11 AQU 00	14 TAU 37	12 LEO 09	15 SCO 43	16 AQU 17	19 TAU 52
17	14 AQU 02	17 TAU 38	15 LEO 10	18 SCO 45	19 AQU 18	22 TAU 53
18	17 AQU 03	20 TAU 39	18 LEO 11	21 SCO 46	22 AQU 19	25 TAU 54
19	20 AQU 04	23 TAU 40	21 LEO 12	24 SCO 47	25 AQU 20	28 TAU 55
20	23 AQU 05	26 TAU 41	24 LEO 13	27 SCO 48	28 AQU 21	1 GEM 56
21	26 AQU 07	29 TAU 42	27 LEO 15	0 SAG 49	1 PIS 23	4 GEM 57
22	29 AQU 08	2 GEM 43	0 VIR 16	3 SAG 50	4 PIS 24	7 GEM 58
23	2 PIS 09	5 GEM 44	3 VIR 17	6 SAG 51	7 PIS 25	10 GEM 59
24	5 PIS 10	8 GEM 45	6 VIR 18	9 SAG 52	10 PIS 26	14 GEM 00
25	8 PIS 11	11 GEM 46	9 VIR 19	12 SAG 53	13 PIS 27	17 GEM 01
26	11 PIS 13	14 GEM 48	12 VIR 20	15 SAG 54	16 PIS 28	20 GEM 03
27	14 PIS 14	17 GEM 49	15 VIR 21	18 SAG 56	19 PIS 29	23 GEM 04
28	17 PIS 15	20 GEM 50	18 VIR 22	21 SAG 57	22 PIS 30	26 GEM 05
29	20 PIS 16	23 GEM 51	21 VIR 24	24 SAG 58	25 PIS 32	29 GEM 06
30	23 PIS 18		24 VIR 25	27 SAG 59	28 PIS 33	2 CAN 07
31	26 PIS 19		27 VIR 26		1 ARI 34	

40

LILITH EPHEMERIS 1916

DAY	JUL	AUG	SEP	OCT	NOV	DEC
1	5 CAN 08	8 LIB 43	12 CAP 17	12 ARI 50	16 CAN 24	16 LIB 57
2	8 CAN 09	11 LIB 44	15 CAP 18	15 ARI 51	19 CAN 25	19 LIB 58
3	11 CAN 10	14 LIB 45	18 CAP 19	18 ARI 52	22 CAN 26	22 LIB 59
4	14 CAN 11	17 LIB 46	21 CAP 20	21 ARI 53	25 CAN 27	26 LIB 00
5	17 CAN 13	20 LIB 47	24 CAP 21	24 ARI 54	28 CAN 28	29 LIB 02
6	20 CAN 14	23 LIB 48	27 CAP 22	27 ARI 55	1 LEO 30	2 SCO 03
7	23 CAN 15	26 LIB 50	0 AQU 24	0 TAU 57	4 LEO 31	5 SCO 04
8	26 CAN 16	29 LIB 51	3 AQU 25	3 TAU 58	7 LEO 32	8 SCO 05
9	29 CAN 17	2 SCO 52	6 AQU 26	6 TAU 59	10 LEO 33	11 SCO 06
10	2 LEO 18	5 SCO 53	9 AQU 27	9 TAU 60	13 LEO 34	14 SCO 07
11	5 LEO 19	8 SCO 54	12 AQU 28	13 TAU 01	16 LEO 35	17 SCO 09
12	8 LEO 20	11 SCO 55	15 AQU 29	16 TAU 02	19 LEO 36	20 SCO 10
13	11 LEO 22	14 SCO 56	18 AQU 30	19 TAU 03	22 LEO 37	23 SCO 11
14	14 LEO 23	17 SCO 57	21 AQU 31	22 TAU 04	25 LEO 38	26 SCO 12
15	17 LEO 24	20 SCO 58	24 AQU 32	25 TAU 05	28 LEO 39	29 SCO 13
16	20 LEO 25	23 SCO 59	27 AQU 33	28 TAU 06	1 VIR 40	2 SAG 14
17	23 LEO 26	27 SCO 01	0 PIS 35	1 GEM 08	4 VIR 42	5 SAG 16
18	26 LEO 27	0 SAG 02	3 PIS 36	4 GEM 09	7 VIR 43	8 SAG 17
19	29 LEO 28	3 SAG 03	6 PIS 37	7 GEM 10	10 VIR 44	11 SAG 18
20	2 VIR 29	6 SAG 04	9 PIS 38	10 GEM 11	13 VIR 45	14 SAG 19
21	5 VIR 31	9 SAG 05	12 PIS 39	13 GEM 12	16 VIR 46	17 SAG 20
22	8 VIR 32	12 SAG 06	15 PIS 40	16 GEM 13	19 VIR 47	20 SAG 21
23	11 VIR 33	15 SAG 07	18 PIS 41	19 GEM 14	22 VIR 48	23 SAG 23
24	14 VIR 34	18 SAG 08	21 PIS 42	22 GEM 15	25 VIR 49	26 SAG 24
25	17 VIR 35	21 SAG 09	24 PIS 43	25 GEM 16	28 VIR 50	29 SAG 25
26	20 VIR 36	24 SAG 10	27 PIS 44	28 GEM 17	1 LIB 51	2 CAP 26
27	23 VIR 37	27 SAG 12	0 ARI 46	1 CAN 19	4 LIB 53	5 CAP 27
28	26 VIR 38	0 CAP 13	3 ARI 47	4 CAN 20	7 LIB 54	8 CAP 28
29	29 VIR 40	3 CAP 14	6 ARI 48	7 CAN 21	10 LIB 55	11 CAP 30
30	2 LIB 41	6 CAP 15	9 ARI 49	10 CAN 22	13 LIB 56	14 CAP 31
31	5 LIB 42	9 CAP 16		13 CAN 23		17 CAP 32

41

1917   LILITH EPHEMERIS

DAY	JAN	FEB	MAR	APR	MAY	JUN
1	20 CAP 33	24 ARI 15	18 CAN 54	22 LIB 36	23 CAP 17	26 ARI 59
2	23 CAP 34	27 ARI 16	21 CAN 55	25 LIB 37	26 CAP 18	0 TAU 00
3	26 CAP 36	0 TAU 18	24 CAN 57	28 LIB 39	29 CAP 20	3 TAU 01
4	29 CAP 37	3 TAU 19	27 CAN 58	1 SCO 40	2 AQU 21	6 TAU 03
5	2 AQU 38	6 TAU 21	0 LEO 59	4 SCO 41	5 AQU 22	9 TAU 04
6	5 AQU 40	9 TAU 22	4 LEO 01	7 SCO 43	8 AQU 24	12 TAU 05
7	8 AQU 41	12 TAU 23	7 LEO 02	10 SCO 44	11 AQU 25	15 TAU 06
8	11 AQU 42	15 TAU 25	10 LEO 03	13 SCO 46	14 AQU 26	18 TAU 08
9	14 AQU 44	18 TAU 26	13 LEO 05	16 SCO 47	17 AQU 28	21 TAU 09
10	17 AQU 45	21 TAU 28	16 LEO 06	19 SCO 48	20 AQU 29	24 TAU 10
11	20 AQU 47	24 TAU 29	19 LEO 08	22 SCO 50	23 AQU 31	27 TAU 11
12	23 AQU 48	27 TAU 30	22 LEO 09	25 SCO 51	26 AQU 32	0 GEM 13
13	26 AQU 49	0 GEM 32	25 LEO 10	28 SCO 52	29 AQU 33	3 GEM 14
14	29 AQU 51	3 GEM 33	28 LEO 12	1 SAG 54	2 PIS 35	6 GEM 15
15	2 PIS 52	6 GEM 35	1 VIR 13	4 SAG 55	5 PIS 36	9 GEM 16
16	5 PIS 53	9 GEM 36	4 VIR 14	7 SAG 56	8 PIS 37	12 GEM 18
17	8 PIS 55	12 GEM 37	7 VIR 16	10 SAG 58	11 PIS 39	15 GEM 19
18	11 PIS 56	15 GEM 39	10 VIR 17	13 SAG 59	14 PIS 40	18 GEM 20
19	14 PIS 57	18 GEM 40	13 VIR 18	17 SAG 01	17 PIS 41	21 GEM 21
20	17 PIS 59	21 GEM 41	16 VIR 20	20 SAG 02	20 PIS 43	24 GEM 22
21	21 PIS 00	24 GEM 43	19 VIR 21	23 SAG 03	23 PIS 44	27 GEM 24
22	24 PIS 01	27 GEM 44	22 VIR 22	26 SAG 05	26 PIS 45	0 CAN 25
23	27 PIS 03	0 CAN 46	25 VIR 24	29 SAG 06	29 PIS 47	3 CAN 26
24	0 ARI 04	3 CAN 47	28 VIR 25	2 CAP 07	2 ARI 48	6 CAN 27
25	3 ARI 06	6 CAN 48	1 LIB 27	5 CAP 09	5 ARI 50	9 CAN 29
26	6 ARI 07	9 CAN 50	4 LIB 28	8 CAP 10	8 ARI 51	12 CAN 30
27	9 ARI 08	12 CAN 51	7 LIB 29	11 CAP 12	11 ARI 52	15 CAN 31
28	12 ARI 10	15 CAN 53	10 LIB 31	14 CAP 13	14 ARI 54	18 CAN 32
29	15 ARI 11		13 LIB 32	17 CAP 14	17 ARI 55	21 CAN 34
30	18 ARI 12		16 LIB 33	20 CAP 16	20 ARI 56	24 CAN 35
31	21 ARI 14		19 LIB 35		23 ARI 58	

LILITH EPHEMERIS 1917

DAY	JUL	AUG	SEP	OCT	NOV	DEC
1	27 CAN 36	1 SCO 02	4 AQU 28	4 TAU 54	8 LEO 20	8 SCO 46
2	0 LEO 37	4 SCO 03	7 AQU 29	7 TAU 55	11 LEO 21	11 SCO 47
3	3 LEO 38	7 SCO 04	10 AQU 30	10 TAU 56	14 LEO 22	14 SCO 48
4	6 LEO 39	10 SCO 05	13 AQU 31	13 TAU 57	17 LEO 23	17 SCO 50
5	9 LEO 39	13 SCO 05	16 AQU 31	16 TAU 57	20 LEO 23	20 SCO 51
6	12 LEO 40	16 SCO 06	19 AQU 32	19 TAU 58	23 LEO 24	23 SCO 52
7	15 LEO 41	19 SCO 07	22 AQU 33	22 TAU 59	26 LEO 25	26 SCO 53
8	18 LEO 42	22 SCO 08	25 AQU 34	25 TAU 60	29 LEO 26	29 SCO 54
9	21 LEO 43	25 SCO 09	28 AQU 35	29 TAU 01	2 VIR 27	2 SAG 56
10	24 LEO 44	28 SCO 10	1 PIS 36	2 GEM 02	5 VIR 28	5 SAG 57
11	27 LEO 44	1 SAG 11	4 PIS 37	5 GEM 02	8 VIR 29	8 SAG 58
12	0 VIR 45	4 SAG 12	7 PIS 38	8 GEM 03	11 VIR 30	11 SAG 59
13	3 VIR 46	7 SAG 12	10 PIS 39	11 GEM 04	14 VIR 31	15 SAG 00
14	6 VIR 47	10 SAG 13	13 PIS 39	14 GEM 05	17 VIR 31	18 SAG 02
15	9 VIR 48	13 SAG 14	16 PIS 40	17 GEM 06	20 VIR 32	21 SAG 03
16	12 VIR 49	16 SAG 15	19 PIS 41	20 GEM 07	23 VIR 33	24 SAG 04
17	15 VIR 49	19 SAG 15	22 PIS 42	23 GEM 07	26 VIR 34	27 SAG 05
18	18 VIR 50	22 SAG 16	25 PIS 43	26 GEM 08	29 VIR 35	0 CAP 06
19	21 VIR 51	25 SAG 17	28 PIS 44	29 GEM 09	2 LIB 36	3 CAP 07
20	24 VIR 52	28 SAG 18	1 ARI 44	2 CAN 10	5 LIB 36	6 CAP 09
21	27 VIR 53	1 CAP 19	4 ARI 45	5 CAN 11	8 LIB 37	9 CAP 10
22	0 LIB 54	4 CAP 20	7 ARI 46	8 CAN 12	11 LIB 38	12 CAP 11
23	3 LIB 54	7 CAP 20	10 ARI 47	11 CAN 12	14 LIB 39	15 CAP 12
24	6 LIB 55	10 CAP 21	13 ARI 48	14 CAN 13	17 LIB 40	18 CAP 13
25	9 LIB 56	13 CAP 22	16 ARI 49	17 CAN 14	20 LIB 41	21 CAP 15
26	12 LIB 57	16 CAP 23	19 ARI 50	20 CAN 15	23 LIB 42	24 CAP 16
27	15 LIB 58	19 CAP 24	22 ARI 51	23 CAN 16	26 LIB 43	27 CAP 17
28	18 LIB 59	22 CAP 25	25 ARI 51	26 CAN 17	29 LIB 43	0 AQU 18
29	21 LIB 59	25 CAP 25	28 ARI 52	29 CAN 17	2 SCO 44	3 AQU 19
30	25 LIB 00	28 CAP 26	1 TAU 53	2 LEO 18	5 SCO 45	6 AQU 21
31	28 LIB 01	1 AQU 27		5 LEO 19		9 AQU 22

43

1918 LILITH EPHEMERIS

DAY	JAN	FEB	MAR	APR	MAY	JUN
1	12 AQU 23	16 TAU 13	10 LEO 58	14 SCO 48	15 AQU 37	19 TAU 27
2	15 AQU 25	19 TAU 15	13 LEO 60	17 SCO 50	18 AQU 39	22 TAU 28
3	18 AQU 26	22 TAU 16	17 LEO 01	20 SCO 51	21 AQU 40	25 TAU 29
4	21 AQU 28	25 TAU 18	20 LEO 03	23 SCO 53	24 AQU 42	28 TAU 30
5	24 AQU 29	28 TAU 19	23 LEO 04	26 SCO 55	27 AQU 43	1 GEM 31
6	27 AQU 31	1 GEM 21	26 LEO 06	29 SCO 56	0 PIS 45	4 GEM 32
7	0 PIS 33	4 GEM 23	29 LEO 08	2 SAG 58	3 PIS 47	7 GEM 33
8	3 PIS 34	7 GEM 24	2 VIR 09	5 SAG 59	6 PIS 48	10 GEM 34
9	6 PIS 36	10 GEM 26	5 VIR 11	9 SAG 01	9 PIS 50	13 GEM 35
10	9 PIS 38	13 GEM 27	8 VIR 13	12 SAG 03	12 PIS 52	16 GEM 36
11	12 PIS 39	16 GEM 29	11 VIR 14	15 SAG 04	15 PIS 53	19 GEM 37
12	15 PIS 41	19 GEM 31	14 VIR 16	18 SAG 06	18 PIS 55	22 GEM 38
13	18 PIS 42	22 GEM 32	17 VIR 17	21 SAG 08	21 PIS 56	25 GEM 39
14	21 PIS 44	25 GEM 34	20 VIR 19	24 SAG 09	24 PIS 58	28 GEM 40
15	24 PIS 46	28 GEM 36	23 VIR 21	27 SAG 11	27 PIS 60	1 CAN 41
16	27 PIS 47	1 CAN 37	26 VIR 22	0 CAP 13	1 ARI 01	4 CAN 42
17	0 ARI 49	4 CAN 39	29 VIR 24	3 CAP 14	4 ARI 03	7 CAN 44
18	3 ARI 50	7 CAN 40	2 LIB 25	6 CAP 16	7 ARI 04	10 CAN 45
19	6 ARI 52	10 CAN 42	5 LIB 27	9 CAP 17	10 ARI 06	13 CAN 46
20	9 ARI 54	13 CAN 44	8 LIB 29	12 CAP 19	13 ARI 08	16 CAN 47
21	12 ARI 55	16 CAN 45	11 LIB 30	15 CAP 21	16 ARI 09	19 CAN 48
22	15 ARI 57	19 CAN 47	14 LIB 32	18 CAP 22	19 ARI 11	22 CAN 49
23	18 ARI 58	22 CAN 48	17 LIB 33	21 CAP 24	22 ARI 12	25 CAN 50
24	22 ARI 00	25 CAN 50	20 LIB 35	24 CAP 26	25 ARI 14	28 CAN 51
25	25 ARI 02	28 CAN 52	23 LIB 37	27 CAP 27	28 ARI 16	1 LEO 52
26	28 ARI 03	1 LEO 53	26 LIB 38	0 AQU 29	1 TAU 17	4 LEO 53
27	1 TAU 05	4 LEO 55	29 LIB 40	3 AQU 30	4 TAU 19	7 LEO 54
28	4 TAU 07	7 LEO 56	2 SCO 42	6 AQU 32	7 TAU 21	10 LEO 55
29	7 TAU 08		5 SCO 43	9 AQU 34	10 TAU 22	13 LEO 56
30	10 TAU 10		8 SCO 45	12 AQU 35	13 TAU 24	16 LEO 57
31	13 TAU 11		11 SCO 46		16 TAU 25	

44

LILITH EPHEMERIS 1918

DAY	JUL	AUG	SEP	OCT	NOV	DEC
1	19 LEO 58	23 SCO 16	26 AQU 34	26 TAU 52	0 VIR 10	0 SAG 28
2	22 LEO 59	26 SCO 17	29 AQU 35	29 TAU 53	3 VIR 11	3 SAG 30
3	25 LEO 59	29 SCO 17	2 PIS 35	2 GEM 53	6 VIR 11	6 SAG 32
4	28 LEO 60	2 SAG 18	5 PIS 36	5 GEM 54	9 VIR 12	9 SAG 33
5	2 VIR 00	5 SAG 18	8 PIS 36	8 GEM 54	12 VIR 12	12 SAG 35
6	5 VIR 01	8 SAG 19	11 PIS 37	11 GEM 55	15 VIR 13	15 SAG 37
7	8 VIR 01	11 SAG 19	14 PIS 38	14 GEM 55	18 VIR 14	18 SAG 39
8	11 VIR 02	14 SAG 20	17 PIS 38	17 GEM 56	21 VIR 14	21 SAG 40
9	14 VIR 03	17 SAG 21	20 PIS 39	20 GEM 57	24 VIR 15	24 SAG 42
10	17 VIR 03	20 SAG 21	23 PIS 39	23 GEM 57	27 VIR 15	27 SAG 44
11	20 VIR 04	23 SAG 22	26 PIS 40	26 GEM 58	0 LIB 16	0 CAP 46
12	23 VIR 04	26 SAG 22	29 PIS 41	29 GEM 58	3 LIB 17	3 CAP 48
13	26 VIR 05	29 SAG 23	2 ARI 41	2 CAN 59	6 LIB 17	6 CAP 49
14	29 VIR 06	2 CAP 24	5 ARI 42	5 CAN 60	9 LIB 18	9 CAP 51
15	2 LIB 06	5 CAP 24	8 ARI 42	9 CAN 00	12 LIB 18	12 CAP 53
16	5 LIB 07	8 CAP 25	11 ARI 43	12 CAN 01	15 LIB 19	15 CAP 55
17	8 LIB 07	11 CAP 25	14 ARI 44	15 CAN 01	18 LIB 20	18 CAP 56
18	11 LIB 08	14 CAP 26	17 ARI 44	18 CAN 02	21 LIB 20	21 CAP 58
19	14 LIB 08	17 CAP 26	20 ARI 45	21 CAN 02	24 LIB 21	24 CAP 60
20	17 LIB 09	20 CAP 27	23 ARI 45	24 CAN 03	27 LIB 21	28 CAP 02
21	20 LIB 10	23 CAP 28	26 ARI 46	27 CAN 04	0 SCO 22	1 AQU 03
22	23 LIB 10	26 CAP 28	29 ARI 47	0 LEO 04	3 SCO 23	4 AQU 05
23	26 LIB 11	29 CAP 29	2 TAU 47	3 LEO 05	6 SCO 23	7 AQU 07
24	29 LIB 11	2 AQU 29	5 TAU 48	6 LEO 05	9 SCO 24	10 AQU 09
25	2 SCO 12	5 AQU 30	8 TAU 48	9 LEO 06	12 SCO 24	13 AQU 11
26	5 SCO 13	8 AQU 31	11 TAU 49	12 LEO 07	15 SCO 25	16 AQU 12
27	8 SCO 13	11 AQU 31	14 TAU 50	15 LEO 07	18 SCO 26	19 AQU 14
28	11 SCO 14	14 AQU 32	17 TAU 50	18 LEO 08	21 SCO 26	22 AQU 16
29	14 SCO 14	17 AQU 32	20 TAU 51	21 LEO 08	24 SCO 27	25 AQU 18
30	17 SCO 15	20 AQU 33	23 TAU 51	24 LEO 09	27 SCO 27	28 AQU 19
31	20 SCO 15	23 AQU 33		27 LEO 09		1 PIS 21

1919   LILITH EPHEMERIS

DAY	JAN	FEB	MAR	APR	MAY	JUN
1	4 PIS 23	8 GEM 18	3 VIR 14	7 SAG 09	8 PIS 04	12 GEM 00
2	7 PIS 25	11 GEM 20	6 VIR 16	10 SAG 11	11 PIS 06	15 GEM 00
3	10 PIS 27	14 GEM 22	9 VIR 18	13 SAG 13	14 PIS 08	18 GEM 01
4	13 PIS 28	17 GEM 24	12 VIR 19	16 SAG 14	17 PIS 09	21 GEM 01
5	16 PIS 30	20 GEM 26	15 VIR 21	19 SAG 16	20 PIS 11	24 GEM 02
6	19 PIS 32	23 GEM 28	18 VIR 23	22 SAG 18	23 PIS 13	27 GEM 02
7	22 PIS 34	26 GEM 30	21 VIR 25	25 SAG 20	26 PIS 15	0 CAN 03
8	25 PIS 35	29 GEM 32	24 VIR 26	28 SAG 22	29 PIS 17	3 CAN 03
9	28 PIS 37	2 CAN 34	27 VIR 28	1 CAP 24	2 ARI 18	6 CAN 03
10	1 ARI 39	5 CAN 36	0 LIB 30	4 CAP 25	5 ARI 20	9 CAN 04
11	4 ARI 41	8 CAN 38	3 LIB 32	7 CAP 27	8 ARI 22	12 CAN 04
12	7 ARI 43	11 CAN 40	6 LIB 34	10 CAP 29	11 ARI 24	15 CAN 04
13	10 ARI 44	14 CAN 42	9 LIB 35	13 CAP 31	14 ARI 26	18 CAN 05
14	13 ARI 46	17 CAN 44	12 LIB 37	16 CAP 33	17 ARI 27	21 CAN 05
15	16 ARI 48	20 CAN 46	15 LIB 39	19 CAP 35	20 ARI 29	24 CAN 06
16	19 ARI 50	23 CAN 48	18 LIB 41	22 CAP 37	23 ARI 31	27 CAN 06
17	22 ARI 51	26 CAN 50	21 LIB 42	25 CAP 38	26 ARI 33	0 LEO 06
18	25 ARI 53	29 CAN 52	24 LIB 44	28 CAP 40	29 ARI 35	3 LEO 07
19	28 ARI 55	2 LEO 54	27 LIB 46	1 AQU 42	2 TAU 37	6 LEO 07
20	1 TAU 57	5 LEO 56	0 SCO 48	4 AQU 44	5 TAU 38	9 LEO 08
21	4 TAU 58	8 LEO 58	3 SCO 49	7 AQU 46	8 TAU 40	12 LEO 08
22	8 TAU 00	12 LEO 00	6 SCO 51	10 AQU 48	11 TAU 42	15 LEO 08
23	11 TAU 02	15 LEO 02	9 SCO 53	13 AQU 49	14 TAU 44	18 LEO 09
24	14 TAU 04	18 LEO 04	12 SCO 55	16 AQU 51	17 TAU 46	21 LEO 09
25	17 TAU 06	21 LEO 06	15 SCO 57	19 AQU 53	20 TAU 47	24 LEO 10
26	20 TAU 07	24 LEO 08	18 SCO 58	22 AQU 55	23 TAU 49	27 LEO 10
27	23 TAU 09	27 LEO 10	22 SCO 00	25 AQU 57	26 TAU 51	0 VIR 10
28	26 TAU 11	0 VIR 12	25 SCO 02	28 AQU 59	29 TAU 53	3 VIR 11
29	29 TAU 13		28 SCO 04	2 PIS 00	2 GEM 55	6 VIR 11
30	2 GEM 14		1 SAG 05	5 PIS 02	5 GEM 56	9 VIR 12
31	5 GEM 16		4 SAG 07		8 GEM 58	

46

LILITH EPHEMERIS   1919

DAY	JUL	AUG	SEP	OCT	NOV	DEC
1	12 VIR 12	15 SAG 24	18 PIS 36	18 GEM 48	22 VIR 00	22 SAG 25
2	15 VIR 12	18 SAG 24	21 PIS 36	21 GEM 48	25 VIR 01	25 SAG 27
3	18 VIR 13	21 SAG 25	24 PIS 37	24 GEM 49	28 VIR 02	28 SAG 30
4	21 VIR 13	24 SAG 25	27 PIS 37	27 GEM 49	1 LIB 02	1 CAP 32
5	24 VIR 14	27 SAG 26	0 ARI 38	0 CAN 50	4 LIB 03	4 CAP 35
6	27 VIR 14	0 CAP 26	3 ARI 38	3 CAN 50	7 LIB 04	7 CAP 37
7	0 LIB 14	3 CAP 26	6 ARI 38	6 CAN 50	10 LIB 05	10 CAP 40
8	3 LIB 15	6 CAP 27	9 ARI 39	9 CAN 51	13 LIB 06	13 CAP 42
9	6 LIB 15	9 CAP 27	12 ARI 39	12 CAN 51	16 LIB 07	16 CAP 44
10	9 LIB 15	12 CAP 27	15 ARI 40	15 CAN 51	19 LIB 07	19 CAP 47
11	12 LIB 16	15 CAP 28	18 ARI 40	18 CAN 52	22 LIB 08	22 CAP 49
12	15 LIB 16	18 CAP 28	21 ARI 40	21 CAN 52	25 LIB 09	25 CAP 52
13	18 LIB 17	21 CAP 29	24 ARI 41	24 CAN 53	28 LIB 10	28 CAP 54
14	21 LIB 17	24 CAP 29	27 ARI 41	27 CAN 53	1 SCO 11	1 AQU 56
15	24 LIB 17	27 CAP 29	0 TAU 42	0 LEO 53	4 SCO 12	4 AQU 59
16	27 LIB 18	0 AQU 30	3 TAU 42	3 LEO 54	7 SCO 12	8 AQU 01
17	0 SCO 18	3 AQU 30	6 TAU 42	6 LEO 54	10 SCO 13	11 AQU 04
18	3 SCO 19	6 AQU 31	9 TAU 43	9 LEO 55	13 SCO 14	14 AQU 06
19	6 SCO 19	9 AQU 31	12 TAU 43	12 LEO 55	16 SCO 15	17 AQU 09
20	9 SCO 19	12 AQU 31	15 TAU 44	15 LEO 55	19 SCO 16	20 AQU 11
21	12 SCO 20	15 AQU 32	18 TAU 44	18 LEO 56	22 SCO 17	23 AQU 13
22	15 SCO 20	18 AQU 32	21 TAU 44	21 LEO 56	25 SCO 17	26 AQU 16
23	18 SCO 21	21 AQU 33	24 TAU 45	24 LEO 57	28 SCO 18	29 AQU 18
24	21 SCO 21	24 AQU 33	27 TAU 45	27 LEO 57	1 SAG 19	2 PIS 21
25	24 SCO 21	27 AQU 33	0 GEM 46	0 VIR 57	4 SAG 20	5 PIS 23
26	27 SCO 22	0 PIS 34	3 GEM 46	3 VIR 58	7 SAG 21	8 PIS 25
27	0 SAG 22	3 PIS 34	6 GEM 46	6 VIR 58	10 SAG 22	11 PIS 28
28	3 SAG 22	6 PIS 34	9 GEM 47	9 VIR 58	13 SAG 22	14 PIS 30
29	6 SAG 23	9 PIS 35	12 GEM 47	12 VIR 59	16 SAG 23	17 PIS 33
30	9 SAG 23	12 PIS 35	15 GEM 48	15 VIR 59	19 SAG 24	20 PIS 35
31	12 SAG 24	15 PIS 36		18 VIR 60		23 PIS 38

1920   LILITH EPHEMERIS

DAY	JAN	FEB	MAR	APR	MAY	JUN
1	26 PIS 40	0 CAN 31	28 VIR 31	2 CAP 34	3 ARI 35	7 CAN 16
2	29 PIS 42	3 CAN 33	1 LIB 33	5 CAP 36	6 ARI 36	10 CAN 16
3	2 ARI 43	6 CAN 35	4 LIB 35	8 CAP 38	9 ARI 38	13 CAN 16
4	5 ARI 45	9 CAN 37	7 LIB 37	11 CAP 40	12 ARI 39	16 CAN 17
5	8 ARI 47	12 CAN 39	10 LIB 39	14 CAP 42	15 ARI 40	19 CAN 17
6	11 ARI 48	15 CAN 41	13 LIB 41	17 CAP 44	18 ARI 42	22 CAN 17
7	14 ARI 50	18 CAN 43	16 LIB 43	20 CAP 46	21 ARI 43	25 CAN 17
8	17 ARI 52	21 CAN 45	19 LIB 45	23 CAP 48	24 ARI 44	28 CAN 17
9	20 ARI 53	24 CAN 48	22 LIB 47	26 CAP 50	27 ARI 46	1 LEO 18
10	23 ARI 55	27 CAN 50	25 LIB 49	29 CAP 52	0 TAU 47	4 LEO 18
11	26 ARI 56	0 LEO 52	28 LIB 51	2 AQU 54	3 TAU 48	7 LEO 18
12	29 ARI 58	3 LEO 54	1 SCO 53	5 AQU 56	6 TAU 50	10 LEO 18
13	2 TAU 60	6 LEO 56	4 SCO 55	8 AQU 58	9 TAU 51	13 LEO 18
14	6 TAU 01	9 LEO 58	7 SCO 57	12 AQU 00	12 TAU 52	16 LEO 19
15	9 TAU 03	12 LEO 60	10 SCO 59	15 AQU 02	15 TAU 54	19 LEO 19
16	12 TAU 05	16 LEO 02	14 SCO 01	18 AQU 04	18 TAU 55	22 LEO 19
17	15 TAU 06	19 LEO 04	17 SCO 04	21 AQU 07	21 TAU 56	25 LEO 19
18	18 TAU 08	22 LEO 06	20 SCO 06	24 AQU 09	24 TAU 57	28 LEO 19
19	21 TAU 10	25 LEO 08	23 SCO 08	27 AQU 11	27 TAU 59	1 VIR 20
20	24 TAU 11	28 LEO 10	26 SCO 10	0 PIS 13	1 GEM 00	4 VIR 20
21	27 TAU 13	1 VIR 12	29 SCO 12	3 PIS 15	4 GEM 01	7 VIR 20
22	0 GEM 15	4 VIR 14	2 SAG 14	6 PIS 17	7 GEM 03	10 VIR 20
23	3 GEM 16	7 VIR 17	5 SAG 16	9 PIS 19	10 GEM 04	13 VIR 20
24	6 GEM 18	10 VIR 19	8 SAG 18	12 PIS 21	13 GEM 05	16 VIR 21
25	9 GEM 19	13 VIR 21	11 SAG 20	15 PIS 23	16 GEM 07	19 VIR 21
26	12 GEM 21	16 VIR 23	14 SAG 22	18 PIS 25	19 GEM 08	22 VIR 21
27	15 GEM 23	19 VIR 25	17 SAG 24	21 PIS 27	22 GEM 09	25 VIR 21
28	18 GEM 24	22 VIR 27	20 SAG 26	24 PIS 29	25 GEM 11	28 VIR 21
29	21 GEM 26	25 VIR 29	23 SAG 28	27 PIS 31	28 GEM 12	1 LIB 22
30	24 GEM 28		26 SAG 30	0 ARI 33	1 CAN 13	4 LIB 22
31	27 GEM 29		29 SAG 32		4 CAN 15	

48

LILITH EPHEMERIS   1920

DAY	JUL	AUG	SEP	OCT	NOV	DEC
1	7 LIB 22	10 CAP 28	13 ARI 34	13 CAN 40	16 LIB 46	17 CAP 32
2	10 LIB 22	13 CAP 28	16 ARI 34	16 CAN 40	19 LIB 48	20 CAP 35
3	13 LIB 22	16 CAP 28	19 ARI 34	19 CAN 40	22 LIB 49	23 CAP 37
4	16 LIB 23	19 CAP 29	22 ARI 35	22 CAN 41	25 LIB 51	26 CAP 40
5	19 LIB 23	22 CAP 29	25 ARI 35	25 CAN 41	28 LIB 52	29 CAP 42
6	22 LIB 23	25 CAP 29	28 ARI 35	28 CAN 41	1 SCO 54	2 AQU 45
7	25 LIB 23	28 CAP 29	1 TAU 35	1 LEO 41	4 SCO 55	5 AQU 47
8	28 LIB 23	1 AQU 29	4 TAU 35	4 LEO 41	7 SCO 57	8 AQU 50
9	1 SCO 24	4 AQU 30	7 TAU 36	7 LEO 42	10 SCO 58	11 AQU 53
10	4 SCO 24	7 AQU 30	10 TAU 36	10 LEO 42	13 SCO 60	14 AQU 55
11	7 SCO 24	10 AQU 30	13 TAU 36	13 LEO 42	17 SCO 01	17 AQU 58
12	10 SCO 24	13 AQU 30	16 TAU 36	16 LEO 42	20 SCO 03	21 AQU 00
13	13 SCO 24	16 AQU 30	19 TAU 36	19 LEO 42	23 SCO 04	24 AQU 03
14	16 SCO 25	19 AQU 31	22 TAU 37	22 LEO 43	26 SCO 06	27 AQU 06
15	19 SCO 25	22 AQU 31	25 TAU 37	25 LEO 43	29 SCO 07	0 PIS 08
16	22 SCO 25	25 AQU 31	28 TAU 37	28 LEO 43	2 SAG 09	3 PIS 11
17	25 SCO 25	28 AQU 31	1 GEM 37	1 VIR 43	5 SAG 11	6 PIS 13
18	28 SCO 25	1 PIS 31	4 GEM 37	4 VIR 43	8 SAG 12	9 PIS 16
19	1 SAG 25	4 PIS 31	7 GEM 38	7 VIR 43	11 SAG 14	12 PIS 18
20	4 SAG 26	7 PIS 32	10 GEM 38	10 VIR 44	14 SAG 15	15 PIS 21
21	7 SAG 26	10 PIS 32	13 GEM 38	13 VIR 44	17 SAG 17	18 PIS 24
22	10 SAG 26	13 PIS 32	16 GEM 38	16 VIR 44	20 SAG 18	21 PIS 26
23	13 SAG 26	16 PIS 32	19 GEM 38	19 VIR 44	23 SAG 20	24 PIS 29
24	16 SAG 26	19 PIS 32	22 GEM 39	22 VIR 44	26 SAG 21	27 PIS 31
25	19 SAG 27	22 PIS 33	25 GEM 39	25 VIR 45	29 SAG 23	0 ARI 34
26	22 SAG 27	25 PIS 33	28 GEM 39	28 VIR 45	2 CAP 24	3 ARI 37
27	25 SAG 27	28 PIS 33	1 CAN 39	1 LIB 45	5 CAP 26	6 ARI 39
28	28 SAG 27	1 ARI 33	4 CAN 39	4 LIB 45	8 CAP 27	9 ARI 42
29	1 CAP 27	4 ARI 33	7 CAN 40	7 LIB 45	11 CAP 29	12 ARI 44
30	4 CAP 28	7 ARI 34	10 CAN 40	10 LIB 46	14 CAP 30	15 ARI 47
31	7 CAP 28	10 ARI 34		13 LIB 46		18 ARI 49

1921   LILITH EPHEMERIS

DAY	JAN	FEB	MAR	APR	MAY	JUN
1	21 ARI 52	25 CAN 48	20 LIB 50	24 CAP 58	26 ARI 04	29 CAN 22
2	24 ARI 54	28 CAN 50	23 LIB 52	28 CAP 00	29 ARI 05	2 LEO 22
3	27 ARI 56	1 LEO 52	26 LIB 54	1 AQU 02	2 TAU 05	5 LEO 22
4	0 TAU 57	4 LEO 55	29 LIB 57	4 AQU 05	5 TAU 06	8 LEO 22
5	3 TAU 59	7 LEO 57	2 SCO 59	7 AQU 07	8 TAU 06	11 LEO 22
6	7 TAU 01	10 LEO 59	6 SCO 01	10 AQU 09	11 TAU 07	14 LEO 22
7	10 TAU 03	14 LEO 01	9 SCO 03	13 AQU 11	14 TAU 07	17 LEO 22
8	13 TAU 05	17 LEO 03	12 SCO 05	16 AQU 13	17 TAU 08	20 LEO 22
9	16 TAU 06	20 LEO 06	15 SCO 08	19 AQU 16	20 TAU 09	23 LEO 23
10	19 TAU 08	23 LEO 08	18 SCO 10	22 AQU 18	23 TAU 09	26 LEO 23
11	22 TAU 10	26 LEO 10	21 SCO 12	25 AQU 20	26 TAU 10	29 LEO 23
12	25 TAU 12	29 LEO 12	24 SCO 14	28 AQU 22	29 TAU 10	2 VIR 23
13	28 TAU 14	2 VIR 15	27 SCO 16	1 PIS 24	2 GEM 11	5 VIR 23
14	1 GEM 15	5 VIR 17	0 SAG 19	4 PIS 27	5 GEM 12	8 VIR 23
15	4 GEM 17	8 VIR 19	3 SAG 21	7 PIS 29	8 GEM 12	11 VIR 23
16	7 GEM 19	11 VIR 21	6 SAG 23	10 PIS 31	11 GEM 13	14 VIR 23
17	10 GEM 21	14 VIR 23	9 SAG 25	13 PIS 33	14 GEM 13	17 VIR 23
18	13 GEM 23	17 VIR 26	12 SAG 27	16 PIS 35	17 GEM 14	20 VIR 23
19	16 GEM 25	20 VIR 28	15 SAG 29	19 PIS 38	20 GEM 14	23 VIR 23
20	19 GEM 26	23 VIR 30	18 SAG 32	22 PIS 40	23 GEM 15	26 VIR 23
21	22 GEM 28	26 VIR 32	21 SAG 34	25 PIS 42	26 GEM 16	29 VIR 23
22	25 GEM 30	29 VIR 35	24 SAG 36	28 PIS 44	29 GEM 16	2 LIB 23
23	28 GEM 32	2 LIB 37	27 SAG 38	1 ARI 46	2 CAN 17	5 LIB 23
24	1 CAN 34	5 LIB 39	0 CAP 40	4 ARI 49	5 CAN 17	8 LIB 24
25	4 CAN 35	8 LIB 41	3 CAP 43	7 ARI 51	8 CAN 18	11 LIB 24
26	7 CAN 37	11 LIB 43	6 CAP 45	10 ARI 53	11 CAN 19	14 LIB 24
27	10 CAN 39	14 LIB 46	9 CAP 47	13 ARI 55	14 CAN 19	17 LIB 24
28	13 CAN 41	17 LIB 48	12 CAP 49	16 ARI 57	17 CAN 20	20 LIB 24
29	16 CAN 43		15 CAP 51	19 ARI 60	20 CAN 20	23 LIB 24
30	19 CAN 44		18 CAP 54	23 ARI 02	23 CAN 21	26 LIB 24
31	22 CAN 46		21 CAP 56		26 CAN 21	

LILITH EPHEMERIS   1921

DAY	JUL	AUG	SEP	OCT	NOV	DEC
1	29 LIB 24	2 AQU 26	5 TAU 28	5 LEO 30	8 SCO 32	9 AQU 42
2	2 SCO 24	5 AQU 26	8 TAU 28	8 LEO 30	11 SCO 34	12 AQU 45
3	5 SCO 24	8 AQU 26	11 TAU 28	11 LEO 30	14 SCO 37	15 AQU 47
4	8 SCO 24	11 AQU 26	14 TAU 28	14 LEO 30	17 SCO 39	18 AQU 50
5	11 SCO 24	14 AQU 26	17 TAU 28	17 LEO 30	20 SCO 41	21 AQU 53
6	14 SCO 24	17 AQU 26	20 TAU 28	20 LEO 30	23 SCO 44	24 AQU 56
7	17 SCO 24	20 AQU 26	23 TAU 28	23 LEO 30	26 SCO 46	27 AQU 58
8	20 SCO 24	23 AQU 26	26 TAU 28	26 LEO 30	29 SCO 48	1 PIS 01
9	23 SCO 25	26 AQU 27	29 TAU 29	29 LEO 31	2 SAG 51	4 PIS 04
10	26 SCO 25	29 AQU 27	2 GEM 29	2 VIR 31	5 SAG 53	7 PIS 06
11	29 SCO 25	2 PIS 27	5 GEM 29	5 VIR 31	8 SAG 55	10 PIS 09
12	2 SAG 25	5 PIS 27	8 GEM 29	8 VIR 31	11 SAG 58	13 PIS 12
13	5 SAG 25	8 PIS 27	11 GEM 29	11 VIR 31	14 SAG 60	16 PIS 15
14	8 SAG 25	11 PIS 27	14 GEM 29	14 VIR 31	18 SAG 02	19 PIS 17
15	11 SAG 25	14 PIS 27	17 GEM 29	17 VIR 31	21 SAG 05	22 PIS 20
16	14 SAG 25	17 PIS 27	20 GEM 29	20 VIR 31	24 SAG 07	25 PIS 23
17	17 SAG 25	20 PIS 27	23 GEM 29	23 VIR 31	27 SAG 09	28 PIS 25
18	20 SAG 25	23 PIS 27	26 GEM 29	26 VIR 31	0 CAP 12	1 ARI 28
19	23 SAG 25	26 PIS 27	29 GEM 29	29 VIR 31	3 CAP 14	4 ARI 31
20	26 SAG 25	29 PIS 27	2 CAN 29	2 LIB 31	6 CAP 16	7 ARI 33
21	29 SAG 25	2 ARI 27	5 CAN 29	5 LIB 31	9 CAP 19	10 ARI 36
22	2 CAP 25	5 ARI 27	8 CAN 29	8 LIB 31	12 CAP 21	13 ARI 39
23	5 CAP 25	8 ARI 27	11 CAN 30	11 LIB 31	15 CAP 23	16 ARI 42
24	8 CAP 25	11 ARI 28	14 CAN 30	14 LIB 32	18 CAP 26	19 ARI 44
25	11 CAP 26	14 ARI 28	17 CAN 30	17 LIB 32	21 CAP 28	22 ARI 47
26	14 CAP 26	17 ARI 28	20 CAN 30	20 LIB 32	24 CAP 30	25 ARI 50
27	17 CAP 26	20 ARI 28	23 CAN 30	23 LIB 32	27 CAP 33	28 ARI 52
28	20 CAP 26	23 ARI 28	26 CAN 30	26 LIB 32	0 AQU 35	1 TAU 55
29	23 CAP 26	26 ARI 28	29 CAN 30	29 LIB 32	3 AQU 37	4 TAU 58
30	26 CAP 26	29 ARI 28	2 LEO 30	2 SCO 32	6 AQU 40	8 TAU 01
31	29 CAP 26	2 TAU 28		5 SCO 32		11 TAU 03

1922   LILITH EPHEMERIS

DAY	JAN	FEB	MAR	APR	MAY	JUN
1	14 TAU 06	18 LEO 06	13 SCO 12	17 AQU 24	18 TAU 25	21 LEO 23
2	17 TAU 08	21 LEO 08	16 SCO 14	20 AQU 26	21 TAU 25	24 LEO 23
3	20 TAU 10	24 LEO 11	19 SCO 17	23 AQU 28	24 TAU 25	27 LEO 23
4	23 TAU 12	27 LEO 13	22 SCO 19	26 AQU 30	27 TAU 25	0 VIR 23
5	26 TAU 14	0 VIR 15	25 SCO 21	29 AQU 32	0 GEM 25	3 VIR 23
6	29 TAU 16	3 VIR 18	28 SCO 24	2 PIS 34	3 GEM 25	6 VIR 23
7	2 GEM 18	6 VIR 20	1 SAG 26	5 PIS 36	6 GEM 25	9 VIR 23
8	5 GEM 20	9 VIR 23	4 SAG 28	8 PIS 38	9 GEM 25	12 VIR 23
9	8 GEM 21	12 VIR 25	7 SAG 31	11 PIS 40	12 GEM 24	15 VIR 23
10	11 GEM 23	15 VIR 27	10 SAG 33	14 PIS 42	15 GEM 24	18 VIR 22
11	14 GEM 25	18 VIR 30	13 SAG 35	17 PIS 44	18 GEM 24	21 VIR 22
12	17 GEM 27	21 VIR 32	16 SAG 38	20 PIS 46	21 GEM 24	24 VIR 22
13	20 GEM 29	24 VIR 34	19 SAG 40	23 PIS 48	24 GEM 24	27 VIR 22
14	23 GEM 31	27 VIR 37	22 SAG 42	26 PIS 50	27 GEM 24	0 LIB 22
15	26 GEM 33	0 LIB 39	25 SAG 45	29 PIS 52	0 CAN 24	3 LIB 22
16	29 GEM 35	3 LIB 41	28 SAG 47	2 ARI 54	3 CAN 24	6 LIB 22
17	2 CAN 37	6 LIB 44	1 CAP 49	5 ARI 57	6 CAN 24	9 LIB 22
18	5 CAN 39	9 LIB 46	4 CAP 51	8 ARI 59	9 CAN 24	12 LIB 22
19	8 CAN 41	12 LIB 48	7 CAP 54	12 ARI 01	12 CAN 24	15 LIB 22
20	11 CAN 43	15 LIB 51	10 CAP 56	15 ARI 03	15 CAN 24	18 LIB 22
21	14 CAN 45	18 LIB 53	13 CAP 58	18 ARI 05	18 CAN 24	21 LIB 22
22	17 CAN 47	21 LIB 56	17 CAP 01	21 ARI 07	21 CAN 24	24 LIB 22
23	20 CAN 49	24 LIB 58	20 CAP 03	24 ARI 09	24 CAN 24	27 LIB 22
24	23 CAN 51	28 LIB 00	23 CAP 05	27 ARI 11	27 CAN 24	0 SCO 21
25	26 CAN 52	1 SCO 03	26 CAP 08	0 TAU 13	0 LEO 23	3 SCO 21
26	29 CAN 54	4 SCO 05	29 CAP 10	3 TAU 15	3 LEO 23	6 SCO 21
27	2 LEO 56	7 SCO 07	2 AQU 12	6 TAU 17	6 LEO 23	9 SCO 21
28	5 LEO 58	10 SCO 10	5 AQU 15	9 TAU 19	9 LEO 23	12 SCO 21
29	9 LEO 00		8 AQU 17	12 TAU 21	12 LEO 23	15 SCO 21
30	12 LEO 02		11 AQU 19	15 TAU 23	15 LEO 23	18 SCO 21
31	15 LEO 04		14 AQU 22		18 LEO 23	

LILITH EPHEMERIS   1922

DAY	JUL	AUG	SEP	OCT	NOV	DEC
1	21 SCO 21	24 AQU 20	27 TAU 19	27 LEO 18	0 SAG 48	2 PIS 01
2	24 SCO 21	27 AQU 20	0 GEM 19	0 VIR 19	3 SAG 50	5 PIS 03
3	27 SCO 21	0 PIS 20	3 GEM 19	3 VIR 20	6 SAG 53	8 PIS 06
4	0 SAG 21	3 PIS 20	6 GEM 19	6 VIR 21	9 SAG 55	11 PIS 08
5	3 SAG 21	6 PIS 20	9 GEM 19	9 VIR 22	12 SAG 58	14 PIS 11
6	6 SAG 21	9 PIS 20	12 GEM 19	12 VIR 23	16 SAG 00	17 PIS 13
7	9 SAG 21	12 PIS 20	15 GEM 19	15 VIR 24	19 SAG 03	20 PIS 16
8	12 SAG 21	15 PIS 20	18 GEM 19	18 VIR 25	22 SAG 05	23 PIS 18
9	15 SAG 21	18 PIS 20	21 GEM 19	21 VIR 26	25 SAG 07	26 PIS 20
10	18 SAG 21	21 PIS 20	24 GEM 19	24 VIR 27	28 SAG 10	29 PIS 23
11	21 SAG 21	24 PIS 20	27 GEM 19	27 VIR 28	1 CAP 12	2 ARI 25
12	24 SAG 21	27 PIS 20	0 CAN 19	0 LIB 29	4 CAP 15	5 ARI 28
13	27 SAG 21	0 ARI 20	3 CAN 19	3 LIB 30	7 CAP 17	8 ARI 30
14	0 CAP 21	3 ARI 20	6 CAN 19	6 LIB 31	10 CAP 20	11 ARI 32
15	3 CAP 21	6 ARI 20	9 CAN 19	9 LIB 32	13 CAP 22	14 ARI 35
16	6 CAP 21	9 ARI 20	12 CAN 18	12 LIB 33	16 CAP 25	17 ARI 37
17	9 CAP 20	12 ARI 19	15 CAN 18	15 LIB 33	19 CAP 27	20 ARI 40
18	12 CAP 20	15 ARI 19	18 CAN 18	18 LIB 34	22 CAP 29	23 ARI 42
19	15 CAP 20	18 ARI 19	21 CAN 18	21 LIB 35	25 CAP 32	26 ARI 45
20	18 CAP 20	21 ARI 19	24 CAN 18	24 LIB 36	28 CAP 34	29 ARI 47
21	21 CAP 20	24 ARI 19	27 CAN 18	27 LIB 37	1 AQU 37	2 TAU 49
22	24 CAP 20	27 ARI 19	0 LEO 18	0 SCO 38	4 AQU 39	5 TAU 52
23	27 CAP 20	0 TAU 19	3 LEO 18	3 SCO 39	7 AQU 42	8 TAU 54
24	0 AQU 20	3 TAU 19	6 LEO 18	6 SCO 40	10 AQU 44	11 TAU 57
25	3 AQU 20	6 TAU 19	9 LEO 18	9 SCO 41	13 AQU 46	14 TAU 59
26	6 AQU 20	9 TAU 19	12 LEO 18	12 SCO 42	16 AQU 49	18 TAU 01
27	9 AQU 20	12 TAU 19	15 LEO 18	15 SCO 43	19 AQU 51	21 TAU 04
28	12 AQU 20	15 TAU 19	18 LEO 18	18 SCO 44	22 AQU 54	24 TAU 06
29	15 AQU 20	18 TAU 19	21 LEO 18	21 SCO 45	25 AQU 56	27 TAU 09
30	18 AQU 20	21 TAU 19	24 LEO 18	24 SCO 46	28 AQU 59	0 GEM 11
31	21 AQU 20	24 TAU 19		27 SCO 47		3 GEM 14

1923   LILITH EPHEMERIS

DAY	JAN	FEB	MAR	APR	MAY	JUN
1	6 GEM 16	10 VIR 31	5 SAG 40	9 PIS 55	10 GEM 25	13 VIR 22
2	9 GEM 18	13 VIR 33	8 SAG 42	12 PIS 56	13 GEM 25	16 VIR 22
3	12 GEM 21	16 VIR 36	11 SAG 45	15 PIS 57	16 GEM 25	19 VIR 22
4	15 GEM 23	19 VIR 38	14 SAG 47	18 PIS 58	19 GEM 25	22 VIR 22
5	18 GEM 26	22 VIR 41	17 SAG 50	21 PIS 59	22 GEM 25	25 VIR 22
6	21 GEM 28	25 VIR 43	20 SAG 52	25 PIS 00	25 GEM 25	28 VIR 22
7	24 GEM 31	28 VIR 46	23 SAG 55	28 PIS 01	28 GEM 24	1 LIB 21
8	27 GEM 33	1 LIB 48	26 SAG 57	1 ARI 02	1 CAN 24	4 LIB 21
9	0 CAN 35	4 LIB 51	29 SAG 59	4 ARI 03	4 CAN 24	7 LIB 21
10	3 CAN 38	7 LIB 53	3 CAP 02	7 ARI 04	7 CAN 24	10 LIB 21
11	6 CAN 40	10 LIB 56	6 CAP 04	10 ARI 05	10 CAN 24	13 LIB 21
12	9 CAN 43	13 LIB 58	9 CAP 07	13 ARI 06	13 CAN 24	16 LIB 21
13	12 CAN 45	17 LIB 01	12 CAP 09	16 ARI 07	16 CAN 24	19 LIB 21
14	15 CAN 47	20 LIB 03	15 CAP 11	19 ARI 08	19 CAN 24	22 LIB 21
15	18 CAN 50	23 LIB 06	18 CAP 14	22 ARI 09	22 CAN 24	25 LIB 21
16	21 CAN 52	26 LIB 08	21 CAP 16	25 ARI 10	25 CAN 24	28 LIB 21
17	24 CAN 55	29 LIB 10	24 CAP 19	28 ARI 11	28 CAN 23	1 SCO 20
18	27 CAN 57	2 SCO 13	27 CAP 21	1 TAU 12	1 LEO 23	4 SCO 20
19	0 LEO 60	5 SCO 15	0 AQU 24	4 TAU 13	4 LEO 23	7 SCO 20
20	4 LEO 02	8 SCO 18	3 AQU 26	7 TAU 14	7 LEO 23	10 SCO 20
21	7 LEO 04	11 SCO 20	6 AQU 28	10 TAU 15	10 LEO 23	13 SCO 20
22	10 LEO 07	14 SCO 23	9 AQU 31	13 TAU 16	13 LEO 23	16 SCO 20
23	13 LEO 09	17 SCO 25	12 AQU 33	16 TAU 17	16 LEO 23	19 SCO 20
24	16 LEO 12	20 SCO 28	15 AQU 36	19 TAU 18	19 LEO 23	22 SCO 20
25	19 LEO 14	23 SCO 30	18 AQU 38	22 TAU 19	22 LEO 23	25 SCO 20
26	22 LEO 16	26 SCO 33	21 AQU 40	25 TAU 20	25 LEO 23	28 SCO 20
27	25 LEO 19	29 SCO 35	24 AQU 43	28 TAU 21	28 LEO 22	1 SAG 19
28	28 LEO 21	2 SAG 38	27 AQU 45	1 GEM 22	1 VIR 22	4 SAG 19
29	1 VIR 24		0 PIS 48	4 GEM 23	4 VIR 22	7 SAG 19
30	4 VIR 26		3 PIS 50	7 GEM 24	7 VIR 22	10 SAG 19
31	7 VIR 29		6 PIS 53		10 VIR 22	

LILITH EPHEMERIS   1923

DAY	JUL	AUG	SEP	OCT	NOV	DEC
1	13 SAG 19	16 PIS 16	19 GEM 13	19 VIR 10	23 SAG 04	24 PIS 18
2	16 SAG 19	19 PIS 16	22 GEM 13	22 VIR 12	26 SAG 06	27 PIS 20
3	19 SAG 19	22 PIS 16	25 GEM 13	25 VIR 13	29 SAG 09	0 ARI 23
4	22 SAG 19	25 PIS 16	28 GEM 13	28 VIR 15	2 CAP 11	3 ARI 25
5	25 SAG 19	28 PIS 16	1 CAN 13	1 LIB 17	5 CAP 14	6 ARI 28
6	28 SAG 19	1 ARI 16	4 CAN 12	4 LIB 19	8 CAP 16	9 ARI 30
7	1 CAP 18	4 ARI 15	7 CAN 12	7 LIB 20	11 CAP 19	12 ARI 33
8	4 CAP 18	7 ARI 15	10 CAN 12	10 LIB 22	14 CAP 21	15 ARI 35
9	7 CAP 18	10 ARI 15	13 CAN 12	13 LIB 24	17 CAP 24	18 ARI 38
10	10 CAP 18	13 ARI 15	16 CAN 12	16 LIB 26	20 CAP 26	21 ARI 40
11	13 CAP 18	16 ARI 15	19 CAN 12	19 LIB 27	23 CAP 29	24 ARI 43
12	16 CAP 18	19 ARI 15	22 CAN 12	22 LIB 29	26 CAP 31	27 ARI 45
13	19 CAP 18	22 ARI 15	25 CAN 12	25 LIB 31	29 CAP 34	0 TAU 47
14	22 CAP 18	25 ARI 15	28 CAN 12	28 LIB 33	2 AQU 36	3 TAU 50
15	25 CAP 18	28 ARI 15	1 LEO 12	1 SCO 34	5 AQU 39	6 TAU 52
16	28 CAP 18	1 TAU 15	4 LEO 11	4 SCO 36	8 AQU 41	9 TAU 55
17	1 AQU 17	4 TAU 14	7 LEO 11	7 SCO 38	11 AQU 43	12 TAU 57
18	4 AQU 17	7 TAU 14	10 LEO 11	10 SCO 40	14 AQU 46	15 TAU 60
19	7 AQU 17	10 TAU 14	13 LEO 11	13 SCO 41	17 AQU 48	19 TAU 02
20	10 AQU 17	13 TAU 14	16 LEO 11	16 SCO 43	20 AQU 51	22 TAU 05
21	13 AQU 17	16 TAU 14	19 LEO 11	19 SCO 45	23 AQU 53	25 TAU 07
22	16 AQU 17	19 TAU 14	22 LEO 11	22 SCO 47	26 AQU 56	28 TAU 09
23	19 AQU 17	22 TAU 14	25 LEO 11	25 SCO 48	29 AQU 58	1 GEM 12
24	22 AQU 17	25 TAU 14	28 LEO 11	28 SCO 50	3 PIS 01	4 GEM 14
25	25 AQU 17	28 TAU 14	1 VIR 11	1 SAG 52	6 PIS 03	7 GEM 17
26	28 AQU 17	1 GEM 14	4 VIR 11	4 SAG 54	9 PIS 06	10 GEM 19
27	1 PIS 16	4 GEM 13	7 VIR 10	7 SAG 55	12 PIS 08	13 GEM 22
28	4 PIS 16	7 GEM 13	10 VIR 10	10 SAG 57	15 PIS 11	16 GEM 24
29	7 PIS 16	10 GEM 13	13 VIR 10	13 SAG 59	18 PIS 13	19 GEM 27
30	10 PIS 16	13 GEM 13	16 VIR 10	17 SAG 01	21 PIS 16	22 GEM 29
31	13 PIS 16	16 GEM 13		20 SAG 02		25 GEM 32

1924   LILITH EPHEMERIS

DAY	JAN	FEB	MAR	APR	MAY	JUN
1	28 GEM 34	2 LIB 51	1 CAP 03	5 ARI 19	5 CAN 23	8 LIB 19
2	1 CAN 36	5 LIB 53	4 CAP 05	8 ARI 19	8 CAN 23	11 LIB 19
3	4 CAN 39	8 LIB 56	7 CAP 08	11 ARI 19	11 CAN 23	14 LIB 19
4	7 CAN 41	11 LIB 58	10 CAP 10	14 ARI 19	14 CAN 23	17 LIB 19
5	10 CAN 44	15 LIB 01	13 CAP 13	17 ARI 20	17 CAN 22	20 LIB 18
6	13 CAN 46	18 LIB 03	16 CAP 15	20 ARI 20	20 CAN 22	23 LIB 18
7	16 CAN 49	21 LIB 06	19 CAP 18	23 ARI 20	23 CAN 22	26 LIB 18
8	19 CAN 51	24 LIB 08	22 CAP 20	26 ARI 20	26 CAN 22	29 LIB 18
9	22 CAN 54	27 LIB 11	25 CAP 23	29 ARI 20	29 CAN 22	2 SCO 18
10	25 CAN 56	0 SCO 13	28 CAP 25	2 TAU 20	2 LEO 22	5 SCO 18
11	28 CAN 59	3 SCO 16	1 AQU 28	5 TAU 20	5 LEO 22	8 SCO 18
12	2 LEO 01	6 SCO 18	4 AQU 30	8 TAU 20	8 LEO 22	11 SCO 18
13	5 LEO 04	9 SCO 21	7 AQU 32	11 TAU 21	11 LEO 21	14 SCO 17
14	8 LEO 06	12 SCO 23	10 AQU 35	14 TAU 21	14 LEO 21	17 SCO 17
15	11 LEO 09	15 SCO 26	13 AQU 37	17 TAU 21	17 LEO 21	20 SCO 17
16	14 LEO 11	18 SCO 28	16 AQU 40	20 TAU 21	20 LEO 21	23 SCO 17
17	17 LEO 14	21 SCO 31	19 AQU 42	23 TAU 21	23 LEO 21	26 SCO 17
18	20 LEO 16	24 SCO 33	22 AQU 45	26 TAU 21	26 LEO 21	29 SCO 17
19	23 LEO 19	27 SCO 36	25 AQU 47	29 TAU 21	29 LEO 21	2 SAG 17
20	26 LEO 21	0 SAG 38	28 AQU 50	2 GEM 22	2 VIR 21	5 SAG 16
21	29 LEO 24	3 SAG 41	1 PIS 52	5 GEM 22	5 VIR 20	8 SAG 16
22	2 VIR 26	6 SAG 43	4 PIS 54	8 GEM 22	8 VIR 20	11 SAG 16
23	5 VIR 29	9 SAG 46	7 PIS 57	11 GEM 22	11 VIR 20	14 SAG 16
24	8 VIR 31	12 SAG 48	10 PIS 59	14 GEM 22	14 VIR 20	17 SAG 16
25	11 VIR 34	15 SAG 51	14 PIS 02	17 GEM 22	17 VIR 20	20 SAG 16
26	14 VIR 36	18 SAG 53	17 PIS 04	20 GEM 22	20 VIR 20	23 SAG 16
27	17 VIR 39	21 SAG 56	20 PIS 07	23 GEM 22	23 VIR 20	26 SAG 16
28	20 VIR 41	24 SAG 58	23 PIS 09	26 GEM 23	26 VIR 20	29 SAG 15
29	23 VIR 44	28 SAG 01	26 PIS 12	29 GEM 23	29 VIR 19	2 CAP 15
30	26 VIR 46		29 PIS 14	2 CAN 23	2 LIB 19	5 CAP 15
31	29 VIR 49		2 ARI 17		5 LIB 19	

56

LILITH EPHEMERIS 1924

DAY	JUL	AUG	SEP	OCT	NOV	DEC
1	8 CAP 15	11 ARI 11	14 CAN 07	14 LIB 12	18 CAP 27	19 ARI 41
2	11 CAP 15	14 ARI 11	17 CAN 07	17 LIB 14	21 CAP 29	22 ARI 43
3	14 CAP 15	17 ARI 11	20 CAN 07	20 LIB 17	24 CAP 32	25 ARI 46
4	17 CAP 15	20 ARI 11	23 CAN 07	23 LIB 19	27 CAP 34	28 ARI 48
5	20 CAP 14	23 ARI 10	26 CAN 08	26 LIB 22	0 AQU 37	1 TAU 51
6	23 CAP 14	26 ARI 10	29 CAN 08	29 LIB 24	3 AQU 39	4 TAU 53
7	26 CAP 14	29 ARI 10	2 LEO 08	2 SCO 27	6 AQU 42	7 TAU 56
8	29 CAP 14	2 TAU 10	5 LEO 08	5 SCO 29	9 AQU 44	10 TAU 58
9	2 AQU 14	5 TAU 10	8 LEO 08	8 SCO 31	12 AQU 47	14 TAU 01
10	5 AQU 14	8 TAU 10	11 LEO 09	11 SCO 34	15 AQU 49	17 TAU 03
11	8 AQU 14	11 TAU 10	14 LEO 09	14 SCO 36	18 AQU 52	20 TAU 06
12	11 AQU 14	14 TAU 10	17 LEO 09	17 SCO 39	21 AQU 54	23 TAU 08
13	14 AQU 13	17 TAU 09	20 LEO 09	20 SCO 41	24 AQU 57	26 TAU 10
14	17 AQU 13	20 TAU 09	23 LEO 09	23 SCO 43	27 AQU 59	29 TAU 13
15	20 AQU 13	23 TAU 09	26 LEO 09	26 SCO 46	1 PIS 02	2 GEM 15
16	23 AQU 13	26 TAU 09	29 LEO 10	29 SCO 48	4 PIS 04	5 GEM 18
17	26 AQU 13	29 TAU 09	2 VIR 10	2 SAG 51	7 PIS 06	8 GEM 20
18	29 AQU 13	2 GEM 09	5 VIR 10	5 SAG 53	10 PIS 09	11 GEM 23
19	2 PIS 13	5 GEM 09	8 VIR 10	8 SAG 56	13 PIS 11	14 GEM 25
20	5 PIS 13	8 GEM 09	11 VIR 10	11 SAG 58	16 PIS 14	17 GEM 28
21	8 PIS 12	11 GEM 08	14 VIR 11	15 SAG 00	19 PIS 16	20 GEM 30
22	11 PIS 12	14 GEM 08	17 VIR 11	18 SAG 03	22 PIS 19	23 GEM 32
23	14 PIS 12	17 GEM 08	20 VIR 11	21 SAG 05	25 PIS 21	26 GEM 35
24	17 PIS 12	20 GEM 08	23 VIR 11	24 SAG 08	28 PIS 24	29 GEM 37
25	20 PIS 12	23 GEM 08	26 VIR 11	27 SAG 10	1 ARI 26	2 CAN 40
26	23 PIS 12	26 GEM 08	29 VIR 11	0 CAP 12	4 ARI 29	5 CAN 42
27	26 PIS 12	29 GEM 08	2 LIB 12	3 CAP 15	7 ARI 31	8 CAN 45
28	29 PIS 12	2 CAN 08	5 LIB 12	6 CAP 17	10 ARI 34	11 CAN 47
29	2 ARI 11	5 CAN 07	8 LIB 12	9 CAP 20	13 ARI 36	14 CAN 50
30	5 ARI 11	8 CAN 07	11 LIB 12	12 CAP 22	16 ARI 39	17 CAN 52
31	8 ARI 11	11 CAN 07		15 CAP 25		20 CAN 55

1925　　　　　　　　　　　　LILITH EPHEMERIS

DAY	JAN	FEB	MAR	APR	MAY	JUN
1	23 CAN 57	28 LIB 12	23 CAP 23	27 ARI 19	27 CAN 16	0 SCO 13
2	26 CAN 59	1 SCO 15	26 CAP 25	0 TAU 19	0 LEO 16	3 SCO 13
3	0 LEO 02	4 SCO 17	29 CAP 27	3 TAU 19	3 LEO 16	6 SCO 13
4	3 LEO 04	7 SCO 20	2 AQU 28	6 TAU 19	6 LEO 16	9 SCO 13
5	6 LEO 07	10 SCO 22	5 AQU 30	9 TAU 19	9 LEO 16	12 SCO 13
6	9 LEO 09	13 SCO 25	8 AQU 32	12 TAU 18	12 LEO 16	15 SCO 13
7	12 LEO 12	16 SCO 27	11 AQU 34	15 TAU 18	15 LEO 15	18 SCO 13
8	15 LEO 14	19 SCO 30	14 AQU 36	18 TAU 18	18 LEO 15	21 SCO 12
9	18 LEO 16	22 SCO 32	17 AQU 37	21 TAU 18	21 LEO 15	24 SCO 12
10	21 LEO 19	25 SCO 35	20 AQU 39	24 TAU 18	24 LEO 15	27 SCO 12
11	24 LEO 21	28 SCO 37	23 AQU 41	27 TAU 18	27 LEO 15	0 SAG 12
12	27 LEO 24	1 SAG 40	26 AQU 43	0 GEM 18	0 VIR 15	3 SAG 12
13	0 VIR 26	4 SAG 42	29 AQU 45	3 GEM 18	3 VIR 15	6 SAG 12
14	3 VIR 28	7 SAG 45	2 PIS 46	6 GEM 18	6 VIR 15	9 SAG 12
15	6 VIR 31	10 SAG 47	5 PIS 48	9 GEM 18	9 VIR 15	12 SAG 12
16	9 VIR 33	13 SAG 50	8 PIS 50	12 GEM 17	12 VIR 15	15 SAG 12
17	12 VIR 36	16 SAG 53	11 PIS 52	15 GEM 17	15 VIR 14	18 SAG 12
18	15 VIR 38	19 SAG 55	14 PIS 54	18 GEM 17	18 VIR 14	21 SAG 12
19	18 VIR 41	22 SAG 58	17 PIS 56	21 GEM 17	21 VIR 14	24 SAG 12
20	21 VIR 43	26 SAG 00	20 PIS 57	24 GEM 17	24 VIR 14	27 SAG 12
21	24 VIR 45	29 SAG 03	23 PIS 59	27 GEM 17	27 VIR 14	0 CAP 12
22	27 VIR 48	2 CAP 05	27 PIS 01	0 CAN 17	0 LIB 14	3 CAP 12
23	0 LIB 50	5 CAP 08	0 ARI 03	3 CAN 17	3 LIB 14	6 CAP 12
24	3 LIB 53	8 CAP 10	3 ARI 05	6 CAN 17	6 LIB 14	9 CAP 11
25	6 LIB 55	11 CAP 13	6 ARI 06	9 CAN 16	9 LIB 14	12 CAP 11
26	9 LIB 57	14 CAP 15	9 ARI 08	12 CAN 16	12 LIB 14	15 CAP 11
27	12 LIB 60	17 CAP 18	12 ARI 10	15 CAN 16	15 LIB 13	18 CAP 11
28	16 LIB 02	20 CAP 20	15 ARI 12	18 CAN 16	18 LIB 13	21 CAP 11
29	19 LIB 05		18 ARI 14	21 CAN 16	21 LIB 13	24 CAP 11
30	22 LIB 07		21 ARI 15	24 CAN 16	24 LIB 13	27 CAP 11
31	25 LIB 10		24 ARI 17		27 LIB 13	

LILITH EPHEMERIS   1925

DAY	JUL	AUG	SEP	OCT	NOV	DEC
1	0 AQU 11	3 TAU 08	6 LEO 06	6 SCO 38	10 AQU 52	12 TAU 04
2	3 AQU 11	6 TAU 08	9 LEO 07	9 SCO 40	13 AQU 54	15 TAU 06
3	6 AQU 11	9 TAU 08	12 LEO 08	12 SCO 43	16 AQU 57	18 TAU 09
4	9 AQU 11	12 TAU 08	15 LEO 09	15 SCO 45	19 AQU 59	21 TAU 11
5	12 AQU 11	15 TAU 08	18 LEO 10	18 SCO 48	23 AQU 02	24 TAU 14
6	15 AQU 11	18 TAU 08	21 LEO 11	21 SCO 50	26 AQU 04	27 TAU 16
7	18 AQU 10	21 TAU 08	24 LEO 12	24 SCO 52	29 AQU 06	0 GEM 19
8	21 AQU 10	24 TAU 08	27 LEO 13	27 SCO 55	2 PIS 09	3 GEM 21
9	24 AQU 10	27 TAU 08	0 VIR 15	0 SAG 57	5 PIS 11	6 GEM 23
10	27 AQU 10	0 TAU 07	3 VIR 16	3 SAG 59	8 PIS 14	9 GEM 26
11	0 PIS 10	3 GEM 07	6 VIR 17	7 SAG 02	11 PIS 16	12 GEM 28
12	3 PIS 10	6 GEM 07	9 VIR 18	10 SAG 04	14 PIS 18	15 GEM 31
13	6 PIS 10	9 GEM 07	12 VIR 19	13 SAG 07	17 PIS 21	18 GEM 33
14	9 PIS 10	12 GEM 07	15 VIR 20	16 SAG 09	20 PIS 23	21 GEM 35
15	12 PIS 10	15 GEM 07	18 VIR 21	19 SAG 11	23 PIS 26	24 GEM 38
16	15 PIS 10	18 GEM 07	21 VIR 22	22 SAG 14	26 PIS 28	27 GEM 40
17	18 PIS 09	21 GEM 07	24 VIR 23	25 SAG 16	29 PIS 30	0 CAN 43
18	21 PIS 09	24 GEM 07	27 VIR 24	28 SAG 19	2 ARI 33	3 CAN 45
19	24 PIS 09	27 GEM 07	0 LIB 25	1 CAP 21	5 ARI 35	6 CAN 48
20	27 PIS 09	0 CAN 07	3 LIB 26	4 CAP 23	8 ARI 38	9 CAN 50
21	0 ARI 09	3 CAN 07	6 LIB 27	7 CAP 26	11 ARI 40	12 CAN 52
22	3 ARI 09	6 CAN 07	9 LIB 28	10 CAP 28	14 ARI 42	15 CAN 55
23	6 ARI 09	9 CAN 07	12 LIB 29	13 CAP 31	17 ARI 45	18 CAN 57
24	9 ARI 09	12 CAN 07	15 LIB 31	16 CAP 33	20 ARI 47	21 CAN 60
25	12 ARI 09	15 CAN 06	18 LIB 32	19 CAP 35	23 ARI 50	25 CAN 02
26	15 ARI 09	18 CAN 06	21 LIB 33	22 CAP 38	26 ARI 52	28 CAN 04
27	18 ARI 08	21 CAN 06	24 LIB 34	25 CAP 40	29 ARI 54	1 LEO 07
28	21 ARI 08	24 CAN 06	27 LIB 35	28 CAP 42	2 TAU 57	4 LEO 09
29	24 ARI 08	27 CAN 06	0 SCO 36	1 AQU 45	5 TAU 59	7 LEO 12
30	27 ARI 08	0 LEO 06	3 SCO 37	4 AQU 47	9 TAU 02	10 LEO 14
31	0 TAU 08	3 LEO 06		7 AQU 50		13 LEO 17

59

1926 LILITH EPHEMERIS

DAY	JAN	FEB	MAR	APR	MAY	JUN
1	16 LEO 19	20 SCO 34	15 AQU 41	19 TAU 09	19 LEO 09	22 SCO 09
2	19 LEO 21	23 SCO 36	18 AQU 42	22 TAU 09	22 LEO 09	25 SCO 09
3	22 LEO 24	26 SCO 39	21 AQU 43	25 TAU 09	25 LEO 09	28 SCO 09
4	25 LEO 26	29 SCO 41	24 AQU 44	28 TAU 09	28 LEO 09	1 SAG 09
5	28 LEO 29	2 SAG 44	27 AQU 45	1 GEM 09	1 VIR 09	4 SAG 09
6	1 VIR 31	5 SAG 46	0 PIS 46	4 GEM 09	4 VIR 09	7 SAG 09
7	4 VIR 34	8 SAG 48	3 PIS 46	7 GEM 09	7 VIR 09	10 SAG 09
8	7 VIR 36	11 SAG 51	6 PIS 47	10 GEM 09	10 VIR 09	13 SAG 09
9	10 VIR 38	14 SAG 53	9 PIS 48	13 GEM 09	13 VIR 09	16 SAG 09
10	13 VIR 41	17 SAG 56	12 PIS 49	16 GEM 09	16 VIR 09	19 SAG 09
11	16 VIR 43	20 SAG 58	15 PIS 50	19 GEM 09	19 VIR 09	22 SAG 09
12	19 VIR 46	24 SAG 00	18 PIS 51	22 GEM 09	22 VIR 09	25 SAG 09
13	22 VIR 48	27 SAG 03	21 PIS 52	25 GEM 09	25 VIR 09	28 SAG 09
14	25 VIR 50	0 CAP 05	24 PIS 53	28 GEM 09	28 VIR 09	1 CAP 09
15	28 VIR 53	3 CAP 07	27 PIS 54	1 CAN 09	1 LIB 09	4 CAP 09
16	1 LIB 55	6 CAP 10	0 ARI 55	4 CAN 09	4 LIB 09	7 CAP 09
17	4 LIB 58	9 CAP 12	3 ARI 55	7 CAN 09	7 LIB 09	10 CAP 09
18	8 LIB 00	12 CAP 15	6 ARI 56	10 CAN 09	10 LIB 09	13 CAP 09
19	11 LIB 03	15 CAP 17	9 ARI 57	13 CAN 09	13 LIB 09	16 CAP 09
20	14 LIB 05	18 CAP 19	12 ARI 58	16 CAN 09	16 LIB 09	19 CAP 09
21	17 LIB 07	21 CAP 22	15 ARI 59	19 CAN 09	19 LIB 09	22 CAP 09
22	20 LIB 10	24 CAP 24	18 ARI 60	22 CAN 09	22 LIB 09	25 CAP 09
23	23 LIB 12	27 CAP 27	22 ARI 01	25 CAN 09	25 LIB 09	28 CAP 09
24	26 LIB 15	0 AQU 29	25 ARI 02	28 CAN 09	28 LIB 09	1 AQU 09
25	29 LIB 17	3 AQU 31	28 ARI 03	1 LEO 09	1 SCO 09	4 AQU 09
26	2 SCO 19	6 AQU 34	1 TAU 04	4 LEO 09	4 SCO 09	7 AQU 09
27	5 SCO 22	9 AQU 36	4 TAU 04	7 LEO 09	7 SCO 09	10 AQU 09
28	8 SCO 24	12 AQU 39	7 TAU 05	10 LEO 09	10 SCO 09	13 AQU 09
29	11 SCO 27		10 TAU 06	13 LEO 09	13 SCO 09	16 AQU 09
30	14 SCO 29		13 TAU 07	16 LEO 09	16 SCO 09	19 AQU 09
31	17 SCO 32		16 TAU 08		19 SCO 09	

60

LILITH EPHEMERIS 1926

DAY	JUL	AUG	SEP	OCT	NOV	DEC
1	22 AQU 09	25 TAU 08	28 LEO 08	29 SCO 05	3 PIS 16	4 GEM 27
2	25 AQU 09	28 TAU 08	1 VIR 10	2 SAG 07	6 PIS 18	7 GEM 29
3	28 AQU 09	1 GEM 08	4 VIR 12	5 SAG 10	9 PIS 21	10 GEM 32
4	1 PIS 09	4 GEM 08	7 VIR 14	8 SAG 12	12 PIS 23	13 GEM 34
5	4 PIS 09	7 GEM 08	10 VIR 16	11 SAG 14	15 PIS 25	16 GEM 36
6	7 PIS 09	10 GEM 08	13 VIR 18	14 SAG 16	18 PIS 28	19 GEM 38
7	10 PIS 09	13 GEM 08	16 VIR 19	17 SAG 19	21 PIS 30	22 GEM 41
8	13 PIS 09	16 GEM 08	19 VIR 21	20 SAG 21	24 PIS 33	25 GEM 43
9	16 PIS 09	19 GEM 08	22 VIR 23	23 SAG 23	27 PIS 35	28 GEM 45
10	19 PIS 09	22 GEM 08	25 VIR 25	26 SAG 26	0 ARI 37	1 CAN 48
11	22 PIS 09	25 GEM 08	28 VIR 27	29 SAG 28	3 ARI 40	4 CAN 50
12	25 PIS 09	28 GEM 08	1 LIB 29	2 CAP 30	6 ARI 42	7 CAN 52
13	28 PIS 09	1 CAN 08	4 LIB 31	5 CAP 32	9 ARI 44	10 CAN 54
14	1 ARI 09	4 CAN 08	7 LIB 33	8 CAP 35	12 ARI 47	13 CAN 57
15	4 ARI 09	7 CAN 08	10 LIB 35	11 CAP 37	15 ARI 49	16 CAN 59
16	7 ARI 09	10 CAN 08	13 LIB 37	14 CAP 39	18 ARI 52	20 CAN 01
17	10 ARI 08	13 CAN 08	16 LIB 38	17 CAP 42	21 ARI 54	23 CAN 04
18	13 ARI 08	16 CAN 08	19 LIB 40	20 CAP 44	24 ARI 56	26 CAN 06
19	16 ARI 08	19 CAN 08	22 LIB 42	23 CAP 46	27 ARI 59	29 CAN 08
20	19 ARI 08	22 CAN 08	25 LIB 44	26 CAP 49	1 TAU 01	2 LEO 11
21	22 ARI 08	25 CAN 08	28 LIB 46	29 CAP 51	4 TAU 03	5 LEO 13
22	25 ARI 08	28 CAN 08	1 SCO 48	2 AQU 53	7 TAU 06	8 LEO 15
23	28 ARI 08	1 LEO 08	4 SCO 50	5 AQU 55	10 TAU 08	11 LEO 17
24	1 TAU 08	4 LEO 08	7 SCO 52	8 AQU 58	13 TAU 10	14 LEO 20
25	4 TAU 08	7 LEO 08	10 SCO 54	11 AQU 60	16 TAU 13	17 LEO 22
26	7 TAU 08	10 LEO 08	13 SCO 56	15 AQU 02	19 TAU 15	20 LEO 24
27	10 TAU 08	13 LEO 08	16 SCO 57	18 AQU 05	22 TAU 18	23 LEO 27
28	13 TAU 08	16 LEO 08	19 SCO 59	21 AQU 07	25 TAU 20	26 LEO 29
29	16 TAU 08	19 LEO 08	23 SCO 01	24 AQU 09	28 TAU 22	29 LEO 31
30	19 TAU 08	22 LEO 08	26 SCO 03	27 AQU 11	1 GEM 25	2 VIR 33
31	22 TAU 08	25 LEO 08		0 PIS 14		5 VIR 36

1927   LILITH EPHEMERIS

DAY	JAN	FEB	MAR	APR	MAY	JUN
1	8 VIR 38	12 SAG 49	7 PIS 52	10 GEM 58	11 VIR 01	14 SAG 05
2	11 VIR 40	15 SAG 51	10 PIS 52	13 GEM 58	14 VIR 01	17 SAG 05
3	14 VIR 43	18 SAG 53	13 PIS 52	16 GEM 58	17 VIR 01	20 SAG 05
4	17 VIR 45	21 SAG 56	16 PIS 53	19 GEM 58	20 VIR 01	23 SAG 05
5	20 VIR 47	24 SAG 58	19 PIS 53	22 GEM 58	23 VIR 02	26 SAG 05
6	23 VIR 49	28 SAG 00	22 PIS 53	25 GEM 59	26 VIR 02	29 SAG 05
7	26 VIR 52	1 CAP 02	25 PIS 53	28 GEM 59	29 VIR 02	2 CAP 06
8	29 VIR 54	4 CAP 05	28 PIS 53	1 CAN 59	2 LIB 02	5 CAP 06
9	2 LIB 56	7 CAP 07	1 ARI 54	4 CAN 59	5 LIB 02	8 CAP 06
10	5 LIB 59	10 CAP 09	4 ARI 54	7 CAN 59	8 LIB 02	11 CAP 06
11	9 LIB 01	13 CAP 12	7 ARI 54	10 CAN 59	11 LIB 02	14 CAP 06
12	12 LIB 03	16 CAP 14	10 ARI 54	13 CAN 59	14 LIB 02	17 CAP 06
13	15 LIB 05	19 CAP 16	13 ARI 54	16 CAN 59	17 LIB 03	20 CAP 06
14	18 LIB 08	22 CAP 18	16 ARI 55	19 CAN 59	20 LIB 03	23 CAP 06
15	21 LIB 10	25 CAP 21	19 ARI 55	22 CAN 59	23 LIB 03	26 CAP 06
16	24 LIB 12	28 CAP 23	22 ARI 55	25 CAN 60	26 LIB 03	29 CAP 06
17	27 LIB 15	1 AQU 25	25 ARI 55	28 CAN 60	29 LIB 03	2 AQU 07
18	0 SCO 17	4 AQU 27	28 ARI 55	1 LEO 60	2 SCO 03	5 AQU 07
19	3 SCO 19	7 AQU 30	1 TAU 55	4 LEO 60	5 SCO 03	8 AQU 07
20	6 SCO 22	10 AQU 32	4 TAU 56	7 LEO 60	8 SCO 03	11 AQU 07
21	9 SCO 24	13 AQU 34	7 TAU 56	11 LEO 00	11 SCO 04	14 AQU 07
22	12 SCO 26	16 AQU 36	10 TAU 56	14 LEO 00	14 SCO 04	17 AQU 07
23	15 SCO 28	19 AQU 38	13 TAU 56	17 LEO 00	17 SCO 04	20 AQU 07
24	18 SCO 31	22 AQU 41	16 TAU 57	20 LEO 00	20 SCO 04	23 AQU 07
25	21 SCO 33	25 AQU 43	19 TAU 57	23 LEO 00	23 SCO 04	26 AQU 07
26	24 SCO 35	28 AQU 45	22 TAU 57	26 LEO 01	26 SCO 04	29 AQU 07
27	27 SCO 38	1 PIS 47	25 TAU 57	29 LEO 01	29 SCO 04	2 PIS 08
28	0 SAG 40	4 PIS 50	28 TAU 57	2 VIR 01	2 SAG 04	5 PIS 08
29	3 SAG 42		1 GEM 57	5 VIR 01	5 SAG 05	8 PIS 08
30	6 SAG 44		4 GEM 58	8 VIR 01	8 SAG 05	11 PIS 08
31	9 SAG 47		7 GEM 58		11 SAG 05	

LILITH EPHEMERIS 1927

DAY	JUL	AUG	SEP	OCT	NOV	DEC
1	14 PIS 08	17 GEM 12	20 VIR 29	21 SAG 34	25 PIS 40	26 GEM 45
2	17 PIS 08	20 GEM 13	23 VIR 31	24 SAG 36	28 PIS 42	29 GEM 47
3	20 PIS 08	23 GEM 13	26 VIR 33	27 SAG 38	1 ARI 44	2 CAN 49
4	23 PIS 08	26 GEM 14	29 VIR 36	0 CAP 40	4 ARI 46	5 CAN 51
5	26 PIS 09	29 GEM 14	2 LIB 38	3 CAP 43	7 ARI 49	8 CAN 54
6	29 PIS 09	2 CAN 15	5 LIB 40	6 CAP 45	10 ARI 51	11 CAN 56
7	2 ARI 09	5 CAN 15	8 LIB 42	9 CAP 47	13 ARI 53	14 CAN 58
8	5 ARI 09	8 CAN 16	11 LIB 44	12 CAP 49	16 ARI 55	17 CAN 60
9	8 ARI 09	11 CAN 16	14 LIB 46	15 CAP 51	19 ARI 57	21 CAN 02
10	11 ARI 09	14 CAN 17	17 LIB 49	18 CAP 53	22 ARI 59	24 CAN 04
11	14 ARI 09	17 CAN 17	20 LIB 51	21 CAP 55	26 ARI 02	27 CAN 06
12	17 ARI 09	20 CAN 18	23 LIB 53	24 CAP 57	29 ARI 04	0 LEO 08
13	20 ARI 09	23 CAN 19	26 LIB 55	27 CAP 60	2 TAU 06	3 LEO 11
14	23 ARI 10	26 CAN 19	29 LIB 57	1 AQU 02	5 TAU 08	6 LEO 13
15	26 ARI 10	29 CAN 20	2 SCO 59	4 AQU 04	8 TAU 10	9 LEO 15
16	29 ARI 10	2 LEO 20	6 SCO 02	7 AQU 06	11 TAU 12	12 LEO 17
17	2 TAU 10	5 LEO 21	9 SCO 04	10 AQU 08	14 TAU 15	15 LEO 19
18	5 TAU 10	8 LEO 21	12 SCO 06	13 AQU 10	17 TAU 17	18 LEO 21
19	8 TAU 10	11 LEO 22	15 SCO 08	16 AQU 12	20 TAU 19	21 LEO 23
20	11 TAU 11	14 LEO 22	18 SCO 10	19 AQU 14	23 TAU 21	24 LEO 25
21	14 TAU 11	17 LEO 23	21 SCO 12	22 AQU 17	26 TAU 23	27 LEO 28
22	17 TAU 11	20 LEO 24	24 SCO 15	25 AQU 19	29 TAU 25	0 VIR 30
23	20 TAU 11	23 LEO 24	27 SCO 17	28 AQU 21	2 GEM 28	3 VIR 32
24	23 TAU 11	26 LEO 25	0 SAG 19	1 PIS 23	5 GEM 30	6 VIR 34
25	26 TAU 11	29 LEO 25	3 SAG 21	4 PIS 25	8 GEM 32	9 VIR 36
26	29 TAU 11	2 VIR 26	6 SAG 23	7 PIS 27	11 GEM 34	12 VIR 38
27	2 GEM 11	5 VIR 26	9 SAG 25	10 PIS 29	14 GEM 36	15 VIR 40
28	5 GEM 11	8 VIR 27	12 SAG 28	13 PIS 31	17 GEM 38	18 VIR 42
29	8 GEM 12	11 VIR 27	15 SAG 30	16 PIS 34	20 GEM 41	21 VIR 45
30	11 GEM 12	14 VIR 28	18 SAG 32	19 PIS 36	23 GEM 43	24 VIR 47
31	14 GEM 12	17 VIR 28		22 PIS 38		27 VIR 49

1928 LILITH EPHEMERIS

DAY	JAN	FEB	MAR	APR	MAY	JUN
1	0 LIB 51	4 CAP 57	2 ARI 39	5 CAN 47	5 LIB 55	9 CAP 04
2	3 LIB 53	7 CAP 58	5 ARI 39	8 CAN 47	8 LIB 55	12 CAP 04
3	6 LIB 55	10 CAP 60	8 ARI 40	11 CAN 48	11 LIB 56	15 CAP 05
4	9 LIB 57	14 CAP 01	11 ARI 40	14 CAN 48	14 LIB 56	18 CAP 05
5	12 LIB 60	17 CAP 03	14 ARI 40	17 CAN 48	17 LIB 56	21 CAP 05
6	16 LIB 02	20 CAP 04	17 ARI 40	20 CAN 48	20 LIB 56	24 CAP 05
7	19 LIB 04	23 CAP 06	20 ARI 41	23 CAN 49	23 LIB 57	27 CAP 06
8	22 LIB 06	26 CAP 07	23 ARI 41	26 CAN 49	26 LIB 57	0 AQU 06
9	25 LIB 08	29 CAP 09	26 ARI 41	29 CAN 49	29 LIB 57	3 AQU 06
10	28 LIB 10	2 AQU 10	29 ARI 41	2 LEO 49	2 SCO 58	6 AQU 06
11	1 SCO 12	5 AQU 11	2 TAU 42	5 LEO 50	5 SCO 58	9 AQU 07
12	4 SCO 14	8 AQU 13	5 TAU 42	8 LEO 50	8 SCO 58	12 AQU 07
13	7 SCO 17	11 AQU 14	8 TAU 42	11 LEO 50	11 SCO 58	15 AQU 07
14	10 SCO 19	14 AQU 16	11 TAU 42	14 LEO 50	14 SCO 59	18 AQU 07
15	13 SCO 21	17 AQU 17	14 TAU 43	17 LEO 51	17 SCO 59	21 AQU 08
16	16 SCO 23	20 AQU 19	17 TAU 43	20 LEO 51	20 SCO 59	24 AQU 08
17	19 SCO 25	23 AQU 20	20 TAU 43	23 LEO 51	23 SCO 60	27 AQU 08
18	22 SCO 27	26 AQU 22	23 TAU 43	26 LEO 52	26 SCO 60	0 PIS 09
19	25 SCO 29	29 AQU 23	26 TAU 44	29 LEO 52	0 SAG 00	3 PIS 09
20	28 SCO 31	2 PIS 25	29 TAU 44	2 VIR 52	3 SAG 01	6 PIS 09
21	1 SAG 34	5 PIS 26	2 GEM 44	5 VIR 52	6 SAG 01	9 PIS 09
22	4 SAG 36	8 PIS 27	5 GEM 44	8 VIR 53	9 SAG 01	12 PIS 10
23	7 SAG 38	11 PIS 29	8 GEM 45	11 VIR 53	12 SAG 01	15 PIS 10
24	10 SAG 40	14 PIS 30	11 GEM 45	14 VIR 53	15 SAG 02	18 PIS 10
25	13 SAG 42	17 PIS 32	14 GEM 45	17 VIR 53	18 SAG 02	21 PIS 10
26	16 SAG 44	20 PIS 33	17 GEM 45	20 VIR 54	21 SAG 02	24 PIS 11
27	19 SAG 46	23 PIS 35	20 GEM 46	23 VIR 54	24 SAG 03	27 PIS 11
28	22 SAG 48	26 PIS 36	23 GEM 46	26 VIR 54	27 SAG 03	0 ARI 11
29	25 SAG 51	29 PIS 38	26 GEM 46	29 VIR 54	0 CAP 03	3 ARI 11
30	28 SAG 53		29 GEM 46	2 LIB 55	3 CAP 03	6 ARI 12
31	1 CAP 55		2 CAN 47		6 CAP 04	

LILITH EPHEMERIS 1928

DAY	JUL	AUG	SEP	OCT	NOV	DEC
1	9 ARI 12	12 CAN 21	16 LIB 00	17 CAP 01	21 ARI 01	22 CAN 01
2	12 ARI 12	15 CAN 22	19 LIB 02	20 CAP 03	24 ARI 03	25 CAN 03
3	15 ARI 13	18 CAN 24	22 LIB 04	23 CAP 05	27 ARI 05	28 CAN 05
4	18 ARI 13	21 CAN 25	25 LIB 06	26 CAP 07	0 TAU 07	1 LEO 07
5	21 ARI 13	24 CAN 26	28 LIB 08	29 CAP 09	3 TAU 09	4 LEO 09
6	24 ARI 13	27 CAN 27	1 SCO 10	2 AQU 11	6 TAU 11	7 LEO 11
7	27 ARI 14	0 LEO 29	4 SCO 12	5 AQU 13	9 TAU 13	10 LEO 13
8	0 TAU 14	3 LEO 30	7 SCO 14	8 AQU 15	12 TAU 15	13 LEO 15
9	3 TAU 14	6 LEO 31	10 SCO 16	11 AQU 16	15 TAU 17	16 LEO 17
10	6 TAU 15	9 LEO 32	13 SCO 18	14 AQU 18	18 TAU 19	19 LEO 19
11	9 TAU 15	12 LEO 34	16 SCO 20	17 AQU 20	21 TAU 21	22 LEO 21
12	12 TAU 15	15 LEO 35	19 SCO 22	20 AQU 22	24 TAU 23	25 LEO 23
13	15 TAU 15	18 LEO 36	22 SCO 24	23 AQU 24	27 TAU 25	28 LEO 25
14	18 TAU 16	21 LEO 37	25 SCO 26	26 AQU 26	0 GEM 27	1 VIR 27
15	21 TAU 16	24 LEO 39	28 SCO 28	29 AQU 28	3 GEM 29	4 VIR 29
16	24 TAU 16	27 LEO 40	1 SAG 30	2 PIS 30	6 GEM 31	7 VIR 31
17	27 TAU 17	0 VIR 41	4 SAG 33	5 PIS 32	9 GEM 33	10 VIR 32
18	0 GEM 17	3 VIR 42	7 SAG 35	8 PIS 34	12 GEM 35	13 VIR 34
19	3 GEM 17	6 VIR 44	10 SAG 37	11 PIS 36	15 GEM 37	16 VIR 36
20	6 GEM 18	9 VIR 45	13 SAG 39	14 PIS 38	18 GEM 39	19 VIR 38
21	9 GEM 18	12 VIR 46	16 SAG 41	17 PIS 40	21 GEM 41	22 VIR 40
22	12 GEM 18	15 VIR 47	19 SAG 43	20 PIS 42	24 GEM 43	25 VIR 42
23	15 GEM 18	18 VIR 49	22 SAG 45	23 PIS 44	27 GEM 45	28 VIR 44
24	18 GEM 19	21 VIR 50	25 SAG 47	26 PIS 46	0 CAN 47	1 LIB 46
25	21 GEM 19	24 VIR 51	28 SAG 49	29 PIS 47	3 CAN 49	4 LIB 48
26	24 GEM 19	27 VIR 52	1 CAP 51	2 ARI 49	6 CAN 51	7 LIB 50
27	27 GEM 20	0 LIB 54	4 CAP 53	5 ARI 51	9 CAN 53	10 LIB 52
28	0 CAN 20	3 LIB 55	7 CAP 55	8 ARI 53	12 CAN 55	13 LIB 54
29	3 CAN 20	6 LIB 56	10 CAP 57	11 ARI 55	15 CAN 57	16 LIB 56
30	6 CAN 20	9 LIB 57	13 CAP 59	14 ARI 57	18 CAN 59	19 LIB 58
31	9 CAN 21	12 LIB 59		17 ARI 59		23 LIB 00

1929   LILITH EPHEMERIS

DAY	JAN	FEB	MAR	APR	MAY	JUN
1	26 LIB 02	0 AQU 03	24 ARI 25	27 CAN 39	27 LIB 53	1 AQU 08
2	29 LIB 04	3 AQU 04	27 ARI 25	0 LEO 39	0 SCO 53	4 AQU 08
3	2 SCO 06	6 AQU 05	0 TAU 26	3 LEO 40	3 SCO 54	7 AQU 09
4	5 SCO 08	9 AQU 05	3 TAU 26	6 LEO 40	6 SCO 54	10 AQU 09
5	8 SCO 10	12 AQU 06	6 TAU 27	9 LEO 41	9 SCO 55	13 AQU 10
6	11 SCO 12	15 AQU 07	9 TAU 27	12 LEO 41	12 SCO 55	16 AQU 10
7	14 SCO 14	18 AQU 08	12 TAU 28	15 LEO 42	15 SCO 56	19 AQU 11
8	17 SCO 16	21 AQU 08	15 TAU 28	18 LEO 42	18 SCO 56	22 AQU 11
9	20 SCO 18	24 AQU 09	18 TAU 29	21 LEO 43	21 SCO 57	25 AQU 12
10	23 SCO 20	27 AQU 10	21 TAU 29	24 LEO 43	24 SCO 57	28 AQU 12
11	26 SCO 22	0 PIS 11	24 TAU 30	27 LEO 44	27 SCO 58	1 PIS 13
12	29 SCO 24	3 PIS 12	27 TAU 30	0 VIR 44	0 SAG 58	4 PIS 13
13	2 SAG 26	6 PIS 12	0 GEM 30	3 VIR 45	3 SAG 59	7 PIS 14
14	5 SAG 28	9 PIS 13	3 GEM 31	6 VIR 45	6 SAG 59	10 PIS 14
15	8 SAG 30	12 PIS 14	6 GEM 31	9 VIR 46	9 SAG 60	13 PIS 15
16	11 SAG 32	15 PIS 15	9 GEM 32	12 VIR 46	13 SAG 00	16 PIS 15
17	14 SAG 33	18 PIS 16	12 GEM 32	15 VIR 46	16 SAG 01	19 PIS 15
18	17 SAG 35	21 PIS 16	15 GEM 33	18 VIR 47	19 SAG 01	22 PIS 16
19	20 SAG 37	24 PIS 17	18 GEM 33	21 VIR 47	22 SAG 02	25 PIS 16
20	23 SAG 39	27 PIS 18	21 GEM 34	24 VIR 48	25 SAG 02	28 PIS 17
21	26 SAG 41	0 ARI 19	24 GEM 34	27 VIR 48	28 SAG 03	1 ARI 17
22	29 SAG 43	3 ARI 19	27 GEM 34	0 LIB 49	1 CAP 03	4 ARI 18
23	2 CAP 45	6 ARI 20	0 CAN 35	3 LIB 49	4 CAP 04	7 ARI 18
24	5 CAP 47	9 ARI 21	3 CAN 35	6 LIB 50	7 CAP 04	10 ARI 19
25	8 CAP 49	12 ARI 22	6 CAN 36	9 LIB 50	10 CAP 05	13 ARI 19
26	11 CAP 51	15 ARI 23	9 CAN 36	12 LIB 51	13 CAP 05	16 ARI 20
27	14 CAP 53	18 ARI 23	12 CAN 37	15 LIB 51	16 CAP 06	19 ARI 20
28	17 CAP 55	21 ARI 24	15 CAN 37	18 LIB 52	19 CAP 06	22 ARI 21
29	20 CAP 57		18 CAN 38	21 LIB 52	22 CAP 07	25 ARI 21
30	23 CAP 59		21 CAN 38	24 LIB 53	25 CAP 07	28 ARI 22
31	27 CAP 01		24 CAN 39		28 CAP 08	

LILITH EPHEMERIS   1929

DAY	JUL	AUG	SEP	OCT	NOV	DEC
1	1 TAU 22	4 LEO 37	8 SCO 29	9 AQU 22	13 TAU 16	14 LEO 10
2	4 TAU 22	7 LEO 39	11 SCO 31	12 AQU 24	16 TAU 18	17 LEO 12
3	7 TAU 23	10 LEO 40	14 SCO 33	15 AQU 25	19 TAU 20	20 LEO 13
4	10 TAU 23	13 LEO 42	17 SCO 34	18 AQU 27	22 TAU 21	23 LEO 15
5	13 TAU 24	16 LEO 44	20 SCO 36	21 AQU 29	25 TAU 23	26 LEO 17
6	16 TAU 24	19 LEO 45	23 SCO 38	24 AQU 31	28 TAU 25	29 LEO 19
7	19 TAU 25	22 LEO 47	26 SCO 40	27 AQU 32	1 GEM 27	2 VIR 20
8	22 TAU 25	25 LEO 49	29 SCO 41	0 PIS 34	4 GEM 29	5 VIR 22
9	25 TAU 26	28 LEO 50	2 SAG 43	3 PIS 36	7 GEM 30	8 VIR 24
10	28 TAU 26	1 VIR 52	5 SAG 45	6 PIS 38	10 GEM 32	11 VIR 26
11	1 GEM 27	4 VIR 54	8 SAG 47	9 PIS 39	13 GEM 34	14 VIR 27
12	4 GEM 27	7 VIR 55	11 SAG 48	12 PIS 41	16 GEM 36	17 VIR 29
13	7 GEM 28	10 VIR 57	14 SAG 50	15 PIS 43	19 GEM 38	20 VIR 31
14	10 GEM 28	13 VIR 59	17 SAG 52	18 PIS 45	22 GEM 39	23 VIR 33
15	13 GEM 29	17 VIR 00	20 SAG 54	21 PIS 46	25 GEM 41	26 VIR 34
16	16 GEM 29	20 VIR 02	23 SAG 55	24 PIS 48	28 GEM 43	29 VIR 36
17	19 GEM 30	23 VIR 04	26 SAG 57	27 PIS 50	1 CAN 45	2 LIB 38
18	22 GEM 30	26 VIR 06	29 SAG 59	0 ARI 52	4 CAN 47	5 LIB 40
19	25 GEM 31	29 VIR 07	3 CAP 01	3 ARI 53	7 CAN 48	8 LIB 41
20	28 GEM 31	2 LIB 09	6 CAP 03	6 ARI 55	10 CAN 50	11 LIB 43
21	1 CAN 32	5 LIB 11	9 CAP 04	9 ARI 57	13 CAN 52	14 LIB 45
22	4 CAN 32	8 LIB 12	12 CAP 06	12 ARI 59	16 CAN 54	17 LIB 47
23	7 CAN 33	11 LIB 14	15 CAP 08	16 ARI 00	19 CAN 56	20 LIB 48
24	10 CAN 33	14 LIB 16	18 CAP 10	19 ARI 02	22 CAN 57	23 LIB 50
25	13 CAN 34	17 LIB 17	21 CAP 11	22 ARI 04	25 CAN 59	26 LIB 52
26	16 CAN 34	20 LIB 19	24 CAP 13	25 ARI 06	29 CAN 01	29 LIB 54
27	19 CAN 35	23 LIB 21	27 CAP 15	28 ARI 07	2 LEO 03	2 SCO 55
28	22 CAN 35	26 LIB 22	0 AQU 17	1 TAU 09	5 LEO 05	5 SCO 57
29	25 CAN 35	29 LIB 24	3 AQU 18	4 TAU 11	8 LEO 06	8 SCO 59
30	28 CAN 36	2 SCO 26	6 AQU 20	7 TAU 13	11 LEO 08	12 SCO 01
31	1 LEO 37	5 SCO 27		10 TAU 14		15 SCO 02

67

1930 LILITH EPHEMERIS

DAY	JAN	FEB	MAR	APR	MAY	JUN
1	18 SCO 04	21 AQU 53	16 TAU 13	19 LEO 35	19 SCO 56	23 AQU 17
2	21 SCO 06	24 AQU 54	19 TAU 14	22 LEO 36	22 SCO 57	26 AQU 18
3	24 SCO 07	27 AQU 54	22 TAU 14	25 LEO 36	25 SCO 57	29 AQU 18
4	27 SCO 09	0 PIS 55	25 TAU 15	28 LEO 37	28 SCO 58	2 PIS 19
5	0 SAG 10	3 PIS 56	28 TAU 16	1 VIR 38	1 SAG 59	5 PIS 20
6	3 SAG 12	6 PIS 57	1 GEM 17	4 VIR 39	4 SAG 59	8 PIS 20
7	6 SAG 13	9 PIS 57	4 GEM 17	7 VIR 39	8 SAG 00	11 PIS 21
8	9 SAG 15	12 PIS 58	7 GEM 18	10 VIR 40	11 SAG 01	14 PIS 22
9	12 SAG 17	15 PIS 59	10 GEM 19	13 VIR 41	14 SAG 01	17 PIS 23
10	15 SAG 18	18 PIS 59	13 GEM 19	16 VIR 41	17 SAG 02	20 PIS 23
11	18 SAG 20	22 PIS 00	16 GEM 20	19 VIR 42	20 SAG 03	23 PIS 24
12	21 SAG 21	25 PIS 01	19 GEM 21	22 VIR 43	23 SAG 03	26 PIS 25
13	24 SAG 23	28 PIS 02	22 GEM 22	25 VIR 43	26 SAG 04	29 PIS 25
14	27 SAG 25	1 ARI 02	25 GEM 22	28 VIR 44	29 SAG 05	2 ARI 26
15	0 CAP 26	4 ARI 03	28 GEM 23	1 LIB 45	2 CAP 05	5 ARI 27
16	3 CAP 28	7 ARI 04	1 CAN 24	4 LIB 46	5 CAP 06	8 ARI 27
17	6 CAP 29	10 ARI 04	4 CAN 24	7 LIB 46	8 CAP 07	11 ARI 28
18	9 CAP 31	13 ARI 05	7 CAN 25	10 LIB 47	11 CAP 08	14 ARI 29
19	12 CAP 32	16 ARI 06	10 CAN 26	13 LIB 48	14 CAP 08	17 ARI 30
20	15 CAP 34	19 ARI 07	13 CAN 26	16 LIB 48	17 CAP 09	20 ARI 30
21	18 CAP 36	22 ARI 07	16 CAN 27	19 LIB 49	20 CAP 10	23 ARI 31
22	21 CAP 37	25 ARI 08	19 CAN 28	22 LIB 50	23 CAP 10	26 ARI 32
23	24 CAP 39	28 ARI 09	22 CAN 29	25 LIB 50	26 CAP 11	29 ARI 32
24	27 CAP 40	1 TAU 09	25 CAN 29	28 LIB 51	29 CAP 12	2 TAU 33
25	0 AQU 42	4 TAU 10	28 CAN 30	1 SCO 52	2 AQU 12	5 TAU 34
26	3 AQU 44	7 TAU 11	1 LEO 31	4 SCO 53	5 AQU 13	8 TAU 34
27	6 AQU 45	10 TAU 12	4 LEO 31	7 SCO 53	8 AQU 14	11 TAU 35
28	9 AQU 47	13 TAU 12	7 LEO 32	10 SCO 54	11 AQU 14	14 TAU 36
29	12 AQU 48		10 LEO 33	13 SCO 55	14 AQU 15	17 TAU 37
30	15 AQU 50		13 LEO 34	16 SCO 55	17 AQU 16	20 TAU 37
31	18 AQU 51		16 LEO 34		20 AQU 16	

LILITH EPHEMERIS 1930

DAY	JUL	AUG	SEP	OCT	NOV	DEC
1	23 TAU 38	27 LEO 07	0 SAG 55	1 PIS 45	5 GEM 29	6 VIR 15
2	26 TAU 39	0 VIR 09	3 SAG 57	4 PIS 46	8 GEM 31	9 VIR 17
3	29 TAU 40	3 VIR 10	6 SAG 58	7 PIS 48	11 GEM 32	12 VIR 18
4	2 GEM 41	6 VIR 12	10 SAG 00	10 PIS 49	14 GEM 34	15 VIR 20
5	5 GEM 42	9 VIR 13	13 SAG 02	13 PIS 51	17 GEM 35	18 VIR 21
6	8 GEM 43	12 VIR 15	16 SAG 03	16 PIS 52	20 GEM 37	21 VIR 23
7	11 GEM 44	15 VIR 16	19 SAG 05	19 PIS 54	23 GEM 38	24 VIR 24
8	14 GEM 45	18 VIR 18	22 SAG 07	22 PIS 55	26 GEM 40	27 VIR 26
9	17 GEM 45	21 VIR 19	25 SAG 08	25 PIS 56	29 GEM 41	0 LIB 27
10	20 GEM 46	24 VIR 21	28 SAG 10	28 PIS 58	2 CAN 43	3 LIB 29
11	23 GEM 47	27 VIR 22	1 CAP 12	1 ARI 59	5 CAN 44	6 LIB 30
12	26 GEM 48	0 LIB 24	4 CAP 13	5 ARI 01	8 CAN 46	9 LIB 32
13	29 GEM 49	3 LIB 26	7 CAP 15	8 ARI 02	11 CAN 47	12 LIB 33
14	2 CAN 50	6 LIB 27	10 CAP 17	11 ARI 03	14 CAN 49	15 LIB 35
15	5 CAN 51	9 LIB 29	13 CAP 18	14 ARI 05	17 CAN 50	18 LIB 36
16	8 CAN 52	12 LIB 30	16 CAP 20	17 ARI 06	20 CAN 52	21 LIB 38
17	11 CAN 53	15 LIB 32	19 CAP 22	20 ARI 08	23 CAN 54	24 LIB 39
18	14 CAN 54	18 LIB 33	22 CAP 23	23 ARI 09	26 CAN 55	27 LIB 41
19	17 CAN 55	21 LIB 35	25 CAP 25	26 ARI 11	29 CAN 57	0 SCO 42
20	20 CAN 56	24 LIB 36	28 CAP 27	29 ARI 12	2 LEO 58	3 SCO 44
21	23 CAN 57	27 LIB 38	1 AQU 28	2 TAU 13	5 LEO 60	6 SCO 45
22	26 CAN 58	0 SCO 40	4 AQU 30	5 TAU 15	9 LEO 01	9 SCO 47
23	29 CAN 59	3 SCO 41	7 AQU 32	8 TAU 16	12 LEO 03	12 SCO 48
24	2 LEO 60	6 SCO 43	10 AQU 33	11 TAU 18	15 LEO 04	15 SCO 50
25	6 LEO 00	9 SCO 44	13 AQU 35	14 TAU 19	18 LEO 06	18 SCO 51
26	9 LEO 01	12 SCO 46	16 AQU 37	17 TAU 20	21 LEO 07	21 SCO 53
27	12 LEO 02	15 SCO 47	19 AQU 38	20 TAU 22	24 LEO 09	24 SCO 54
28	15 LEO 03	18 SCO 49	22 AQU 40	23 TAU 23	27 LEO 10	27 SCO 56
29	18 LEO 04	21 SCO 50	25 AQU 42	26 TAU 25	0 VIR 12	0 SAG 57
30	21 LEO 05	24 SCO 52	28 AQU 43	29 TAU 26	3 VIR 13	3 SAG 59
31	24 LEO 06	27 SCO 53		2 GEM 28		7 SAG 00

1931 LILITH EPHEMERIS

DAY	JAN	FEB	MAR	APR	MAY	JUN
1	10 SAG 02	13 PIS 39	8 GEM 05	11 VIR 34	12 SAG 02	15 PIS 31
2	13 SAG 03	16 PIS 40	11 GEM 06	14 VIR 35	15 SAG 03	18 PIS 32
3	16 SAG 04	19 PIS 41	14 GEM 07	17 VIR 36	18 SAG 04	21 PIS 33
4	19 SAG 06	22 PIS 42	17 GEM 08	20 VIR 37	21 SAG 05	24 PIS 34
5	22 SAG 07	25 PIS 43	20 GEM 09	23 VIR 38	24 SAG 06	27 PIS 35
6	25 SAG 08	28 PIS 44	23 GEM 10	26 VIR 39	27 SAG 07	0 ARI 36
7	28 SAG 09	1 ARI 45	26 GEM 11	29 VIR 40	0 CAP 08	3 ARI 37
8	1 CAP 10	4 ARI 46	29 GEM 12	2 LIB 41	3 CAP 09	6 ARI 38
9	4 CAP 12	7 ARI 46	2 CAN 12	5 LIB 41	6 CAP 09	9 ARI 39
10	7 CAP 13	10 ARI 47	5 CAN 13	8 LIB 42	9 CAP 10	12 ARI 40
11	10 CAP 14	13 ARI 48	8 CAN 14	11 LIB 43	12 CAP 11	15 ARI 41
12	13 CAP 15	16 ARI 49	11 CAN 15	14 LIB 44	15 CAP 12	18 ARI 42
13	16 CAP 16	19 ARI 50	14 CAN 16	17 LIB 45	18 CAP 13	21 ARI 43
14	19 CAP 18	22 ARI 51	17 CAN 17	20 LIB 46	21 CAP 14	24 ARI 44
15	22 CAP 19	25 ARI 52	20 CAN 18	23 LIB 47	24 CAP 15	27 ARI 45
16	25 CAP 20	28 ARI 53	23 CAN 19	26 LIB 48	27 CAP 16	0 TAU 46
17	28 CAP 21	1 TAU 54	26 CAN 20	29 LIB 49	0 AQU 17	3 TAU 46
18	1 AQU 22	4 TAU 55	29 CAN 21	2 SCO 50	3 AQU 18	6 TAU 47
19	4 AQU 23	7 TAU 56	2 LEO 22	5 SCO 51	6 AQU 19	9 TAU 48
20	7 AQU 25	10 TAU 57	5 LEO 23	8 SCO 52	9 AQU 20	12 TAU 49
21	10 AQU 26	13 TAU 58	8 LEO 24	11 SCO 53	12 AQU 21	15 TAU 50
22	13 AQU 27	16 TAU 59	11 LEO 25	14 SCO 54	15 AQU 22	18 TAU 51
23	16 AQU 28	19 TAU 59	14 LEO 26	17 SCO 55	18 AQU 23	21 TAU 52
24	19 AQU 29	23 TAU 00	17 LEO 27	20 SCO 55	21 AQU 24	24 TAU 53
25	22 AQU 31	26 TAU 01	20 LEO 27	23 SCO 56	24 AQU 24	27 TAU 54
26	25 AQU 32	29 TAU 02	23 LEO 28	26 SCO 57	27 AQU 25	0 GEM 55
27	28 AQU 33	2 GEM 03	26 LEO 29	29 SCO 58	0 PIS 26	3 GEM 56
28	1 PIS 34	5 GEM 04	29 LEO 30	2 SAG 59	3 PIS 27	6 GEM 57
29	4 PIS 35		2 VIR 31	6 SAG 00	6 PIS 28	9 GEM 58
30	7 PIS 37		5 VIR 32	9 SAG 01	9 PIS 29	12 GEM 59
31	10 PIS 38		8 VIR 33		12 PIS 30	

70

LILITH EPHEMERIS   1931

DAY	JUL	AUG	SEP	OCT	NOV	DEC
1	16 GEM 00	19 VIR 35	23 SAG 15	23 PIS 53	27 GEM 33	28 VIR 12
2	19 GEM 01	22 VIR 36	26 SAG 16	26 PIS 54	0 CAN 34	1 LIB 13
3	22 GEM 02	25 VIR 38	29 SAG 18	29 PIS 56	3 CAN 36	4 LIB 15
4	25 GEM 03	28 VIR 39	2 CAP 19	2 ARI 57	6 CAN 37	7 LIB 16
5	28 GEM 05	1 LIB 40	5 CAP 20	5 ARI 58	9 CAN 38	10 LIB 17
6	1 CAN 06	4 LIB 41	8 CAP 21	8 ARI 59	12 CAN 39	13 LIB 18
7	4 CAN 07	7 LIB 43	11 CAP 23	12 ARI 01	15 CAN 41	16 LIB 20
8	7 CAN 08	10 LIB 44	14 CAP 24	15 ARI 02	18 CAN 42	19 LIB 21
9	10 CAN 09	13 LIB 45	17 CAP 25	18 ARI 03	21 CAN 43	22 LIB 22
10	13 CAN 10	16 LIB 47	20 CAP 26	21 ARI 05	24 CAN 45	25 LIB 24
11	16 CAN 11	19 LIB 48	23 CAP 28	24 ARI 06	27 CAN 46	28 LIB 25
12	19 CAN 12	22 LIB 49	26 CAP 29	27 ARI 07	0 LEO 47	1 SCO 26
13	22 CAN 14	25 LIB 50	29 CAP 30	0 TAU 08	3 LEO 49	4 SCO 27
14	25 CAN 15	28 LIB 52	2 AQU 31	3 TAU 10	6 LEO 50	7 SCO 29
15	28 CAN 16	1 SCO 53	5 AQU 33	6 TAU 11	9 LEO 51	10 SCO 30
16	1 LEO 17	4 SCO 54	8 AQU 34	9 TAU 12	12 LEO 52	13 SCO 31
17	4 LEO 18	7 SCO 56	11 AQU 35	12 TAU 14	15 LEO 54	16 SCO 33
18	7 LEO 19	10 SCO 57	14 AQU 37	15 TAU 15	18 LEO 55	19 SCO 34
19	10 LEO 20	13 SCO 58	17 AQU 38	18 TAU 16	21 LEO 56	22 SCO 35
20	13 LEO 21	16 SCO 60	20 AQU 39	21 TAU 18	24 LEO 58	25 SCO 37
21	16 LEO 23	20 SCO 01	23 AQU 40	24 TAU 19	27 LEO 59	28 SCO 38
22	19 LEO 24	23 SCO 02	26 AQU 42	27 TAU 20	1 VIR 00	1 SAG 39
23	22 LEO 25	26 SCO 03	29 AQU 43	0 GEM 21	4 VIR 02	4 SAG 40
24	25 LEO 26	29 SCO 05	2 PIS 44	3 GEM 23	7 VIR 03	7 SAG 42
25	28 LEO 27	2 SAG 06	5 PIS 45	6 GEM 24	10 VIR 04	10 SAG 43
26	1 VIR 28	5 SAG 07	8 PIS 47	9 GEM 25	13 VIR 05	13 SAG 44
27	4 VIR 29	8 SAG 09	11 PIS 48	12 GEM 27	16 VIR 07	16 SAG 46
28	7 VIR 30	11 SAG 10	14 PIS 49	15 GEM 28	19 VIR 08	19 SAG 47
29	10 VIR 32	14 SAG 11	17 PIS 50	18 GEM 29	22 VIR 09	22 SAG 48
30	13 VIR 33	17 SAG 12	20 PIS 52	21 GEM 30	25 VIR 11	25 SAG 49
31	16 VIR 34	20 SAG 14		24 GEM 32		28 SAG 51

1932   LILITH EPHEMERIS

DAY	JAN	FEB	MAR	APR	MAY	JUN
1	1 CAP 52	5 ARI 29	3 CAN 04	6 LIB 41	7 CAP 17	10 ARI 53
2	4 CAP 53	8 ARI 30	6 CAN 05	9 LIB 42	10 CAP 18	13 ARI 54
3	7 CAP 54	11 ARI 31	9 CAN 06	12 LIB 43	13 CAP 19	16 ARI 55
4	10 CAP 56	14 ARI 33	12 CAN 08	15 LIB 45	16 CAP 20	19 ARI 57
5	13 CAP 57	17 ARI 34	15 CAN 09	18 LIB 46	19 CAP 22	22 ARI 58
6	16 CAP 58	20 ARI 35	18 CAN 10	21 LIB 47	22 CAP 23	25 ARI 59
7	19 CAP 59	23 ARI 36	21 CAN 11	24 LIB 48	25 CAP 24	28 ARI 60
8	23 CAP 00	26 ARI 37	24 CAN 12	27 LIB 49	28 CAP 25	2 TAU 01
9	26 CAP 02	29 ARI 39	27 CAN 14	0 SCO 51	1 AQU 26	5 TAU 02
10	29 CAP 03	2 TAU 40	0 LEO 15	3 SCO 52	4 AQU 27	8 TAU 04
11	2 AQU 04	5 TAU 41	3 LEO 16	6 SCO 53	7 AQU 29	11 TAU 05
12	5 AQU 05	8 TAU 42	6 LEO 17	9 SCO 54	10 AQU 30	14 TAU 06
13	8 AQU 06	11 TAU 43	9 LEO 18	12 SCO 55	13 AQU 31	17 TAU 07
14	11 AQU 08	14 TAU 45	12 LEO 20	15 SCO 57	16 AQU 32	20 TAU 08
15	14 AQU 09	17 TAU 46	15 LEO 21	18 SCO 58	19 AQU 33	23 TAU 09
16	17 AQU 10	20 TAU 47	18 LEO 22	21 SCO 59	22 AQU 34	26 TAU 11
17	20 AQU 11	23 TAU 48	21 LEO 23	25 SCO 00	25 AQU 36	29 TAU 12
18	23 AQU 12	26 TAU 50	24 LEO 24	28 SCO 01	28 AQU 37	2 GEM 13
19	26 AQU 13	29 TAU 51	27 LEO 25	1 SAG 03	1 PIS 38	5 GEM 14
20	29 AQU 15	2 GEM 52	0 VIR 27	4 SAG 04	4 PIS 39	8 GEM 15
21	2 PIS 16	5 GEM 53	3 VIR 28	7 SAG 05	7 PIS 40	11 GEM 16
22	5 PIS 17	8 GEM 54	6 VIR 29	10 SAG 06	10 PIS 41	14 GEM 18
23	8 PIS 18	11 GEM 56	9 VIR 30	13 SAG 07	13 PIS 43	17 GEM 19
24	11 PIS 19	14 GEM 57	12 VIR 31	16 SAG 09	16 PIS 44	20 GEM 20
25	14 PIS 21	17 GEM 58	15 VIR 33	19 SAG 10	19 PIS 45	23 GEM 21
26	17 PIS 22	20 GEM 59	18 VIR 34	22 SAG 11	22 PIS 46	26 GEM 22
27	20 PIS 23	24 GEM 00	21 VIR 35	25 SAG 12	25 PIS 47	29 GEM 23
28	23 PIS 24	27 GEM 02	24 VIR 36	28 SAG 13	28 PIS 48	2 CAN 24
29	26 PIS 25	0 CAN 03	27 VIR 37	1 CAP 15	1 ARI 50	5 CAN 26
30	29 PIS 27		0 LIB 39	4 CAP 16	4 ARI 51	8 CAN 27
31	2 ARI 28		3 LIB 40		7 ARI 52	

LILITH EPHEMERIS 1932

DAY	JUL	AUG	SEP	OCT	NOV	DEC
1	11 CAN 28	15 LIB 00	18 CAP 32	19 ARI 03	22 CAN 35	23 LIB 06
2	14 CAN 29	18 LIB 01	21 CAP 33	22 ARI 04	25 CAN 36	26 LIB 07
3	17 CAN 30	21 LIB 02	24 CAP 34	25 ARI 05	28 CAN 37	29 LIB 08
4	20 CAN 31	24 LIB 03	27 CAP 35	28 ARI 06	1 LEO 38	2 SCO 09
5	23 CAN 32	27 LIB 04	0 AQU 36	1 TAU 07	4 LEO 39	5 SCO 11
6	26 CAN 33	0 SCO 05	3 AQU 37	4 TAU 08	7 LEO 40	8 SCO 12
7	29 CAN 34	3 SCO 06	6 AQU 38	7 TAU 09	10 LEO 41	11 SCO 13
8	2 LEO 35	6 SCO 07	9 AQU 39	10 TAU 10	13 LEO 42	14 SCO 14
9	5 LEO 36	9 SCO 08	12 AQU 40	13 TAU 11	16 LEO 43	17 SCO 15
10	8 LEO 37	12 SCO 09	15 AQU 41	16 TAU 12	19 LEO 44	20 SCO 16
11	11 LEO 38	15 SCO 10	18 AQU 42	19 TAU 13	22 LEO 45	23 SCO 18
12	14 LEO 39	18 SCO 11	21 AQU 43	22 TAU 14	25 LEO 46	26 SCO 19
13	17 LEO 40	21 SCO 12	24 AQU 44	25 TAU 15	28 LEO 47	29 SCO 20
14	20 LEO 41	24 SCO 13	27 AQU 45	28 TAU 16	1 VIR 48	2 SAG 21
15	23 LEO 42	27 SCO 14	0 PIS 46	1 GEM 17	4 VIR 49	5 SAG 22
16	26 LEO 43	0 SAG 15	3 PIS 47	4 GEM 18	7 VIR 50	8 SAG 23
17	29 LEO 45	3 SAG 17	6 PIS 49	7 GEM 20	10 VIR 52	11 SAG 25
18	2 VIR 46	6 SAG 18	9 PIS 50	10 GEM 21	13 VIR 53	14 SAG 26
19	5 VIR 47	9 SAG 19	12 PIS 51	13 GEM 22	16 VIR 54	17 SAG 27
20	8 VIR 48	12 SAG 20	15 PIS 52	16 GEM 23	19 VIR 55	20 SAG 28
21	11 VIR 49	15 SAG 21	18 PIS 53	19 GEM 24	22 VIR 56	23 SAG 29
22	14 VIR 50	18 SAG 22	21 PIS 54	22 GEM 25	25 VIR 57	26 SAG 30
23	17 VIR 51	21 SAG 23	24 PIS 55	25 GEM 26	28 VIR 58	29 SAG 32
24	20 VIR 52	24 SAG 24	27 PIS 56	28 GEM 27	1 LIB 59	2 CAP 33
25	23 VIR 53	27 SAG 25	0 ARI 57	1 CAN 28	4 LIB 60	5 CAP 34
26	26 VIR 54	0 CAP 26	3 ARI 58	4 CAN 29	8 LIB 01	8 CAP 35
27	29 VIR 55	3 CAP 27	6 ARI 59	7 CAN 30	11 LIB 02	11 CAP 36
28	2 LIB 56	6 CAP 28	9 ARI 60	10 CAN 31	14 LIB 03	14 CAP 37
29	5 LIB 57	9 CAP 29	13 ARI 01	13 CAN 32	17 LIB 04	17 CAP 39
30	8 LIB 58	12 CAP 30	16 ARI 02	16 CAN 33	20 LIB 05	20 CAP 40
31	11 LIB 59	15 CAP 31		19 CAN 34		23 CAP 41

73

1933   LILITH EPHEMERIS

DAY	JAN	FEB	MAR	APR	MAY	JUN
1	26 CAP 42	0 TAU 26	25 CAN 06	28 LIB 50	29 CAP 33	3 TAU 17
2	29 CAP 43	3 TAU 27	28 CAN 07	1 SCO 51	2 AQU 34	6 TAU 18
3	2 AQU 45	6 TAU 29	1 LEO 09	4 SCO 53	5 AQU 36	9 TAU 19
4	5 AQU 46	9 TAU 30	4 LEO 10	7 SCO 54	8 AQU 37	12 TAU 21
5	8 AQU 48	12 TAU 32	7 LEO 12	10 SCO 56	11 AQU 39	15 TAU 22
6	11 AQU 49	15 TAU 33	10 LEO 13	13 SCO 57	14 AQU 40	18 TAU 23
7	14 AQU 51	18 TAU 35	13 LEO 15	16 SCO 59	17 AQU 42	21 TAU 24
8	17 AQU 52	21 TAU 36	16 LEO 16	20 SCO 00	20 AQU 43	24 TAU 25
9	20 AQU 53	24 TAU 37	19 LEO 17	23 SCO 01	23 AQU 44	27 TAU 27
10	23 AQU 55	27 TAU 39	22 LEO 19	26 SCO 03	26 AQU 46	0 GEM 28
11	26 AQU 56	0 GEM 40	25 LEO 20	29 SCO 04	29 AQU 47	3 GEM 29
12	29 AQU 58	3 GEM 42	28 LEO 22	2 SAG 06	2 PIS 49	6 GEM 30
13	2 PIS 59	6 GEM 43	1 VIR 23	5 SAG 07	5 PIS 50	9 GEM 31
14	6 PIS 00	9 GEM 45	4 VIR 24	8 SAG 09	8 PIS 51	12 GEM 33
15	9 PIS 02	12 GEM 46	7 VIR 26	11 SAG 10	11 PIS 53	15 GEM 34
16	12 PIS 03	15 GEM 47	10 VIR 27	14 SAG 12	14 PIS 54	18 GEM 35
17	15 PIS 05	18 GEM 49	13 VIR 29	17 SAG 13	17 PIS 56	21 GEM 36
18	18 PIS 06	21 GEM 50	16 VIR 30	20 SAG 14	20 PIS 57	24 GEM 37
19	21 PIS 08	24 GEM 52	19 VIR 32	23 SAG 16	23 PIS 59	27 GEM 39
20	24 PIS 09	27 GEM 53	22 VIR 33	26 SAG 17	26 PIS 60	0 CAN 40
21	27 PIS 10	0 CAN 55	25 VIR 34	29 SAG 19	0 ARI 01	3 CAN 41
22	0 ARI 12	3 CAN 56	28 VIR 36	2 CAP 20	3 ARI 03	6 CAN 42
23	3 ARI 13	6 CAN 57	1 LIB 37	5 CAP 22	6 ARI 04	9 CAN 43
24	6 ARI 15	9 CAN 59	4 LIB 39	8 CAP 23	9 ARI 06	12 CAN 45
25	9 ARI 16	13 CAN 00	7 LIB 40	11 CAP 24	12 ARI 07	15 CAN 46
26	12 ARI 17	16 CAN 02	10 LIB 41	14 CAP 26	15 ARI 08	18 CAN 47
27	15 ARI 19	19 CAN 03	13 LIB 43	17 CAP 27	18 ARI 10	21 CAN 48
28	18 ARI 20	22 CAN 05	16 LIB 44	20 CAP 29	21 ARI 11	24 CAN 49
29	21 ARI 22		19 LIB 46	23 CAP 30	24 ARI 13	27 CAN 51
30	24 ARI 23		22 LIB 47	26 CAP 32	27 ARI 14	0 LEO 52
31	27 ARI 25		25 LIB 49		0 TAU 16	

74

LILITH EPHEMERIS   1933

DAY	JUL	AUG	SEP	OCT	NOV	DEC
1	3 LEO 53	7 SCO 18	10 AQU 43	11 TAU 06	14 LEO 31	14 SCO 54
2	6 LEO 54	10 SCO 19	13 AQU 44	14 TAU 07	17 LEO 32	17 SCO 55
3	9 LEO 55	13 SCO 20	16 AQU 45	17 TAU 08	20 LEO 33	20 SCO 57
4	12 LEO 55	16 SCO 20	19 AQU 45	20 TAU 08	23 LEO 33	23 SCO 58
5	15 LEO 56	19 SCO 21	22 AQU 46	23 TAU 09	26 LEO 34	26 SCO 59
6	18 LEO 57	22 SCO 22	25 AQU 47	26 TAU 10	29 LEO 35	0 SAG 01
7	21 LEO 58	25 SCO 23	28 AQU 48	29 TAU 11	2 VIR 36	3 SAG 02
8	24 LEO 59	28 SCO 24	1 PIS 48	2 GEM 12	5 VIR 36	6 SAG 03
9	27 LEO 59	1 SAG 24	4 PIS 49	5 GEM 12	8 VIR 37	9 SAG 05
10	1 VIR 00	4 SAG 25	7 PIS 50	8 GEM 13	11 VIR 38	12 SAG 06
11	4 VIR 01	7 SAG 26	10 PIS 51	11 GEM 14	14 VIR 39	15 SAG 07
12	7 VIR 02	10 SAG 27	13 PIS 51	14 GEM 15	17 VIR 39	18 SAG 09
13	10 VIR 03	13 SAG 28	16 PIS 52	17 GEM 16	20 VIR 40	21 SAG 10
14	13 VIR 03	16 SAG 28	19 PIS 53	20 GEM 16	23 VIR 41	24 SAG 11
15	16 VIR 04	19 SAG 29	22 PIS 54	23 GEM 17	26 VIR 42	27 SAG 13
16	19 VIR 05	22 SAG 30	25 PIS 55	26 GEM 18	29 VIR 42	0 CAP 14
17	22 VIR 06	25 SAG 31	28 PIS 55	29 GEM 19	2 LIB 43	3 CAP 15
18	25 VIR 07	28 SAG 32	1 ARI 56	2 CAN 20	5 LIB 44	6 CAP 16
19	28 VIR 08	1 CAP 33	4 ARI 57	5 CAN 21	8 LIB 45	9 CAP 18
20	1 LIB 08	4 CAP 33	7 ARI 58	8 CAN 21	11 LIB 46	12 CAP 19
21	4 LIB 09	7 CAP 34	10 ARI 58	11 CAN 22	14 LIB 46	15 CAP 20
22	7 LIB 10	10 CAP 35	13 ARI 59	14 CAN 23	17 LIB 47	18 CAP 22
23	10 LIB 11	13 CAP 36	16 ARI 60	17 CAN 24	20 LIB 48	21 CAP 23
24	13 LIB 12	16 CAP 37	20 ARI 01	20 CAN 25	23 LIB 49	24 CAP 24
25	16 LIB 12	19 CAP 37	23 ARI 01	23 CAN 25	26 LIB 49	24 CAP 24
26	19 LIB 13	22 CAP 38	26 ARI 02	26 CAN 26	29 LIB 50	27 CAP 26
27	22 LIB 14	25 CAP 39	29 ARI 03	29 CAN 27	2 SCO 51	0 AQU 27
28	25 LIB 15	28 CAP 40	2 TAU 04	2 LEO 28	5 SCO 52	3 AQU 28
29	28 LIB 16	1 AQU 41	5 TAU 04	5 LEO 29	8 SCO 52	6 AQU 30
30	1 SCO 16	4 AQU 41	8 TAU 05	8 LEO 29	11 SCO 53	9 AQU 31
31	4 SCO 17	7 AQU 42		11 LEO 30		12 AQU 32
						15 AQU 34

1934   LILITH EPHEMERIS

DAY	JAN	FEB	MAR	APR	MAY	JUN
1	18 AQU 35	22 TAU 27	17 LEO 14	21 SCO 06	21 AQU 56	25 TAU 48
2	21 AQU 37	25 TAU 29	20 LEO 16	24 SCO 08	24 AQU 58	28 TAU 49
3	24 AQU 38	28 TAU 30	23 LEO 17	27 SCO 09	27 AQU 59	1 GEM 50
4	27 AQU 40	1 GEM 32	26 LEO 19	0 SAG 11	1 PIS 01	4 GEM 50
5	0 PIS 42	4 GEM 34	29 LEO 21	3 SAG 13	4 PIS 03	7 GEM 51
6	3 PIS 43	7 GEM 35	2 VIR 22	6 SAG 14	7 PIS 04	10 GEM 52
7	6 PIS 45	10 GEM 37	5 VIR 24	9 SAG 16	10 PIS 06	13 GEM 53
8	9 PIS 47	13 GEM 39	8 VIR 26	12 SAG 18	13 PIS 08	16 GEM 54
9	12 PIS 48	16 GEM 40	11 VIR 27	15 SAG 19	16 PIS 09	19 GEM 54
10	15 PIS 50	19 GEM 42	14 VIR 29	18 SAG 21	19 PIS 11	22 GEM 55
11	18 PIS 52	22 GEM 44	17 VIR 31	21 SAG 23	22 PIS 13	25 GEM 56
12	21 PIS 53	25 GEM 45	20 VIR 32	24 SAG 24	25 PIS 14	28 GEM 57
13	24 PIS 55	28 GEM 47	23 VIR 34	27 SAG 26	28 PIS 16	1 CAN 58
14	27 PIS 57	1 CAN 49	26 VIR 36	0 CAP 28	1 ARI 18	4 CAN 58
15	0 ARI 58	4 CAN 51	29 VIR 37	3 CAP 29	4 ARI 19	7 CAN 59
16	4 ARI 00	7 CAN 52	2 LIB 39	6 CAP 31	7 ARI 21	10 CAN 60
17	7 ARI 02	10 CAN 54	5 LIB 41	9 CAP 33	10 ARI 23	14 CAN 01
18	10 ARI 04	13 CAN 56	8 LIB 43	12 CAP 34	13 ARI 25	17 CAN 02
19	13 ARI 05	16 CAN 57	11 LIB 44	15 CAP 36	16 ARI 26	20 CAN 02
20	16 ARI 07	19 CAN 59	14 LIB 46	18 CAP 38	19 ARI 28	23 CAN 03
21	19 ARI 09	23 CAN 01	17 LIB 48	21 CAP 39	22 ARI 30	26 CAN 04
22	22 ARI 10	26 CAN 02	20 LIB 49	24 CAP 41	25 ARI 31	29 CAN 05
23	25 ARI 12	29 CAN 04	23 LIB 51	27 CAP 43	28 ARI 33	2 LEO 06
24	28 ARI 14	2 LEO 06	26 LIB 53	0 AQU 44	1 TAU 35	5 LEO 06
25	1 TAU 15	5 LEO 07	29 LIB 54	3 AQU 46	4 TAU 36	8 LEO 07
26	4 TAU 17	8 LEO 09	2 SCO 56	6 AQU 48	7 TAU 38	11 LEO 08
27	7 TAU 19	11 LEO 11	5 SCO 58	9 AQU 49	10 TAU 40	14 LEO 09
28	10 TAU 20	14 LEO 12	8 SCO 59	12 AQU 51	13 TAU 41	17 LEO 10
29	13 TAU 22		12 SCO 01	15 AQU 53	16 TAU 43	20 LEO 10
30	16 TAU 24		15 SCO 03	18 AQU 54	19 TAU 45	23 LEO 11
31	19 TAU 25		18 SCO 04		22 TAU 46	

LILITH EPHEMERIS 1934

DAY	JUL	AUG	SEP	OCT	NOV	DEC
1	26 LEO 12	29 SCO 29	2 PIS 46	3 GEM 03	6 VIR 20	6 SAG 37
2	29 LEO 13	2 SAG 30	5 PIS 47	6 GEM 04	9 VIR 21	9 SAG 39
3	2 VIR 13	5 SAG 30	8 PIS 47	9 GEM 04	12 VIR 21	12 SAG 41
4	5 VIR 14	8 SAG 31	11 PIS 48	12 GEM 05	15 VIR 22	15 SAG 43
5	8 VIR 14	11 SAG 31	14 PIS 48	15 GEM 05	18 VIR 22	18 SAG 45
6	11 VIR 15	14 SAG 32	17 PIS 49	18 GEM 06	21 VIR 23	21 SAG 47
7	14 VIR 15	17 SAG 32	20 PIS 49	21 GEM 06	24 VIR 23	24 SAG 48
8	17 VIR 16	20 SAG 33	23 PIS 50	24 GEM 07	27 VIR 24	27 SAG 50
9	20 VIR 16	23 SAG 33	26 PIS 51	27 GEM 07	0 LIB 25	0 CAP 52
10	23 VIR 17	26 SAG 34	29 PIS 51	0 CAN 08	3 LIB 25	3 CAP 54
11	26 VIR 17	29 SAG 34	2 ARI 52	3 CAN 08	6 LIB 26	6 CAP 56
12	29 VIR 18	2 CAP 35	5 ARI 52	6 CAN 09	9 LIB 26	9 CAP 58
13	2 LIB 19	5 CAP 36	8 ARI 53	9 CAN 10	12 LIB 27	12 CAP 60
14	5 LIB 19	8 CAP 36	11 ARI 53	12 CAN 10	15 LIB 27	16 CAP 02
15	8 LIB 20	11 CAP 37	14 ARI 54	15 CAN 11	18 LIB 28	19 CAP 04
16	11 LIB 20	14 CAP 37	17 ARI 54	18 CAN 11	21 LIB 28	22 CAP 06
17	14 LIB 21	17 CAP 38	20 ARI 55	21 CAN 12	24 LIB 29	25 CAP 07
18	17 LIB 21	20 CAP 38	23 ARI 56	24 CAN 12	27 LIB 30	28 CAP 09
19	20 LIB 22	23 CAP 39	26 ARI 56	27 CAN 13	0 SCO 30	1 AQU 11
20	23 LIB 22	26 CAP 39	29 ARI 57	0 LEO 13	3 SCO 31	4 AQU 13
21	26 LIB 23	29 CAP 40	2 TAU 57	3 LEO 14	6 SCO 31	7 AQU 15
22	29 LIB 24	2 AQU 41	5 TAU 58	6 LEO 15	9 SCO 32	10 AQU 17
23	2 SCO 24	5 AQU 41	8 TAU 58	9 LEO 15	12 SCO 32	13 AQU 19
24	5 SCO 25	8 AQU 42	11 TAU 59	12 LEO 16	15 SCO 33	16 AQU 21
25	8 SCO 25	11 AQU 42	14 TAU 59	15 LEO 16	18 SCO 34	19 AQU 23
26	11 SCO 26	14 AQU 43	18 TAU 00	18 LEO 17	21 SCO 34	22 AQU 25
27	14 SCO 26	17 AQU 43	21 TAU 01	21 LEO 17	24 SCO 35	25 AQU 26
28	17 SCO 27	20 AQU 44	24 TAU 01	24 LEO 18	27 SCO 35	28 AQU 28
29	20 SCO 27	23 AQU 44	27 TAU 02	27 LEO 18	0 SAG 36	1 PIS 30
30	23 SCO 28	26 AQU 45	0 GEM 02	0 VIR 19	3 SAG 36	4 PIS 32
31	26 SCO 28	29 AQU 45		3 VIR 19		7 PIS 34

77

1935   LILITH EPHEMERIS

DAY	JAN	FEB	MAR	APR	MAY	JUN
1	10 PIS 36	14 GEM 32	9 VIR 26	13 SAG 25	14 PIS 22	18 GEM 16
2	13 PIS 38	17 GEM 34	12 VIR 28	16 SAG 27	17 PIS 24	21 GEM 16
3	16 PIS 40	20 GEM 36	15 VIR 30	19 SAG 29	20 PIS 25	24 GEM 17
4	19 PIS 41	23 GEM 38	18 VIR 32	22 SAG 31	23 PIS 27	27 GEM 17
5	22 PIS 43	26 GEM 40	21 VIR 34	25 SAG 33	26 PIS 29	0 CAN 17
6	25 PIS 45	29 GEM 42	24 VIR 36	28 SAG 35	29 PIS 31	3 CAN 18
7	28 PIS 47	2 CAN 44	27 VIR 37	1 CAP 36	2 ARI 32	6 CAN 18
8	1 ARI 49	5 CAN 46	0 LIB 39	4 CAP 38	5 ARI 34	9 CAN 18
9	4 ARI 50	8 CAN 47	3 LIB 41	7 CAP 40	8 ARI 36	12 CAN 19
10	7 ARI 52	11 CAN 49	6 LIB 43	10 CAP 42	11 ARI 38	15 CAN 19
11	10 ARI 54	14 CAN 51	9 LIB 45	13 CAP 44	14 ARI 39	18 CAN 19
12	13 ARI 56	17 CAN 53	12 LIB 47	16 CAP 46	17 ARI 41	21 CAN 20
13	16 ARI 58	20 CAN 55	15 LIB 49	19 CAP 48	20 ARI 43	24 CAN 20
14	19 ARI 59	23 CAN 57	18 LIB 51	22 CAP 50	23 ARI 45	27 CAN 20
15	23 ARI 01	26 CAN 59	21 LIB 53	25 CAP 52	26 ARI 46	0 LEO 21
16	26 ARI 03	0 LEO 01	24 LIB 55	28 CAP 54	29 ARI 48	3 LEO 21
17	29 ARI 05	3 LEO 03	27 LIB 56	1 AQU 55	2 TAU 50	6 LEO 21
18	2 TAU 07	6 LEO 05	0 SCO 58	4 AQU 57	5 TAU 52	9 LEO 22
19	5 TAU 09	9 LEO 07	4 SCO 00	7 AQU 59	8 TAU 53	12 LEO 22
20	8 TAU 10	12 LEO 09	7 SCO 02	11 AQU 01	11 TAU 55	15 LEO 22
21	11 TAU 12	15 LEO 11	10 SCO 04	14 AQU 03	14 TAU 57	18 LEO 23
22	14 TAU 14	18 LEO 13	13 SCO 06	17 AQU 05	17 TAU 59	21 LEO 23
23	17 TAU 16	21 LEO 14	16 SCO 08	20 AQU 07	21 TAU 00	24 LEO 23
24	20 TAU 18	24 LEO 16	19 SCO 10	23 AQU 09	24 TAU 02	27 LEO 24
25	23 TAU 19	27 LEO 18	22 SCO 12	26 AQU 11	27 TAU 04	0 VIR 24
26	26 TAU 21	0 VIR 20	25 SCO 14	29 AQU 13	0 GEM 06	3 VIR 24
27	29 TAU 23	3 VIR 22	28 SCO 15	2 PIS 14	3 GEM 07	6 VIR 25
28	2 GEM 25	6 VIR 24	1 SAG 17	5 PIS 16	6 GEM 09	9 VIR 25
29	5 GEM 27		4 SAG 19	8 PIS 18	9 GEM 11	12 VIR 25
30	8 GEM 28		7 SAG 21	11 PIS 20	12 GEM 13	15 VIR 26
31	11 GEM 30		10 SAG 23		15 GEM 14	

78

LILITH EPHEMERIS   1935

DAY	JUL	AUG	SEP	OCT	NOV	DEC
1	18 VIR 26	21 SAG 37	24 PIS 27	24 GEM 58	28 VIR 09	28 SAG 37
2	21 VIR 26	24 SAG 37	27 PIS 28	27 GEM 58	1 LIB 10	1 CAP 39
3	24 VIR 27	27 SAG 36	0 ARI 29	0 CAN 59	4 LIB 11	4 CAP 41
4	27 VIR 27	0 CAP 36	3 ARI 30	3 CAN 59	7 LIB 12	7 CAP 43
5	0 LIB 27	3 CAP 36	6 ARI 31	6 CAN 59	10 LIB 13	10 CAP 45
6	3 LIB 28	6 CAP 35	9 ARI 32	9 CAN 60	13 LIB 14	13 CAP 47
7	6 LIB 28	9 CAP 35	12 ARI 33	13 CAN 00	16 LIB 15	16 CAP 49
8	9 LIB 28	12 CAP 35	15 ARI 34	16 CAN 00	19 LIB 16	19 CAP 51
9	12 LIB 29	15 CAP 34	18 ARI 35	19 CAN 01	22 LIB 16	22 CAP 53
10	15 LIB 29	18 CAP 34	21 ARI 36	22 CAN 01	25 LIB 17	25 CAP 55
11	18 LIB 30	21 CAP 34	24 ARI 37	25 CAN 02	28 LIB 18	28 CAP 57
12	21 LIB 30	24 CAP 33	27 ARI 38	28 CAN 02	1 SCO 19	1 AQU 59
13	24 LIB 30	27 CAP 33	0 TAU 39	1 LEO 02	4 SCO 20	5 AQU 01
14	27 LIB 31	0 AQU 33	3 TAU 40	4 LEO 03	7 SCO 21	8 AQU 03
15	0 SCO 31	3 AQU 32	6 TAU 41	7 LEO 03	10 SCO 22	11 AQU 05
16	3 SCO 31	6 AQU 32	9 TAU 42	10 LEO 03	13 SCO 23	14 AQU 07
17	6 SCO 32	9 AQU 32	12 TAU 44	13 LEO 04	16 SCO 24	17 AQU 10
18	9 SCO 32	12 AQU 32	15 TAU 45	16 LEO 04	19 SCO 25	20 AQU 12
19	12 SCO 32	15 AQU 31	18 TAU 46	19 LEO 04	22 SCO 26	23 AQU 14
20	15 SCO 33	18 AQU 31	21 TAU 47	22 LEO 05	25 SCO 27	26 AQU 16
21	18 SCO 33	21 AQU 31	24 TAU 48	25 LEO 05	28 SCO 28	29 AQU 18
22	21 SCO 33	24 AQU 30	27 TAU 49	28 LEO 05	1 SAG 29	2 PIS 20
23	24 SCO 34	27 AQU 30	0 GEM 50	1 VIR 06	4 SAG 30	5 PIS 22
24	27 SCO 34	0 PIS 30	3 GEM 51	4 VIR 06	7 SAG 30	8 PIS 24
25	0 SAG 35	3 PIS 29	6 GEM 52	7 VIR 07	10 SAG 31	11 PIS 26
26	3 SAG 35	6 PIS 29	9 GEM 53	10 VIR 07	13 SAG 32	14 PIS 28
27	6 SAG 35	9 PIS 29	12 GEM 54	13 VIR 07	16 SAG 33	17 PIS 30
28	9 SAG 36	12 PIS 28	15 GEM 55	16 VIR 08	19 SAG 34	20 PIS 32
29	12 SAG 36	15 PIS 28	18 GEM 56	19 VIR 08	22 SAG 35	23 PIS 34
30	15 SAG 36	18 PIS 28	21 GEM 57	22 VIR 08	25 SAG 36	26 PIS 36
31	18 SAG 37	21 PIS 27		25 VIR 09		29 PIS 38

1936   LILITH EPHEMERIS

DAY	JAN	FEB	MAR	APR	MAY	JUN
1	2 ARI 40	6 CAN 46	4 LIB 47	8 CAP 52	9 ARI 55	13 CAN 28
2	5 ARI 42	9 CAN 48	7 LIB 49	11 CAP 54	12 ARI 56	16 CAN 28
3	8 ARI 44	12 CAN 50	10 LIB 51	14 CAP 56	15 ARI 57	19 CAN 28
4	11 ARI 46	15 CAN 52	13 LIB 53	17 CAP 58	18 ARI 58	22 CAN 28
5	14 ARI 49	18 CAN 54	16 LIB 55	21 CAP 00	21 ARI 59	25 CAN 29
6	17 ARI 51	21 CAN 57	19 LIB 57	24 CAP 02	25 ARI 00	28 CAN 29
7	20 ARI 53	24 CAN 59	22 LIB 60	27 CAP 05	28 ARI 01	1 LEO 29
8	23 ARI 55	28 CAN 01	26 LIB 02	0 AQU 07	1 TAU 02	4 LEO 29
9	26 ARI 57	1 LEO 03	29 LIB 04	3 AQU 09	4 TAU 04	7 LEO 29
10	29 ARI 59	4 LEO 05	2 SCO 06	6 AQU 11	7 TAU 05	10 LEO 29
11	3 TAU 01	7 LEO 07	5 SCO 08	9 AQU 13	10 TAU 06	13 LEO 29
12	6 TAU 03	10 LEO 09	8 SCO 10	12 AQU 15	13 TAU 07	16 LEO 29
13	9 TAU 06	13 LEO 11	11 SCO 12	15 AQU 17	16 TAU 08	19 LEO 30
14	12 TAU 08	16 LEO 13	14 SCO 14	18 AQU 19	19 TAU 09	22 LEO 30
15	15 TAU 10	19 LEO 15	17 SCO 16	21 AQU 21	22 TAU 10	25 LEO 30
16	18 TAU 12	22 LEO 18	20 SCO 18	24 AQU 23	25 TAU 11	28 LEO 30
17	21 TAU 14	25 LEO 20	23 SCO 21	27 AQU 26	28 TAU 12	1 VIR 30
18	24 TAU 16	28 LEO 22	26 SCO 23	0 PIS 28	1 GEM 13	4 VIR 30
19	27 TAU 18	1 VIR 24	29 SCO 25	3 PIS 30	4 GEM 14	7 VIR 30
20	0 GEM 20	4 VIR 26	2 SAG 27	6 PIS 32	7 GEM 15	10 VIR 31
21	3 GEM 23	7 VIR 28	5 SAG 29	9 PIS 34	10 GEM 16	13 VIR 31
22	6 GEM 25	10 VIR 30	8 SAG 31	12 PIS 36	13 GEM 17	16 VIR 31
23	9 GEM 27	13 VIR 32	11 SAG 33	15 PIS 38	16 GEM 18	19 VIR 31
24	12 GEM 29	16 VIR 34	14 SAG 35	18 PIS 40	19 GEM 19	22 VIR 31
25	15 GEM 31	19 VIR 36	17 SAG 37	21 PIS 42	22 GEM 21	25 VIR 31
26	18 GEM 33	22 VIR 39	20 SAG 39	24 PIS 44	25 GEM 22	28 VIR 31
27	21 GEM 35	25 VIR 41	23 SAG 42	27 PIS 47	28 GEM 23	1 LIB 31
28	24 GEM 37	28 VIR 43	26 SAG 44	0 ARI 49	1 CAN 24	4 LIB 32
29	27 GEM 40	1 LIB 45	29 SAG 46	3 ARI 51	4 CAN 25	7 LIB 32
30	0 CAN 42		2 CAP 48	6 ARI 53	7 CAN 26	10 LIB 32
31	3 CAN 44		5 CAP 50		10 CAN 27	

LILITH EPHEMERIS 1936

DAY	JUL	AUG	SEP	OCT	NOV	DEC
1	13 LIB 32	16 CAP 38	19 ARI 44	19 CAN 48	22 LIB 54	23 CAP 45
2	16 LIB 32	19 CAP 38	22 ARI 44	22 CAN 48	25 LIB 56	26 CAP 47
3	19 LIB 32	22 CAP 38	25 ARI 44	25 CAN 48	28 LIB 57	29 CAP 49
4	22 LIB 33	25 CAP 39	28 ARI 44	28 CAN 49	1 SCO 59	2 AQU 52
5	25 LIB 33	28 CAP 39	1 TAU 45	1 LEO 49	5 SCO 01	5 AQU 54
6	28 LIB 33	1 AQU 39	4 TAU 45	4 LEO 49	8 SCO 03	8 AQU 56
7	1 SCO 33	4 AQU 39	7 TAU 45	7 LEO 49	11 SCO 04	11 AQU 58
8	4 SCO 33	7 AQU 39	10 TAU 45	10 LEO 49	14 SCO 06	15 AQU 01
9	7 SCO 34	10 AQU 40	13 TAU 45	13 LEO 50	17 SCO 08	18 AQU 03
10	10 SCO 34	13 AQU 40	16 TAU 45	16 LEO 50	20 SCO 09	21 AQU 05
11	13 SCO 34	16 AQU 40	19 TAU 45	19 LEO 50	23 SCO 11	24 AQU 07
12	16 SCO 34	19 AQU 40	22 TAU 45	22 LEO 50	26 SCO 13	27 AQU 09
13	19 SCO 34	22 AQU 40	25 TAU 46	25 LEO 50	29 SCO 14	0 PIS 12
14	22 SCO 35	25 AQU 41	28 TAU 46	28 LEO 51	2 SAG 16	3 PIS 14
15	25 SCO 35	28 AQU 41	1 GEM 46	1 VIR 51	5 SAG 18	6 PIS 16
16	28 SCO 35	1 PIS 41	4 GEM 46	4 VIR 51	8 SAG 20	9 PIS 18
17	1 SAG 35	4 PIS 41	7 GEM 46	7 VIR 51	11 SAG 21	12 PIS 21
18	4 SAG 35	7 PIS 41	10 GEM 46	10 VIR 51	14 SAG 23	15 PIS 23
19	7 SAG 35	10 PIS 41	13 GEM 46	13 VIR 51	17 SAG 25	18 PIS 25
20	10 SAG 36	13 PIS 42	16 GEM 47	16 VIR 52	20 SAG 26	21 PIS 27
21	13 SAG 36	16 PIS 42	19 GEM 47	19 VIR 52	23 SAG 28	24 PIS 30
22	16 SAG 36	19 PIS 42	22 GEM 47	22 VIR 52	26 SAG 30	27 PIS 32
23	19 SAG 36	22 PIS 42	25 GEM 47	25 VIR 52	29 SAG 31	0 ARI 34
24	22 SAG 36	25 PIS 42	28 GEM 47	28 VIR 52	2 CAP 33	3 ARI 36
25	25 SAG 37	28 PIS 43	1 CAN 47	1 LIB 53	5 CAP 35	6 ARI 38
26	28 SAG 37	1 ARI 43	4 CAN 47	4 LIB 53	8 CAP 37	9 ARI 41
27	1 CAP 37	4 ARI 43	7 CAN 47	7 LIB 53	11 CAP 38	12 ARI 43
28	4 CAP 37	7 ARI 43	10 CAN 48	10 LIB 53	14 CAP 40	15 ARI 45
29	7 CAP 37	10 ARI 43	13 CAN 48	13 LIB 53	17 CAP 42	18 ARI 47
30	10 CAP 38	13 ARI 44	16 CAN 48	16 LIB 54	20 CAP 43	21 ARI 50
31	13 CAP 38	16 ARI 44		19 LIB 54		24 ARI 52

1937   LILITH EPHEMERIS

DAY	JAN	FEB	MAR	APR	MAY	JUN
1	27 ARI 54	2 LEO 04	27 LIB 07	1 AQU 17	2 TAU 25	5 LEO 35
2	0 TAU 56	5 LEO 06	0 SCO 09	4 AQU 19	5 TAU 25	8 LEO 35
3	3 TAU 59	8 LEO 08	3 SCO 12	7 AQU 22	8 TAU 26	11 LEO 35
4	7 TAU 01	11 LEO 11	6 SCO 14	10 AQU 24	11 TAU 26	14 LEO 35
5	10 TAU 03	14 LEO 13	9 SCO 16	13 AQU 26	14 TAU 26	17 LEO 35
6	13 TAU 05	17 LEO 15	12 SCO 18	16 AQU 28	17 TAU 27	20 LEO 35
7	16 TAU 08	20 LEO 18	15 SCO 21	19 AQU 31	20 TAU 27	23 LEO 35
8	19 TAU 10	23 LEO 20	18 SCO 23	22 AQU 33	23 TAU 27	26 LEO 35
9	22 TAU 12	26 LEO 22	21 SCO 25	25 AQU 35	26 TAU 28	29 LEO 35
10	25 TAU 14	29 LEO 24	24 SCO 27	28 AQU 37	29 TAU 28	2 VIR 35
11	28 TAU 17	2 VIR 26	27 SCO 30	1 PIS 40	2 GEM 28	5 VIR 35
12	1 GEM 19	5 VIR 29	0 SAG 32	4 PIS 42	5 GEM 29	8 VIR 35
13	4 GEM 21	8 VIR 31	3 SAG 34	7 PIS 44	8 GEM 29	11 VIR 35
14	7 GEM 23	11 VIR 33	6 SAG 36	10 PIS 46	11 GEM 29	14 VIR 35
15	10 GEM 26	14 VIR 35	9 SAG 39	13 PIS 49	14 GEM 30	17 VIR 35
16	13 GEM 28	17 VIR 38	12 SAG 41	16 PIS 51	17 GEM 30	20 VIR 35
17	16 GEM 30	20 VIR 40	15 SAG 43	19 PIS 53	20 GEM 30	23 VIR 35
18	19 GEM 32	23 VIR 42	18 SAG 45	22 PIS 56	23 GEM 30	26 VIR 35
19	22 GEM 35	26 VIR 45	21 SAG 48	25 PIS 58	26 GEM 31	29 VIR 35
20	25 GEM 37	29 VIR 47	24 SAG 50	29 PIS 00	29 GEM 31	2 LIB 35
21	28 GEM 39	2 LIB 49	27 SAG 52	2 ARI 02	2 CAN 31	5 LIB 35
22	1 CAN 41	5 LIB 51	0 CAP 54	5 ARI 05	5 CAN 32	8 LIB 35
23	4 CAN 44	8 LIB 53	3 CAP 57	8 ARI 07	8 CAN 32	11 LIB 35
24	7 CAN 46	11 LIB 56	6 CAP 59	11 ARI 09	11 CAN 33	14 LIB 35
25	10 CAN 48	14 LIB 58	10 CAP 01	14 ARI 11	14 CAN 33	17 LIB 35
26	13 CAN 50	18 LIB 00	13 CAP 03	17 ARI 14	17 CAN 33	20 LIB 35
27	16 CAN 53	21 LIB 03	16 CAP 06	20 ARI 16	20 CAN 33	23 LIB 35
28	19 CAN 55	24 LIB 05	19 CAP 08	23 ARI 18	23 CAN 34	26 LIB 35
29	22 CAN 57		22 CAP 10	26 ARI 20	26 CAN 34	29 LIB 35
30	25 CAN 59		25 CAP 12	29 ARI 23	29 CAN 34	2 SCO 35
31	29 CAN 02		28 CAP 15		2 LEO 35	

LILITH EPHEMERIS   1937

DAY	JUL	AUG	SEP	OCT	NOV	DEC
1	5 SCO 35	8 AQU 35	11 TAU 35	11 LEO 36	14 SCO 46	15 AQU 57
2	8 SCO 35	11 AQU 35	14 TAU 35	14 LEO 36	17 SCO 48	18 AQU 59
3	11 SCO 35	14 AQU 35	17 TAU 35	17 LEO 37	20 SCO 51	22 AQU 02
4	14 SCO 35	17 AQU 35	20 TAU 35	20 LEO 37	23 SCO 53	25 AQU 04
5	17 SCO 35	20 AQU 35	23 TAU 35	23 LEO 37	26 SCO 55	28 AQU 07
6	20 SCO 35	23 AQU 35	26 TAU 35	26 LEO 38	29 SCO 58	1 PIS 09
7	23 SCO 35	26 AQU 35	29 TAU 35	29 LEO 38	3 SAG 00	4 PIS 11
8	26 SCO 35	29 AQU 35	2 GEM 35	2 VIR 38	6 SAG 03	7 PIS 14
9	29 SCO 35	2 PIS 35	5 GEM 35	5 VIR 39	9 SAG 05	10 PIS 16
10	2 SAG 35	5 PIS 35	8 GEM 35	8 VIR 39	12 SAG 07	13 PIS 18
11	5 SAG 35	8 PIS 35	11 GEM 35	11 VIR 39	15 SAG 10	16 PIS 21
12	8 SAG 35	11 PIS 35	14 GEM 35	14 VIR 40	18 SAG 12	19 PIS 23
13	11 SAG 35	14 PIS 35	17 GEM 35	17 VIR 40	21 SAG 14	22 PIS 26
14	14 SAG 35	17 PIS 35	20 GEM 35	20 VIR 40	24 SAG 17	25 PIS 28
15	17 SAG 35	20 PIS 35	23 GEM 35	23 VIR 41	27 SAG 19	28 PIS 30
16	20 SAG 35	23 PIS 35	26 GEM 36	26 VIR 41	0 CAP 21	1 ARI 33
17	23 SAG 35	26 PIS 35	29 GEM 36	29 VIR 41	3 CAP 24	4 ARI 35
18	26 SAG 35	29 PIS 35	2 CAN 36	2 LIB 41	6 CAP 26	7 ARI 38
19	29 SAG 35	2 ARI 35	5 CAN 36	5 LIB 42	9 CAP 29	10 ARI 40
20	2 CAP 35	5 ARI 35	8 CAN 36	8 LIB 42	12 CAP 31	13 ARI 42
21	5 CAP 35	8 ARI 35	11 CAN 36	11 LIB 42	15 CAP 33	16 ARI 45
22	8 CAP 35	11 ARI 35	14 CAN 36	14 LIB 43	18 CAP 36	19 ARI 47
23	11 CAP 35	14 ARI 35	17 CAN 36	17 LIB 43	21 CAP 38	22 ARI 50
24	14 CAP 35	17 ARI 35	20 CAN 36	20 LIB 43	24 CAP 40	25 ARI 52
25	17 CAP 35	20 ARI 35	23 CAN 36	23 LIB 44	27 CAP 43	28 ARI 54
26	20 CAP 35	23 ARI 35	26 CAN 36	26 LIB 44	0 AQU 45	1 TAU 57
27	23 CAP 35	26 ARI 35	29 CAN 36	29 LIB 44	3 AQU 48	4 TAU 59
28	26 CAP 35	29 ARI 35	2 LEO 36	2 SCO 45	6 AQU 50	8 TAU 01
29	29 CAP 35	2 TAU 35	5 LEO 36	5 SCO 45	9 AQU 52	11 TAU 04
30	2 AQU 35	5 TAU 35	8 LEO 36	8 SCO 45	12 AQU 55	14 TAU 06
31	5 AQU 35	8 TAU 35		11 SCO 46		17 TAU 09

83

1938   LILITH EPHEMERIS

DAY	JAN	FEB	MAR	APR	MAY	JUN
1	20 TAU 11	24 LEO 24	19 SCO 31	23 AQU 44	24 TAU 38	27 LEO 36
2	23 TAU 13	27 LEO 26	22 SCO 33	26 AQU 46	27 TAU 38	0 VIR 36
3	26 TAU 16	0 VIR 29	25 SCO 36	29 AQU 48	0 GEM 38	3 VIR 36
4	29 TAU 18	3 VIR 31	28 SCO 38	2 PIS 49	3 GEM 38	6 VIR 36
5	2 GEM 20	6 VIR 34	1 SAG 40	5 PIS 51	6 GEM 38	9 VIR 36
6	5 GEM 23	9 VIR 36	4 SAG 43	8 PIS 53	9 GEM 38	12 VIR 36
7	8 GEM 25	12 VIR 38	7 SAG 45	11 PIS 55	12 GEM 38	15 VIR 36
8	11 GEM 27	15 VIR 41	10 SAG 47	14 PIS 57	15 GEM 38	18 VIR 36
9	14 GEM 30	18 VIR 43	13 SAG 50	17 PIS 58	18 GEM 37	21 VIR 35
10	17 GEM 32	21 VIR 46	16 SAG 52	21 PIS 00	21 GEM 37	24 VIR 35
11	20 GEM 35	24 VIR 48	19 SAG 55	24 PIS 02	24 GEM 37	27 VIR 35
12	23 GEM 37	27 VIR 50	22 SAG 57	27 PIS 04	27 GEM 37	0 LIB 35
13	26 GEM 39	0 LIB 53	25 SAG 59	0 ARI 06	0 CAN 37	3 LIB 35
14	29 GEM 42	3 LIB 55	29 SAG 02	3 ARI 07	3 CAN 37	6 LIB 35
15	2 CAN 44	6 LIB 57	2 CAP 04	6 ARI 09	6 CAN 37	9 LIB 35
16	5 CAN 46	9 LIB 60	5 CAP 06	9 ARI 11	9 CAN 37	12 LIB 35
17	8 CAN 49	13 LIB 02	8 CAP 09	12 ARI 13	12 CAN 37	15 LIB 35
18	11 CAN 51	16 LIB 05	11 CAP 11	15 ARI 15	15 CAN 37	18 LIB 35
19	14 CAN 53	19 LIB 07	14 CAP 13	18 ARI 16	18 CAN 37	21 LIB 35
20	17 CAN 56	22 LIB 09	17 CAP 16	21 ARI 18	21 CAN 37	24 LIB 35
21	20 CAN 58	25 LIB 12	20 CAP 18	24 ARI 20	24 CAN 37	27 LIB 35
22	24 CAN 00	28 LIB 14	23 CAP 20	27 ARI 22	27 CAN 37	0 SCO 35
23	27 CAN 03	1 SCO 17	26 CAP 23	0 TAU 24	0 LEO 37	3 SCO 35
24	0 LEO 05	4 SCO 19	29 CAP 25	3 TAU 25	3 LEO 37	6 SCO 34
25	3 LEO 08	7 SCO 21	2 AQU 28	6 TAU 27	6 LEO 36	9 SCO 34
26	6 LEO 10	10 SCO 24	5 AQU 30	9 TAU 29	9 LEO 36	12 SCO 34
27	9 LEO 12	13 SCO 26	8 AQU 32	12 TAU 31	12 LEO 36	15 SCO 34
28	12 LEO 15	16 SCO 29	11 AQU 35	15 TAU 33	15 LEO 36	18 SCO 34
29	15 LEO 17		14 AQU 37	18 TAU 34	18 LEO 36	21 SCO 34
30	18 LEO 19		17 AQU 39	21 TAU 36	21 LEO 36	24 SCO 34
31	21 LEO 22		20 AQU 42		24 LEO 36	

84

LILITH EPHEMERIS 1938

DAY	JUL	AUG	SEP	OCT	NOV	DEC
1	27 SCO 34	0 PIS 32	3 GEM 30	3 VIR 28	7 SAG 01	8 PIS 15
2	0 SAG 34	3 PIS 32	6 GEM 30	6 VIR 29	10 SAG 03	11 PIS 17
3	3 SAG 34	6 PIS 32	9 GEM 30	9 VIR 30	13 SAG 06	14 PIS 20
4	6 SAG 34	9 PIS 32	12 GEM 30	12 VIR 31	16 SAG 08	17 PIS 22
5	9 SAG 34	12 PIS 32	15 GEM 30	15 VIR 32	19 SAG 11	20 PIS 25
6	12 SAG 34	15 PIS 32	18 GEM 30	18 VIR 33	22 SAG 13	23 PIS 27
7	15 SAG 34	18 PIS 32	21 GEM 30	21 VIR 34	25 SAG 16	26 PIS 30
8	18 SAG 34	21 PIS 32	24 GEM 30	24 VIR 35	28 SAG 18	29 PIS 32
9	21 SAG 33	24 PIS 31	27 GEM 29	27 VIR 37	1 CAP 21	2 ARI 34
10	24 SAG 33	27 PIS 31	0 CAN 29	0 LIB 38	4 CAP 23	5 ARI 37
11	27 SAG 33	0 ARI 31	3 CAN 29	3 LIB 39	7 CAP 26	8 ARI 39
12	0 CAP 33	3 ARI 31	6 CAN 29	6 LIB 40	10 CAP 28	11 ARI 42
13	3 CAP 33	6 ARI 31	9 CAN 29	9 LIB 41	13 CAP 31	14 ARI 44
14	6 CAP 33	9 ARI 31	12 CAN 29	12 LIB 42	16 CAP 33	17 ARI 46
15	9 CAP 33	12 ARI 31	15 CAN 29	15 LIB 43	19 CAP 36	20 ARI 49
16	12 CAP 33	15 ARI 31	18 CAN 29	18 LIB 44	22 CAP 38	23 ARI 51
17	15 CAP 33	18 ARI 31	21 CAN 29	21 LIB 45	25 CAP 40	26 ARI 54
18	18 CAP 33	21 ARI 31	24 CAN 29	24 LIB 46	28 CAP 43	29 ARI 56
19	21 CAP 33	24 ARI 31	27 CAN 29	27 LIB 47	1 AQU 45	2 TAU 59
20	24 CAP 33	27 ARI 31	0 LEO 29	0 SCO 48	4 AQU 48	6 TAU 01
21	27 CAP 33	0 TAU 31	3 LEO 29	3 SCO 49	7 AQU 50	9 TAU 03
22	0 AQU 33	3 TAU 31	6 LEO 29	6 SCO 50	10 AQU 53	12 TAU 06
23	3 AQU 33	6 TAU 31	9 LEO 29	9 SCO 51	13 AQU 55	15 TAU 08
24	6 AQU 33	9 TAU 31	12 LEO 28	12 SCO 52	16 AQU 58	18 TAU 11
25	9 AQU 32	12 TAU 30	15 LEO 28	15 SCO 54	20 AQU 00	21 TAU 13
26	12 AQU 32	15 TAU 30	18 LEO 28	18 SCO 55	23 AQU 03	24 TAU 15
27	15 AQU 32	18 TAU 30	21 LEO 28	21 SCO 56	26 AQU 05	27 TAU 18
28	18 AQU 32	21 TAU 30	24 LEO 28	24 SCO 57	29 AQU 08	0 GEM 20
29	21 AQU 32	24 TAU 30	27 LEO 28	27 SCO 58	2 PIS 10	3 GEM 23
30	24 AQU 32	27 TAU 30	0 VIR 28	0 SAG 59	5 PIS 13	6 GEM 25
31	27 AQU 32	0 GEM 30		3 SAG 60		9 GEM 28

1939 LILITH EPHEMERIS

DAY	JAN	FEB	MAR	APR	MAY	JUN
1	12 GEM 30	16 VIR 46	11 SAG 55	16 PIS 11	16 GEM 38	19 VIR 34
2	15 GEM 32	19 VIR 48	14 SAG 57	19 PIS 12	19 GEM 38	22 VIR 34
3	18 GEM 35	22 VIR 51	17 SAG 60	22 PIS 13	22 GEM 38	25 VIR 34
4	21 GEM 37	25 VIR 53	21 SAG 02	25 PIS 14	25 GEM 38	28 VIR 34
5	24 GEM 40	28 VIR 56	24 SAG 05	28 PIS 15	28 GEM 37	1 LIB 33
6	27 GEM 42	1 LIB 58	27 SAG 07	1 ARI 16	1 CAN 37	4 LIB 33
7	0 CAN 45	5 LIB 01	0 CAP 10	4 ARI 16	4 CAN 37	7 LIB 33
8	3 CAN 47	8 LIB 03	3 CAP 12	7 ARI 17	7 CAN 37	10 LIB 33
9	6 CAN 50	11 LIB 06	6 CAP 15	10 ARI 18	10 CAN 37	13 LIB 33
10	9 CAN 52	14 LIB 08	9 CAP 17	13 ARI 19	13 CAN 37	16 LIB 33
11	12 CAN 55	17 LIB 11	12 CAP 20	16 ARI 20	16 CAN 37	19 LIB 33
12	15 CAN 57	20 LIB 13	15 CAP 22	19 ARI 21	19 CAN 37	22 LIB 33
13	18 CAN 59	23 LIB 16	18 CAP 24	22 ARI 22	22 CAN 36	25 LIB 32
14	22 CAN 02	26 LIB 18	21 CAP 27	25 ARI 23	25 CAN 36	28 LIB 32
15	25 CAN 04	29 LIB 21	24 CAP 29	28 ARI 24	28 CAN 36	1 SCO 32
16	28 CAN 07	2 SCO 23	27 CAP 32	1 TAU 25	1 LEO 36	4 SCO 32
17	1 LEO 09	5 SCO 25	0 AQU 34	4 TAU 25	4 LEO 36	7 SCO 32
18	4 LEO 12	8 SCO 28	3 AQU 37	7 TAU 26	7 LEO 36	10 SCO 32
19	7 LEO 14	11 SCO 30	6 AQU 39	10 TAU 27	10 LEO 36	13 SCO 32
20	10 LEO 17	14 SCO 33	9 AQU 42	13 TAU 28	13 LEO 36	16 SCO 31
21	13 LEO 19	17 SCO 35	12 AQU 44	16 TAU 29	16 LEO 35	19 SCO 31
22	16 LEO 21	20 SCO 38	15 AQU 46	19 TAU 30	19 LEO 35	22 SCO 31
23	19 LEO 24	23 SCO 40	18 AQU 49	22 TAU 31	22 LEO 35	25 SCO 31
24	22 LEO 26	26 SCO 43	21 AQU 51	25 TAU 32	25 LEO 35	28 SCO 31
25	25 LEO 29	29 SCO 45	24 AQU 54	28 TAU 33	28 LEO 35	1 SAG 31
26	28 LEO 31	2 SAG 48	27 AQU 56	1 GEM 34	1 VIR 35	4 SAG 31
27	1 VIR 34	5 SAG 50	0 PIS 59	4 GEM 34	4 VIR 35	7 SAG 31
28	4 VIR 36	8 SAG 53	4 PIS 01	7 GEM 35	7 VIR 35	10 SAG 30
29	7 VIR 39		7 PIS 04	10 GEM 36	10 VIR 34	13 SAG 30
30	10 VIR 41		10 PIS 06	13 GEM 37	13 VIR 34	16 SAG 30
31	13 VIR 44		13 PIS 09		16 VIR 34	

LILITH EPHEMERIS 1939

DAY	JUL	AUG	SEP	OCT	NOV	DEC
1	19 SAG 30	22 PIS 27	25 GEM 33	25 VIR 19	29 SAG 21	0 ARI 35
2	22 SAG 30	25 PIS 27	28 GEM 33	28 VIR 21	2 CAP 23	3 ARI 37
3	25 SAG 30	28 PIS 27	1 CAN 32	1 LIB 23	5 CAP 26	6 ARI 40
4	28 SAG 30	1 ARI 28	4 CAN 32	4 LIB 25	8 CAP 28	9 ARI 42
5	1 CAP 30	4 ARI 28	7 CAN 31	7 LIB 27	11 CAP 31	12 ARI 45
6	4 CAP 30	7 ARI 28	10 CAN 31	10 LIB 29	14 CAP 33	15 ARI 47
7	7 CAP 29	10 ARI 28	13 CAN 30	13 LIB 31	17 CAP 36	18 ARI 50
8	10 CAP 29	13 ARI 28	16 CAN 30	16 LIB 33	20 CAP 38	21 ARI 52
9	13 CAP 29	16 ARI 28	19 CAN 29	19 LIB 35	23 CAP 41	24 ARI 55
10	16 CAP 29	19 ARI 29	22 CAN 29	22 LIB 37	26 CAP 43	27 ARI 57
11	19 CAP 29	22 ARI 29	25 CAN 28	25 LIB 39	29 CAP 46	0 TAU 60
12	22 CAP 29	25 ARI 29	28 CAN 28	28 LIB 41	2 AQU 48	4 TAU 02
13	25 CAP 29	28 ARI 29	1 LEO 27	1 SCO 43	5 AQU 51	7 TAU 04
14	28 CAP 29	1 TAU 30	4 LEO 27	4 SCO 45	8 AQU 53	10 TAU 07
15	1 AQU 29	4 TAU 30	7 LEO 26	7 SCO 47	11 AQU 56	13 TAU 09
16	4 AQU 29	7 TAU 30	10 LEO 26	10 SCO 49	14 AQU 58	16 TAU 12
17	7 AQU 28	10 TAU 30	13 LEO 26	13 SCO 51	18 AQU 00	19 TAU 14
18	10 AQU 28	13 TAU 30	16 LEO 25	16 SCO 53	21 AQU 03	22 TAU 17
19	13 AQU 28	16 TAU 30	19 LEO 25	19 SCO 55	24 AQU 05	25 TAU 19
20	16 AQU 28	19 TAU 31	22 LEO 24	22 SCO 57	27 AQU 08	28 TAU 22
21	19 AQU 28	22 TAU 31	25 LEO 24	25 SCO 59	0 PIS 10	1 GEM 24
22	22 AQU 28	25 TAU 31	28 LEO 23	29 SCO 01	3 PIS 13	4 GEM 26
23	25 AQU 28	28 TAU 31	1 VIR 23	2 SAG 03	6 PIS 15	7 GEM 29
24	28 AQU 28	1 GEM 31	4 VIR 22	5 SAG 05	9 PIS 18	10 GEM 31
25	1 PIS 28	4 GEM 32	7 VIR 22	8 SAG 07	12 PIS 20	13 GEM 34
26	4 PIS 28	7 GEM 32	10 VIR 21	11 SAG 09	15 PIS 23	16 GEM 36
27	7 PIS 27	10 GEM 32	13 VIR 21	14 SAG 11	18 PIS 25	19 GEM 39
28	10 PIS 27	13 GEM 32	16 VIR 20	17 SAG 13	21 PIS 28	22 GEM 41
29	13 PIS 27	16 GEM 32	19 VIR 20	20 SAG 15	24 PIS 30	25 GEM 44
30	16 PIS 27	19 GEM 33	22 VIR 19	23 SAG 17	27 PIS 33	28 GEM 46
31	19 PIS 27	22 GEM 33		26 SAG 19		1 CAN 49

1940   LILITH EPHEMERIS

DAY	JAN	FEB	MAR	APR	MAY	JUN
1	4 CAN 51	9 LIB 08	7 CAP 20	11 ARI 37	11 CAN 33	14 LIB 29
2	7 CAN 53	12 LIB 10	10 CAP 22	14 ARI 37	14 CAN 33	17 LIB 29
3	10 CAN 56	15 LIB 13	13 CAP 25	17 ARI 37	17 CAN 33	20 LIB 29
4	13 CAN 58	18 LIB 15	16 CAP 27	20 ARI 37	20 CAN 33	23 LIB 29
5	17 CAN 01	21 LIB 18	19 CAP 30	23 ARI 36	23 CAN 32	26 LIB 29
6	20 CAN 03	24 LIB 20	22 CAP 32	26 ARI 36	26 CAN 32	29 LIB 29
7	23 CAN 06	27 LIB 23	25 CAP 35	29 ARI 36	29 CAN 32	2 SCO 28
8	26 CAN 08	0 SCO 25	28 CAP 37	2 TAU 36	2 LEO 32	5 SCO 28
9	29 CAN 11	3 SCO 28	1 AQU 40	5 TAU 36	5 LEO 32	8 SCO 28
10	2 LEO 13	6 SCO 30	4 AQU 42	8 TAU 36	8 LEO 32	11 SCO 28
11	5 LEO 16	9 SCO 33	7 AQU 45	11 TAU 36	11 LEO 32	14 SCO 28
12	8 LEO 18	12 SCO 35	10 AQU 47	14 TAU 36	14 LEO 32	17 SCO 28
13	11 LEO 21	15 SCO 38	13 AQU 50	17 TAU 35	17 LEO 31	20 SCO 28
14	14 LEO 23	18 SCO 40	16 AQU 52	20 TAU 35	20 LEO 31	23 SCO 28
15	17 LEO 26	21 SCO 43	19 AQU 55	23 TAU 35	23 LEO 31	26 SCO 28
16	20 LEO 28	24 SCO 45	22 AQU 57	26 TAU 35	26 LEO 31	29 SCO 28
17	23 LEO 31	27 SCO 48	25 AQU 60	29 TAU 35	29 LEO 31	2 SAG 27
18	26 LEO 33	0 SAG 50	29 AQU 02	2 GEM 35	2 VIR 31	5 SAG 27
19	29 LEO 36	3 SAG 53	2 PIS 05	5 GEM 35	5 VIR 31	8 SAG 27
20	2 VIR 38	6 SAG 55	5 PIS 07	8 GEM 34	8 VIR 30	11 SAG 27
21	5 VIR 41	9 SAG 58	8 PIS 10	11 GEM 34	11 VIR 30	14 SAG 27
22	8 VIR 43	13 SAG 00	11 PIS 12	14 GEM 34	14 VIR 30	17 SAG 27
23	11 VIR 46	16 SAG 03	14 PIS 15	17 GEM 34	17 VIR 30	20 SAG 27
24	14 VIR 48	19 SAG 05	17 PIS 17	20 GEM 34	20 VIR 30	23 SAG 27
25	17 VIR 51	22 SAG 08	20 PIS 20	23 GEM 34	23 VIR 30	26 SAG 27
26	20 VIR 53	25 SAG 10	23 PIS 22	26 GEM 34	26 VIR 30	29 SAG 27
27	23 VIR 56	28 SAG 13	26 PIS 25	29 GEM 34	29 VIR 30	2 CAP 26
28	26 VIR 58	1 CAP 15	29 PIS 27	2 CAN 33	2 LIB 30	5 CAP 26
29	0 LIB 01	4 CAP 18	2 ARI 30	5 CAN 33	5 LIB 29	8 CAP 26
30	3 LIB 03		5 ARI 32	8 CAN 33	8 LIB 29	11 CAP 26
31	6 LIB 06		8 ARI 35		11 LIB 29	

LILITH EPHEMERIS 1940

DAY	JUL	AUG	SEP	OCT	NOV	DEC
1	14 CAP 26	17 ARI 22	20 CAN 18	20 LIB 30	24 CAP 46	25 ARI 59
2	17 CAP 26	20 ARI 22	23 CAN 18	23 LIB 32	27 CAP 48	29 ARI 01
3	20 CAP 26	23 ARI 22	26 CAN 19	26 LIB 35	0 AQU 51	2 TAU 04
4	23 CAP 26	26 ARI 22	29 CAN 19	29 LIB 37	3 AQU 53	5 TAU 06
5	26 CAP 25	29 ARI 21	2 LEO 20	2 SCO 40	6 AQU 56	8 TAU 09
6	29 CAP 25	2 TAU 21	5 LEO 20	5 SCO 42	9 AQU 58	11 TAU 11
7	2 AQU 25	5 TAU 21	8 LEO 20	8 SCO 45	13 AQU 01	14 TAU 14
8	5 AQU 25	8 TAU 21	11 LEO 21	11 SCO 47	16 AQU 03	17 TAU 16
9	8 AQU 25	11 TAU 21	14 LEO 21	14 SCO 50	19 AQU 05	20 TAU 19
10	11 AQU 25	14 TAU 21	17 LEO 22	17 SCO 52	22 AQU 08	23 TAU 21
11	14 AQU 25	17 TAU 21	20 LEO 22	20 SCO 55	25 AQU 10	26 TAU 24
12	17 AQU 25	20 TAU 21	23 LEO 22	23 SCO 57	28 AQU 13	29 TAU 26
13	20 AQU 24	23 TAU 20	26 LEO 23	26 SCO 59	1 PIS 15	2 GEM 28
14	23 AQU 24	26 TAU 20	29 LEO 23	0 SAG 02	4 PIS 18	5 GEM 31
15	26 AQU 24	29 TAU 20	2 VIR 24	3 SAG 04	7 PIS 20	8 GEM 33
16	29 AQU 24	2 GEM 20	5 VIR 24	6 SAG 07	10 PIS 23	11 GEM 36
17	2 PIS 24	5 GEM 20	8 VIR 24	9 SAG 09	13 PIS 25	14 GEM 38
18	5 PIS 24	8 GEM 20	11 VIR 25	12 SAG 12	16 PIS 27	17 GEM 41
19	8 PIS 24	11 GEM 20	14 VIR 25	15 SAG 14	19 PIS 30	20 GEM 43
20	11 PIS 24	14 GEM 20	17 VIR 26	18 SAG 17	22 PIS 32	23 GEM 46
21	14 PIS 23	17 GEM 19	20 VIR 26	21 SAG 19	25 PIS 35	26 GEM 48
22	17 PIS 23	20 GEM 19	23 VIR 26	24 SAG 21	28 PIS 37	29 GEM 50
23	20 PIS 23	23 GEM 19	26 VIR 27	27 SAG 24	1 ARI 40	2 CAN 53
24	23 PIS 23	26 GEM 19	29 VIR 27	0 CAP 26	4 ARI 42	5 CAN 55
25	26 PIS 23	29 GEM 19	2 LIB 28	3 CAP 29	7 ARI 44	8 CAN 58
26	29 PIS 23	2 CAN 19	5 LIB 28	6 CAP 31	10 ARI 47	12 CAN 00
27	2 ARI 23	5 CAN 19	8 LIB 28	9 CAP 34	13 ARI 49	15 CAN 03
28	5 ARI 23	8 CAN 18	11 LIB 29	12 CAP 36	16 ARI 52	18 CAN 05
29	8 ARI 22	11 CAN 18	14 LIB 29	15 CAP 39	19 ARI 54	21 CAN 08
30	11 ARI 22	14 CAN 18	17 LIB 30	18 CAP 41	22 ARI 57	24 CAN 10
31	14 ARI 22	17 CAN 18		21 CAP 44		27 CAN 13

89

1941   LILITH EPHEMERIS

DAY	JAN	FEB	MAR	APR	MAY	JUN
1	0 LEO 15	4 SCO 31	29 CAP 40	3 TAU 28	3 LEO 26	6 SCO 24
2	3 LEO 17	7 SCO 33	2 AQU 42	6 TAU 28	6 LEO 26	9 SCO 24
3	6 LEO 20	10 SCO 36	5 AQU 43	9 TAU 28	9 LEO 26	12 SCO 24
4	9 LEO 22	13 SCO 38	8 AQU 45	12 TAU 28	12 LEO 26	15 SCO 24
5	12 LEO 25	16 SCO 41	11 AQU 46	15 TAU 28	15 LEO 26	18 SCO 24
6	15 LEO 27	19 SCO 43	14 AQU 48	18 TAU 28	18 LEO 26	21 SCO 23
7	18 LEO 30	22 SCO 46	17 AQU 49	21 TAU 28	21 LEO 26	24 SCO 23
8	21 LEO 32	25 SCO 48	20 AQU 51	24 TAU 28	24 LEO 26	27 SCO 23
9	24 LEO 35	28 SCO 51	23 AQU 52	27 TAU 27	27 LEO 25	0 SAG 23
10	27 LEO 37	1 SAG 53	26 AQU 54	0 GEM 27	0 VIR 25	3 SAG 23
11	0 VIR 40	4 SAG 56	29 AQU 55	3 GEM 27	3 VIR 25	6 SAG 23
12	3 VIR 42	7 SAG 58	2 PIS 57	6 GEM 27	6 VIR 25	9 SAG 23
13	6 VIR 44	11 SAG 01	5 PIS 59	9 GEM 27	9 VIR 25	12 SAG 23
14	9 VIR 47	14 SAG 03	9 PIS 00	12 GEM 27	12 VIR 25	15 SAG 23
15	12 VIR 49	17 SAG 06	12 PIS 02	15 GEM 27	15 VIR 25	18 SAG 23
16	15 VIR 52	20 SAG 08	15 PIS 03	18 GEM 27	18 VIR 25	21 SAG 23
17	18 VIR 54	23 SAG 10	18 PIS 05	21 GEM 27	21 VIR 25	24 SAG 22
18	21 VIR 57	26 SAG 13	21 PIS 06	24 GEM 27	24 VIR 25	27 SAG 22
19	24 VIR 59	29 SAG 15	24 PIS 08	27 GEM 27	27 VIR 25	0 CAP 22
20	28 VIR 02	2 CAP 18	27 PIS 09	0 CAN 27	0 LIB 25	3 CAP 22
21	1 LIB 04	5 CAP 20	0 ARI 11	3 CAN 27	3 LIB 25	6 CAP 22
22	4 LIB 06	8 CAP 23	3 ARI 13	6 CAN 27	6 LIB 25	9 CAP 22
23	7 LIB 09	11 CAP 25	6 ARI 14	9 CAN 27	9 LIB 25	12 CAP 22
24	10 LIB 11	14 CAP 28	9 ARI 16	12 CAN 26	12 LIB 25	15 CAP 22
25	13 LIB 14	17 CAP 30	12 ARI 17	15 CAN 26	15 LIB 24	18 CAP 22
26	16 LIB 16	20 CAP 33	15 ARI 19	18 CAN 26	18 LIB 24	21 CAP 22
27	19 LIB 19	23 CAP 35	18 ARI 20	21 CAN 26	21 LIB 24	24 CAP 22
28	22 LIB 21	26 CAP 38	21 ARI 22	24 CAN 26	24 LIB 24	27 CAP 21
29	25 LIB 24		24 ARI 23	27 CAN 26	27 LIB 24	0 AQU 21
30	28 LIB 26		27 ARI 25	0 LEO 26	0 SCO 24	3 AQU 21
31	1 SCO 29		0 TAU 26		3 SCO 24	

LILITH EPHEMERIS 1941

DAY	JUL	AUG	SEP	OCT	NOV	DEC
1	6 AQU 21	9 TAU 19	12 LEO 17	12 SCO 56	17 AQU 10	18 TAU 21
2	9 AQU 21	12 TAU 19	15 LEO 18	15 SCO 58	20 AQU 12	21 TAU 23
3	12 AQU 21	15 TAU 19	18 LEO 20	19 SCO 01	23 AQU 15	24 TAU 26
4	15 AQU 21	18 TAU 19	21 LEO 21	22 SCO 03	26 AQU 17	27 TAU 28
5	18 AQU 21	21 TAU 19	24 LEO 22	25 SCO 06	29 AQU 19	0 GEM 31
6	21 AQU 21	24 TAU 19	27 LEO 23	28 SCO 08	2 PIS 22	3 GEM 33
7	24 AQU 21	27 TAU 19	0 VIR 25	1 SAG 10	5 PIS 24	6 GEM 35
8	27 AQU 21	0 GEM 19	3 VIR 26	4 SAG 13	8 PIS 27	9 GEM 38
9	0 PIS 20	3 GEM 18	6 VIR 27	7 SAG 15	11 PIS 29	12 GEM 40
10	3 PIS 20	6 GEM 18	9 VIR 29	10 SAG 17	14 PIS 31	15 GEM 42
11	6 PIS 20	9 GEM 18	12 VIR 30	13 SAG 20	17 PIS 34	18 GEM 45
12	9 PIS 20	12 GEM 18	15 VIR 31	16 SAG 22	20 PIS 36	21 GEM 47
13	12 PIS 20	15 GEM 18	18 VIR 33	19 SAG 25	23 PIS 38	24 GEM 50
14	15 PIS 20	18 GEM 18	21 VIR 34	22 SAG 27	26 PIS 41	27 GEM 52
15	18 PIS 20	21 GEM 18	24 VIR 35	25 SAG 29	29 PIS 43	0 CAN 54
16	21 PIS 20	24 GEM 18	27 VIR 36	28 SAG 32	2 ARI 46	3 CAN 57
17	24 PIS 20	27 GEM 18	0 LIB 38	1 CAP 34	5 ARI 48	6 CAN 59
18	27 PIS 20	0 CAN 18	3 LIB 39	4 CAP 37	8 ARI 50	10 CAN 02
19	0 ARI 20	3 CAN 18	6 LIB 40	7 CAP 39	11 ARI 53	13 CAN 04
20	3 ARI 20	6 CAN 18	9 LIB 42	10 CAP 41	14 ARI 55	16 CAN 06
21	6 ARI 20	9 CAN 18	12 LIB 43	13 CAP 44	17 ARI 57	19 CAN 09
22	9 ARI 20	12 CAN 18	15 LIB 44	16 CAP 46	20 ARI 60	22 CAN 11
23	12 ARI 20	15 CAN 18	18 LIB 46	19 CAP 49	24 ARI 02	25 CAN 14
24	15 ARI 20	18 CAN 18	21 LIB 47	22 CAP 51	27 ARI 04	28 CAN 16
25	18 ARI 19	21 CAN 17	24 LIB 48	25 CAP 53	0 TAU 07	1 LEO 18
26	21 ARI 19	24 CAN 17	27 LIB 49	28 CAP 56	3 TAU 09	4 LEO 21
27	24 ARI 19	27 CAN 17	0 SCO 51	1 AQU 58	6 TAU 12	7 LEO 23
28	27 ARI 19	0 LEO 17	3 SCO 52	5 AQU 00	9 TAU 14	10 LEO 25
29	0 TAU 19	3 LEO 17	6 SCO 53	8 AQU 03	12 TAU 16	13 LEO 28
30	3 TAU 19	6 LEO 17	9 SCO 55	11 AQU 05	15 TAU 19	16 LEO 30
31	6 TAU 19	9 LEO 17		14 AQU 08		19 LEO 33

1942 LILITH EPHEMERIS

DAY	JAN	FEB	MAR	APR	MAY	JUN
1	22 LEO 35	26 SCO 49	21 AQU 56	25 TAU 18	25 LEO 18	28 SCO 19
2	25 LEO 37	29 SCO 51	24 AQU 57	28 TAU 18	28 LEO 18	1 SAG 19
3	28 LEO 40	2 SAG 54	27 AQU 57	1 GEM 18	1 VIR 18	4 SAG 19
4	1 VIR 42	5 SAG 56	0 PIS 58	4 GEM 18	4 VIR 18	7 SAG 19
5	4 VIR 45	8 SAG 59	3 PIS 59	7 GEM 18	7 VIR 18	10 SAG 19
6	7 VIR 47	12 SAG 01	6 PIS 60	10 GEM 18	10 VIR 18	13 SAG 19
7	10 VIR 49	15 SAG 03	10 PIS 00	13 GEM 18	13 VIR 18	16 SAG 19
8	13 VIR 52	18 SAG 06	13 PIS 01	16 GEM 18	16 VIR 18	19 SAG 19
9	16 VIR 54	21 SAG 08	16 PIS 02	19 GEM 18	19 VIR 18	22 SAG 19
10	19 VIR 56	24 SAG 11	19 PIS 02	22 GEM 18	22 VIR 18	25 SAG 19
11	22 VIR 59	27 SAG 13	22 PIS 03	25 GEM 18	25 VIR 18	28 SAG 19
12	26 VIR 01	0 CAP 15	25 PIS 04	28 GEM 18	28 VIR 18	1 CAP 19
13	29 VIR 04	3 CAP 18	28 PIS 05	1 CAN 18	1 LIB 18	4 CAP 19
14	2 LIB 06	6 CAP 20	1 ARI 05	4 CAN 18	4 LIB 18	7 CAP 19
15	5 LIB 08	9 CAP 23	4 ARI 06	7 CAN 18	7 LIB 18	10 CAP 19
16	8 LIB 11	12 CAP 25	7 ARI 07	10 CAN 18	10 LIB 18	13 CAP 20
17	11 LIB 13	15 CAP 27	10 ARI 07	13 CAN 18	13 LIB 18	16 CAP 20
18	14 LIB 16	18 CAP 30	13 ARI 08	16 CAN 18	16 LIB 19	19 CAP 20
19	17 LIB 18	21 CAP 32	16 ARI 09	19 CAN 18	19 LIB 19	22 CAP 20
20	20 LIB 20	24 CAP 34	19 ARI 09	22 CAN 18	22 LIB 19	25 CAP 20
21	23 LIB 23	27 CAP 37	22 ARI 10	25 CAN 18	25 LIB 19	28 CAP 20
22	26 LIB 25	0 AQU 39	25 ARI 11	28 CAN 18	28 LIB 19	1 AQU 20
23	29 LIB 28	3 AQU 42	28 ARI 12	1 LEO 18	1 SCO 19	4 AQU 20
24	2 SCO 30	6 AQU 44	1 TAU 12	4 LEO 18	4 SCO 19	7 AQU 20
25	5 SCO 32	9 AQU 46	4 TAU 13	7 LEO 18	7 SCO 19	10 AQU 20
26	8 SCO 35	12 AQU 49	7 TAU 14	10 LEO 18	10 SCO 19	13 AQU 20
27	11 SCO 37	15 AQU 51	10 TAU 14	13 LEO 18	13 SCO 19	16 AQU 20
28	14 SCO 39	18 AQU 54	13 TAU 15	16 LEO 18	16 SCO 19	19 AQU 20
29	17 SCO 42		16 TAU 16	19 LEO 18	19 SCO 19	22 AQU 20
30	20 SCO 44		19 TAU 17	22 LEO 18	22 SCO 19	25 AQU 20
31	23 SCO 47		22 TAU 17		25 SCO 19	

LILITH EPHEMERIS 1942

DAY	JUL	AUG	SEP	OCT	NOV	DEC
1	28 AQU 20	1 GEM 20	4 VIR 21	5 SAG 24	9 PIS 34	10 GEM 42
2	1 PIS 20	4 GEM 20	7 VIR 23	8 SAG 26	12 PIS 36	13 GEM 44
3	4 PIS 20	7 GEM 20	10 VIR 25	11 SAG 29	15 PIS 39	16 GEM 47
4	7 PIS 20	10 GEM 20	13 VIR 27	14 SAG 31	18 PIS 41	19 GEM 49
5	10 PIS 20	13 GEM 20	16 VIR 29	17 SAG 33	21 PIS 43	22 GEM 51
6	13 PIS 20	16 GEM 20	19 VIR 31	20 SAG 35	24 PIS 45	25 GEM 53
7	16 PIS 20	19 GEM 20	22 VIR 34	23 SAG 38	27 PIS 48	28 GEM 56
8	19 PIS 20	22 GEM 20	25 VIR 36	26 SAG 40	0 ARI 50	1 CAN 58
9	22 PIS 20	25 GEM 20	28 VIR 38	29 SAG 42	3 ARI 52	5 CAN 00
10	25 PIS 20	28 GEM 20	1 LIB 40	2 CAP 44	6 ARI 54	8 CAN 02
11	28 PIS 20	1 CAN 20	4 LIB 42	5 CAP 47	9 ARI 57	11 CAN 05
12	1 ARI 20	4 CAN 20	7 LIB 44	8 CAP 49	12 ARI 59	14 CAN 07
13	4 ARI 20	7 CAN 20	10 LIB 46	11 CAP 51	16 ARI 01	17 CAN 09
14	7 ARI 20	10 CAN 20	13 LIB 48	14 CAP 53	19 ARI 03	20 CAN 11
15	10 ARI 20	13 CAN 20	16 LIB 50	17 CAP 56	22 ARI 06	23 CAN 14
16	13 ARI 20	16 CAN 20	19 LIB 52	20 CAP 58	25 ARI 08	26 CAN 16
17	16 ARI 20	19 CAN 21	22 LIB 55	24 CAP 00	28 ARI 10	29 CAN 18
18	19 ARI 20	22 CAN 21	25 LIB 57	27 CAP 02	1 TAU 13	2 LEO 20
19	22 ARI 20	25 CAN 21	28 LIB 59	0 AQU 05	4 TAU 15	5 LEO 23
20	25 ARI 20	28 CAN 21	2 SCO 01	3 AQU 07	7 TAU 17	8 LEO 25
21	28 ARI 20	1 LEO 21	5 SCO 03	6 AQU 09	10 TAU 19	11 LEO 27
22	1 TAU 20	4 LEO 21	8 SCO 05	9 AQU 11	13 TAU 22	14 LEO 29
23	4 TAU 20	7 LEO 21	11 SCO 07	12 AQU 14	16 TAU 24	17 LEO 32
24	7 TAU 20	10 LEO 21	14 SCO 09	15 AQU 16	19 TAU 26	20 LEO 34
25	10 TAU 20	13 LEO 21	17 SCO 11	18 AQU 18	22 TAU 28	23 LEO 36
26	13 TAU 20	16 LEO 21	20 SCO 13	21 AQU 20	25 TAU 31	26 LEO 38
27	16 TAU 20	19 LEO 21	23 SCO 16	24 AQU 23	28 TAU 33	29 LEO 41
28	19 TAU 20	22 LEO 21	26 SCO 18	27 AQU 25	1 GEM 35	2 VIR 43
29	22 TAU 20	25 LEO 21	29 SCO 20	0 PIS 27	4 GEM 37	5 VIR 45
30	25 TAU 20	28 LEO 21	2 SAG 22	3 PIS 29	7 GEM 40	8 VIR 47
31	28 TAU 20	1 VIR 21		6 PIS 32		11 VIR 50

93

1943   LILITH EPHEMERIS

DAY	JAN	FEB	MAR	APR	MAY	JUN
1	14 VIR 52	19 SAG 02	14 PIS 02	17 GEM 06	17 VIR 11	20 SAG 16
2	17 VIR 54	22 SAG 04	17 PIS 02	20 GEM 06	20 VIR 11	23 SAG 16
3	20 VIR 57	25 SAG 06	20 PIS 02	23 GEM 06	23 VIR 11	26 SAG 16
4	23 VIR 59	28 SAG 08	23 PIS 02	26 GEM 06	26 VIR 11	29 SAG 17
5	27 VIR 01	1 CAP 11	26 PIS 03	29 GEM 07	29 VIR 12	2 CAP 17
6	0 LIB 03	4 CAP 13	29 PIS 03	2 CAN 07	2 LIB 12	5 CAP 17
7	3 LIB 06	7 CAP 15	2 ARI 03	5 CAN 07	5 LIB 12	8 CAP 17
8	6 LIB 08	10 CAP 17	5 ARI 03	8 CAN 07	8 LIB 12	11 CAP 17
9	9 LIB 10	13 CAP 19	8 ARI 03	11 CAN 07	11 LIB 12	14 CAP 17
10	12 LIB 12	16 CAP 21	11 ARI 03	14 CAN 07	14 LIB 12	17 CAP 17
11	15 LIB 15	19 CAP 23	14 ARI 03	17 CAN 08	17 LIB 13	20 CAP 18
12	18 LIB 17	22 CAP 26	17 ARI 03	20 CAN 08	20 LIB 13	23 CAP 18
13	21 LIB 19	25 CAP 28	20 ARI 04	23 CAN 08	23 LIB 13	26 CAP 18
14	24 LIB 21	28 CAP 30	23 ARI 04	26 CAN 08	26 LIB 13	29 CAP 18
15	27 LIB 24	1 AQU 32	26 ARI 04	29 CAN 08	29 LIB 13	2 AQU 18
16	0 SCO 26	4 AQU 34	29 ARI 04	2 LEO 08	2 SCO 13	5 AQU 18
17	3 SCO 28	7 AQU 36	2 TAU 04	5 LEO 09	5 SCO 14	8 AQU 19
18	6 SCO 30	10 AQU 38	5 TAU 04	8 LEO 09	8 SCO 14	11 AQU 19
19	9 SCO 33	13 AQU 41	8 TAU 04	11 LEO 09	11 SCO 14	14 AQU 19
20	12 SCO 35	16 AQU 43	11 TAU 04	14 LEO 09	14 SCO 14	17 AQU 19
21	15 SCO 37	19 AQU 45	14 TAU 05	17 LEO 09	17 SCO 14	20 AQU 19
22	18 SCO 39	22 AQU 47	17 TAU 05	20 LEO 09	20 SCO 14	23 AQU 19
23	21 SCO 42	25 AQU 49	20 TAU 05	23 LEO 10	23 SCO 15	26 AQU 20
24	24 SCO 44	28 AQU 51	23 TAU 05	26 LEO 10	26 SCO 15	29 AQU 20
25	27 SCO 46	1 PIS 53	26 TAU 05	29 LEO 10	29 SCO 15	2 PIS 20
26	0 SAG 48	4 PIS 56	29 TAU 05	2 VIR 10	2 SAG 15	5 PIS 20
27	3 SAG 51	7 PIS 58	2 GEM 05	5 VIR 10	5 SAG 15	8 PIS 20
28	6 SAG 53	10 PIS 60	5 GEM 05	8 VIR 10	8 SAG 15	11 PIS 20
29	9 SAG 55		8 GEM 06	11 VIR 11	11 SAG 16	14 PIS 21
30	12 SAG 57		11 GEM 06	14 VIR 11	14 SAG 16	17 PIS 21
31	15 SAG 60		14 GEM 06		17 SAG 16	

LILITH EPHEMERIS 1943

DAY	JUL	AUG	SEP	OCT	NOV	DEC
1	20 PIS 21	23 GEM 25	26 VIR 48	27 SAG 51	1 ARI 56	2 CAN 59
2	23 PIS 21	26 GEM 26	29 VIR 50	0 CAP 53	4 ARI 58	6 CAN 01
3	26 PIS 21	29 GEM 26	2 LIB 52	3 CAP 55	8 ARI 00	9 CAN 03
4	29 PIS 21	2 CAN 27	5 LIB 54	6 CAP 57	11 ARI 02	12 CAN 05
5	2 ARI 22	5 CAN 28	8 LIB 56	9 CAP 59	14 ARI 04	15 CAN 08
6	5 ARI 22	8 CAN 29	11 LIB 58	13 CAP 01	17 ARI 07	18 CAN 10
7	8 ARI 22	11 CAN 29	15 LIB 01	16 CAP 04	20 ARI 09	21 CAN 12
8	11 ARI 22	14 CAN 30	18 LIB 03	19 CAP 06	23 ARI 11	24 CAN 14
9	14 ARI 22	17 CAN 31	21 LIB 05	22 CAP 08	26 ARI 13	27 CAN 16
10	17 ARI 22	20 CAN 32	24 LIB 07	25 CAP 10	29 ARI 15	0 LEO 18
11	20 ARI 22	23 CAN 32	27 LIB 09	28 CAP 12	2 TAU 17	3 LEO 20
12	23 ARI 22	26 CAN 33	0 SCO 11	1 AQU 14	5 TAU 19	6 LEO 22
13	26 ARI 23	29 CAN 34	3 SCO 13	4 AQU 16	8 TAU 21	9 LEO 25
14	29 ARI 23	2 LEO 35	6 SCO 15	7 AQU 18	11 TAU 23	12 LEO 27
15	2 TAU 23	5 LEO 35	9 SCO 17	10 AQU 20	14 TAU 25	15 LEO 29
16	5 TAU 23	8 LEO 36	12 SCO 19	13 AQU 22	17 TAU 28	18 LEO 31
17	8 TAU 23	11 LEO 37	15 SCO 22	16 AQU 25	20 TAU 30	21 LEO 33
18	11 TAU 23	14 LEO 38	18 SCO 24	19 AQU 27	23 TAU 32	24 LEO 35
19	14 TAU 23	17 LEO 38	21 SCO 26	22 AQU 29	26 TAU 34	27 LEO 37
20	17 TAU 23	20 LEO 39	24 SCO 28	25 AQU 31	29 TAU 36	0 VIR 39
21	20 TAU 24	23 LEO 40	27 SCO 30	28 AQU 33	2 GEM 38	3 VIR 42
22	23 TAU 24	26 LEO 41	0 SAG 32	1 PIS 35	5 GEM 40	6 VIR 44
23	26 TAU 24	29 LEO 41	3 SAG 34	4 PIS 37	8 GEM 42	9 VIR 46
24	29 TAU 24	2 VIR 42	6 SAG 36	7 PIS 39	11 GEM 44	12 VIR 48
25	2 GEM 24	5 VIR 43	9 SAG 38	10 PIS 41	14 GEM 46	15 VIR 50
26	5 GEM 24	8 VIR 44	12 SAG 40	13 PIS 43	17 GEM 49	18 VIR 52
27	8 GEM 24	11 VIR 44	15 SAG 43	16 PIS 46	20 GEM 51	21 VIR 54
28	11 GEM 24	14 VIR 45	18 SAG 45	19 PIS 48	23 GEM 53	24 VIR 56
29	14 GEM 25	17 VIR 46	21 SAG 47	22 PIS 50	26 GEM 55	27 VIR 59
30	17 GEM 25	20 VIR 47	24 SAG 49	25 PIS 52	29 GEM 57	1 LIB 01
31	20 GEM 25	23 VIR 47		28 PIS 54		4 LIB 03

1944   LILITH EPHEMERIS

DAY	JAN	FEB	MAR	APR	MAY	JUN
1	7 LIB 05	11 CAP 10	8 ARI 47	11 CAN 57	12 LIB 06	15 CAP 16
2	10 LIB 07	14 CAP 11	11 ARI 47	14 CAN 57	15 LIB 06	18 CAP 16
3	13 LIB 09	17 CAP 13	14 ARI 48	17 CAN 58	18 LIB 07	21 CAP 17
4	16 LIB 11	20 CAP 14	17 ARI 48	20 CAN 58	21 LIB 07	24 CAP 17
5	19 LIB 13	23 CAP 15	20 ARI 48	23 CAN 58	24 LIB 07	27 CAP 17
6	22 LIB 15	26 CAP 16	23 ARI 49	26 CAN 58	27 LIB 08	0 AQU 18
7	25 LIB 18	29 CAP 18	26 ARI 49	29 CAN 59	0 SCO 08	3 AQU 18
8	28 LIB 20	2 AQU 19	29 ARI 49	2 LEO 59	3 SCO 08	6 AQU 18
9	1 SCO 22	5 AQU 20	2 TAU 50	5 LEO 59	6 SCO 09	9 AQU 19
10	4 SCO 24	8 AQU 21	5 TAU 50	8 LEO 60	9 SCO 09	12 AQU 19
11	7 SCO 26	11 AQU 23	8 TAU 50	11 LEO 60	12 SCO 09	15 AQU 19
12	10 SCO 28	14 AQU 24	11 TAU 51	15 LEO 00	15 SCO 10	18 AQU 20
13	13 SCO 30	17 AQU 25	14 TAU 51	18 LEO 01	18 SCO 10	21 AQU 20
14	16 SCO 32	20 AQU 27	17 TAU 51	21 LEO 01	21 SCO 10	24 AQU 20
15	19 SCO 34	23 AQU 28	20 TAU 52	24 LEO 01	24 SCO 11	27 AQU 21
16	22 SCO 36	26 AQU 29	23 TAU 52	27 LEO 01	27 SCO 11	0 PIS 21
17	25 SCO 39	29 AQU 30	26 TAU 52	0 VIR 02	0 SAG 11	3 PIS 21
18	28 SCO 41	2 PIS 32	29 TAU 52	3 VIR 02	3 SAG 11	6 PIS 22
19	1 SAG 43	5 PIS 33	2 GEM 53	6 VIR 02	6 SAG 12	9 PIS 22
20	4 SAG 45	8 PIS 34	5 GEM 53	9 VIR 03	9 SAG 12	12 PIS 22
21	7 SAG 47	11 PIS 36	8 GEM 53	12 VIR 03	12 SAG 12	15 PIS 23
22	10 SAG 49	14 PIS 37	11 GEM 54	15 VIR 03	15 SAG 13	18 PIS 23
23	13 SAG 51	17 PIS 38	14 GEM 54	18 VIR 04	18 SAG 13	21 PIS 23
24	16 SAG 53	20 PIS 39	17 GEM 54	21 VIR 04	21 SAG 13	24 PIS 24
25	19 SAG 55	23 PIS 41	20 GEM 55	24 VIR 04	24 SAG 14	27 PIS 24
26	22 SAG 57	26 PIS 42	23 GEM 55	27 VIR 04	27 SAG 14	0 ARI 24
27	25 SAG 60	29 PIS 43	26 GEM 55	0 LIB 05	0 CAP 14	3 ARI 25
28	29 SAG 02	2 ARI 44	29 GEM 56	3 LIB 05	3 CAP 15	6 ARI 25
29	2 CAP 04	5 ARI 46	2 CAN 56	6 LIB 05	6 CAP 15	9 ARI 25
30	5 CAP 06		5 CAN 56	9 LIB 06	9 CAP 15	12 ARI 26
31	8 CAP 08		8 CAN 57		12 CAP 16	

96

LILITH EPHEMERIS   1944

DAY	JUL	AUG	SEP	OCT	NOV	DEC
1	15 ARI 26	18 CAN 36	22 LIB 20	23 CAP 18	27 ARI 17	28 CAN 15
2	18 ARI 26	21 CAN 37	25 LIB 22	26 CAP 20	0 TAU 19	1 LEO 17
3	21 ARI 27	24 CAN 39	28 LIB 24	29 CAP 22	3 TAU 21	4 LEO 19
4	24 ARI 27	27 CAN 40	1 SCO 26	2 AQU 24	6 TAU 23	7 LEO 21
5	27 ARI 27	0 LEO 42	4 SCO 28	5 AQU 26	9 TAU 25	10 LEO 23
6	0 TAU 28	3 LEO 43	7 SCO 30	8 AQU 28	12 TAU 27	13 LEO 25
7	3 TAU 28	6 LEO 45	10 SCO 32	11 AQU 29	15 TAU 29	16 LEO 26
8	6 TAU 28	9 LEO 46	13 SCO 34	14 AQU 31	18 TAU 31	19 LEO 28
9	9 TAU 29	12 LEO 47	16 SCO 35	17 AQU 33	21 TAU 32	22 LEO 30
10	12 TAU 29	15 LEO 49	19 SCO 37	20 AQU 35	24 TAU 34	25 LEO 32
11	15 TAU 29	18 LEO 50	22 SCO 39	23 AQU 37	27 TAU 36	28 LEO 34
12	18 TAU 30	21 LEO 52	25 SCO 41	26 AQU 39	0 GEM 38	1 VIR 36
13	21 TAU 30	24 LEO 53	28 SCO 43	29 AQU 41	3 GEM 40	4 VIR 38
14	24 TAU 30	27 LEO 54	1 SAG 45	2 PIS 43	6 GEM 42	7 VIR 40
15	27 TAU 31	0 VIR 56	4 SAG 47	5 PIS 45	9 GEM 44	10 VIR 42
16	0 GEM 31	3 VIR 57	7 SAG 49	8 PIS 47	12 GEM 46	13 VIR 44
17	3 GEM 31	6 VIR 59	10 SAG 51	11 PIS 48	15 GEM 48	16 VIR 45
18	6 GEM 31	10 VIR 00	13 SAG 53	14 PIS 50	18 GEM 50	19 VIR 47
19	9 GEM 32	13 VIR 02	16 SAG 55	17 PIS 52	21 GEM 52	22 VIR 49
20	12 GEM 32	16 VIR 03	19 SAG 57	20 PIS 54	24 GEM 54	25 VIR 51
21	15 GEM 32	19 VIR 04	22 SAG 59	23 PIS 56	27 GEM 56	28 VIR 53
22	18 GEM 33	22 VIR 06	26 SAG 01	26 PIS 58	0 CAN 58	1 LIB 55
23	21 GEM 33	25 VIR 07	29 SAG 03	29 PIS 60	3 CAN 60	4 LIB 57
24	24 GEM 33	28 VIR 09	2 CAP 04	3 ARI 02	7 CAN 01	7 LIB 59
25	27 GEM 34	1 LIB 10	5 CAP 06	6 ARI 04	10 CAN 03	11 LIB 01
26	0 CAN 34	4 LIB 11	8 CAP 08	9 ARI 06	13 CAN 05	14 LIB 03
27	3 CAN 34	7 LIB 13	11 CAP 10	12 ARI 07	16 CAN 07	17 LIB 04
28	6 CAN 35	10 LIB 14	14 CAP 12	15 ARI 09	19 CAN 09	20 LIB 06
29	9 CAN 35	13 LIB 16	17 CAP 14	18 ARI 11	22 CAN 11	23 LIB 08
30	12 CAN 35	16 LIB 17	20 CAP 16	21 ARI 13	25 CAN 13	26 LIB 10
31	15 CAN 36	19 LIB 19		24 ARI 15		29 LIB 12

1945 LILITH EPHEMERIS

DAY	JAN	FEB	MAR	APR	MAY	JUN
1	2 SCO 14	6 AQU 14	0 TAU 32	3 LEO 49	4 SCO 05	7 AQU 21
2	5 SCO 16	9 AQU 15	3 TAU 33	6 LEO 50	7 SCO 06	10 AQU 22
3	8 SCO 18	12 AQU 15	6 TAU 33	9 LEO 50	10 SCO 06	13 AQU 22
4	11 SCO 20	15 AQU 16	9 TAU 34	12 LEO 51	13 SCO 07	16 AQU 23
5	14 SCO 22	18 AQU 17	12 TAU 34	15 LEO 51	16 SCO 07	19 AQU 23
6	17 SCO 24	21 AQU 17	15 TAU 35	18 LEO 52	19 SCO 08	22 AQU 24
7	20 SCO 26	24 AQU 18	18 TAU 35	21 LEO 52	22 SCO 08	25 AQU 24
8	23 SCO 28	27 AQU 19	21 TAU 36	24 LEO 53	25 SCO 09	28 AQU 25
9	26 SCO 29	0 PIS 19	24 TAU 36	27 LEO 53	28 SCO 09	1 PIS 25
10	29 SCO 31	3 PIS 20	27 TAU 37	0 VIR 54	1 SAG 10	4 PIS 26
11	2 SAG 33	6 PIS 20	0 GEM 37	3 VIR 54	4 SAG 10	7 PIS 26
12	5 SAG 35	9 PIS 21	3 GEM 38	6 VIR 55	7 SAG 11	10 PIS 27
13	8 SAG 37	12 PIS 22	6 GEM 39	9 VIR 55	10 SAG 11	13 PIS 27
14	11 SAG 39	15 PIS 22	9 GEM 39	12 VIR 56	13 SAG 12	16 PIS 28
15	14 SAG 41	18 PIS 23	12 GEM 40	15 VIR 56	16 SAG 12	19 PIS 28
16	17 SAG 43	21 PIS 24	15 GEM 40	18 VIR 57	19 SAG 13	22 PIS 29
17	20 SAG 45	24 PIS 24	18 GEM 41	21 VIR 57	22 SAG 13	25 PIS 30
18	23 SAG 47	27 PIS 25	21 GEM 41	24 VIR 58	25 SAG 14	28 PIS 30
19	26 SAG 49	0 ARI 26	24 GEM 42	27 VIR 59	28 SAG 14	1 ARI 31
20	29 SAG 51	3 ARI 26	27 GEM 42	0 LIB 59	1 CAP 15	4 ARI 31
21	2 CAP 53	6 ARI 27	0 CAN 43	3 LIB 60	4 CAP 15	7 ARI 32
22	5 CAP 55	9 ARI 28	3 CAN 44	7 LIB 00	7 CAP 16	10 ARI 32
23	8 CAP 57	12 ARI 28	6 CAN 44	10 LIB 01	10 CAP 16	13 ARI 33
24	11 CAP 59	15 ARI 29	9 CAN 45	13 LIB 01	13 CAP 17	16 ARI 33
25	15 CAP 00	18 ARI 29	12 CAN 45	16 LIB 02	16 CAP 17	19 ARI 34
26	18 CAP 02	21 ARI 30	15 CAN 46	19 LIB 02	19 CAP 18	22 ARI 34
27	21 CAP 04	24 ARI 31	18 CAN 46	22 LIB 03	22 CAP 18	25 ARI 35
28	24 CAP 06	27 ARI 31	21 CAN 47	25 LIB 03	25 CAP 19	28 ARI 35
29	27 CAP 08		24 CAN 47	28 LIB 04	28 CAP 19	1 TAU 36
30	0 AQU 10		27 CAN 48	1 SCO 04	1 AQU 20	4 TAU 36
31	3 AQU 12		0 LEO 48		4 AQU 20	

98

LILITH EPHEMERIS 1945

DAY	JUL	AUG	SEP	OCT	NOV	DEC
1	7 TAU 37	10 LEO 53	14 SCO 48	15 AQU 39	19 TAU 31	20 LEO 22
2	10 TAU 38	13 LEO 55	17 SCO 50	18 AQU 41	22 TAU 33	23 LEO 24
3	13 TAU 38	16 LEO 57	20 SCO 51	21 AQU 42	25 TAU 34	26 LEO 25
4	16 TAU 39	19 LEO 58	23 SCO 53	24 AQU 44	28 TAU 36	29 LEO 27
5	19 TAU 39	23 LEO 00	26 SCO 55	27 AQU 46	1 GEM 38	2 VIR 29
6	22 TAU 40	26 LEO 02	29 SCO 57	0 PIS 47	4 GEM 39	5 VIR 31
7	25 TAU 40	29 LEO 04	2 SAG 58	3 PIS 49	7 GEM 41	8 VIR 32
8	28 TAU 41	2 VIR 05	5 SAG 60	6 PIS 51	10 GEM 43	11 VIR 34
9	1 GEM 41	5 VIR 07	9 SAG 02	9 PIS 52	13 GEM 45	14 VIR 36
10	4 GEM 42	8 VIR 09	12 SAG 03	12 PIS 54	16 GEM 46	17 VIR 37
11	7 GEM 42	11 VIR 11	15 SAG 05	15 PIS 56	19 GEM 48	20 VIR 39
12	10 GEM 43	14 VIR 13	18 SAG 07	18 PIS 57	22 GEM 50	23 VIR 41
13	13 GEM 43	17 VIR 14	21 SAG 08	21 PIS 59	25 GEM 51	26 VIR 43
14	16 GEM 44	20 VIR 16	24 SAG 10	25 PIS 01	28 GEM 53	29 VIR 44
15	19 GEM 44	23 VIR 18	27 SAG 12	28 PIS 02	1 CAN 55	2 LIB 46
16	22 GEM 45	26 VIR 20	0 CAP 14	1 ARI 04	4 CAN 57	5 LIB 48
17	25 GEM 45	29 VIR 21	3 CAP 15	4 ARI 06	7 CAN 58	8 LIB 49
18	28 GEM 46	2 LIB 23	6 CAP 17	7 ARI 08	10 CAN 60	11 LIB 51
19	1 CAN 46	5 LIB 25	9 CAP 19	10 ARI 09	14 CAN 02	14 LIB 53
20	4 CAN 47	8 LIB 27	12 CAP 20	13 ARI 11	17 CAN 03	17 LIB 54
21	7 CAN 47	11 LIB 28	15 CAP 22	16 ARI 13	20 CAN 05	20 LIB 56
22	10 CAN 48	14 LIB 30	18 CAP 24	19 ARI 14	23 CAN 07	23 LIB 58
23	13 CAN 48	17 LIB 32	21 CAP 25	22 ARI 16	26 CAN 08	26 LIB 60
24	16 CAN 49	20 LIB 34	24 CAP 27	25 ARI 18	29 CAN 10	0 SCO 01
25	19 CAN 49	23 LIB 36	27 CAP 29	28 ARI 19	2 LEO 12	3 SCO 03
26	22 CAN 50	26 LIB 37	0 AQU 30	1 TAU 21	5 LEO 14	6 SCO 05
27	25 CAN 50	29 LIB 39	3 AQU 32	4 TAU 23	8 LEO 15	9 SCO 06
28	28 CAN 51	2 SCO 41	6 AQU 34	7 TAU 24	11 LEO 17	12 SCO 08
29	1 LEO 51	5 SCO 43	9 AQU 36	10 TAU 26	14 LEO 19	15 SCO 10
30	4 LEO 52	8 SCO 44	12 AQU 37	13 TAU 28	17 LEO 20	18 SCO 12
31	7 LEO 52	11 SCO 46		16 TAU 29		21 SCO 13

1946　　　　　　　　　　　LILITH EPHEMERIS

DAY	JAN	FEB	MAR	APR	MAY	JUN
1	24 SCO 15	28 AQU 01	22 TAU 22	25 LEO 46	26 SCO 08	29 AQU 32
2	27 SCO 16	1 PIS 02	25 TAU 23	28 LEO 47	29 SCO 09	2 PIS 33
3	0 SAG 18	4 PIS 02	28 TAU 24	1 VIR 47	2 SAG 10	5 PIS 34
4	3 SAG 19	7 PIS 03	1 GEM 24	4 VIR 48	5 SAG 10	8 PIS 34
5	6 SAG 21	10 PIS 04	4 GEM 25	7 VIR 49	8 SAG 11	11 PIS 35
6	9 SAG 22	13 PIS 05	7 GEM 26	10 VIR 50	11 SAG 12	14 PIS 36
7	12 SAG 24	16 PIS 06	10 GEM 27	13 VIR 50	14 SAG 13	17 PIS 37
8	15 SAG 25	19 PIS 06	13 GEM 27	16 VIR 51	17 SAG 13	20 PIS 37
9	18 SAG 27	22 PIS 07	16 GEM 28	19 VIR 52	20 SAG 14	23 PIS 38
10	21 SAG 28	25 PIS 08	19 GEM 29	22 VIR 53	23 SAG 15	26 PIS 38
11	24 SAG 30	28 PIS 08	22 GEM 30	25 VIR 53	26 SAG 16	29 PIS 39
12	27 SAG 31	1 ARI 09	25 GEM 31	28 VIR 54	29 SAG 17	2 ARI 40
13	0 CAP 33	4 ARI 10	28 GEM 31	1 LIB 55	2 CAP 17	5 ARI 41
14	3 CAP 34	7 ARI 11	1 CAN 32	4 LIB 56	5 CAP 18	8 ARI 42
15	6 CAP 36	10 ARI 12	4 CAN 33	7 LIB 56	8 CAP 19	11 ARI 43
16	9 CAP 37	13 ARI 12	7 CAN 34	10 LIB 57	11 CAP 20	14 ARI 44
17	12 CAP 39	16 ARI 13	10 CAN 34	13 LIB 58	14 CAP 20	17 ARI 44
18	15 CAP 40	19 ARI 14	13 CAN 35	16 LIB 58	17 CAP 21	20 ARI 45
19	18 CAP 42	22 ARI 15	16 CAN 36	19 LIB 59	20 CAP 22	23 ARI 46
20	21 CAP 43	25 ARI 15	19 CAN 37	22 LIB 60	23 CAP 23	26 ARI 47
21	24 CAP 45	28 ARI 16	22 CAN 37	26 LIB 01	26 CAP 23	29 ARI 47
22	27 CAP 46	1 TAU 17	25 CAN 38	29 LIB 01	29 CAP 24	2 TAU 48
23	0 AQU 48	4 TAU 17	28 CAN 39	2 SCO 02	2 AQU 25	5 TAU 49
24	3 AQU 49	7 TAU 18	1 LEO 40	5 SCO 03	5 AQU 26	8 TAU 50
25	6 AQU 51	10 TAU 19	4 LEO 41	8 SCO 04	8 AQU 27	11 TAU 50
26	9 AQU 52	13 TAU 20	7 LEO 41	11 SCO 04	11 AQU 27	14 TAU 51
27	12 AQU 54	16 TAU 21	10 LEO 42	14 SCO 05	14 AQU 28	17 TAU 52
28	15 AQU 55	19 TAU 21	13 LEO 43	17 SCO 06	17 AQU 29	20 TAU 53
29	18 AQU 57		16 LEO 44	20 SCO 07	20 AQU 30	23 TAU 53
30	21 AQU 58		19 LEO 44	23 SCO 07	23 AQU 30	26 TAU 54
31	24 AQU 60		22 LEO 45		26 AQU 31	

LILITH EPHEMERIS 1946

DAY	JUL	AUG	SEP	OCT	NOV	DEC
1	29 TAU 55	3 VIR 27	7 SAG 12	7 PIS 56	11 GEM 41	12 VIR 25
2	2 GEM 56	6 VIR 28	10 SAG 13	10 PIS 57	14 GEM 42	15 VIR 26
3	5 GEM 57	9 VIR 30	13 SAG 15	13 PIS 59	17 GEM 44	18 VIR 28
4	8 GEM 58	12 VIR 31	16 SAG 16	17 PIS 00	20 GEM 45	21 VIR 29
5	11 GEM 59	15 VIR 33	19 SAG 18	20 PIS 02	23 GEM 47	24 VIR 31
6	15 GEM 00	18 VIR 34	22 SAG 19	23 PIS 03	26 GEM 48	27 VIR 32
7	18 GEM 01	21 VIR 36	25 SAG 21	26 PIS 05	29 GEM 50	0 LIB 34
8	21 GEM 02	24 VIR 37	28 SAG 22	29 PIS 06	2 CAN 51	3 LIB 35
9	24 GEM 03	27 VIR 39	1 CAP 24	2 ARI 08	5 CAN 53	6 LIB 37
10	27 GEM 04	0 LIB 40	4 CAP 25	5 ARI 09	8 CAN 54	9 LIB 38
11	0 CAN 05	3 LIB 42	7 CAP 27	8 ARI 11	11 CAN 56	12 LIB 40
12	3 CAN 06	6 LIB 43	10 CAP 28	11 ARI 12	14 CAN 57	15 LIB 41
13	6 CAN 07	9 LIB 44	13 CAP 30	14 ARI 13	17 CAN 59	18 LIB 43
14	9 CAN 08	12 LIB 46	16 CAP 31	17 ARI 15	21 CAN 00	21 LIB 44
15	12 CAN 09	15 LIB 47	19 CAP 33	20 ARI 16	24 CAN 02	24 LIB 46
16	15 CAN 10	18 LIB 49	22 CAP 34	23 ARI 18	27 CAN 03	27 LIB 47
17	18 CAN 12	21 LIB 50	25 CAP 35	26 ARI 19	0 LEO 04	0 SCO 49
18	21 CAN 13	24 LIB 52	28 CAP 37	29 ARI 21	3 LEO 06	3 SCO 50
19	24 CAN 14	27 LIB 53	1 AQU 38	2 TAU 22	6 LEO 07	6 SCO 52
20	27 CAN 15	0 SCO 55	4 AQU 40	5 TAU 24	9 LEO 09	9 SCO 53
21	0 LEO 16	3 SCO 56	7 AQU 41	8 TAU 25	12 LEO 10	12 SCO 55
22	3 LEO 17	6 SCO 57	10 AQU 43	11 TAU 26	15 LEO 12	15 SCO 56
23	6 LEO 18	9 SCO 59	13 AQU 44	14 TAU 28	18 LEO 13	18 SCO 58
24	9 LEO 19	13 SCO 00	16 AQU 46	17 TAU 29	21 LEO 15	21 SCO 59
25	12 LEO 20	16 SCO 02	19 AQU 47	20 TAU 31	24 LEO 16	25 SCO 01
26	15 LEO 21	19 SCO 03	22 AQU 49	23 TAU 32	27 LEO 18	28 SCO 02
27	18 LEO 22	22 SCO 05	25 AQU 50	26 TAU 34	0 VIR 19	1 SAG 04
28	21 LEO 23	25 SCO 06	28 AQU 52	29 TAU 35	3 VIR 21	4 SAG 05
29	24 LEO 24	28 SCO 08	1 PIS 53	2 GEM 37	6 VIR 22	7 SAG 07
30	27 LEO 25	1 SAG 09	4 PIS 55	5 GEM 38	9 VIR 24	10 SAG 08
31	0 VIR 26	4 SAG 11		8 GEM 40		13 SAG 10

101

1947 LILITH EPHEMERIS

DAY	JAN	FEB	MAR	APR	MAY	JUN
1	16 SAG 11	19 PIS 47	14 GEM 15	17 VIR 47	18 SAG 17	21 PIS 48
2	19 SAG 12	22 PIS 48	17 GEM 16	20 VIR 48	21 SAG 18	24 PIS 49
3	22 SAG 13	25 PIS 49	20 GEM 17	23 VIR 49	24 SAG 19	27 PIS 50
4	25 SAG 14	28 PIS 50	23 GEM 18	26 VIR 50	27 SAG 20	0 ARI 51
5	28 SAG 16	1 ARI 51	26 GEM 19	29 VIR 51	0 CAP 21	3 ARI 52
6	1 CAP 17	4 ARI 52	29 GEM 20	2 LIB 52	3 CAP 22	6 ARI 53
7	4 CAP 18	7 ARI 53	2 CAN 21	5 LIB 53	6 CAP 23	9 ARI 54
8	7 CAP 19	10 ARI 54	5 CAN 22	8 LIB 54	9 CAP 24	12 ARI 55
9	10 CAP 20	13 ARI 55	8 CAN 23	11 LIB 55	12 CAP 25	15 ARI 56
10	13 CAP 21	16 ARI 56	11 CAN 24	14 LIB 56	15 CAP 26	18 ARI 57
11	16 CAP 23	19 ARI 57	14 CAN 25	17 LIB 57	18 CAP 27	21 ARI 58
12	19 CAP 24	22 ARI 58	17 CAN 26	20 LIB 58	21 CAP 28	24 ARI 59
13	22 CAP 25	25 ARI 59	20 CAN 27	23 LIB 59	24 CAP 29	28 ARI 00
14	25 CAP 26	29 ARI 00	23 CAN 28	27 LIB 00	27 CAP 30	1 TAU 01
15	28 CAP 27	2 TAU 01	26 CAN 29	0 SCO 01	0 AQU 31	4 TAU 02
16	1 AQU 28	5 TAU 02	29 CAN 30	3 SCO 02	3 AQU 32	7 TAU 03
17	4 AQU 30	8 TAU 03	2 LEO 32	6 SCO 03	6 AQU 33	10 TAU 04
18	7 AQU 31	11 TAU 04	5 LEO 33	9 SCO 04	9 AQU 34	13 TAU 05
19	10 AQU 32	14 TAU 05	8 LEO 34	12 SCO 05	12 AQU 35	16 TAU 06
20	13 AQU 33	17 TAU 06	11 LEO 35	15 SCO 06	15 AQU 36	19 TAU 07
21	16 AQU 34	20 TAU 07	14 LEO 36	18 SCO 07	18 AQU 37	22 TAU 08
22	19 AQU 35	23 TAU 08	17 LEO 37	21 SCO 08	21 AQU 38	25 TAU 09
23	22 AQU 37	26 TAU 09	20 LEO 38	24 SCO 09	24 AQU 39	28 TAU 10
24	25 AQU 38	29 TAU 10	23 LEO 39	27 SCO 10	27 AQU 40	1 GEM 11
25	28 AQU 39	2 GEM 11	26 LEO 40	0 SAG 11	0 PIS 41	4 GEM 12
26	1 PIS 40	5 GEM 12	29 LEO 41	3 SAG 12	3 PIS 42	7 GEM 13
27	4 PIS 41	8 GEM 13	2 VIR 42	6 SAG 13	6 PIS 43	10 GEM 14
28	7 PIS 42	11 GEM 14	5 VIR 43	9 SAG 14	9 PIS 44	13 GEM 15
29	10 PIS 44		8 VIR 44	12 SAG 15	12 PIS 45	16 GEM 16
30	13 PIS 45		11 VIR 45	15 SAG 16	15 PIS 46	19 GEM 17
31	16 PIS 46		14 VIR 46		18 PIS 47	

LILITH EPHEMERIS 1947

DAY	JUL	AUG	SEP	OCT	NOV	DEC
1	22 GEM 18	25 VIR 54	29 SAG 31	0 ARI 08	3 CAN 45	4 LIB 22
2	25 GEM 19	28 VIR 55	2 CAP 32	3 ARI 09	6 CAN 46	7 LIB 23
3	28 GEM 20	1 LIB 56	5 CAP 33	6 ARI 10	9 CAN 47	10 LIB 24
4	1 CAN 21	4 LIB 58	8 CAP 35	9 ARI 12	12 CAN 49	13 LIB 26
5	4 CAN 23	7 LIB 59	11 CAP 36	12 ARI 13	15 CAN 50	16 LIB 27
6	7 CAN 24	10 LIB 60	14 CAP 37	15 ARI 14	18 CAN 51	19 LIB 28
7	10 CAN 25	14 LIB 01	17 CAP 38	18 ARI 15	21 CAN 52	22 LIB 29
8	13 CAN 26	17 LIB 02	20 CAP 40	21 ARI 16	24 CAN 54	25 LIB 30
9	16 CAN 27	20 LIB 04	23 CAP 41	24 ARI 18	27 CAN 55	28 LIB 32
10	19 CAN 28	23 LIB 05	26 CAP 42	27 ARI 19	0 LEO 56	1 SCO 33
11	22 CAN 30	26 LIB 06	29 CAP 43	0 TAU 20	3 LEO 57	4 SCO 34
12	25 CAN 31	29 LIB 07	2 AQU 45	3 TAU 21	6 LEO 59	7 SCO 35
13	28 CAN 32	2 SCO 08	5 AQU 46	6 TAU 22	9 LEO 60	10 SCO 36
14	1 LEO 33	5 SCO 10	8 AQU 47	9 TAU 24	13 LEO 01	13 SCO 38
15	4 LEO 34	8 SCO 11	11 AQU 48	12 TAU 25	16 LEO 02	16 SCO 39
16	7 LEO 35	11 SCO 12	14 AQU 49	15 TAU 26	19 LEO 04	19 SCO 40
17	10 LEO 37	14 SCO 13	17 AQU 51	18 TAU 27	22 LEO 05	22 SCO 41
18	13 LEO 38	17 SCO 14	20 AQU 52	21 TAU 28	25 LEO 06	25 SCO 42
19	16 LEO 39	20 SCO 15	23 AQU 53	24 TAU 29	28 LEO 07	28 SCO 43
20	19 LEO 40	23 SCO 17	26 AQU 54	27 TAU 31	1 VIR 08	1 SAG 45
21	22 LEO 41	26 SCO 18	29 AQU 56	0 GEM 32	4 VIR 10	4 SAG 46
22	25 LEO 42	29 SCO 19	2 PIS 57	3 GEM 33	7 VIR 11	7 SAG 47
23	28 LEO 44	2 SAG 20	5 PIS 58	6 GEM 34	10 VIR 12	10 SAG 48
24	1 VIR 45	5 SAG 21	8 PIS 59	9 GEM 35	13 VIR 13	13 SAG 49
25	4 VIR 46	8 SAG 23	12 PIS 01	12 GEM 37	16 VIR 15	16 SAG 51
26	7 VIR 47	11 SAG 24	15 PIS 02	15 GEM 38	19 VIR 16	19 SAG 52
27	10 VIR 48	14 SAG 25	18 PIS 03	18 GEM 39	22 VIR 17	22 SAG 53
28	13 VIR 49	17 SAG 26	21 PIS 04	21 GEM 40	25 VIR 18	25 SAG 54
29	16 VIR 51	20 SAG 27	24 PIS 06	24 GEM 41	28 VIR 20	28 SAG 55
30	19 VIR 52	23 SAG 29	27 PIS 07	27 GEM 43	1 LIB 21	1 CAP 57
31	22 VIR 53	26 SAG 30		0 CAN 44		4 CAP 58

103

1948 LILITH EPHEMERIS

DAY	JAN	FEB	MAR	APR	MAY	JUN
1	7 CAP 59	11 ARI 38	9 CAN 14	12 LIB 53	13 CAP 31	17 ARI 09
2	11 CAP 00	14 ARI 39	12 CAN 15	15 LIB 54	16 CAP 32	20 ARI 10
3	14 CAP 02	17 ARI 40	15 CAN 17	18 LIB 56	19 CAP 33	23 ARI 12
4	17 CAP 03	20 ARI 42	18 CAN 18	21 LIB 57	22 CAP 35	26 ARI 13
5	20 CAP 04	23 ARI 43	21 CAN 19	24 LIB 58	25 CAP 36	29 ARI 14
6	23 CAP 05	26 ARI 44	24 CAN 20	27 LIB 59	28 CAP 37	2 TAU 15
7	26 CAP 07	29 ARI 45	27 CAN 22	1 SCO 01	1 AQU 38	5 TAU 17
8	29 CAP 08	5 TAU 47	0 LEO 23	4 SCO 02	4 AQU 40	8 TAU 18
9	2 AQU 09	5 TAU 48	3 LEO 24	7 SCO 03	7 AQU 41	11 TAU 19
10	5 AQU 10	8 TAU 49	6 LEO 25	10 SCO 04	10 AQU 42	14 TAU 20
11	8 AQU 12	11 TAU 50	9 LEO 27	13 SCO 06	13 AQU 43	17 TAU 22
12	11 AQU 13	14 TAU 52	12 LEO 28	16 SCO 07	16 AQU 44	20 TAU 23
13	14 AQU 14	17 TAU 53	15 LEO 29	19 SCO 08	19 AQU 46	23 TAU 24
14	17 AQU 15	20 TAU 54	18 LEO 30	22 SCO 09	22 AQU 47	26 TAU 25
15	20 AQU 17	23 TAU 55	21 LEO 32	25 SCO 11	25 AQU 48	29 TAU 27
16	23 AQU 18	26 TAU 57	24 LEO 33	28 SCO 12	28 AQU 49	2 GEM 28
17	26 AQU 19	29 TAU 58	27 LEO 34	1 SAG 13	1 PIS 51	5 GEM 29
18	29 AQU 20	2 GEM 59	0 VIR 35	4 SAG 15	4 PIS 52	8 GEM 31
19	2 PIS 22	6 GEM 00	3 VIR 37	7 SAG 16	7 PIS 53	11 GEM 32
20	5 PIS 23	9 GEM 02	6 VIR 38	10 SAG 17	10 PIS 54	14 GEM 33
21	8 PIS 24	12 GEM 03	9 VIR 39	13 SAG 18	13 PIS 56	17 GEM 34
22	11 PIS 25	15 GEM 04	12 VIR 40	16 SAG 20	16 PIS 57	20 GEM 36
23	14 PIS 27	18 GEM 05	15 VIR 42	19 SAG 21	19 PIS 58	23 GEM 37
24	17 PIS 28	21 GEM 07	18 VIR 43	22 SAG 22	22 PIS 59	26 GEM 38
25	20 PIS 29	24 GEM 08	21 VIR 44	25 SAG 23	26 PIS 00	29 GEM 39
26	23 PIS 30	27 GEM 09	24 VIR 45	28 SAG 25	29 PIS 02	2 CAN 41
27	26 PIS 32	0 CAN 10	27 VIR 47	1 CAP 26	2 ARI 03	5 CAN 42
28	29 PIS 33	3 CAN 12	0 LIB 48	4 CAP 27	5 ARI 04	8 CAN 43
29	2 ARI 34	6 CAN 13	3 LIB 49	7 CAP 28	8 ARI 05	11 CAN 44
30	5 ARI 35		6 LIB 50	10 CAP 30	11 ARI 07	14 CAN 46
31	8 ARI 37		9 LIB 52		14 ARI 08	

LILITH EPHEMERIS 1948

DAY	JUL	AUG	SEP	OCT	NOV	DEC
1	17 CAN 47	21 LIB 16	24 CAP 46	25 ARI 16	28 CAN 45	29 LIB 14
2	20 CAN 48	24 LIB 17	27 CAP 47	28 ARI 17	1 LEO 46	2 SCO 15
3	23 CAN 49	27 LIB 18	0 AQU 48	1 TAU 18	4 LEO 47	5 SCO 16
4	26 CAN 50	0 SCO 19	3 AQU 49	4 TAU 19	7 LEO 48	8 SCO 17
5	29 CAN 51	3 SCO 20	6 AQU 50	7 TAU 20	10 LEO 49	11 SCO 19
6	2 LEO 52	6 SCO 21	9 AQU 51	10 TAU 21	13 LEO 50	14 SCO 20
7	5 LEO 53	9 SCO 22	12 AQU 52	13 TAU 22	16 LEO 51	17 SCO 21
8	8 LEO 54	12 SCO 23	15 AQU 53	16 TAU 23	19 LEO 52	20 SCO 22
9	11 LEO 54	15 SCO 24	18 AQU 54	19 TAU 23	22 LEO 53	23 SCO 23
10	14 LEO 55	18 SCO 25	21 AQU 55	22 TAU 24	25 LEO 54	26 SCO 24
11	17 LEO 56	21 SCO 26	24 AQU 56	25 TAU 25	28 LEO 55	29 SCO 26
12	20 LEO 57	24 SCO 27	27 AQU 57	28 TAU 26	1 VIR 56	2 SAG 27
13	23 LEO 58	27 SCO 28	0 PIS 58	1 GEM 27	4 VIR 57	5 SAG 28
14	26 LEO 59	0 SAG 29	3 PIS 59	4 GEM 28	7 VIR 58	8 SAG 29
15	0 VIR 00	3 SAG 30	7 PIS 00	7 GEM 29	10 VIR 59	11 SAG 30
16	3 VIR 01	6 SAG 31	10 PIS 01	10 GEM 30	13 VIR 60	14 SAG 31
17	6 VIR 02	9 SAG 31	13 PIS 02	13 GEM 31	17 VIR 00	17 SAG 33
18	9 VIR 03	12 SAG 32	16 PIS 03	16 GEM 32	20 VIR 01	20 SAG 34
19	12 VIR 04	15 SAG 33	19 PIS 04	19 GEM 33	23 VIR 02	23 SAG 35
20	15 VIR 05	18 SAG 34	22 PIS 05	22 GEM 34	26 VIR 03	26 SAG 36
21	18 VIR 06	21 SAG 35	25 PIS 06	25 GEM 35	29 VIR 04	29 SAG 37
22	21 VIR 07	24 SAG 36	28 PIS 07	28 GEM 36	2 LIB 05	2 CAP 38
23	24 VIR 08	27 SAG 37	1 ARI 08	1 CAN 37	5 LIB 06	5 CAP 40
24	27 VIR 09	0 CAP 38	4 ARI 09	4 CAN 38	8 LIB 07	8 CAP 41
25	0 LIB 09	3 CAP 39	7 ARI 10	7 CAN 38	11 LIB 08	11 CAP 42
26	3 LIB 10	6 CAP 40	10 ARI 11	10 CAN 39	14 LIB 09	14 CAP 43
27	6 LIB 11	9 CAP 41	13 ARI 12	13 CAN 40	17 LIB 10	17 CAP 44
28	9 LIB 12	12 CAP 42	16 ARI 13	16 CAN 41	20 LIB 11	20 CAP 45
29	12 LIB 13	15 CAP 43	19 ARI 14	19 CAN 42	23 LIB 12	23 CAP 47
30	15 LIB 14	18 CAP 44	22 ARI 15	22 CAN 43	26 LIB 13	26 CAP 48
31	18 LIB 15	21 CAP 45		25 CAN 44		29 CAP 49

1949   LILITH EPHEMERIS

DAY	JAN	FEB	MAR	APR	MAY	JUN
1	2 AQU 50	6 TAU 36	1 LEO 19	5 SCO 05	5 AQU 50	9 TAU 37
2	5 AQU 51	9 TAU 38	4 LEO 20	8 SCO 07	8 AQU 52	12 TAU 38
3	8 AQU 53	12 TAU 39	7 LEO 22	11 SCO 08	11 AQU 53	15 TAU 39
4	11 AQU 54	15 TAU 41	10 LEO 23	14 SCO 10	14 AQU 55	18 TAU 40
5	14 AQU 56	18 TAU 42	13 LEO 25	17 SCO 11	17 AQU 56	21 TAU 41
6	17 AQU 57	21 TAU 44	16 LEO 26	20 SCO 12	20 AQU 58	24 TAU 43
7	20 AQU 59	24 TAU 45	19 LEO 28	23 SCO 14	23 AQU 59	27 TAU 44
8	24 AQU 00	27 TAU 47	22 LEO 29	26 SCO 15	27 AQU 01	0 GEM 45
9	27 AQU 02	0 GEM 48	25 LEO 31	29 SCO 17	0 PIS 02	3 GEM 46
10	0 PIS 03	3 GEM 50	28 LEO 32	2 SAG 19	3 PIS 04	6 GEM 47
11	3 PIS 05	6 GEM 51	1 VIR 34	5 SAG 20	6 PIS 05	9 GEM 48
12	6 PIS 06	9 GEM 53	4 VIR 35	8 SAG 22	9 PIS 07	12 GEM 49
13	9 PIS 08	12 GEM 54	7 VIR 37	11 SAG 23	12 PIS 08	15 GEM 50
14	12 PIS 09	15 GEM 56	10 VIR 38	14 SAG 25	15 PIS 10	18 GEM 51
15	15 PIS 11	18 GEM 58	13 VIR 40	17 SAG 26	18 PIS 11	21 GEM 52
16	18 PIS 12	21 GEM 59	16 VIR 41	20 SAG 28	21 PIS 13	24 GEM 54
17	21 PIS 14	25 GEM 01	19 VIR 43	23 SAG 29	24 PIS 14	27 GEM 55
18	24 PIS 15	28 GEM 02	22 VIR 44	26 SAG 30	27 PIS 16	0 CAN 56
19	27 PIS 17	1 CAN 04	25 VIR 46	29 SAG 32	0 ARI 17	3 CAN 57
20	0 ARI 18	4 CAN 05	28 VIR 47	2 CAP 33	3 ARI 19	6 CAN 58
21	3 ARI 20	7 CAN 07	1 LIB 49	5 CAP 35	6 ARI 20	9 CAN 59
22	6 ARI 21	10 CAN 08	4 LIB 50	8 CAP 37	9 ARI 22	13 CAN 00
23	9 ARI 23	13 CAN 10	7 LIB 52	11 CAP 38	12 ARI 23	16 CAN 01
24	12 ARI 24	16 CAN 11	10 LIB 53	14 CAP 39	15 ARI 25	19 CAN 02
25	15 ARI 26	19 CAN 13	13 LIB 55	17 CAP 41	18 ARI 26	22 CAN 03
26	18 ARI 27	22 CAN 14	16 LIB 56	20 CAP 43	21 ARI 28	25 CAN 05
27	21 ARI 29	25 CAN 16	19 LIB 58	23 CAP 44	24 ARI 29	28 CAN 06
28	24 ARI 30	28 CAN 17	22 LIB 59	26 CAP 45	27 ARI 31	1 LEO 07
29	27 ARI 32		26 LIB 01	29 CAP 47	0 TAU 32	4 LEO 08
30	0 TAU 33		29 LIB 02	2 AQU 48	3 TAU 34	7 LEO 09
31	3 TAU 35		2 SCO 04		6 TAU 35	

LILITH EPHEMERIS 1949

DAY	JUL	AUG	SEP	OCT	NOV	DEC
1	10 LEO 10	13 SCO 32	16 AQU 55	17 TAU 16	20 LEO 39	21 SCO 00
2	13 LEO 11	16 SCO 33	19 AQU 56	20 TAU 17	23 LEO 40	24 SCO 01
3	16 LEO 11	19 SCO 33	22 AQU 56	23 TAU 17	26 LEO 40	27 SCO 03
4	19 LEO 12	22 SCO 34	25 AQU 57	26 TAU 18	29 LEO 41	0 SAG 04
5	22 LEO 13	25 SCO 35	28 AQU 58	29 TAU 19	2 VIR 42	3 SAG 06
6	25 LEO 14	28 SCO 36	1 PIS 58	2 GEM 20	5 VIR 43	6 SAG 07
7	28 LEO 14	1 SAG 36	4 PIS 59	5 GEM 20	8 VIR 43	9 SAG 09
8	1 VIR 15	4 SAG 37	7 PIS 60	8 GEM 21	11 VIR 44	12 SAG 10
9	4 VIR 16	7 SAG 38	11 PIS 01	11 GEM 22	14 VIR 45	15 SAG 12
10	7 VIR 16	10 SAG 39	14 PIS 01	14 GEM 23	17 VIR 45	18 SAG 13
11	10 VIR 17	13 SAG 39	17 PIS 02	17 GEM 23	20 VIR 46	21 SAG 15
12	13 VIR 18	16 SAG 40	20 PIS 03	20 GEM 24	23 VIR 47	24 SAG 16
13	16 VIR 19	19 SAG 41	23 PIS 03	23 GEM 25	26 VIR 47	27 SAG 17
14	19 VIR 19	22 SAG 42	26 PIS 04	26 GEM 26	29 VIR 48	0 CAP 19
15	22 VIR 20	25 SAG 42	29 PIS 05	29 GEM 26	2 LIB 49	3 CAP 20
16	25 VIR 21	28 SAG 43	2 ARI 05	2 CAN 27	5 LIB 50	6 CAP 22
17	28 VIR 21	1 CAP 44	5 ARI 06	5 CAN 28	8 LIB 50	9 CAP 23
18	1 LIB 22	4 CAP 45	8 ARI 07	8 CAN 29	11 LIB 51	12 CAP 25
19	4 LIB 23	7 CAP 45	11 ARI 08	11 CAN 29	14 LIB 52	15 CAP 26
20	7 LIB 23	10 CAP 46	14 ARI 08	14 CAN 30	17 LIB 52	18 CAP 28
21	10 LIB 24	13 CAP 47	17 ARI 09	17 CAN 31	20 LIB 53	21 CAP 29
22	13 LIB 25	16 CAP 48	20 ARI 10	20 CAN 32	23 LIB 54	24 CAP 30
23	16 LIB 26	19 CAP 48	23 ARI 10	23 CAN 32	26 LIB 54	27 CAP 32
24	19 LIB 26	22 CAP 49	26 ARI 11	26 CAN 33	29 LIB 55	0 AQU 33
25	22 LIB 27	25 CAP 50	29 ARI 12	29 CAN 34	2 SCO 56	3 AQU 35
26	25 LIB 28	28 CAP 51	2 TAU 12	2 LEO 35	5 SCO 57	6 AQU 36
27	28 LIB 28	1 AQU 51	5 TAU 13	5 LEO 35	8 SCO 57	9 AQU 38
28	1 SCO 29	4 AQU 52	8 TAU 14	8 LEO 36	11 SCO 58	12 AQU 39
29	4 SCO 30	7 AQU 53	11 TAU 15	11 LEO 37	14 SCO 59	15 AQU 41
30	7 SCO 31	10 AQU 54	14 TAU 15	14 LEO 38	17 SCO 59	18 AQU 42
31	10 SCO 31	13 AQU 54		17 LEO 38		21 AQU 44

1950 LILITH EPHEMERIS

DAY	JAN	FEB	MAR	APR	MAY	JUN
1	24 AQU 45	28 TAU 39	23 LEO 27	27 SCO 21	28 AQU 14	2 GEM 07
2	27 AQU 47	1 GEM 41	26 LEO 29	0 SAG 23	1 PIS 16	5 GEM 08
3	0 PIS 48	4 GEM 42	29 LEO 30	3 SAG 25	4 PIS 17	8 GEM 08
4	3 PIS 50	7 GEM 44	2 VIR 32	6 SAG 26	7 PIS 19	11 GEM 09
5	6 PIS 52	10 GEM 46	5 VIR 34	9 SAG 28	10 PIS 21	14 GEM 10
6	9 PIS 54	13 GEM 48	8 VIR 36	12 SAG 30	13 PIS 23	17 GEM 11
7	12 PIS 55	16 GEM 49	11 VIR 37	15 SAG 32	16 PIS 24	20 GEM 11
8	15 PIS 57	19 GEM 51	14 VIR 39	18 SAG 33	19 PIS 26	23 GEM 12
9	18 PIS 59	22 GEM 53	17 VIR 41	21 SAG 35	22 PIS 28	26 GEM 13
10	22 PIS 01	25 GEM 54	20 VIR 43	24 SAG 37	25 PIS 29	29 GEM 13
11	25 PIS 02	28 GEM 56	23 VIR 44	27 SAG 39	28 PIS 31	2 CAN 14
12	28 PIS 04	1 CAN 58	26 VIR 46	0 CAP 40	1 ARI 33	5 CAN 15
13	1 ARI 06	4 CAN 60	29 VIR 48	3 CAP 42	4 ARI 35	8 CAN 15
14	4 ARI 08	8 CAN 01	2 LIB 50	6 CAP 44	7 ARI 36	11 CAN 16
15	7 ARI 09	11 CAN 03	5 LIB 51	9 CAP 46	10 ARI 38	14 CAN 17
16	10 ARI 11	14 CAN 05	8 LIB 53	12 CAP 48	13 ARI 40	17 CAN 18
17	13 ARI 13	17 CAN 06	11 LIB 55	15 CAP 49	16 ARI 41	20 CAN 18
18	16 ARI 15	20 CAN 08	14 LIB 57	18 CAP 51	19 ARI 43	23 CAN 19
19	19 ARI 16	23 CAN 10	17 LIB 58	21 CAP 53	22 ARI 45	26 CAN 20
20	22 ARI 18	26 CAN 12	21 LIB 00	24 CAP 55	25 ARI 46	29 CAN 20
21	25 ARI 20	29 CAN 13	24 LIB 02	27 CAP 56	28 ARI 48	2 LEO 21
22	28 ARI 22	2 LEO 15	27 LIB 04	0 AQU 58	1 TAU 50	5 LEO 22
23	1 TAU 23	5 LEO 17	0 SCO 05	3 AQU 60	4 TAU 52	8 LEO 22
24	4 TAU 25	8 LEO 18	3 SCO 07	7 AQU 02	7 TAU 53	11 LEO 23
25	7 TAU 27	11 LEO 20	6 SCO 09	10 AQU 03	10 TAU 55	14 LEO 24
26	10 TAU 29	14 LEO 22	9 SCO 11	13 AQU 05	13 TAU 57	17 LEO 25
27	13 TAU 30	17 LEO 24	12 SCO 12	16 AQU 07	16 TAU 58	20 LEO 25
28	16 TAU 32	20 LEO 25	15 SCO 14	19 AQU 09	20 TAU 00	23 LEO 26
29	19 TAU 34		18 SCO 16	22 AQU 10	23 TAU 02	26 LEO 27
30	22 TAU 36		21 SCO 18	25 AQU 12	26 TAU 04	29 LEO 27
31	25 TAU 37		24 SCO 19		29 TAU 05	

108

LILITH EPHEMERIS 1950

DAY	JUL	AUG	SEP	OCT	NOV	DEC
1	2 VIR 28	5 SAG 43	8 PIS 58	9 GEM 13	12 VIR 28	12 SAG 46
2	5 VIR 28	8 SAG 43	11 PIS 59	12 GEM 13	15 VIR 29	15 SAG 48
3	8 VIR 29	11 SAG 44	14 PIS 59	15 GEM 14	18 VIR 29	18 SAG 50
4	11 VIR 29	14 SAG 44	17 PIS 60	18 GEM 14	21 VIR 30	21 SAG 52
5	14 VIR 30	17 SAG 45	21 PIS 00	21 GEM 15	24 VIR 30	24 SAG 54
6	17 VIR 30	20 SAG 45	24 PIS 00	24 GEM 15	27 VIR 31	27 SAG 56
7	20 VIR 31	23 SAG 46	27 PIS 01	27 GEM 16	0 LIB 32	0 CAP 58
8	23 VIR 31	26 SAG 46	0 ARI 01	0 CAN 16	3 LIB 32	3 CAP 60
9	26 VIR 32	29 SAG 47	3 ARI 02	3 CAN 17	6 LIB 33	7 CAP 01
10	29 VIR 32	2 CAP 47	6 ARI 02	6 CAN 17	9 LIB 33	10 CAP 03
11	2 LIB 33	5 CAP 48	9 ARI 03	9 CAN 18	12 LIB 34	13 CAP 05
12	5 LIB 33	8 CAP 48	12 ARI 03	12 CAN 18	15 LIB 35	16 CAP 07
13	8 LIB 34	11 CAP 49	15 ARI 04	15 CAN 19	18 LIB 35	19 CAP 09
14	11 LIB 34	14 CAP 49	18 ARI 05	18 CAN 19	21 LIB 36	22 CAP 11
15	14 LIB 35	17 CAP 50	21 ARI 05	21 CAN 20	24 LIB 36	25 CAP 13
16	17 LIB 35	20 CAP 50	24 ARI 06	24 CAN 20	27 LIB 37	28 CAP 15
17	20 LIB 36	23 CAP 51	27 ARI 06	27 CAN 21	0 SCO 38	1 AQU 17
18	23 LIB 36	26 CAP 51	0 TAU 07	0 LEO 21	3 SCO 38	4 AQU 19
19	26 LIB 37	29 CAP 52	3 TAU 07	3 LEO 22	6 SCO 39	7 AQU 21
20	29 LIB 37	2 AQU 52	6 TAU 08	6 LEO 22	9 SCO 39	10 AQU 23
21	2 SCO 38	5 AQU 53	9 TAU 08	9 LEO 23	12 SCO 40	13 AQU 25
22	5 SCO 38	8 AQU 53	12 TAU 08	12 LEO 23	15 SCO 41	16 AQU 27
23	8 SCO 39	11 AQU 54	15 TAU 09	15 LEO 24	18 SCO 41	19 AQU 29
24	11 SCO 39	14 AQU 54	18 TAU 09	18 LEO 24	21 SCO 42	22 AQU 31
25	14 SCO 40	17 AQU 55	21 TAU 10	21 LEO 25	24 SCO 42	25 AQU 32
26	17 SCO 40	20 AQU 55	24 TAU 10	24 LEO 25	27 SCO 43	28 AQU 34
27	20 SCO 41	23 AQU 56	27 TAU 11	27 LEO 26	0 SAG 44	1 PIS 36
28	23 SCO 41	26 AQU 56	0 GEM 12	0 VIR 26	3 SAG 44	4 PIS 38
29	26 SCO 42	29 AQU 57	3 GEM 12	3 VIR 27	6 SAG 45	7 PIS 40
30	29 SCO 42	2 PIS 57	6 GEM 13	6 VIR 27	9 SAG 45	10 PIS 42
31	2 SAG 43	5 PIS 58		9 VIR 28		13 PIS 44

1951   LILITH EPHEMERIS

DAY	JAN	FEB	MAR	APR	MAY	JUN
1	16 PIS 46	20 GEM 44	15 VIR 42	19 SAG 43	20 PIS 41	24 GEM 30
2	19 PIS 48	23 GEM 46	18 VIR 44	22 SAG 45	23 PIS 43	27 GEM 30
3	22 PIS 50	26 GEM 48	21 VIR 46	25 SAG 47	26 PIS 44	0 CAN 31
4	25 PIS 52	29 GEM 50	24 VIR 48	28 SAG 49	29 PIS 46	3 CAN 31
5	28 PIS 53	2 CAN 52	27 VIR 50	1 CAP 51	2 ARI 47	6 CAN 31
6	1 ARI 55	5 CAN 54	0 LIB 52	4 CAP 53	5 ARI 49	9 CAN 31
7	4 ARI 57	8 CAN 56	3 LIB 54	7 CAP 55	8 ARI 50	12 CAN 32
8	7 ARI 59	11 CAN 58	6 LIB 56	10 CAP 57	11 ARI 52	15 CAN 32
9	11 ARI 01	15 CAN 01	9 LIB 58	13 CAP 58	14 ARI 54	18 CAN 32
10	14 ARI 03	18 CAN 03	12 LIB 60	17 CAP 00	17 ARI 55	21 CAN 33
11	17 ARI 05	21 CAN 05	16 LIB 02	20 CAP 02	20 ARI 57	24 CAN 33
12	20 ARI 07	24 CAN 07	19 LIB 04	23 CAP 04	23 ARI 58	27 LEO 34
13	23 ARI 08	27 CAN 09	22 LIB 06	26 CAP 06	26 ARI 60	0 LEO 34
14	26 ARI 10	0 LEO 11	25 LIB 08	29 CAP 08	0 TAU 02	3 LEO 34
15	29 ARI 12	3 LEO 13	28 LIB 10	2 AQU 10	3 TAU 03	6 LEO 34
16	2 TAU 14	6 LEO 15	1 SCO 12	5 AQU 12	6 TAU 05	9 LEO 34
17	5 TAU 16	9 LEO 17	4 SCO 13	8 AQU 14	9 TAU 06	12 LEO 35
18	8 TAU 18	12 LEO 19	7 SCO 15	11 AQU 16	12 TAU 08	15 LEO 35
19	11 TAU 20	15 LEO 21	10 SCO 17	14 AQU 18	15 TAU 09	18 LEO 35
20	14 TAU 22	18 LEO 23	13 SCO 19	17 AQU 20	18 TAU 11	21 LEO 36
21	17 TAU 23	21 LEO 25	16 SCO 21	20 AQU 22	21 TAU 13	24 LEO 36
22	20 TAU 25	24 LEO 27	19 SCO 23	23 AQU 24	24 TAU 14	27 LEO 36
23	23 TAU 27	27 LEO 30	22 SCO 25	26 AQU 26	27 TAU 16	0 VIR 37
24	26 TAU 29	0 VIR 32	25 SCO 27	29 AQU 27	0 GEM 17	3 VIR 37
25	29 TAU 31	3 VIR 34	28 SCO 29	2 PIS 29	3 GEM 19	6 VIR 37
26	2 GEM 33	6 VIR 36	1 SAG 31	5 PIS 31	6 GEM 21	9 VIR 38
27	5 GEM 35	9 VIR 38	4 SAG 33	8 PIS 33	9 GEM 22	12 VIR 38
28	8 GEM 37	12 VIR 40	7 SAG 35	11 PIS 35	12 GEM 24	15 VIR 38
29	11 GEM 38		10 SAG 37	14 PIS 37	15 GEM 25	18 VIR 38
30	14 GEM 40		13 SAG 39	17 PIS 39	18 GEM 27	21 VIR 39
31	17 GEM 42		16 SAG 41		21 GEM 28	

110

LILITH EPHEMERIS 1951

DAY	JUL	AUG	SEP	OCT	NOV	DEC
1	24 VIR 39	27 SAG 48	0 ARI 57	1 CAN 06	4 LIB 15	4 CAP 48
2	27 VIR 39	0 CAP 48	3 ARI 57	4 CAN 06	7 LIB 16	7 CAP 50
3	0 LIB 40	3 CAP 49	6 ARI 58	7 CAN 07	10 LIB 17	10 CAP 52
4	3 LIB 40	6 CAP 49	9 ARI 58	10 CAN 07	13 LIB 18	13 CAP 54
5	6 LIB 40	9 CAP 49	12 ARI 58	13 CAN 07	16 LIB 19	16 CAP 57
6	9 LIB 40	12 CAP 50	15 ARI 59	16 CAN 07	19 LIB 20	19 CAP 59
7	12 LIB 41	15 CAP 50	18 ARI 59	19 CAN 08	22 LIB 22	23 CAP 01
8	15 LIB 41	18 CAP 50	21 ARI 59	22 CAN 08	25 LIB 23	26 CAP 03
9	18 LIB 41	21 CAP 51	24 ARI 59	25 CAN 08	28 LIB 24	29 CAP 05
10	21 LIB 42	24 CAP 51	27 ARI 60	28 CAN 09	1 SCO 25	2 AQU 07
11	24 LIB 42	27 CAP 51	1 TAU 00	1 LEO 09	4 SCO 26	5 AQU 09
12	27 LIB 42	0 AQU 51	4 TAU 00	4 LEO 09	7 SCO 27	8 AQU 11
13	0 SCO 42	3 AQU 51	7 TAU 01	7 LEO 09	10 SCO 28	11 AQU 14
14	3 SCO 43	6 AQU 52	10 TAU 01	10 LEO 10	13 SCO 29	14 AQU 16
15	6 SCO 43	9 AQU 52	13 TAU 01	13 LEO 10	16 SCO 30	17 AQU 18
16	9 SCO 43	12 AQU 52	16 TAU 02	16 LEO 10	19 SCO 31	20 AQU 20
17	12 SCO 44	15 AQU 53	19 TAU 02	19 LEO 11	22 SCO 33	23 AQU 22
18	15 SCO 44	18 AQU 53	22 TAU 02	22 LEO 11	25 SCO 34	26 AQU 24
19	18 SCO 44	21 AQU 53	25 TAU 02	25 LEO 11	28 SCO 35	29 AQU 26
20	21 SCO 45	24 AQU 54	28 TAU 03	28 LEO 12	1 SAG 36	2 PIS 28
21	24 SCO 45	27 AQU 54	1 GEM 03	1 VIR 12	4 SAG 37	5 PIS 31
22	27 SCO 45	0 PIS 54	4 GEM 03	4 VIR 12	7 SAG 38	8 PIS 33
23	0 SAG 45	3 PIS 54	7 GEM 04	7 VIR 12	10 SAG 39	11 PIS 35
24	3 SAG 46	6 PIS 55	10 GEM 04	10 VIR 13	13 SAG 40	14 PIS 37
25	6 SAG 46	9 PIS 55	13 GEM 04	13 VIR 13	16 SAG 41	17 PIS 39
26	9 SAG 46	12 PIS 55	16 GEM 05	16 VIR 13	19 SAG 42	20 PIS 41
27	12 SAG 47	15 PIS 56	19 GEM 05	19 VIR 14	22 SAG 44	23 PIS 43
28	15 SAG 47	18 PIS 56	22 GEM 05	22 VIR 14	25 SAG 45	26 PIS 45
29	18 SAG 47	21 PIS 56	25 GEM 05	25 VIR 14	28 SAG 46	29 PIS 48
30	21 SAG 47	24 PIS 56	28 GEM 06	28 VIR 14	1 CAP 47	2 ARI 50
31	24 SAG 48	27 PIS 57		1 LIB 15		5 ARI 52

111

1952   LILITH EPHEMERIS

DAY	JAN	FEB	MAR	APR	MAY	JUN
1	8 ARI 54	13 CAN 01	11 LIB 03	15 CAP 09	16 ARI 13	19 CAN 42
2	11 ARI 56	16 CAN 03	14 LIB 05	18 CAP 11	19 ARI 14	22 CAN 42
3	14 ARI 58	19 CAN 05	17 LIB 07	21 CAP 13	22 ARI 15	25 CAN 42
4	18 ARI 00	22 CAN 07	20 LIB 09	24 CAP 15	25 ARI 16	28 CAN 42
5	21 ARI 03	25 CAN 10	23 LIB 12	27 CAP 18	28 ARI 17	1 LEO 42
6	24 ARI 05	28 CAN 12	26 LIB 14	0 AQU 20	1 TAU 18	4 LEO 43
7	27 ARI 07	1 LEO 14	29 LIB 16	3 AQU 22	4 TAU 19	7 LEO 43
8	0 TAU 09	4 LEO 16	2 SCO 18	6 AQU 24	7 TAU 20	10 LEO 43
9	3 TAU 11	7 LEO 18	5 SCO 20	9 AQU 26	10 TAU 20	13 LEO 43
10	6 TAU 13	10 LEO 20	8 SCO 22	12 AQU 28	13 TAU 21	16 LEO 43
11	9 TAU 16	13 LEO 22	11 SCO 24	15 AQU 30	16 TAU 22	19 LEO 43
12	12 TAU 18	16 LEO 25	14 SCO 26	18 AQU 32	19 TAU 23	22 LEO 43
13	15 TAU 20	19 LEO 27	17 SCO 29	21 AQU 35	22 TAU 24	25 LEO 43
14	18 TAU 22	22 LEO 29	20 SCO 31	24 AQU 37	25 TAU 25	28 LEO 43
15	21 TAU 24	25 LEO 31	23 SCO 33	27 AQU 39	28 TAU 26	1 VIR 43
16	24 TAU 26	28 LEO 33	26 SCO 35	0 PIS 41	1 GEM 27	4 VIR 43
17	27 TAU 29	1 VIR 35	29 SCO 37	3 PIS 43	4 GEM 28	7 VIR 44
18	0 GEM 31	4 VIR 37	2 SAG 39	6 PIS 45	7 GEM 29	10 VIR 44
19	3 GEM 33	7 VIR 39	5 SAG 41	9 PIS 47	10 GEM 30	13 VIR 44
20	6 GEM 35	10 VIR 42	8 SAG 43	12 PIS 50	13 GEM 31	16 VIR 44
21	9 GEM 37	13 VIR 44	11 SAG 46	15 PIS 52	16 GEM 32	19 VIR 44
22	12 GEM 39	16 VIR 46	14 SAG 48	18 PIS 54	19 GEM 33	22 VIR 44
23	15 GEM 42	19 VIR 48	17 SAG 50	21 PIS 56	22 GEM 34	25 VIR 44
24	18 GEM 44	22 VIR 50	20 SAG 52	24 PIS 58	25 GEM 35	28 VIR 44
25	21 GEM 46	25 VIR 52	23 SAG 54	28 PIS 00	28 GEM 35	1 LIB 44
26	24 GEM 48	28 VIR 54	26 SAG 56	1 ARI 02	1 CAN 36	4 LIB 44
27	27 GEM 50	1 LIB 57	29 SAG 58	4 ARI 04	4 CAN 37	7 LIB 45
28	0 CAN 52	4 LIB 59	3 CAP 00	7 ARI 07	7 CAN 38	10 LIB 45
29	3 CAN 55	8 LIB 01	6 CAP 03	10 ARI 09	10 CAN 39	13 LIB 45
30	6 CAN 57		9 CAP 05	13 ARI 11	13 CAN 40	16 LIB 45
31	9 CAN 59		12 CAP 07		16 CAN 41	

LILITH EPHEMERIS 1952

DAY	JUL	AUG	SEP	OCT	NOV	DEC
1	19 LIB 45	22 CAP 49	25 ARI 53	25 CAN 57	29 LIB 01	29 CAP 58
2	22 LIB 45	25 CAP 49	28 ARI 53	28 CAN 57	2 SCO 03	3 AQU 00
3	25 LIB 45	28 CAP 49	1 TAU 53	1 LEO 57	5 SCO 05	6 AQU 03
4	28 LIB 45	1 AQU 49	4 TAU 53	4 LEO 57	8 SCO 07	9 AQU 05
5	1 SCO 46	4 AQU 50	7 TAU 54	7 LEO 58	11 SCO 09	12 AQU 07
6	4 SCO 46	7 AQU 50	10 TAU 54	10 LEO 58	14 SCO 11	15 AQU 09
7	7 SCO 46	10 AQU 50	13 TAU 54	13 LEO 58	17 SCO 12	18 AQU 12
8	10 SCO 46	13 AQU 50	16 TAU 54	16 LEO 58	20 SCO 14	21 AQU 14
9	13 SCO 46	16 AQU 50	19 TAU 54	19 LEO 58	23 SCO 16	24 AQU 16
10	16 SCO 46	19 AQU 50	22 TAU 54	22 LEO 58	26 SCO 18	27 AQU 19
11	19 SCO 46	22 AQU 50	25 TAU 54	25 LEO 58	29 SCO 20	0 PIS 21
12	22 SCO 46	25 AQU 50	28 TAU 54	28 LEO 58	2 SAG 22	3 PIS 23
13	25 SCO 47	28 AQU 51	1 GEM 55	1 VIR 59	5 SAG 24	6 PIS 25
14	28 SCO 47	1 PIS 51	4 GEM 55	4 VIR 59	8 SAG 26	9 PIS 28
15	1 SAG 47	4 PIS 51	7 GEM 55	7 VIR 59	11 SAG 28	12 PIS 30
16	4 SAG 47	7 PIS 51	10 GEM 55	10 VIR 59	14 SAG 30	15 PIS 32
17	7 SAG 47	10 PIS 51	13 GEM 55	13 VIR 59	17 SAG 31	18 PIS 35
18	10 SAG 47	13 PIS 51	16 GEM 55	16 VIR 59	20 SAG 33	21 PIS 37
19	13 SAG 47	16 PIS 51	19 GEM 55	19 VIR 59	23 SAG 35	24 PIS 39
20	16 SAG 47	19 PIS 51	22 GEM 56	22 VIR 59	26 SAG 37	27 PIS 42
21	19 SAG 48	22 PIS 52	25 GEM 56	25 VIR 60	29 SAG 39	0 ARI 44
22	22 SAG 48	25 PIS 52	28 GEM 56	28 VIR 60	2 CAP 41	3 ARI 46
23	25 SAG 48	28 PIS 52	1 CAN 56	1 LIB 60	5 CAP 43	6 ARI 48
24	28 SAG 48	1 ARI 52	4 CAN 56	4 LIB 60	8 CAP 45	9 ARI 51
25	1 CAP 48	4 ARI 52	7 CAN 56	8 LIB 00	11 CAP 47	12 ARI 53
26	4 CAP 48	7 ARI 52	10 CAN 56	11 LIB 00	14 CAP 49	15 ARI 55
27	7 CAP 48	10 ARI 52	13 CAN 56	14 LIB 00	17 CAP 50	18 ARI 58
28	10 CAP 48	13 ARI 52	16 CAN 57	17 LIB 00	20 CAP 52	21 ARI 60
29	13 CAP 49	16 ARI 53	19 CAN 57	20 LIB 01	23 CAP 54	25 ARI 02
30	16 CAP 49	19 ARI 53	22 CAN 57	23 LIB 01	26 CAP 56	28 ARI 04
31	19 CAP 49	22 ARI 53		26 LIB 01		1 TAU 07

1953 LILITH EPHEMERIS

DAY	JAN	FEB	MAR	APR	MAY	JUN
1	4 TAU 09	8 LEO 20	3 SCO 24	7 AQU 35	8 TAU 44	11 LEO 47
2	7 TAU 11	11 LEO 22	6 SCO 26	10 AQU 37	11 TAU 44	14 LEO 47
3	10 TAU 14	14 LEO 25	9 SCO 29	13 AQU 40	14 TAU 44	17 LEO 47
4	13 TAU 16	17 LEO 27	12 SCO 31	16 AQU 42	17 TAU 44	20 LEO 47
5	16 TAU 18	20 LEO 29	15 SCO 33	19 AQU 44	20 TAU 44	23 LEO 47
6	19 TAU 20	23 LEO 31	18 SCO 35	22 AQU 47	23 TAU 44	26 LEO 47
7	22 TAU 23	26 LEO 34	21 SCO 38	25 AQU 49	26 TAU 45	29 LEO 47
8	25 TAU 25	29 LEO 36	24 SCO 40	28 AQU 51	29 TAU 45	2 VIR 47
9	28 TAU 27	2 VIR 38	27 SCO 42	1 PIS 53	2 GEM 45	5 VIR 47
10	1 GEM 30	5 VIR 41	0 SAG 45	4 PIS 56	5 GEM 45	8 VIR 47
11	4 GEM 32	8 VIR 43	3 SAG 47	7 PIS 58	8 GEM 45	11 VIR 47
12	7 GEM 34	11 VIR 45	6 SAG 49	11 PIS 00	11 GEM 45	14 VIR 47
13	10 GEM 36	14 VIR 47	9 SAG 51	14 PIS 03	14 GEM 45	17 VIR 47
14	13 GEM 39	17 VIR 50	12 SAG 54	17 PIS 05	17 GEM 45	20 VIR 47
15	16 GEM 41	20 VIR 52	15 SAG 56	20 PIS 07	20 GEM 45	23 VIR 47
16	19 GEM 43	23 VIR 54	18 SAG 58	23 PIS 10	23 GEM 45	26 VIR 47
17	22 GEM 46	26 VIR 57	22 SAG 01	26 PIS 12	26 GEM 46	29 VIR 47
18	25 GEM 48	29 VIR 59	25 SAG 03	29 PIS 14	29 GEM 46	2 LIB 47
19	28 GEM 50	3 LIB 01	28 SAG 05	2 ARI 16	2 CAN 46	5 LIB 47
20	1 CAN 53	6 LIB 03	1 CAP 08	5 ARI 19	5 CAN 46	8 LIB 47
21	4 CAN 55	9 LIB 06	4 CAP 10	8 ARI 21	8 CAN 46	11 LIB 47
22	7 CAN 57	12 LIB 08	7 CAP 12	11 ARI 23	11 CAN 46	14 LIB 47
23	10 CAN 59	15 LIB 10	10 CAP 14	14 ARI 26	14 CAN 46	17 LIB 47
24	14 CAN 02	18 LIB 13	13 CAP 17	17 ARI 28	17 CAN 46	20 LIB 47
25	17 CAN 04	21 LIB 15	16 CAP 19	20 ARI 30	20 CAN 46	23 LIB 47
26	20 CAN 06	24 LIB 17	19 CAP 21	23 ARI 33	23 CAN 46	26 LIB 47
27	23 CAN 09	27 LIB 19	22 CAP 24	26 ARI 35	26 CAN 47	29 LIB 47
28	26 CAN 11	0 SCO 22	25 CAP 26	29 ARI 37	29 CAN 47	2 SCO 47
29	29 CAN 13		28 CAP 28	2 TAU 39	2 LEO 47	5 SCO 47
30	2 LEO 15		1 AQU 30	5 TAU 42	5 LEO 47	8 SCO 47
31	5 LEO 18		4 AQU 33		8 LEO 47	

114

LILITH EPHEMERIS 1953

DAY	JUL	AUG	SEP	OCT	NOV	DEC
1	11 SCO 47	14 AQU 47	17 TAU 47	17 LEO 47	21 SCO 01	22 AQU 13
2	14 SCO 47	17 AQU 47	20 TAU 47	20 LEO 47	24 SCO 03	25 AQU 15
3	17 SCO 47	20 AQU 47	23 TAU 47	23 LEO 48	27 SCO 06	28 AQU 18
4	20 SCO 47	23 AQU 47	26 TAU 47	26 LEO 48	0 SAG 08	1 PIS 20
5	23 SCO 47	26 AQU 47	29 TAU 47	29 LEO 49	3 SAG 11	4 PIS 23
6	26 SCO 47	29 AQU 47	2 GEM 47	2 VIR 49	6 SAG 13	7 PIS 25
7	29 SCO 47	2 PIS 47	5 GEM 47	5 VIR 50	9 SAG 15	10 PIS 27
8	2 SAG 47	5 PIS 47	8 GEM 47	8 VIR 50	12 SAG 18	13 PIS 30
9	5 SAG 47	8 PIS 47	11 GEM 47	11 VIR 51	15 SAG 20	16 PIS 32
10	8 SAG 47	11 PIS 47	14 GEM 47	14 VIR 51	18 SAG 23	19 PIS 34
11	11 SAG 47	14 PIS 47	17 GEM 47	17 VIR 52	21 SAG 25	22 PIS 37
12	14 SAG 47	17 PIS 47	20 GEM 47	20 VIR 52	24 SAG 27	25 PIS 39
13	17 SAG 47	20 PIS 47	23 GEM 47	23 VIR 52	27 SAG 30	28 PIS 42
14	20 SAG 47	23 PIS 47	26 GEM 47	26 VIR 53	0 CAP 32	1 ARI 44
15	23 SAG 47	26 PIS 47	29 GEM 47	29 VIR 53	3 CAP 35	4 ARI 46
16	26 SAG 47	29 PIS 47	2 CAN 47	2 LIB 54	6 CAP 37	7 ARI 49
17	29 SAG 47	2 ARI 47	5 CAN 47	5 LIB 54	9 CAP 39	10 ARI 51
18	2 CAP 47	5 ARI 47	8 CAN 47	8 LIB 55	12 CAP 42	13 ARI 54
19	5 CAP 47	8 ARI 47	11 CAN 47	11 LIB 55	15 CAP 44	16 ARI 56
20	8 CAP 47	11 ARI 47	14 CAN 47	14 LIB 56	18 CAP 47	19 ARI 58
21	11 CAP 47	14 ARI 47	17 CAN 47	17 LIB 56	21 CAP 49	23 ARI 01
22	14 CAP 47	17 ARI 47	20 CAN 47	20 LIB 56	24 CAP 51	26 ARI 03
23	17 CAP 47	20 ARI 47	23 CAN 47	23 LIB 57	27 CAP 54	29 ARI 06
24	20 CAP 47	23 ARI 47	26 CAN 47	26 LIB 57	0 AQU 56	2 TAU 08
25	23 CAP 47	26 ARI 47	29 CAN 47	29 LIB 58	3 AQU 59	5 TAU 10
26	26 CAP 47	29 ARI 47	2 LEO 47	2 SCO 58	7 AQU 01	8 TAU 13
27	29 CAP 47	2 TAU 47	5 LEO 47	5 SCO 59	10 AQU 03	11 TAU 15
28	2 AQU 47	5 TAU 47	8 LEO 47	8 SCO 59	13 AQU 06	14 TAU 17
29	5 AQU 47	8 TAU 47	11 LEO 47	11 SCO 60	16 AQU 08	17 TAU 20
30	8 AQU 47	11 TAU 47	14 LEO 47	15 SCO 00	19 AQU 11	20 TAU 22
31	11 AQU 47	14 TAU 47		18 SCO 01		23 TAU 25

115

1954					LILITH EPHEMERIS

DAY	JAN	FEB	MAR	APR	MAY	JUN
1	26 TAU 27	0 VIR 41	25 SCO 48	0 PIS 03	0 GEM 50	3 VIR 47
2	29 TAU 29	3 VIR 43	28 SCO 50	3 PIS 05	3 GEM 50	6 VIR 47
3	2 GEM 32	6 VIR 46	1 SAG 53	6 PIS 06	6 GEM 50	9 VIR 47
4	5 GEM 34	9 VIR 48	4 SAG 55	9 PIS 08	9 GEM 50	12 VIR 47
5	8 GEM 37	12 VIR 51	7 SAG 58	12 PIS 09	12 GEM 50	15 VIR 47
6	11 GEM 39	15 VIR 53	11 SAG 00	15 PIS 11	15 GEM 50	18 VIR 47
7	14 GEM 41	18 VIR 55	14 SAG 03	18 PIS 12	18 GEM 49	21 VIR 47
8	17 GEM 44	21 VIR 58	17 SAG 05	21 PIS 14	21 GEM 49	24 VIR 47
9	20 GEM 46	25 VIR 00	20 SAG 07	24 PIS 16	24 GEM 49	27 VIR 46
10	23 GEM 48	28 VIR 03	23 SAG 10	27 PIS 17	27 GEM 49	0 LIB 46
11	26 GEM 51	1 LIB 05	26 SAG 12	0 ARI 19	0 CAN 49	3 LIB 46
12	29 GEM 53	4 LIB 07	29 SAG 15	3 ARI 20	3 CAN 49	6 LIB 46
13	2 CAN 56	7 LIB 10	2 CAP 17	6 ARI 22	6 CAN 49	9 LIB 46
14	5 CAN 58	10 LIB 12	5 CAP 19	9 ARI 23	9 CAN 49	12 LIB 46
15	9 CAN 00	13 LIB 14	8 CAP 22	12 ARI 25	12 CAN 49	15 LIB 46
16	12 CAN 03	16 LIB 17	11 CAP 24	15 ARI 26	15 CAN 48	18 LIB 46
17	15 CAN 05	19 LIB 19	14 CAP 27	18 ARI 28	18 CAN 48	21 LIB 46
18	18 CAN 08	22 LIB 22	17 CAP 29	21 ARI 30	21 CAN 48	24 LIB 46
19	21 CAN 10	25 LIB 24	20 CAP 32	24 ARI 31	24 CAN 48	27 LIB 46
20	24 CAN 12	28 LIB 26	23 CAP 34	27 ARI 33	27 CAN 48	0 SCO 46
21	27 CAN 15	1 SCO 29	26 CAP 36	0 TAU 34	0 LEO 48	3 SCO 46
22	0 LEO 17	4 SCO 31	29 CAP 39	3 TAU 36	3 LEO 48	6 SCO 46
23	3 LEO 20	7 SCO 34	2 AQU 41	6 TAU 37	6 LEO 48	9 SCO 46
24	6 LEO 22	10 SCO 36	5 AQU 44	9 TAU 39	9 LEO 48	12 SCO 45
25	9 LEO 24	13 SCO 38	8 AQU 46	12 TAU 41	12 LEO 48	15 SCO 45
26	12 LEO 27	16 SCO 41	11 AQU 48	15 TAU 42	15 LEO 48	18 SCO 45
27	15 LEO 29	19 SCO 43	14 AQU 51	18 TAU 44	18 LEO 47	21 SCO 45
28	18 LEO 31	22 SCO 46	17 AQU 53	21 TAU 45	21 LEO 47	24 SCO 45
29	21 LEO 34		20 AQU 56	24 TAU 47	24 LEO 47	27 SCO 45
30	24 LEO 36		23 AQU 58	27 TAU 48	27 LEO 47	0 SAG 45
31	27 LEO 39		27 AQU 01		0 VIR 47	

LILITH EPHEMERIS 1954

DAY	JUL	AUG	SEP	OCT	NOV	DEC
1	3 SAG 45	6 PIS 42	9 GEM 40	9 VIR 37	13 SAG 17	14 PIS 31
2	6 SAG 45	9 PIS 42	12 GEM 40	12 VIR 38	16 SAG 19	17 PIS 33
3	9 SAG 45	12 PIS 42	15 GEM 40	15 VIR 40	19 SAG 22	20 PIS 36
4	12 SAG 45	15 PIS 42	18 GEM 40	18 VIR 41	22 SAG 24	23 PIS 38
5	15 SAG 45	18 PIS 42	21 GEM 40	21 VIR 42	25 SAG 27	26 PIS 41
6	18 SAG 45	21 PIS 42	24 GEM 39	24 VIR 43	28 SAG 29	29 PIS 43
7	21 SAG 44	24 PIS 42	27 GEM 39	27 VIR 45	1 CAP 32	2 ARI 46
8	24 SAG 44	27 PIS 42	0 CAN 39	0 LIB 46	4 CAP 34	5 ARI 48
9	27 SAG 44	0 ARI 41	3 CAN 39	3 LIB 47	7 CAP 37	8 ARI 51
10	0 CAP 44	3 ARI 41	6 CAN 39	6 LIB 49	10 CAP 39	11 ARI 53
11	3 CAP 44	6 ARI 41	9 CAN 39	9 LIB 50	13 CAP 42	14 ARI 56
12	6 CAP 44	9 ARI 41	12 CAN 39	12 LIB 51	16 CAP 44	17 ARI 58
13	9 CAP 44	12 ARI 41	15 CAN 39	15 LIB 52	19 CAP 47	21 ARI 00
14	12 CAP 44	15 ARI 41	18 CAN 39	18 LIB 54	22 CAP 49	24 ARI 03
15	15 CAP 44	18 ARI 41	21 CAN 39	21 LIB 55	25 CAP 52	27 ARI 05
16	18 CAP 44	21 ARI 41	24 CAN 38	24 LIB 56	28 CAP 54	0 TAU 08
17	21 CAP 43	24 ARI 41	27 CAN 38	27 LIB 58	1 AQU 56	3 TAU 10
18	24 CAP 43	27 ARI 41	0 LEO 38	0 SCO 59	4 AQU 59	6 TAU 13
19	27 CAP 43	0 TAU 41	3 LEO 38	4 SCO 00	8 AQU 01	9 TAU 15
20	0 AQU 43	3 TAU 41	6 LEO 38	7 SCO 02	11 AQU 04	12 TAU 18
21	3 AQU 43	6 TAU 41	9 LEO 38	10 SCO 03	14 AQU 06	15 TAU 20
22	6 AQU 43	9 TAU 41	12 LEO 38	13 SCO 04	17 AQU 09	18 TAU 22
23	9 AQU 43	12 TAU 41	15 LEO 38	16 SCO 05	20 AQU 11	21 TAU 25
24	12 AQU 43	15 TAU 41	18 LEO 38	19 SCO 07	23 AQU 14	24 TAU 27
25	15 AQU 43	18 TAU 40	21 LEO 38	22 SCO 08	26 AQU 16	27 TAU 30
26	18 AQU 43	21 TAU 40	24 LEO 37	25 SCO 09	29 AQU 19	0 GEM 32
27	21 AQU 42	24 TAU 40	27 LEO 37	28 SCO 11	2 PIS 21	3 GEM 35
28	24 AQU 42	27 TAU 40	0 VIR 37	1 SAG 12	5 PIS 24	6 GEM 37
29	27 AQU 42	0 GEM 40	3 VIR 37	4 SAG 13	8 PIS 26	9 GEM 40
30	0 PIS 42	3 GEM 40	6 VIR 37	7 SAG 14	11 PIS 29	12 GEM 42
31	3 PIS 42	6 GEM 40		10 SAG 16		15 GEM 45

1955 LILITH EPHEMERIS

DAY	JAN	FEB	MAR	APR	MAY	JUN
1	18 GEM 47	23 VIR 03	18 SAG 12	22 PIS 28	22 GEM 48	25 VIR 45
2	21 GEM 49	26 VIR 05	21 SAG 14	25 PIS 29	25 GEM 48	28 VIR 45
3	24 GEM 52	29 VIR 08	24 SAG 17	28 PIS 29	28 GEM 48	1 LIB 45
4	27 GEM 54	2 LIB 10	27 SAG 19	1 ARI 30	1 CAN 48	4 LIB 45
5	0 CAN 57	5 LIB 13	0 CAP 22	4 ARI 31	4 CAN 48	7 LIB 44
6	3 CAN 59	8 LIB 15	3 CAP 24	7 ARI 31	7 CAN 48	10 LIB 44
7	7 CAN 02	11 LIB 18	6 CAP 27	10 ARI 32	10 CAN 47	13 LIB 44
8	10 CAN 04	14 LIB 20	9 CAP 29	13 ARI 33	13 CAN 47	16 LIB 44
9	13 CAN 07	17 LIB 23	12 CAP 32	16 ARI 33	16 CAN 47	19 LIB 44
10	16 CAN 09	20 LIB 25	15 CAP 34	19 ARI 34	19 CAN 47	22 LIB 44
11	19 CAN 12	23 LIB 28	18 CAP 37	22 ARI 35	22 CAN 47	25 LIB 44
12	22 CAN 14	26 LIB 30	21 CAP 39	25 ARI 35	25 CAN 47	28 LIB 44
13	25 CAN 16	29 LIB 33	24 CAP 41	28 ARI 36	28 CAN 47	1 SCO 43
14	28 CAN 19	2 SCO 35	27 CAP 44	1 TAU 37	1 LEO 47	4 SCO 43
15	1 LEO 21	5 SCO 38	0 AQU 46	4 TAU 37	4 LEO 47	7 SCO 43
16	4 LEO 24	8 SCO 40	3 AQU 49	7 TAU 38	7 LEO 47	10 SCO 43
17	7 LEO 26	11 SCO 42	6 AQU 51	10 TAU 39	10 LEO 46	13 SCO 43
18	10 LEO 29	14 SCO 45	9 AQU 54	13 TAU 39	13 LEO 46	16 SCO 43
19	13 LEO 31	17 SCO 47	12 AQU 56	16 TAU 40	16 LEO 46	19 SCO 43
20	16 LEO 34	20 SCO 50	15 AQU 59	19 TAU 41	19 LEO 46	22 SCO 42
21	19 LEO 36	23 SCO 52	19 AQU 01	22 TAU 41	22 LEO 46	25 SCO 42
22	22 LEO 38	26 SCO 55	22 AQU 03	25 TAU 42	25 LEO 46	28 SCO 42
23	25 LEO 41	29 SCO 57	25 AQU 06	28 TAU 43	28 LEO 46	1 SAG 42
24	28 LEO 43	2 SAG 60	28 AQU 08	1 GEM 43	1 VIR 46	4 SAG 42
25	1 VIR 46	6 SAG 02	1 PIS 11	4 GEM 44	4 VIR 46	7 SAG 42
26	4 VIR 48	9 SAG 05	4 PIS 13	7 GEM 45	7 VIR 46	10 SAG 42
27	7 VIR 51	12 SAG 07	7 PIS 16	10 GEM 45	10 VIR 45	13 SAG 42
28	10 VIR 53	15 SAG 10	10 PIS 18	13 GEM 46	13 VIR 45	16 SAG 41
29	13 VIR 56		13 PIS 21	16 GEM 47	16 VIR 45	19 SAG 41
30	16 VIR 58		16 PIS 23	19 GEM 47	19 VIR 45	22 SAG 41
31	20 VIR 01		19 PIS 26		22 VIR 45	

118

LILITH EPHEMERIS 1955

DAY	JUL	AUG	SEP	OCT	NOV	DEC
1	25 SAG 41	28 PIS 37	1 CAN 33	1 LIB 30	5 CAP 38	6 ARI 52
2	28 SAG 41	1 ARI 37	4 CAN 33	4 LIB 32	8 CAP 40	9 ARI 54
3	1 CAP 41	4 ARI 37	7 CAN 33	7 LIB 34	11 CAP 43	12 ARI 57
4	4 CAP 41	7 ARI 37	10 CAN 33	10 LIB 37	14 CAP 45	15 ARI 59
5	7 CAP 40	10 ARI 36	13 CAN 33	13 LIB 39	17 CAP 48	19 ARI 02
6	10 CAP 40	13 ARI 36	16 CAN 32	16 LIB 41	20 CAP 50	22 ARI 04
7	13 CAP 40	16 ARI 36	19 CAN 32	19 LIB 43	23 CAP 53	25 ARI 07
8	16 CAP 40	19 ARI 36	22 CAN 32	22 LIB 45	26 CAP 55	28 ARI 09
9	19 CAP 40	22 ARI 36	25 CAN 32	25 LIB 48	29 CAP 58	1 TAU 12
10	22 CAP 40	25 ARI 36	28 CAN 32	28 LIB 50	3 AQU 00	4 TAU 14
11	25 CAP 40	28 ARI 36	1 LEO 32	1 SCO 52	6 AQU 03	7 TAU 17
12	28 CAP 40	1 TAU 36	4 LEO 32	4 SCO 54	9 AQU 05	10 TAU 19
13	1 AQU 39	4 TAU 35	7 LEO 32	7 SCO 56	12 AQU 08	13 TAU 22
14	4 AQU 39	7 TAU 35	10 LEO 32	10 SCO 59	15 AQU 10	16 TAU 24
15	7 AQU 39	10 TAU 35	13 LEO 32	14 SCO 01	18 AQU 13	19 TAU 27
16	10 AQU 39	13 TAU 35	16 LEO 31	17 SCO 03	21 AQU 15	22 TAU 29
17	13 AQU 39	16 TAU 35	19 LEO 31	20 SCO 05	24 AQU 17	25 TAU 32
18	16 AQU 39	19 TAU 35	22 LEO 31	23 SCO 07	27 AQU 20	28 TAU 34
19	19 AQU 39	22 TAU 35	25 LEO 31	26 SCO 09	0 PIS 22	1 GEM 37
20	22 AQU 39	25 TAU 35	28 LEO 31	29 SCO 12	3 PIS 25	4 GEM 39
21	25 AQU 38	28 TAU 34	1 VIR 31	2 SAG 14	6 PIS 27	7 GEM 42
22	28 AQU 38	1 GEM 34	4 VIR 31	5 SAG 16	9 PIS 30	10 GEM 44
23	1 PIS 38	4 GEM 34	7 VIR 31	8 SAG 18	12 PIS 32	13 GEM 47
24	4 PIS 38	7 GEM 34	10 VIR 31	11 SAG 20	15 PIS 35	16 GEM 49
25	7 PIS 38	10 GEM 34	13 VIR 31	14 SAG 23	18 PIS 37	19 GEM 52
26	10 PIS 38	13 GEM 34	16 VIR 31	17 SAG 25	21 PIS 40	22 GEM 54
27	13 PIS 38	16 GEM 34	19 VIR 30	20 SAG 27	24 PIS 42	25 GEM 57
28	16 PIS 38	19 GEM 34	22 VIR 30	23 SAG 29	27 PIS 45	28 GEM 59
29	19 PIS 37	22 GEM 33	25 VIR 30	26 SAG 31	0 ARI 47	2 CAN 02
30	22 PIS 37	25 GEM 33	28 VIR 30	29 SAG 34	3 ARI 50	5 CAN 04
31	25 PIS 37	28 GEM 33		2 CAP 36		8 CAN 07

1956   LILITH EPHEMERIS

DAY	JAN	FEB	MAR	APR	MAY	JUN
1	11 CAN 09	15 LIB 26	13 CAP 37	17 ARI 46	17 CAN 43	20 LIB 39
2	14 CAN 11	18 LIB 28	16 CAP 39	20 ARI 46	20 CAN 43	23 LIB 39
3	17 CAN 14	21 LIB 31	19 CAP 41	23 ARI 46	23 CAN 43	26 LIB 39
4	20 CAN 16	24 LIB 33	22 CAP 44	26 ARI 46	26 CAN 43	29 LIB 39
5	23 CAN 19	27 LIB 36	25 CAP 46	29 ARI 46	29 CAN 42	2 SCO 39
6	26 CAN 21	0 SCO 38	28 CAP 48	2 TAU 46	2 LEO 42	5 SCO 39
7	29 CAN 24	3 SCO 41	1 AQU 50	5 TAU 45	5 LEO 42	8 SCO 38
8	2 LEO 26	6 SCO 43	4 AQU 53	8 TAU 45	8 LEO 42	11 SCO 38
9	5 LEO 29	9 SCO 46	7 AQU 55	11 TAU 45	11 LEO 42	14 SCO 38
10	8 LEO 31	12 SCO 48	10 AQU 57	14 TAU 45	14 LEO 42	17 SCO 38
11	11 LEO 34	15 SCO 50	13 AQU 59	17 TAU 45	17 LEO 42	20 SCO 38
12	14 LEO 36	18 SCO 53	17 AQU 01	20 TAU 45	20 LEO 42	23 SCO 38
13	17 LEO 39	21 SCO 55	20 AQU 04	23 TAU 45	23 LEO 41	26 SCO 38
14	20 LEO 41	24 SCO 58	23 AQU 06	26 TAU 45	26 LEO 41	29 SCO 38
15	23 LEO 44	28 SCO 00	26 AQU 08	29 TAU 45	29 LEO 41	2 SAG 38
16	26 LEO 46	1 SAG 03	29 AQU 10	2 GEM 44	2 VIR 41	5 SAG 38
17	29 LEO 49	4 SAG 05	2 PIS 13	5 GEM 44	5 VIR 41	8 SAG 37
18	2 VIR 51	7 SAG 08	5 PIS 15	8 GEM 44	8 VIR 41	11 SAG 37
19	5 VIR 54	10 SAG 10	8 PIS 17	11 GEM 44	11 VIR 41	14 SAG 37
20	8 VIR 56	13 SAG 13	11 PIS 19	14 GEM 44	14 VIR 41	17 SAG 37
21	11 VIR 59	16 SAG 15	14 PIS 22	17 GEM 44	17 VIR 40	20 SAG 37
22	15 VIR 01	19 SAG 17	17 PIS 24	20 GEM 44	20 VIR 40	23 SAG 37
23	18 VIR 04	22 SAG 20	20 PIS 26	23 GEM 44	23 VIR 40	26 SAG 37
24	21 VIR 06	25 SAG 22	23 PIS 28	26 GEM 44	26 VIR 40	29 SAG 37
25	24 VIR 09	28 SAG 25	26 PIS 30	29 GEM 44	29 VIR 40	2 CAP 37
26	27 VIR 11	1 CAP 27	29 PIS 33	2 CAN 43	2 LIB 40	5 CAP 37
27	0 LIB 14	4 CAP 30	2 ARI 35	5 CAN 43	5 LIB 40	8 CAP 36
28	3 LIB 16	7 CAP 32	5 ARI 37	8 CAN 43	8 LIB 40	11 CAP 36
29	6 LIB 19	10 CAP 35	8 ARI 39	11 CAN 43	11 LIB 39	14 CAP 36
30	9 LIB 21		11 ARI 42	14 CAN 43	14 LIB 39	17 CAP 36
31	12 LIB 24		14 ARI 44		17 LIB 39	

120

LILITH EPHEMERIS 1956

DAY	JUL	AUG	SEP	OCT	NOV	DEC
1	20 CAP 36	23 ARI 32	26 CAN 29	26 LIB 49	1 AQU 04	2 TAU 17
2	23 CAP 36	26 ARI 32	29 CAN 30	29 LIB 51	4 AQU 06	5 TAU 19
3	26 CAP 36	29 ARI 32	2 LEO 30	2 SCO 54	7 AQU 09	8 TAU 22
4	29 CAP 36	2 TAU 32	5 LEO 31	5 SCO 56	10 AQU 11	11 TAU 24
5	2 AQU 35	5 TAU 32	8 LEO 32	8 SCO 59	13 AQU 14	14 TAU 27
6	5 AQU 35	8 TAU 32	11 LEO 32	12 SCO 01	16 AQU 16	17 TAU 29
7	8 AQU 35	11 TAU 31	14 LEO 33	15 SCO 04	19 AQU 19	20 TAU 32
8	11 AQU 35	14 TAU 31	17 LEO 34	18 SCO 06	22 AQU 21	23 TAU 34
9	14 AQU 35	17 TAU 31	20 LEO 34	21 SCO 08	25 AQU 23	26 TAU 36
10	17 AQU 35	20 TAU 31	23 LEO 35	24 SCO 11	28 AQU 26	29 TAU 39
11	20 AQU 35	23 TAU 31	26 LEO 36	27 SCO 13	1 PIS 28	2 GEM 41
12	23 AQU 35	26 TAU 31	29 LEO 36	0 SAG 16	4 PIS 31	5 GEM 44
13	26 AQU 34	29 TAU 31	2 VIR 37	3 SAG 18	7 PIS 33	8 GEM 46
14	29 AQU 34	2 GEM 31	5 VIR 38	6 SAG 20	10 PIS 36	11 GEM 48
15	2 PIS 34	5 GEM 31	8 VIR 38	9 SAG 23	13 PIS 38	14 GEM 51
16	5 PIS 34	8 GEM 31	11 VIR 39	12 SAG 25	16 PIS 41	17 GEM 53
17	8 PIS 34	11 GEM 31	14 VIR 39	15 SAG 28	19 PIS 43	20 GEM 56
18	11 PIS 34	14 GEM 30	17 VIR 40	18 SAG 30	22 PIS 45	23 GEM 58
19	14 PIS 34	17 GEM 30	20 VIR 41	21 SAG 33	25 PIS 48	27 GEM 01
20	17 PIS 34	20 GEM 30	23 VIR 42	24 SAG 35	28 PIS 50	0 CAN 03
21	20 PIS 33	23 GEM 30	26 VIR 42	27 SAG 37	1 ARI 53	3 CAN 05
22	23 PIS 33	26 GEM 30	29 VIR 43	0 CAP 40	4 ARI 55	6 CAN 08
23	26 PIS 33	29 GEM 30	2 LIB 44	3 CAP 42	7 ARI 58	9 CAN 10
24	29 PIS 33	2 CAN 30	5 LIB 44	6 CAP 45	10 ARI 60	12 CAN 13
25	2 ARI 33	5 CAN 30	8 LIB 45	9 CAP 47	14 ARI 02	15 CAN 15
26	5 ARI 33	8 CAN 30	11 LIB 46	12 CAP 49	17 ARI 05	18 CAN 17
27	8 ARI 33	11 CAN 29	14 LIB 46	15 CAP 52	20 ARI 07	21 CAN 20
28	11 ARI 33	14 CAN 29	17 LIB 47	18 CAP 54	23 ARI 10	24 CAN 22
29	14 ARI 32	17 CAN 29	20 LIB 48	21 CAP 57	26 ARI 12	27 CAN 25
30	17 ARI 32	20 CAN 29	23 LIB 48	24 CAP 59	29 ARI 15	0 LEO 27
31	20 ARI 32	23 CAN 29		28 CAP 02		3 LEO 30

1957   LILITH EPHEMERIS

DAY	JAN	FEB	MAR	APR	MAY	JUN
1	6 LEO 32	10 SCO 48	5 AQU 56	9 TAU 37	9 LEO 35	12 SCO 34
2	9 LEO 34	13 SCO 50	8 AQU 57	12 TAU 37	12 LEO 35	15 SCO 34
3	12 LEO 37	16 SCO 53	11 AQU 59	15 TAU 37	15 LEO 35	18 SCO 34
4	15 LEO 39	19 SCO 55	14 AQU 60	18 TAU 37	18 LEO 35	21 SCO 34
5	18 LEO 42	22 SCO 58	18 AQU 01	21 TAU 37	21 LEO 35	24 SCO 34
6	21 LEO 44	26 SCO 00	21 AQU 03	24 TAU 37	24 LEO 35	27 SCO 34
7	24 LEO 47	29 SCO 03	24 AQU 04	27 TAU 37	27 LEO 35	0 SAG 34
8	27 LEO 49	2 SAG 05	27 AQU 05	0 GEM 37	0 VIR 35	3 SAG 34
9	0 VIR 52	5 SAG 07	0 PIS 07	3 GEM 36	3 VIR 35	6 SAG 33
10	3 VIR 54	8 SAG 10	3 PIS 08	6 GEM 36	6 VIR 35	9 SAG 33
11	6 VIR 57	11 SAG 12	6 PIS 09	9 GEM 36	9 VIR 35	12 SAG 33
12	9 VIR 59	14 SAG 15	9 PIS 11	12 GEM 36	12 VIR 35	15 SAG 33
13	13 VIR 01	17 SAG 17	12 PIS 12	15 GEM 36	15 VIR 35	18 SAG 33
14	16 VIR 04	20 SAG 20	15 PIS 13	18 GEM 36	18 VIR 35	21 SAG 33
15	19 VIR 06	23 SAG 22	18 PIS 15	21 GEM 36	21 VIR 35	24 SAG 33
16	22 VIR 09	26 SAG 24	21 PIS 16	24 GEM 36	24 VIR 35	27 SAG 33
17	25 VIR 11	29 SAG 27	24 PIS 17	27 GEM 36	27 VIR 34	0 CAP 33
18	28 VIR 14	2 CAP 29	27 PIS 18	0 CAN 36	0 LIB 34	3 CAP 33
19	1 LIB 16	5 CAP 32	0 ARI 20	3 CAN 36	3 LIB 34	6 CAP 33
20	4 LIB 19	8 CAP 34	3 ARI 21	6 CAN 36	6 LIB 34	9 CAP 33
21	7 LIB 21	11 CAP 37	6 ARI 22	9 CAN 36	9 LIB 34	12 CAP 33
22	10 LIB 23	14 CAP 39	9 ARI 24	12 CAN 36	12 LIB 34	15 CAP 33
23	13 LIB 26	17 CAP 41	12 ARI 25	15 CAN 36	15 LIB 34	18 CAP 33
24	16 LIB 28	20 CAP 44	15 ARI 26	18 CAN 35	18 LIB 34	21 CAP 32
25	19 LIB 31	23 CAP 46	18 ARI 28	21 CAN 35	21 LIB 34	24 CAP 32
26	22 LIB 33	26 CAP 49	21 ARI 29	24 CAN 35	24 LIB 34	27 CAP 32
27	25 LIB 36	29 CAP 51	24 ARI 30	27 CAN 35	27 LIB 34	0 AQU 32
28	28 LIB 38	2 AQU 54	27 ARI 32	0 LEO 35	0 SCO 34	3 AQU 32
29	1 SCO 41		0 TAU 33	3 LEO 35	3 SCO 34	6 AQU 32
30	4 SCO 43		3 TAU 34	6 LEO 35	6 SCO 34	9 AQU 32
31	7 SCO 46		6 TAU 36		9 SCO 34	

LILITH EPHEMERIS 1957

DAY	JUL	AUG	SEP	OCT	NOV	DEC
1	12 AQU 32	15 TAU 45	18 LEO 44	19 SCO 30	23 AQU 43	24 TAU 54
2	15 AQU 32	18 TAU 45	21 LEO 46	22 SCO 32	26 AQU 45	27 TAU 56
3	18 AQU 33	21 TAU 45	24 LEO 47	25 SCO 35	29 AQU 48	0 GEM 59
4	21 AQU 33	24 TAU 45	27 LEO 49	28 SCO 37	2 PIS 50	4 GEM 01
5	24 AQU 34	27 TAU 45	0 VIR 50	1 SAG 39	5 PIS 52	7 GEM 03
6	27 AQU 34	0 GEM 45	3 VIR 52	4 SAG 42	8 PIS 55	10 GEM 06
7	0 PIS 35	3 GEM 45	6 VIR 53	7 SAG 44	11 PIS 57	13 GEM 08
8	3 PIS 35	6 GEM 45	9 VIR 55	10 SAG 46	14 PIS 60	16 GEM 10
9	6 PIS 35	9 GEM 45	12 VIR 56	13 SAG 49	18 PIS 02	19 GEM 13
10	9 PIS 36	12 GEM 45	15 VIR 58	16 SAG 51	21 PIS 04	22 GEM 15
11	12 PIS 36	15 GEM 45	18 VIR 59	19 SAG 54	24 PIS 07	25 GEM 18
12	15 PIS 37	18 GEM 45	22 VIR 01	22 SAG 56	27 PIS 09	28 GEM 20
13	18 PIS 37	21 GEM 45	25 VIR 02	25 SAG 58	0 ARI 11	1 CAN 22
14	21 PIS 37	24 GEM 45	28 VIR 04	29 SAG 01	3 ARI 14	4 CAN 25
15	24 PIS 38	27 GEM 45	1 LIB 05	2 CAP 03	6 ARI 16	7 CAN 27
16	27 PIS 38	0 CAN 45	4 LIB 07	5 CAP 05	9 ARI 19	10 CAN 29
17	0 ARI 39	3 CAN 44	7 LIB 09	8 CAP 08	12 ARI 21	13 CAN 32
18	3 ARI 39	6 CAN 44	10 LIB 10	11 CAP 10	15 ARI 23	16 CAN 34
19	6 ARI 40	9 CAN 44	13 LIB 12	14 CAP 12	18 ARI 26	19 CAN 36
20	9 ARI 40	12 CAN 44	16 LIB 13	17 CAP 15	21 ARI 28	22 CAN 39
21	12 ARI 40	15 CAN 44	19 LIB 15	20 CAP 17	24 ARI 30	25 CAN 41
22	15 ARI 41	18 CAN 44	22 LIB 16	23 CAP 19	27 ARI 33	28 CAN 43
23	18 ARI 41	21 CAN 44	25 LIB 18	26 CAP 22	0 TAU 35	1 LEO 46
24	21 ARI 42	24 CAN 44	28 LIB 19	29 CAP 24	3 TAU 37	4 LEO 48
25	24 ARI 42	27 CAN 44	1 SCO 21	2 AQU 27	6 TAU 40	7 LEO 51
26	27 ARI 42	0 LEO 44	4 SCO 22	5 AQU 29	9 TAU 42	10 LEO 53
27	0 TAU 43	3 LEO 44	7 SCO 24	8 AQU 31	12 TAU 45	13 LEO 55
28	3 TAU 43	6 LEO 44	10 SCO 25	11 AQU 34	15 TAU 47	16 LEO 58
29	6 TAU 44	9 LEO 44	13 SCO 27	14 AQU 36	18 TAU 49	19 LEO 60
30	9 TAU 44	12 LEO 44	16 SCO 28	17 AQU 38	21 TAU 52	23 LEO 02
31	12 TAU 45	15 LEO 44		20 AQU 41		26 LEO 05

1958　　　　　　　　　　LILITH EPHEMERIS

DAY	JAN	FEB	MAR	APR	MAY	JUN
1	29 LEO 07	3 SAG 20	28 AQU 28	1 GEM 42	1 VIR 44	4 SAG 45
2	2 VIR 09	6 SAG 22	1 PIS 28	4 GEM 42	4 VIR 44	7 SAG 45
3	5 VIR 12	9 SAG 25	4 PIS 29	7 GEM 42	7 VIR 44	10 SAG 45
4	8 VIR 14	12 SAG 27	7 PIS 29	10 GEM 42	10 VIR 44	13 SAG 45
5	11 VIR 16	15 SAG 30	10 PIS 30	13 GEM 42	13 VIR 44	16 SAG 45
6	14 VIR 19	18 SAG 32	13 PIS 30	16 GEM 42	16 VIR 44	19 SAG 45
7	17 VIR 21	21 SAG 35	16 PIS 31	19 GEM 42	19 VIR 44	22 SAG 45
8	20 VIR 23	24 SAG 37	19 PIS 31	22 GEM 42	22 VIR 44	25 SAG 45
9	23 VIR 26	27 SAG 39	22 PIS 32	25 GEM 43	25 VIR 44	28 SAG 45
10	26 VIR 28	0 CAP 42	25 PIS 32	28 GEM 43	28 VIR 44	1 CAP 45
11	29 VIR 31	3 CAP 44	28 PIS 33	1 CAN 43	1 LIB 44	4 CAP 45
12	2 LIB 33	6 CAP 47	1 ARI 33	4 CAN 43	4 LIB 44	7 CAP 45
13	5 LIB 35	9 CAP 49	4 ARI 34	7 CAN 43	7 LIB 44	10 CAP 45
14	8 LIB 38	12 CAP 52	7 ARI 34	10 CAN 43	10 LIB 44	13 CAP 45
15	11 LIB 40	15 CAP 54	10 ARI 35	13 CAN 43	13 LIB 44	16 CAP 45
16	14 LIB 42	18 CAP 56	13 ARI 35	16 CAN 43	16 LIB 44	19 CAP 45
17	17 LIB 45	21 CAP 59	16 ARI 35	19 CAN 43	19 LIB 45	22 CAP 45
18	20 LIB 47	25 CAP 01	19 ARI 36	22 CAN 43	22 LIB 45	25 CAP 46
19	23 LIB 49	28 CAP 04	22 ARI 36	25 CAN 43	25 LIB 45	28 CAP 46
20	26 LIB 52	1 AQU 06	25 ARI 37	28 CAN 43	28 LIB 45	1 AQU 46
21	29 LIB 54	4 AQU 09	28 ARI 37	1 LEO 43	1 SCO 45	4 AQU 46
22	2 SCO 56	7 AQU 11	1 TAU 37	4 LEO 43	4 SCO 45	7 AQU 46
23	5 SCO 59	10 AQU 13	4 TAU 38	7 LEO 43	7 SCO 45	10 AQU 46
24	9 SCO 01	13 AQU 16	7 TAU 38	10 LEO 44	10 SCO 45	13 AQU 46
25	12 SCO 04	16 AQU 18	10 TAU 39	13 LEO 44	13 SCO 45	16 AQU 46
26	15 SCO 06	19 AQU 21	13 TAU 39	16 LEO 44	16 SCO 45	19 AQU 46
27	18 SCO 08	22 AQU 23	16 TAU 40	19 LEO 44	19 SCO 45	22 AQU 46
28	21 SCO 11	25 AQU 26	19 TAU 40	22 LEO 44	22 SCO 45	25 AQU 46
29	24 SCO 13		22 TAU 41	25 LEO 44	25 SCO 45	28 AQU 46
30	27 SCO 15		25 TAU 41	28 LEO 44	28 SCO 45	1 PIS 46
31	0 SAG 18		28 TAU 42		1 SAG 45	

LILITH EPHEMERIS   1958

DAY	JUL	AUG	SEP	OCT	NOV	DEC
1	4 PIS 46	7 GEM 47	10 VIR 50	11 SAG 57	16 PIS 07	17 GEM 13
2	7 PIS 46	10 GEM 47	13 VIR 52	14 SAG 59	19 PIS 09	20 GEM 15
3	10 PIS 46	13 GEM 47	16 VIR 54	18 SAG 02	22 PIS 11	23 GEM 18
4	13 PIS 46	16 GEM 47	19 VIR 57	21 SAG 04	25 PIS 14	26 GEM 20
5	16 PIS 46	19 GEM 47	22 VIR 59	24 SAG 06	28 PIS 16	29 GEM 22
6	19 PIS 46	22 GEM 47	26 VIR 01	27 SAG 08	1 ARI 18	2 CAN 24
7	22 PIS 46	25 GEM 48	29 VIR 03	0 CAP 11	4 ARI 20	5 CAN 27
8	25 PIS 46	28 GEM 48	2 LIB 06	3 CAP 13	7 ARI 22	8 CAN 29
9	28 PIS 46	1 CAN 48	5 LIB 08	6 CAP 15	10 ARI 25	11 CAN 31
10	1 ARI 46	4 CAN 48	8 LIB 10	9 CAP 17	13 ARI 27	14 CAN 34
11	4 ARI 46	7 CAN 48	11 LIB 12	12 CAP 20	16 ARI 29	17 CAN 36
12	7 ARI 46	10 CAN 48	14 LIB 15	15 CAP 22	19 ARI 31	20 CAN 38
13	10 ARI 46	13 CAN 48	17 LIB 17	18 CAP 24	22 ARI 33	23 CAN 40
14	13 ARI 46	16 CAN 48	20 LIB 19	21 CAP 26	25 ARI 36	26 CAN 43
15	16 ARI 46	19 CAN 48	23 LIB 21	24 CAP 29	28 ARI 38	29 CAN 45
16	19 ARI 46	22 CAN 48	26 LIB 24	27 CAP 31	1 TAU 40	2 LEO 47
17	22 ARI 46	25 CAN 49	29 LIB 26	0 AQU 33	4 TAU 42	5 LEO 50
18	25 ARI 47	28 CAN 49	2 SCO 28	3 AQU 35	7 TAU 44	8 LEO 52
19	28 ARI 47	1 LEO 49	5 SCO 30	6 AQU 38	10 TAU 47	11 LEO 54
20	1 TAU 47	4 LEO 49	8 SCO 32	9 AQU 40	13 TAU 49	14 LEO 57
21	4 TAU 47	7 LEO 49	11 SCO 35	12 AQU 42	16 TAU 51	17 LEO 59
22	7 TAU 47	10 LEO 49	14 SCO 37	15 AQU 44	19 TAU 53	21 LEO 01
23	10 TAU 47	13 LEO 49	17 SCO 39	18 AQU 47	22 TAU 55	24 LEO 03
24	13 TAU 47	16 LEO 49	20 SCO 41	21 AQU 49	25 TAU 58	27 LEO 06
25	16 TAU 47	19 LEO 49	23 SCO 44	24 AQU 51	28 TAU 60	0 VIR 08
26	19 TAU 47	22 LEO 49	26 SCO 46	27 AQU 53	2 GEM 02	3 VIR 10
27	22 TAU 47	25 LEO 50	29 SCO 48	0 PIS 56	5 GEM 04	6 VIR 13
28	25 TAU 47	28 LEO 50	2 SAG 50	3 PIS 58	8 GEM 06	9 VIR 15
29	28 TAU 47	1 VIR 50	5 SAG 53	7 PIS 00	11 GEM 09	12 VIR 17
30	1 GEM 47	4 VIR 50	8 SAG 55	10 PIS 02	14 GEM 11	15 VIR 19
31	4 GEM 47	7 VIR 50		13 PIS 05		18 VIR 22

1959 LILITH EPHEMERIS

DAY	JAN	FEB	MAR	APR	MAY	JUN
1	21 VIR 24	25 SAG 33	20 PIS 26	23 GEM 32	23 VIR 37	26 SAG 43
2	24 VIR 26	28 SAG 35	23 PIS 26	26 GEM 32	26 VIR 37	29 SAG 43
3	27 VIR 28	1 CAP 37	26 PIS 26	29 GEM 32	29 VIR 37	2 CAP 43
4	0 LIB 31	4 CAP 39	29 PIS 27	2 CAN 32	2 LIB 38	5 CAP 44
5	3 LIB 33	7 CAP 41	2 ARI 27	5 CAN 33	5 LIB 38	8 CAP 44
6	6 LIB 35	10 CAP 42	5 ARI 27	8 CAN 33	8 LIB 38	11 CAP 44
7	9 LIB 37	13 CAP 44	8 ARI 27	11 CAN 33	11 LIB 38	14 CAP 44
8	12 LIB 40	16 CAP 46	11 ARI 27	14 CAN 33	14 LIB 38	17 CAP 44
9	15 LIB 42	19 CAP 48	14 ARI 28	17 CAN 33	17 LIB 39	20 CAP 44
10	18 LIB 44	22 CAP 50	17 ARI 28	20 CAN 33	20 LIB 39	23 CAP 44
11	21 LIB 46	25 CAP 52	20 ARI 28	23 CAN 34	23 LIB 39	26 CAP 45
12	24 LIB 48	28 CAP 54	23 ARI 28	26 CAN 34	26 LIB 39	29 CAP 45
13	27 LIB 51	1 AQU 56	26 ARI 28	29 CAN 34	29 LIB 39	2 AQU 45
14	0 SCO 53	4 AQU 58	29 ARI 29	2 LEO 34	2 SCO 40	5 AQU 45
15	3 SCO 55	7 AQU 60	2 TAU 29	5 LEO 34	5 SCO 40	8 AQU 45
16	6 SCO 57	11 AQU 01	5 TAU 29	8 LEO 34	8 SCO 40	11 AQU 45
17	9 SCO 60	14 AQU 03	8 TAU 29	11 LEO 35	11 SCO 40	14 AQU 46
18	13 SCO 02	17 AQU 05	11 TAU 29	14 LEO 35	14 SCO 40	17 AQU 46
19	16 SCO 04	20 AQU 07	14 TAU 29	17 LEO 35	17 SCO 40	20 AQU 46
20	19 SCO 06	23 AQU 09	17 TAU 30	20 LEO 35	20 SCO 41	23 AQU 46
21	22 SCO 09	26 AQU 11	20 TAU 30	23 LEO 35	23 SCO 41	26 AQU 46
22	25 SCO 11	29 AQU 13	23 TAU 30	26 LEO 35	26 SCO 41	29 AQU 46
23	28 SCO 13	2 PIS 15	26 TAU 30	29 LEO 36	29 SCO 41	2 PIS 47
24	1 SAG 15	5 PIS 17	29 TAU 30	2 VIR 36	2 SAG 41	5 PIS 47
25	4 SAG 17	8 PIS 18	2 GEM 31	5 VIR 36	5 SAG 42	8 PIS 47
26	7 SAG 20	11 PIS 20	5 GEM 31	8 VIR 36	8 SAG 42	11 PIS 47
27	10 SAG 22	14 PIS 22	8 GEM 31	11 VIR 36	11 SAG 42	14 PIS 47
28	13 SAG 24	17 PIS 24	11 GEM 31	14 VIR 37	14 SAG 42	17 PIS 47
29	16 SAG 26		14 GEM 31	17 VIR 37	17 SAG 42	20 PIS 48
30	19 SAG 29		17 GEM 32	20 VIR 37	20 SAG 43	23 PIS 48
31	22 SAG 31		20 GEM 32		23 SAG 43	

126

LILITH EPHEMERIS 1959

DAY	JUL	AUG	SEP	OCT	NOV	DEC
1	26 PIS 48	29 GEM 54	3 LIB 24	4 CAP 26	8 ARI 31	9 CAN 33
2	29 PIS 48	2 CAN 55	6 LIB 26	7 CAP 28	11 ARI 33	12 CAN 35
3	2 ARI 48	5 CAN 56	9 LIB 28	10 CAP 30	14 ARI 35	15 CAN 37
4	5 ARI 49	8 CAN 57	12 LIB 30	13 CAP 32	17 ARI 37	18 CAN 39
5	8 ARI 49	11 CAN 58	15 LIB 32	16 CAP 34	20 ARI 39	21 CAN 41
6	11 ARI 49	14 CAN 59	18 LIB 34	19 CAP 36	23 ARI 41	24 CAN 43
7	14 ARI 49	17 CAN 60	21 LIB 36	22 CAP 39	26 ARI 43	27 CAN 46
8	17 ARI 49	21 CAN 01	24 LIB 38	25 CAP 41	29 ARI 45	0 LEO 48
9	20 ARI 50	24 CAN 02	27 LIB 41	28 CAP 43	2 TAU 48	3 LEO 50
10	23 ARI 50	27 CAN 03	0 SCO 43	1 AQU 45	5 TAU 50	6 LEO 52
11	26 ARI 50	0 LEO 04	3 SCO 45	4 AQU 47	8 TAU 52	9 LEO 54
12	29 ARI 50	3 LEO 05	6 SCO 47	7 AQU 49	11 TAU 54	12 LEO 56
13	2 TAU 50	6 LEO 06	9 SCO 49	10 AQU 51	14 TAU 56	15 LEO 58
14	5 TAU 51	9 LEO 07	12 SCO 51	13 AQU 53	17 TAU 58	19 LEO 00
15	8 TAU 51	12 LEO 08	15 SCO 53	16 AQU 55	20 TAU 60	22 LEO 02
16	11 TAU 51	15 LEO 09	18 SCO 55	19 AQU 57	24 TAU 02	25 LEO 04
17	14 TAU 51	18 LEO 09	21 SCO 57	22 AQU 60	27 TAU 04	28 LEO 07
18	17 TAU 51	21 LEO 10	24 SCO 59	26 AQU 02	0 GEM 06	1 VIR 09
19	20 TAU 51	24 LEO 11	28 SCO 01	29 AQU 04	3 GEM 08	4 VIR 11
20	23 TAU 52	27 LEO 12	1 SAG 03	2 PIS 06	6 GEM 10	7 VIR 13
21	26 TAU 52	0 VIR 13	4 SAG 05	5 PIS 08	9 GEM 12	10 VIR 15
22	29 TAU 52	3 VIR 14	7 SAG 07	8 PIS 10	12 GEM 14	13 VIR 17
23	2 GEM 52	6 VIR 15	10 SAG 09	11 PIS 12	15 GEM 16	16 VIR 19
24	5 GEM 52	9 VIR 16	13 SAG 12	14 PIS 14	18 GEM 19	19 VIR 21
25	8 GEM 53	12 VIR 17	16 SAG 14	17 PIS 16	21 GEM 21	22 VIR 23
26	11 GEM 53	15 VIR 18	19 SAG 16	20 PIS 18	24 GEM 23	25 VIR 25
27	14 GEM 53	18 VIR 19	22 SAG 18	23 PIS 21	27 GEM 25	28 VIR 28
28	17 GEM 53	21 VIR 20	25 SAG 20	26 PIS 23	0 CAN 27	1 LIB 30
29	20 GEM 53	24 VIR 21	28 SAG 22	29 PIS 25	3 CAN 29	4 LIB 32
30	23 GEM 54	27 VIR 22	1 CAP 24	2 ARI 27	6 CAN 31	7 LIB 34
31	26 GEM 54	0 LIB 23		5 ARI 29		10 LIB 36

1960   LILITH EPHEMERIS

DAY	JAN	FEB	MAR	APR	MAY	JUN
1	13 LIB 38	17 CAP 43	15 ARI 10	18 CAN 21	18 LIB 31	21 CAP 42
2	16 LIB 40	20 CAP 44	18 ARI 10	21 CAN 21	21 LIB 31	24 CAP 42
3	19 LIB 42	23 CAP 45	21 ARI 11	24 CAN 22	24 LIB 32	27 CAP 43
4	22 LIB 44	26 CAP 46	24 ARI 11	27 CAN 22	27 LIB 32	0 AQU 43
5	25 LIB 46	29 CAP 47	27 ARI 11	0 LEO 22	0 SCO 32	3 AQU 43
6	28 LIB 48	2 AQU 48	0 TAU 12	3 LEO 23	3 SCO 33	6 AQU 44
7	1 SCO 51	5 AQU 49	3 TAU 12	6 LEO 23	6 SCO 33	9 AQU 44
8	4 SCO 53	8 AQU 50	6 TAU 12	9 LEO 23	9 SCO 33	12 AQU 44
9	7 SCO 55	11 AQU 50	9 TAU 13	12 LEO 24	12 SCO 34	15 AQU 45
10	10 SCO 57	14 AQU 51	12 TAU 13	15 LEO 24	15 SCO 34	18 AQU 45
11	13 SCO 59	17 AQU 52	15 TAU 13	18 LEO 24	18 SCO 35	21 AQU 45
12	17 SCO 01	20 AQU 53	18 TAU 14	21 LEO 25	21 SCO 35	24 AQU 46
13	20 SCO 03	23 AQU 54	21 TAU 14	24 LEO 25	24 SCO 35	27 AQU 46
14	23 SCO 05	26 AQU 55	24 TAU 14	27 LEO 25	27 SCO 36	0 PIS 46
15	26 SCO 07	29 AQU 56	27 TAU 15	0 VIR 26	0 SAG 36	3 PIS 47
16	29 SCO 09	2 PIS 57	0 GEM 15	3 VIR 26	3 SAG 36	6 PIS 47
17	2 SAG 12	5 PIS 58	3 GEM 16	6 VIR 26	6 SAG 37	9 PIS 47
18	5 SAG 14	8 PIS 59	6 GEM 16	9 VIR 27	9 SAG 37	12 PIS 48
19	8 SAG 16	11 PIS 60	9 GEM 17	12 VIR 27	12 SAG 37	15 PIS 48
20	11 SAG 18	15 PIS 01	12 GEM 17	15 VIR 27	15 SAG 38	18 PIS 48
21	14 SAG 20	18 PIS 02	15 GEM 17	18 VIR 28	18 SAG 38	21 PIS 49
22	17 SAG 22	21 PIS 03	18 GEM 17	21 VIR 28	21 SAG 38	24 PIS 49
23	20 SAG 24	24 PIS 03	21 GEM 18	24 VIR 28	24 SAG 38	27 PIS 49
24	23 SAG 26	27 PIS 04	24 GEM 18	27 VIR 29	27 SAG 39	0 ARI 50
25	26 SAG 28	0 ARI 05	27 GEM 19	0 LIB 29	0 CAP 40	3 ARI 50
26	29 SAG 30	3 ARI 06	0 CAN 19	3 LIB 29	3 CAP 40	6 ARI 50
27	2 CAP 33	6 ARI 07	3 CAN 19	6 LIB 30	6 CAP 40	9 ARI 51
28	5 CAP 35	9 ARI 08	6 CAN 20	9 LIB 30	9 CAP 41	12 ARI 51
29	8 CAP 37	12 ARI 09	9 CAN 20	12 LIB 30	12 CAP 41	15 ARI 51
30	11 CAP 39		12 CAN 20	15 LIB 31	15 CAP 41	18 ARI 52
31	14 CAP 41		15 CAN 21		18 CAP 42	

128

LILITH EPHEMERIS 1960

DAY	JUL	AUG	SEP	OCT	NOV	DEC
1	21 ARI 52	25 CAN 03	28 LIB 54	29 CAP 50	3 TAU 49	4 LEO 45
2	24 ARI 52	28 CAN 05	1 SCO 56	2 AQU 52	6 TAU 51	7 LEO 47
3	27 ARI 53	1 LEO 06	4 SCO 58	5 AQU 54	9 TAU 53	10 LEO 49
4	0 TAU 53	4 LEO 08	7 SCO 60	8 AQU 56	12 TAU 55	13 LEO 51
5	3 TAU 53	7 LEO 10	11 SCO 01	11 AQU 58	15 TAU 56	16 LEO 53
6	6 TAU 54	10 LEO 11	14 SCO 03	14 AQU 60	18 TAU 58	19 LEO 55
7	9 TAU 54	13 LEO 13	17 SCO 05	18 AQU 01	22 TAU 00	22 LEO 56
8	12 TAU 54	16 LEO 15	20 SCO 07	21 AQU 03	25 TAU 02	25 LEO 58
9	15 TAU 55	19 LEO 16	23 SCO 09	24 AQU 05	28 TAU 04	29 LEO 00
10	18 TAU 55	22 LEO 18	26 SCO 11	27 AQU 07	1 GEM 06	2 VIR 02
11	21 TAU 56	25 LEO 19	29 SCO 13	0 PIS 09	4 GEM 08	5 VIR 04
12	24 TAU 56	28 LEO 21	2 SAG 15	3 PIS 11	7 GEM 10	8 VIR 06
13	27 TAU 56	1 VIR 23	5 SAG 16	6 PIS 13	10 GEM 11	11 VIR 08
14	0 GEM 57	4 VIR 24	8 SAG 18	9 PIS 15	13 GEM 13	14 VIR 10
15	3 GEM 57	7 VIR 26	11 SAG 20	12 PIS 17	16 GEM 15	17 VIR 12
16	6 GEM 57	10 VIR 28	14 SAG 22	15 PIS 19	19 GEM 17	20 VIR 14
17	9 GEM 58	13 VIR 29	17 SAG 24	18 PIS 20	22 GEM 19	23 VIR 15
18	12 GEM 58	16 VIR 31	20 SAG 26	21 PIS 22	25 GEM 21	26 VIR 17
19	15 GEM 58	19 VIR 33	23 SAG 28	24 PIS 24	28 GEM 23	29 VIR 19
20	18 GEM 59	22 VIR 34	26 SAG 29	27 PIS 26	1 CAN 24	2 LIB 21
21	21 GEM 59	25 VIR 36	29 SAG 31	0 ARI 28	4 CAN 26	5 LIB 23
22	24 GEM 59	28 VIR 38	2 CAP 33	3 ARI 30	7 CAN 28	8 LIB 25
23	27 GEM 60	1 LIB 39	5 CAP 35	6 ARI 32	10 CAN 30	11 LIB 27
24	1 CAN 00	4 LIB 41	8 CAP 37	9 ARI 34	13 CAN 32	14 LIB 29
25	4 CAN 01	7 LIB 42	11 CAP 39	12 ARI 36	16 CAN 34	17 LIB 31
26	7 CAN 01	10 LIB 44	14 CAP 41	15 ARI 38	19 CAN 36	20 LIB 33
27	10 CAN 01	13 LIB 46	17 CAP 43	18 ARI 39	22 CAN 38	23 LIB 34
28	13 CAN 02	16 LIB 47	20 CAP 44	21 ARI 41	25 CAN 39	26 LIB 36
29	16 CAN 02	19 LIB 49	23 CAP 46	24 ARI 43	28 CAN 41	29 LIB 38
30	19 CAN 02	22 LIB 51	26 CAP 48	27 ARI 45	1 LEO 43	2 SCO 40
31	22 CAN 03	25 LIB 52		0 TAU 47		5 SCO 42

1961 LILITH EPHEMERIS

DAY	JAN	FEB	MAR	APR	MAY	JUN
1	8 SCO 44	12 AQU 42	6 TAU 59	10 LEO 16	10 SCO 33	13 AQU 50
2	11 SCO 46	15 AQU 43	9 TAU 60	13 LEO 17	13 SCO 34	16 AQU 51
3	14 SCO 48	18 AQU 43	13 TAU 00	16 LEO 17	16 SCO 34	19 AQU 51
4	17 SCO 50	21 AQU 44	16 TAU 01	19 LEO 18	19 SCO 35	22 AQU 52
5	20 SCO 51	24 AQU 44	19 TAU 01	22 LEO 18	22 SCO 35	25 AQU 52
6	23 SCO 53	27 AQU 45	22 TAU 02	25 LEO 19	25 SCO 36	28 AQU 53
7	26 SCO 55	0 PIS 46	25 TAU 02	28 LEO 19	28 SCO 36	1 PIS 53
8	29 SCO 57	3 PIS 46	28 TAU 03	1 VIR 20	1 SAG 37	4 PIS 54
9	2 SAG 59	6 PIS 47	1 GEM 03	4 VIR 21	4 SAG 37	7 PIS 55
10	6 SAG 01	9 PIS 47	4 GEM 04	7 VIR 21	7 SAG 38	10 PIS 55
11	9 SAG 03	12 PIS 48	7 GEM 04	10 VIR 22	10 SAG 38	13 PIS 56
12	12 SAG 05	15 PIS 49	10 GEM 05	13 VIR 22	13 SAG 39	16 PIS 56
13	15 SAG 06	18 PIS 49	13 GEM 06	16 VIR 23	16 SAG 40	19 PIS 57
14	18 SAG 08	21 PIS 50	16 GEM 06	19 VIR 23	19 SAG 40	22 PIS 57
15	21 SAG 10	24 PIS 50	19 GEM 07	22 VIR 24	22 SAG 41	25 PIS 58
16	24 SAG 12	27 PIS 51	22 GEM 07	25 VIR 24	25 SAG 41	28 PIS 58
17	27 SAG 14	0 ARI 52	25 GEM 08	28 VIR 25	28 SAG 42	1 ARI 59
18	0 CAP 16	3 ARI 52	28 GEM 08	1 LIB 26	1 CAP 42	4 ARI 60
19	3 CAP 18	6 ARI 53	1 CAN 09	4 LIB 26	4 CAP 43	8 ARI 00
20	6 CAP 20	9 ARI 54	4 CAN 09	7 LIB 27	7 CAP 43	11 ARI 01
21	9 CAP 21	12 ARI 54	7 CAN 10	10 LIB 27	10 CAP 44	14 ARI 01
22	12 CAP 23	15 ARI 55	10 CAN 11	13 LIB 28	13 CAP 44	17 ARI 02
23	15 CAP 25	18 ARI 55	13 CAN 11	16 LIB 28	16 CAP 45	20 ARI 02
24	18 CAP 27	21 ARI 56	16 CAN 12	19 LIB 29	19 CAP 46	23 ARI 03
25	21 CAP 29	24 ARI 57	19 CAN 12	22 LIB 30	22 CAP 46	26 ARI 04
26	24 CAP 31	27 ARI 57	22 CAN 13	25 LIB 30	25 CAP 47	29 ARI 04
27	27 CAP 33	0 TAU 58	25 CAN 13	28 LIB 31	28 CAP 47	2 TAU 05
28	0 AQU 35	3 TAU 58	28 CAN 14	1 SCO 31	1 AQU 48	5 TAU 05
29	3 AQU 36		1 LEO 14	4 SCO 32	4 AQU 48	8 TAU 06
30	6 AQU 38		4 LEO 15	7 SCO 32	7 AQU 49	11 TAU 06
31	9 AQU 40		7 LEO 15		10 AQU 49	

LILITH EPHEMERIS　　　　1961

DAY	JUL	AUG	SEP	OCT	NOV	DEC
1	14 TAU 07	17 LEO 30	21 SCO 23	22 AQU 12	26 TAU 04	26 LEO 34
2	17 TAU 08	20 LEO 32	24 SCO 25	25 AQU 14	29 TAU 05	29 LEO 36
3	20 TAU 08	23 LEO 33	27 SCO 26	28 AQU 15	2 GEM 06	2 VIR 39
4	23 TAU 09	26 LEO 35	0 SAG 28	1 PIS 17	5 GEM 07	5 VIR 41
5	26 TAU 10	29 LEO 37	3 SAG 30	4 PIS 19	8 GEM 08	8 VIR 43
6	29 TAU 11	2 VIR 39	6 SAG 31	7 PIS 20	11 GEM 09	11 VIR 46
7	2 GEM 11	5 VIR 40	9 SAG 33	10 PIS 22	14 GEM 10	14 VIR 48
8	5 GEM 12	8 VIR 42	12 SAG 34	13 PIS 24	17 GEM 11	17 VIR 50
9	8 GEM 13	11 VIR 44	15 SAG 36	16 PIS 25	20 GEM 12	20 VIR 53
10	11 GEM 14	14 VIR 45	18 SAG 38	19 PIS 27	23 GEM 13	23 VIR 55
11	14 GEM 14	17 VIR 47	21 SAG 39	22 PIS 29	26 GEM 14	26 VIR 57
12	17 GEM 15	20 VIR 49	24 SAG 41	25 PIS 30	29 GEM 15	29 VIR 60
13	20 GEM 16	23 VIR 51	27 SAG 43	28 PIS 32	2 CAN 16	3 LIB 02
14	23 GEM 17	26 VIR 52	0 CAP 44	1 ARI 34	5 CAN 17	6 LIB 04
15	26 GEM 17	29 VIR 54	3 CAP 46	4 ARI 35	8 CAN 18	9 LIB 07
16	29 GEM 18	2 LIB 56	6 CAP 48	7 ARI 37	11 CAN 19	12 LIB 09
17	2 CAN 19	5 LIB 57	9 CAP 49	10 ARI 39	14 CAN 20	15 LIB 11
18	5 CAN 20	8 LIB 59	12 CAP 51	13 ARI 41	17 CAN 21	18 LIB 13
19	8 CAN 20	12 LIB 01	15 CAP 52	16 ARI 42	20 CAN 22	21 LIB 16
20	11 CAN 21	15 LIB 02	18 CAP 54	19 ARI 44	23 CAN 23	24 LIB 18
21	14 CAN 22	18 LIB 04	21 CAP 56	22 ARI 46	26 CAN 24	27 LIB 20
22	17 CAN 23	21 LIB 06	24 CAP 57	25 ARI 47	29 CAN 25	0 SCO 23
23	20 CAN 23	24 LIB 08	27 CAP 59	28 ARI 49	2 LEO 26	3 SCO 25
24	23 CAN 24	27 LIB 09	1 AQU 01	1 TAU 51	5 LEO 27	6 SCO 27
25	26 CAN 25	0 SCO 11	4 AQU 02	4 TAU 52	8 LEO 28	9 SCO 30
26	29 CAN 26	3 SCO 13	7 AQU 04	7 TAU 54	11 LEO 29	12 SCO 32
27	2 LEO 26	6 SCO 14	10 AQU 05	10 TAU 56	14 LEO 30	15 SCO 34
28	5 LEO 27	9 SCO 16	13 AQU 07	13 TAU 57	17 LEO 31	18 SCO 37
29	8 LEO 28	12 SCO 18	16 AQU 09	16 TAU 59	20 LEO 32	21 SCO 39
30	11 LEO 29	15 SCO 20	19 AQU 10	20 TAU 01	23 LEO 33	24 SCO 41
31	14 LEO 29	18 SCO 21		23 TAU 02		27 SCO 44

1962 LILITH EPHEMERIS

DAY	JAN	FEB	MAR	APR	MAY	JUN
1	0 SAG 46	4 PIS 26	28 TAU 50	2 VIR 14	2 SAG 38	6 PIS 02
2	3 SAG 47	7 PIS 27	1 GEM 51	5 VIR 15	5 SAG 39	9 PIS 03
3	6 SAG 49	10 PIS 28	4 GEM 52	8 VIR 16	8 SAG 40	12 PIS 04
4	9 SAG 50	13 PIS 29	7 GEM 52	11 VIR 16	11 SAG 40	15 PIS 04
5	12 SAG 51	16 PIS 29	10 GEM 53	14 VIR 17	14 SAG 41	18 PIS 05
6	15 SAG 52	19 PIS 30	13 GEM 54	17 VIR 18	17 SAG 42	21 PIS 06
7	18 SAG 54	22 PIS 31	16 GEM 55	20 VIR 19	20 SAG 43	24 PIS 07
8	21 SAG 55	25 PIS 32	19 GEM 55	23 VIR 20	23 SAG 43	27 PIS 08
9	24 SAG 56	28 PIS 33	22 GEM 56	26 VIR 20	26 SAG 44	0 ARI 08
10	27 SAG 58	1 ARI 34	25 GEM 57	29 VIR 21	29 SAG 45	3 ARI 09
11	0 CAP 59	4 ARI 35	28 GEM 58	2 LIB 22	2 CAP 46	6 ARI 10
12	4 CAP 00	7 ARI 35	1 CAN 59	5 LIB 23	5 CAP 47	9 ARI 11
13	7 CAP 01	10 ARI 36	4 CAN 59	8 LIB 24	8 CAP 47	12 ARI 12
14	10 CAP 03	13 ARI 37	8 CAN 00	11 LIB 24	11 CAP 48	15 ARI 13
15	13 CAP 04	16 ARI 38	11 CAN 01	14 LIB 25	14 CAP 49	18 ARI 14
16	16 CAP 05	19 ARI 39	14 CAN 02	17 LIB 26	17 CAP 50	21 ARI 15
17	19 CAP 07	22 ARI 40	17 CAN 02	20 LIB 27	20 CAP 50	24 ARI 15
18	22 CAP 08	25 ARI 41	20 CAN 03	23 LIB 28	23 CAP 51	27 ARI 16
19	25 CAP 09	28 ARI 41	23 CAN 04	26 LIB 28	26 CAP 52	0 TAU 17
20	28 CAP 11	1 TAU 42	26 CAN 05	29 LIB 29	29 CAP 53	3 TAU 18
21	1 AQU 12	4 TAU 43	29 CAN 05	2 SCO 30	2 AQU 53	6 TAU 18
22	4 AQU 13	7 TAU 44	2 LEO 06	5 SCO 31	5 AQU 54	9 TAU 19
23	7 AQU 14	10 TAU 45	5 LEO 07	8 SCO 32	8 AQU 55	12 TAU 20
24	10 AQU 16	13 TAU 46	8 LEO 08	11 SCO 32	11 AQU 56	15 TAU 20
25	13 AQU 17	16 TAU 47	11 LEO 09	14 SCO 33	14 AQU 57	18 TAU 21
26	16 AQU 18	19 TAU 47	14 LEO 09	17 SCO 34	17 AQU 57	21 TAU 22
27	19 AQU 20	22 TAU 48	17 LEO 10	20 SCO 35	20 AQU 58	24 TAU 23
28	22 AQU 21	25 TAU 49	20 LEO 11	23 SCO 36	23 AQU 59	27 TAU 24
29	25 AQU 22		23 LEO 12	26 SCO 36	26 AQU 60	0 GEM 24
30	28 AQU 23		26 LEO 12	29 SCO 37	0 PIS 00	3 GEM 25
31	1 PIS 25		29 LEO 13		3 PIS 01	

132

LILITH EPHEMERIS 1962

DAY	JUL	AUG	SEP	OCT	NOV	DEC
1	6 GEM 26	10 VIR 00	13 SAG 45	14 PIS 28	18 GEM 13	18 VIR 56
2	9 GEM 27	13 VIR 01	16 SAG 46	17 PIS 29	21 GEM 14	21 VIR 57
3	12 GEM 28	16 VIR 03	19 SAG 48	20 PIS 31	24 GEM 16	24 VIR 59
4	15 GEM 29	19 VIR 04	22 SAG 49	23 PIS 32	27 GEM 17	28 VIR 00
5	18 GEM 30	22 VIR 06	25 SAG 51	26 PIS 34	0 CAN 19	1 LIB 02
6	21 GEM 31	25 VIR 07	28 SAG 52	29 PIS 35	3 CAN 20	4 LIB 03
7	24 GEM 33	28 VIR 09	1 CAP 54	2 ARI 37	6 CAN 22	7 LIB 05
8	27 GEM 34	1 LIB 10	4 CAP 55	5 ARI 38	9 CAN 23	10 LIB 06
9	0 CAN 35	4 LIB 12	7 CAP 56	8 ARI 40	12 CAN 24	13 LIB 08
10	3 CAN 36	7 LIB 13	10 CAP 58	11 ARI 41	15 CAN 26	16 LIB 09
11	6 CAN 37	10 LIB 15	13 CAP 59	14 ARI 43	18 CAN 27	19 LIB 11
12	9 CAN 38	13 LIB 16	17 CAP 01	17 ARI 44	21 CAN 29	22 LIB 12
13	12 CAN 39	16 LIB 17	20 CAP 02	20 ARI 45	24 CAN 30	25 LIB 13
14	15 CAN 40	19 LIB 19	23 CAP 04	23 ARI 47	27 CAN 32	28 LIB 15
15	18 CAN 41	22 LIB 20	26 CAP 05	26 ARI 48	0 LEO 33	1 SCO 16
16	21 CAN 42	25 LIB 22	29 CAP 07	29 ARI 50	3 LEO 34	4 SCO 18
17	24 CAN 44	28 LIB 23	2 AQU 08	2 TAU 51	6 LEO 36	7 SCO 19
18	27 CAN 45	1 SCO 25	5 AQU 09	5 TAU 53	9 LEO 37	10 SCO 21
19	0 LEO 46	4 SCO 26	8 AQU 11	8 TAU 54	12 LEO 39	13 SCO 22
20	3 LEO 47	7 SCO 28	11 AQU 12	11 TAU 56	15 LEO 40	16 SCO 24
21	6 LEO 48	10 SCO 29	14 AQU 14	14 TAU 57	18 LEO 42	19 SCO 25
22	9 LEO 49	13 SCO 30	17 AQU 15	17 TAU 58	21 LEO 43	22 SCO 26
23	12 LEO 50	16 SCO 32	20 AQU 17	20 TAU 60	24 LEO 45	25 SCO 28
24	15 LEO 51	19 SCO 33	23 AQU 18	24 TAU 01	27 LEO 46	28 SCO 29
25	18 LEO 52	22 SCO 35	26 AQU 19	27 TAU 03	0 VIR 47	1 SAG 31
26	21 LEO 53	25 SCO 36	29 AQU 21	0 GEM 04	3 VIR 49	4 SAG 32
27	24 LEO 55	28 SCO 38	2 PIS 22	3 GEM 06	6 VIR 50	7 SAG 34
28	27 LEO 56	1 SAG 39	5 PIS 24	6 GEM 07	9 VIR 52	10 SAG 35
29	0 VIR 57	4 SAG 41	8 PIS 25	9 GEM 09	12 VIR 53	13 SAG 37
30	3 VIR 58	7 SAG 42	11 PIS 27	12 GEM 10	15 VIR 55	16 SAG 38
31	6 VIR 59	10 SAG 44		15 GEM 12		19 SAG 40

1963   LILITH EPHEMERIS

DAY	JAN	FEB	MAR	APR	MAY	JUN
1	22 SAG 41	26 PIS 13	20 GEM 42	24 VIR 14	24 SAG 43	28 PIS 16
2	25 SAG 42	29 PIS 14	23 GEM 43	27 VIR 15	27 SAG 44	1 ARI 17
3	28 SAG 43	2 ARI 15	26 GEM 44	0 LIB 16	0 CAP 45	4 ARI 18
4	1 CAP 44	5 ARI 16	29 GEM 45	3 LIB 17	3 CAP 46	7 ARI 19
5	4 CAP 45	8 ARI 17	2 CAN 46	6 LIB 18	6 CAP 47	10 ARI 20
6	7 CAP 46	11 ARI 18	5 CAN 47	9 LIB 19	9 CAP 48	13 ARI 21
7	10 CAP 47	14 ARI 19	8 CAN 48	12 LIB 20	12 CAP 49	16 ARI 22
8	13 CAP 48	17 ARI 20	11 CAN 49	15 LIB 21	15 CAP 50	19 ARI 23
9	16 CAP 49	20 ARI 21	14 CAN 50	18 LIB 22	18 CAP 52	22 ARI 24
10	19 CAP 50	23 ARI 22	17 CAN 51	21 LIB 23	21 CAP 53	25 ARI 25
11	22 CAP 51	26 ARI 23	20 CAN 52	24 LIB 24	24 CAP 54	28 ARI 26
12	25 CAP 52	29 ARI 24	23 CAN 53	27 LIB 25	27 CAP 55	1 TAU 27
13	28 CAP 53	2 TAU 25	26 CAN 54	0 SCO 26	0 AQU 56	4 TAU 28
14	1 AQU 54	5 TAU 26	29 CAN 55	3 SCO 27	3 AQU 57	7 TAU 29
15	4 AQU 55	8 TAU 27	2 LEO 56	6 SCO 28	6 AQU 58	10 TAU 30
16	7 AQU 56	11 TAU 29	5 LEO 57	9 SCO 29	9 AQU 59	13 TAU 31
17	10 AQU 58	14 TAU 30	8 LEO 59	12 SCO 29	13 AQU 00	16 TAU 33
18	13 AQU 59	17 TAU 31	11 LEO 60	15 SCO 30	16 AQU 01	19 TAU 34
19	16 AQU 60	20 TAU 32	15 LEO 01	18 SCO 31	19 AQU 02	22 TAU 35
20	20 AQU 01	23 TAU 33	18 LEO 02	21 SCO 32	22 AQU 03	25 TAU 36
21	23 AQU 02	26 TAU 34	21 LEO 03	24 SCO 33	25 AQU 04	28 TAU 37
22	26 AQU 03	29 TAU 35	24 LEO 04	27 SCO 34	28 AQU 05	1 GEM 38
23	29 AQU 04	2 GEM 36	27 LEO 05	0 SAG 35	1 PIS 06	4 GEM 39
24	2 PIS 05	5 GEM 37	0 VIR 06	3 SAG 36	4 PIS 07	7 GEM 40
25	5 PIS 06	8 GEM 38	3 VIR 07	6 SAG 37	7 PIS 09	10 GEM 41
26	8 PIS 07	11 GEM 39	6 VIR 08	9 SAG 38	10 PIS 10	13 GEM 42
27	11 PIS 08	14 GEM 40	9 VIR 09	12 SAG 39	13 PIS 11	16 GEM 43
28	14 PIS 09	17 GEM 41	12 VIR 10	15 SAG 40	16 PIS 12	19 GEM 44
29	17 PIS 10		15 VIR 11	18 SAG 41	19 PIS 13	22 GEM 45
30	20 PIS 11		18 VIR 12	21 SAG 42	22 PIS 14	25 GEM 46
31	23 PIS 12		21 VIR 13		25 PIS 15	

LILITH EPHEMERIS 1963

DAY	JUL	AUG	SEP	OCT	NOV	DEC
1	28 GEM 47	2 LIB 26	6 CAP 02	6 ARI 57	10 CAN 13	10 LIB 48
2	1 CAN 48	5 LIB 27	9 CAP 04	9 ARI 58	13 CAN 14	13 LIB 49
3	4 CAN 50	8 LIB 28	12 CAP 06	12 ARI 58	16 CAN 15	16 LIB 50
4	7 CAN 51	11 LIB 29	15 CAP 08	15 ARI 59	19 CAN 16	19 LIB 52
5	10 CAN 52	14 LIB 31	18 CAP 09	18 ARI 59	22 CAN 18	22 LIB 53
6	13 CAN 53	17 LIB 32	21 CAP 11	21 ARI 60	25 CAN 19	25 LIB 54
7	16 CAN 55	20 LIB 33	24 CAP 13	25 ARI 00	28 CAN 20	28 LIB 55
8	19 CAN 56	23 LIB 34	27 CAP 15	28 ARI 01	1 LEO 21	1 SCO 56
9	22 CAN 57	26 LIB 35	0 AQU 17	1 TAU 01	4 LEO 22	4 SCO 58
10	25 CAN 58	29 LIB 36	3 AQU 19	4 TAU 02	7 LEO 23	7 SCO 59
11	28 CAN 60	2 SCO 38	6 AQU 20	7 TAU 02	10 LEO 25	10 SCO 60
12	2 LEO 01	5 SCO 39	9 AQU 22	10 TAU 03	13 LEO 26	14 SCO 01
13	5 LEO 02	8 SCO 40	12 AQU 24	13 TAU 03	16 LEO 27	17 SCO 02
14	8 LEO 03	11 SCO 41	15 AQU 26	16 TAU 04	19 LEO 28	20 SCO 04
15	11 LEO 05	14 SCO 42	18 AQU 28	19 TAU 04	22 LEO 29	23 SCO 05
16	14 LEO 06	17 SCO 43	21 AQU 30	22 TAU 05	25 LEO 30	26 SCO 06
17	17 LEO 07	20 SCO 45	24 AQU 31	25 TAU 05	28 LEO 32	29 SCO 07
18	20 LEO 08	23 SCO 46	27 AQU 33	28 TAU 06	1 VIR 33	2 SAG 08
19	23 LEO 10	26 SCO 47	0 PIS 35	1 GEM 06	4 VIR 34	5 SAG 09
20	26 LEO 11	29 SCO 48	3 PIS 37	4 GEM 07	7 VIR 35	8 SAG 11
21	29 LEO 12	2 SAG 49	6 PIS 39	7 GEM 07	10 VIR 36	11 SAG 12
22	2 VIR 13	5 SAG 50	9 PIS 41	10 GEM 08	13 VIR 38	14 SAG 13
23	5 VIR 15	8 SAG 52	12 PIS 42	13 GEM 08	16 VIR 39	17 SAG 14
24	8 VIR 16	11 SAG 53	15 PIS 44	16 GEM 09	19 VIR 40	20 SAG 15
25	11 VIR 17	14 SAG 54	18 PIS 46	19 GEM 09	22 VIR 41	23 SAG 17
26	14 VIR 18	17 SAG 55	21 PIS 48	22 GEM 10	25 VIR 42	26 SAG 18
27	17 VIR 20	20 SAG 56	24 PIS 50	25 GEM 10	28 VIR 43	29 SAG 19
28	20 VIR 21	23 SAG 57	27 PIS 52	28 GEM 11	1 LIB 45	2 CAP 20
29	23 VIR 22	26 SAG 59	0 ARI 53	1 CAN 11	4 LIB 46	5 CAP 21
30	26 VIR 23	29 SAG 60	3 ARI 55	4 CAN 12	7 LIB 47	8 CAP 23
31	29 VIR 25	3 CAP 01		7 CAN 12		11 CAP 24

1964 LILITH EPHEMERIS

DAY	JAN	FEB	MAR	APR	MAY	JUN
1	14 CAP 25	17 ARI 47	15 CAN 26	19 LIB 07	19 CAP 47	23 ARI 41
2	17 CAP 26	20 ARI 48	18 CAN 27	22 LIB 08	22 CAP 49	26 ARI 42
3	20 CAP 26	23 ARI 50	21 CAN 29	25 LIB 10	25 CAP 50	29 ARI 43
4	23 CAP 27	26 ARI 51	24 CAN 30	28 LIB 11	28 CAP 52	2 TAU 45
5	26 CAP 28	29 ARI 52	27 CAN 31	1 SCO 12	1 AQU 54	5 TAU 46
6	29 CAP 29	2 TAU 54	0 LEO 33	4 SCO 14	4 AQU 56	8 TAU 47
7	2 AQU 29	5 TAU 55	3 LEO 34	7 SCO 15	7 AQU 57	11 TAU 48
8	5 AQU 30	8 TAU 56	6 LEO 35	10 SCO 16	10 AQU 59	14 TAU 50
9	8 AQU 31	11 TAU 58	9 LEO 37	13 SCO 18	14 AQU 01	17 TAU 51
10	11 AQU 31	14 TAU 59	12 LEO 38	16 SCO 19	17 AQU 03	20 TAU 52
11	14 AQU 32	18 TAU 00	15 LEO 39	19 SCO 20	20 AQU 04	23 TAU 53
12	17 AQU 33	21 TAU 02	18 LEO 41	22 SCO 22	23 AQU 06	26 TAU 55
13	20 AQU 34	24 TAU 03	21 LEO 42	25 SCO 23	26 AQU 08	29 TAU 56
14	23 AQU 34	27 TAU 04	24 LEO 43	28 SCO 24	29 AQU 10	2 GEM 57
15	26 AQU 35	0 GEM 06	27 LEO 45	1 SAG 26	2 PIS 11	5 GEM 58
16	29 AQU 36	3 GEM 07	0 VIR 46	4 SAG 27	5 PIS 13	8 GEM 60
17	2 PIS 36	6 GEM 09	3 VIR 47	7 SAG 28	8 PIS 15	12 GEM 01
18	5 PIS 37	9 GEM 10	6 VIR 48	10 SAG 30	11 PIS 17	15 GEM 02
19	8 PIS 38	12 GEM 11	9 VIR 50	13 SAG 31	14 PIS 18	18 GEM 03
20	11 PIS 38	15 GEM 13	12 VIR 51	16 SAG 32	17 PIS 20	21 GEM 04
21	14 PIS 39	18 GEM 14	15 VIR 52	19 SAG 34	20 PIS 22	24 GEM 06
22	17 PIS 40	21 GEM 15	18 VIR 54	22 SAG 35	23 PIS 24	27 GEM 07
23	20 PIS 41	24 GEM 17	21 VIR 55	25 SAG 36	26 PIS 25	0 CAN 08
24	23 PIS 41	27 GEM 18	24 VIR 56	28 SAG 38	29 PIS 27	3 CAN 09
25	26 PIS 42	0 CAN 19	27 VIR 58	1 CAP 39	2 ARI 29	6 CAN 11
26	29 PIS 43	3 CAN 21	0 LIB 59	4 CAP 40	5 ARI 31	9 CAN 12
27	2 ARI 43	6 CAN 22	4 LIB 00	7 CAP 42	8 ARI 32	12 CAN 13
28	5 ARI 44	9 CAN 23	7 LIB 02	10 CAP 43	11 ARI 34	15 CAN 14
29	8 ARI 45	12 CAN 25	10 LIB 03	13 CAP 44	14 ARI 36	18 CAN 16
30	11 ARI 46		13 LIB 04	16 CAP 46	17 ARI 38	21 CAN 17
31	14 ARI 46		16 LIB 06		20 ARI 39	

LILITH EPHEMERIS 1964

DAY	JUL	AUG	SEP	OCT	NOV	DEC
1	24 CAN 18	27 LIB 46	1 AQU 14	1 TAU 14	4 LEO 55	5 SCO 39
2	27 CAN 19	0 SCO 47	4 AQU 14	4 TAU 15	7 LEO 56	8 SCO 40
3	0 LEO 20	3 SCO 48	7 AQU 14	7 TAU 17	10 LEO 58	11 SCO 40
4	3 LEO 21	6 SCO 49	10 AQU 14	10 TAU 18	13 LEO 59	14 SCO 41
5	6 LEO 22	9 SCO 50	13 AQU 14	13 TAU 19	17 LEO 01	17 SCO 42
6	9 LEO 23	12 SCO 51	16 AQU 14	16 TAU 21	20 LEO 02	20 SCO 42
7	12 LEO 23	15 SCO 51	19 AQU 14	19 TAU 22	23 LEO 04	23 SCO 43
8	15 LEO 24	18 SCO 52	22 AQU 14	22 TAU 23	26 LEO 05	26 SCO 44
9	18 LEO 25	21 SCO 53	25 AQU 14	25 TAU 25	29 LEO 07	29 SCO 44
10	21 LEO 26	24 SCO 54	28 AQU 14	28 TAU 26	2 VIR 08	2 SAG 45
11	24 LEO 27	27 SCO 55	1 PIS 14	1 GEM 27	5 VIR 10	5 SAG 45
12	27 LEO 28	0 SAG 56	4 PIS 14	4 GEM 29	8 VIR 11	8 SAG 46
13	0 VIR 29	3 SAG 57	7 PIS 14	7 GEM 30	11 VIR 13	11 SAG 47
14	3 VIR 30	6 SAG 58	10 PIS 14	10 GEM 31	14 VIR 14	14 SAG 47
15	6 VIR 31	9 SAG 59	13 PIS 14	13 GEM 33	17 VIR 16	17 SAG 48
16	9 VIR 32	12 SAG 60	16 PIS 14	16 GEM 34	20 VIR 17	20 SAG 49
17	12 VIR 32	16 SAG 00	19 PIS 14	19 GEM 35	23 VIR 18	23 SAG 49
18	15 VIR 33	19 SAG 01	22 PIS 14	22 GEM 36	26 VIR 20	26 SAG 50
19	18 VIR 34	22 SAG 02	25 PIS 14	25 GEM 38	29 VIR 21	29 SAG 51
20	21 VIR 35	25 SAG 03	28 PIS 14	28 GEM 39	2 LIB 23	2 CAP 51
21	24 VIR 36	28 SAG 04	1 ARI 14	1 CAN 40	5 LIB 24	5 CAP 52
22	27 VIR 37	1 CAP 05	4 ARI 14	4 CAN 42	8 LIB 26	8 CAP 53
23	0 LIB 38	4 CAP 06	7 ARI 14	7 CAN 43	11 LIB 27	11 CAP 53
24	3 LIB 39	7 CAP 07	10 ARI 14	10 CAN 44	14 LIB 29	14 CAP 54
25	6 LIB 40	10 CAP 08	13 ARI 14	13 CAN 46	17 LIB 30	17 CAP 54
26	9 LIB 41	13 CAP 09	16 ARI 14	16 CAN 47	20 LIB 32	20 CAP 55
27	12 LIB 41	16 CAP 09	19 ARI 14	19 CAN 48	23 LIB 33	23 CAP 56
28	15 LIB 42	19 CAP 10	22 ARI 14	22 CAN 50	26 LIB 35	26 CAP 56
29	18 LIB 43	22 CAP 11	25 ARI 14	25 CAN 51	29 LIB 36	29 CAP 57
30	21 LIB 44	25 CAP 12	28 ARI 14	28 CAN 52	2 SCO 38	2 AQU 58
31	24 LIB 45	28 CAP 13		1 LEO 54		5 AQU 58

1965   LILITH EPHEMERIS

DAY	JAN	FEB	MAR	APR	MAY	JUN
1	8 AQU 59	12 TAU 03	5 LEO 52	8 SCO 39	9 AQU 26	13 TAU 13
2	11 AQU 59	15 TAU 03	8 LEO 52	11 SCO 41	12 AQU 28	16 TAU 14
3	14 AQU 59	18 TAU 02	11 LEO 51	14 SCO 42	15 AQU 29	19 TAU 15
4	17 AQU 59	21 TAU 02	14 LEO 51	17 SCO 44	18 AQU 31	22 TAU 16
5	20 AQU 60	24 TAU 01	17 LEO 50	20 SCO 45	21 AQU 32	25 TAU 17
6	23 AQU 60	27 TAU 01	20 LEO 50	23 SCO 47	24 AQU 34	28 TAU 17
7	26 AQU 60	0 GEM 01	23 LEO 49	26 SCO 48	27 AQU 35	1 GEM 18
8	29 AQU 60	3 GEM 00	26 LEO 49	29 SCO 50	0 PIS 37	4 GEM 19
9	3 PIS 00	5 GEM 60	29 LEO 49	2 SAG 52	3 PIS 38	7 GEM 20
10	6 PIS 00	8 GEM 59	2 VIR 48	5 SAG 53	6 PIS 40	10 GEM 21
11	9 PIS 00	11 GEM 59	5 VIR 48	8 SAG 55	9 PIS 41	13 GEM 22
12	12 PIS 00	14 GEM 59	8 VIR 47	11 SAG 56	12 PIS 43	16 GEM 23
13	15 PIS 01	17 GEM 58	11 VIR 47	14 SAG 58	15 PIS 44	19 GEM 24
14	18 PIS 01	20 GEM 58	14 VIR 47	17 SAG 59	18 PIS 46	22 GEM 25
15	21 PIS 01	23 GEM 58	17 VIR 46	21 SAG 01	21 PIS 47	25 GEM 26
16	24 PIS 01	26 GEM 57	20 VIR 46	24 SAG 02	24 PIS 49	28 GEM 26
17	27 PIS 01	29 GEM 57	23 VIR 45	27 SAG 04	27 PIS 50	1 CAN 27
18	0 ARI 01	2 CAN 56	26 VIR 45	0 CAP 06	0 ARI 52	4 CAN 28
19	3 ARI 01	5 CAN 56	29 VIR 44	3 CAP 07	3 ARI 53	7 CAN 29
20	6 ARI 01	8 CAN 56	2 LIB 44	6 CAP 09	6 ARI 55	10 CAN 30
21	9 ARI 02	11 CAN 55	5 LIB 44	9 CAP 10	9 ARI 56	13 CAN 31
22	12 ARI 02	14 CAN 55	8 LIB 43	12 CAP 12	12 ARI 58	16 CAN 32
23	15 ARI 02	17 CAN 54	11 LIB 43	15 CAP 13	15 ARI 59	19 CAN 33
24	18 ARI 02	20 CAN 54	14 LIB 42	18 CAP 15	19 ARI 01	22 CAN 34
25	21 ARI 02	23 CAN 54	17 LIB 42	21 CAP 17	22 ARI 02	25 CAN 35
26	24 ARI 02	26 CAN 53	20 LIB 42	24 CAP 18	25 ARI 04	28 CAN 35
27	27 ARI 02	29 CAN 53	23 LIB 41	27 CAP 20	28 ARI 05	1 LEO 36
28	0 TAU 02	2 LEO 52	26 LIB 41	0 AQU 21	1 TAU 07	4 LEO 37
29	3 TAU 03		29 LIB 40	3 AQU 23	4 TAU 08	7 LEO 38
30	6 TAU 03		2 SCO 40	6 AQU 24	7 TAU 10	10 LEO 39
31	9 TAU 03		5 SCO 39		10 TAU 11	

LILITH EPHEMERIS 1965

DAY	JUL	AUG	SEP	OCT	NOV	DEC
1	13 LEO 40	17 SCO 00	20 AQU 20	20 TAU 40	24 LEO 00	24 SCO 21
2	16 LEO 41	20 SCO 01	23 AQU 21	23 TAU 41	27 LEO 01	27 SCO 23
3	19 LEO 41	23 SCO 01	26 AQU 21	26 TAU 41	0 VIR 01	0 SAG 24
4	22 LEO 42	26 SCO 02	29 AQU 22	29 TAU 42	3 VIR 02	3 SAG 26
5	25 LEO 43	29 SCO 03	2 PIS 23	2 GEM 43	6 VIR 03	6 SAG 28
6	28 LEO 43	2 SAG 03	5 PIS 23	5 GEM 43	9 VIR 04	9 SAG 29
7	1 VIR 44	5 SAG 04	8 PIS 24	8 GEM 44	12 VIR 04	12 SAG 31
8	4 VIR 45	8 SAG 05	11 PIS 25	11 GEM 45	15 VIR 05	15 SAG 33
9	7 VIR 45	11 SAG 05	14 PIS 25	14 GEM 45	18 VIR 06	18 SAG 34
10	10 VIR 46	14 SAG 06	17 PIS 26	17 GEM 46	21 VIR 06	21 SAG 36
11	13 VIR 46	17 SAG 06	20 PIS 27	20 GEM 46	24 VIR 07	24 SAG 38
12	16 VIR 47	20 SAG 07	23 PIS 27	23 GEM 47	27 VIR 08	27 SAG 39
13	19 VIR 48	23 SAG 08	26 PIS 28	26 GEM 48	0 LIB 08	0 CAP 41
14	22 VIR 48	26 SAG 08	29 PIS 29	29 GEM 48	3 LIB 09	3 CAP 43
15	25 VIR 49	29 SAG 09	2 ARI 29	2 CAN 49	6 LIB 10	6 CAP 44
16	28 VIR 50	2 CAP 10	5 ARI 30	5 CAN 50	9 LIB 11	9 CAP 46
17	1 LIB 50	5 CAP 10	8 ARI 31	8 CAN 50	12 LIB 11	12 CAP 48
18	4 LIB 51	8 CAP 11	11 ARI 31	11 CAN 51	15 LIB 12	15 CAP 50
19	7 LIB 52	11 CAP 12	14 ARI 32	14 CAN 52	18 LIB 13	18 CAP 51
20	10 LIB 52	14 CAP 12	17 ARI 33	17 CAN 52	21 LIB 13	21 CAP 53
21	13 LIB 53	17 CAP 13	20 ARI 33	20 CAN 53	24 LIB 14	24 CAP 55
22	16 LIB 54	20 CAP 14	23 ARI 34	23 CAN 54	27 LIB 15	27 CAP 56
23	19 LIB 54	23 CAP 14	26 ARI 35	26 CAN 54	0 SCO 15	0 AQU 58
24	22 LIB 55	26 CAP 15	29 ARI 35	29 CAN 55	3 SCO 16	3 AQU 60
25	25 LIB 55	29 CAP 15	2 TAU 36	2 LEO 55	6 SCO 17	7 AQU 01
26	28 LIB 56	2 AQU 16	5 TAU 37	5 LEO 56	9 SCO 18	10 AQU 03
27	1 SCO 57	5 AQU 17	8 TAU 37	8 LEO 57	12 SCO 18	13 AQU 05
28	4 SCO 57	8 AQU 17	11 TAU 38	11 LEO 57	15 SCO 19	16 AQU 06
29	7 SCO 58	11 AQU 18	14 TAU 39	14 LEO 58	18 SCO 20	19 AQU 08
30	10 SCO 59	14 AQU 19	17 TAU 39	17 LEO 59	21 SCO 20	22 AQU 10
31	13 SCO 59	17 AQU 19		20 LEO 59		25 AQU 11

1966   LILITH EPHEMERIS

DAY	JAN	FEB	MAR	APR	MAY	JUN
1	28 AQU 13	2 GEM 07	27 LEO 03	0 SAG 57	1 PIS 51	5 GEM 45
2	1 PIS 15	5 GEM 09	0 VIR 05	3 SAG 59	4 PIS 53	8 GEM 45
3	4 PIS 16	8 GEM 11	3 VIR 06	7 SAG 01	7 PIS 54	11 GEM 46
4	7 PIS 18	11 GEM 13	6 VIR 08	10 SAG 02	10 PIS 56	14 GEM 46
5	10 PIS 20	14 GEM 15	9 VIR 10	13 SAG 04	13 PIS 58	17 GEM 47
6	13 PIS 22	17 GEM 17	12 VIR 12	16 SAG 06	16 PIS 60	20 GEM 47
7	16 PIS 23	20 GEM 19	15 VIR 13	19 SAG 08	20 PIS 01	23 GEM 47
8	19 PIS 25	23 GEM 21	18 VIR 15	22 SAG 10	23 PIS 03	26 GEM 48
9	22 PIS 27	26 GEM 23	21 VIR 17	25 SAG 11	26 PIS 05	29 GEM 48
10	25 PIS 29	29 GEM 25	24 VIR 19	28 SAG 13	29 PIS 07	2 CAN 49
11	28 PIS 30	2 CAN 27	27 VIR 20	1 CAP 15	2 ARI 08	5 CAN 49
12	1 ARI 32	5 CAN 29	0 LIB 22	4 CAP 17	5 ARI 10	8 CAN 49
13	4 ARI 34	8 CAN 31	3 LIB 24	7 CAP 19	8 ARI 12	11 CAN 50
14	7 ARI 36	11 CAN 33	6 LIB 26	10 CAP 20	11 ARI 14	14 CAN 50
15	10 ARI 37	14 CAN 35	9 LIB 27	13 CAP 22	14 ARI 15	17 CAN 51
16	13 ARI 39	17 CAN 37	12 LIB 29	16 CAP 24	17 ARI 17	20 CAN 51
17	16 ARI 41	20 CAN 39	15 LIB 31	19 CAP 26	20 ARI 19	23 CAN 51
18	19 ARI 43	23 CAN 41	18 LIB 33	22 CAP 28	23 ARI 21	26 CAN 52
19	22 ARI 44	26 CAN 43	21 LIB 34	25 CAP 29	26 ARI 22	29 CAN 52
20	25 ARI 46	29 CAN 45	24 LIB 36	28 CAP 31	29 ARI 24	2 LEO 53
21	28 ARI 48	2 LEO 47	27 LIB 38	1 AQU 33	2 TAU 26	5 LEO 53
22	1 TAU 50	5 LEO 49	0 SCO 40	4 AQU 35	5 TAU 28	8 LEO 53
23	4 TAU 51	8 LEO 51	3 SCO 41	7 AQU 37	8 TAU 29	11 LEO 54
24	7 TAU 53	11 LEO 53	6 SCO 43	10 AQU 38	11 TAU 31	14 LEO 54
25	10 TAU 55	14 LEO 55	9 SCO 45	13 AQU 40	14 TAU 33	17 LEO 55
26	13 TAU 57	17 LEO 57	12 SCO 47	16 AQU 42	17 TAU 35	20 LEO 55
27	16 TAU 58	20 LEO 59	15 SCO 48	19 AQU 44	20 TAU 36	23 LEO 55
28	20 TAU 00	24 LEO 01	18 SCO 50	22 AQU 46	23 TAU 38	26 LEO 56
29	23 TAU 02		21 SCO 52	25 AQU 47	26 TAU 40	29 LEO 56
30	26 TAU 04		24 SCO 54	28 AQU 49	29 TAU 42	2 VIR 57
31	29 TAU 05		27 SCO 55		2 GEM 43	

140

LILITH EPHEMERIS 1966

DAY	JUL	AUG	SEP	OCT	NOV	DEC
1	5 VIR 57	9 SAG 11	12 PIS 35	12 GEM 38	15 VIR 51	17 SAG 12
2	8 VIR 57	12 SAG 12	15 PIS 35	15 GEM 38	18 VIR 54	20 SAG 14
3	11 VIR 58	15 SAG 13	18 PIS 35	18 GEM 39	21 VIR 56	23 SAG 17
4	14 VIR 58	18 SAG 13	21 PIS 35	21 GEM 39	24 VIR 59	26 SAG 19
5	17 VIR 59	21 SAG 14	24 PIS 35	24 GEM 40	28 VIR 02	29 SAG 22
6	20 VIR 59	24 SAG 15	27 PIS 35	27 GEM 40	1 LIB 05	2 CAP 24
7	23 VIR 60	27 SAG 16	0 ARI 36	0 CAN 41	4 LIB 07	5 CAP 27
8	27 VIR 00	0 CAP 16	3 ARI 36	3 CAN 41	7 LIB 10	8 CAP 29
9	0 LIB 01	3 CAP 17	6 ARI 36	6 CAN 41	10 LIB 13	11 CAP 32
10	3 LIB 01	6 CAP 18	9 ARI 36	9 CAN 42	13 LIB 15	14 CAP 34
11	6 LIB 02	9 CAP 19	12 ARI 36	12 CAN 42	16 LIB 18	17 CAP 37
12	9 LIB 02	12 CAP 20	15 ARI 36	15 CAN 43	19 LIB 21	20 CAP 39
13	12 LIB 02	15 CAP 20	18 ARI 36	18 CAN 43	22 LIB 23	23 CAP 42
14	15 LIB 03	18 CAP 21	21 ARI 36	21 CAN 43	25 LIB 26	26 CAP 44
15	18 LIB 03	21 CAP 22	24 ARI 36	24 CAN 44	28 LIB 29	29 CAP 47
16	21 LIB 04	24 CAP 23	27 ARI 36	27 CAN 44	1 SCO 32	2 AQU 49
17	24 LIB 04	27 CAP 23	0 TAU 37	0 LEO 45	4 SCO 34	5 AQU 52
18	27 LIB 05	0 AQU 24	3 TAU 37	3 LEO 45	7 SCO 37	8 AQU 54
19	0 SCO 05	3 AQU 25	6 TAU 37	6 LEO 46	10 SCO 40	11 AQU 57
20	3 SCO 06	6 AQU 26	9 TAU 37	9 LEO 46	13 SCO 42	14 AQU 59
21	6 SCO 06	9 AQU 26	12 TAU 37	12 LEO 46	16 SCO 45	18 AQU 02
22	9 SCO 06	12 AQU 27	15 TAU 37	15 LEO 47	19 SCO 48	21 AQU 04
23	12 SCO 07	15 AQU 28	18 TAU 37	18 LEO 47	22 SCO 50	24 AQU 07
24	15 SCO 07	18 AQU 29	21 TAU 37	21 LEO 48	25 SCO 53	27 AQU 09
25	18 SCO 08	21 AQU 30	24 TAU 37	24 LEO 48	28 SCO 56	0 PIS 12
26	21 SCO 08	24 AQU 30	27 TAU 37	27 LEO 48	1 SAG 59	3 PIS 14
27	24 SCO 09	27 AQU 31	0 GEM 38	0 VIR 49	5 SAG 01	6 PIS 17
28	27 SCO 09	0 PIS 32	3 GEM 38	3 VIR 49	8 SAG 04	9 PIS 19
29	0 SAG 10	3 PIS 33	6 GEM 38	6 VIR 50	11 SAG 07	12 PIS 22
30	3 SAG 10	6 PIS 33	9 GEM 38	9 VIR 50	14 SAG 09	15 PIS 24
31	6 SAG 11	9 PIS 34		12 VIR 51		18 PIS 27

1967   LILITH EPHEMERIS

DAY	JAN	FEB	MAR	APR	MAY	JUN
1	21 PIS 29	25 GEM 37	20 VIR 45	25 SAG 07	26 PIS 14	28 GEM 59
2	24 PIS 31	28 GEM 39	23 VIR 48	28 SAG 09	29 PIS 14	1 CAN 59
3	27 PIS 33	1 CAN 42	26 VIR 50	1 CAP 11	2 ARI 13	4 CAN 59
4	0 ARI 36	4 CAN 44	29 VIR 53	4 CAP 14	5 ARI 13	7 CAN 60
5	3 ARI 38	7 CAN 47	2 LIB 56	7 CAP 16	8 ARI 12	10 CAN 00
6	6 ARI 40	10 CAN 49	5 LIB 58	10 CAP 18	11 ARI 12	14 CAN 00
7	9 ARI 42	13 CAN 52	9 LIB 01	13 CAP 20	14 ARI 11	17 CAN 00
8	12 ARI 44	16 CAN 54	12 LIB 04	16 CAP 23	17 ARI 11	20 CAN 01
9	15 ARI 47	19 CAN 56	15 LIB 06	19 CAP 25	20 ARI 10	23 CAN 01
10	18 ARI 49	22 CAN 59	18 LIB 09	22 CAP 27	23 ARI 10	26 CAN 01
11	21 ARI 51	26 CAN 01	21 LIB 11	25 CAP 29	26 ARI 09	29 CAN 01
12	24 ARI 53	29 CAN 04	24 LIB 14	28 CAP 32	29 ARI 09	2 LEO 02
13	27 ARI 55	2 LEO 06	27 LIB 17	1 AQU 34	2 TAU 08	5 LEO 02
14	0 TAU 58	5 LEO 09	0 SCO 19	4 AQU 36	5 TAU 08	8 LEO 02
15	3 TAU 60	8 LEO 11	3 SCO 22	7 AQU 38	8 TAU 07	11 LEO 02
16	7 TAU 02	11 LEO 13	6 SCO 25	10 AQU 40	11 TAU 07	14 LEO 03
17	10 TAU 04	14 LEO 16	9 SCO 27	13 AQU 43	14 TAU 06	17 LEO 03
18	13 TAU 06	17 LEO 18	12 SCO 30	16 AQU 45	17 TAU 06	20 LEO 03
19	16 TAU 08	20 LEO 21	15 SCO 33	19 AQU 47	20 TAU 05	23 LEO 03
20	19 TAU 11	23 LEO 23	18 SCO 35	22 AQU 49	23 TAU 05	26 LEO 03
21	22 TAU 13	26 LEO 26	21 SCO 38	25 AQU 52	26 TAU 04	29 LEO 03
22	25 TAU 15	29 LEO 28	24 SCO 41	28 AQU 54	29 TAU 04	2 VIR 04
23	28 TAU 17	2 VIR 30	27 SCO 43	1 PIS 56	2 GEM 03	5 VIR 04
24	1 GEM 19	5 VIR 33	0 SAG 46	4 PIS 58	5 GEM 03	8 VIR 04
25	4 GEM 22	8 VIR 35	3 SAG 48	8 PIS 01	8 GEM 02	11 VIR 05
26	7 GEM 24	11 VIR 38	6 SAG 51	11 PIS 03	11 GEM 02	14 VIR 05
27	10 GEM 26	14 VIR 40	9 SAG 54	14 PIS 05	14 GEM 01	17 VIR 05
28	13 GEM 28	17 VIR 43	12 SAG 56	17 PIS 07	17 GEM 01	20 VIR 05
29	16 GEM 30		15 SAG 59	20 PIS 10	20 GEM 00	23 VIR 06
30	19 GEM 33		19 SAG 02	23 PIS 12	22 GEM 60	26 VIR 06
31	22 GEM 35		22 SAG 04		25 GEM 59	

LILITH EPHEMERIS 1967

DAY	JUL	AUG	SEP	OCT	NOV	DEC
1	29 VIR 06	2 CAP 14	5 ARI 19	5 CAN 27	8 LIB 57	9 CAP 17
2	2 LIB 06	5 CAP 14	8 ARI 19	8 CAN 28	11 LIB 58	12 CAP 19
3	5 LIB 07	8 CAP 14	11 ARI 20	11 CAN 29	14 LIB 58	15 CAP 21
4	8 LIB 07	11 CAP 14	14 ARI 20	14 CAN 30	17 LIB 59	18 CAP 23
5	11 LIB 07	14 CAP 15	17 ARI 20	17 CAN 31	20 LIB 60	21 CAP 26
6	14 LIB 07	17 CAP 15	20 ARI 20	20 CAN 32	24 LIB 00	24 CAP 28
7	17 LIB 08	20 CAP 15	23 ARI 21	23 CAN 33	27 LIB 01	27 CAP 30
8	20 LIB 08	23 CAP 15	26 ARI 21	26 CAN 34	0 SCO 02	0 AQU 32
9	23 LIB 08	26 CAP 15	29 ARI 21	29 CAN 35	3 SCO 02	3 AQU 34
10	26 LIB 08	29 CAP 15	2 TAU 21	2 LEO 36	6 SCO 03	6 AQU 36
11	29 LIB 09	2 AQU 16	5 TAU 22	5 LEO 37	9 SCO 04	9 AQU 39
12	2 SCO 09	5 AQU 16	8 TAU 22	8 LEO 38	12 SCO 04	12 AQU 41
13	5 SCO 09	8 AQU 16	11 TAU 22	11 LEO 39	15 SCO 05	15 AQU 43
14	8 SCO 09	11 AQU 16	14 TAU 22	14 LEO 40	18 SCO 06	18 AQU 45
15	11 SCO 10	14 AQU 16	17 TAU 23	17 LEO 41	21 SCO 06	21 AQU 47
16	14 SCO 10	17 AQU 16	20 TAU 23	20 LEO 42	24 SCO 07	24 AQU 49
17	17 SCO 10	20 AQU 17	23 TAU 23	23 LEO 43	27 SCO 08	27 AQU 52
18	20 SCO 10	23 AQU 17	26 TAU 24	26 LEO 43	0 SAG 08	0 PIS 54
19	23 SCO 11	26 AQU 17	29 TAU 24	29 LEO 44	3 SAG 09	3 PIS 56
20	26 SCO 11	29 AQU 17	2 GEM 24	2 VIR 45	6 SAG 10	6 PIS 58
21	29 SCO 11	2 PIS 17	5 GEM 24	5 VIR 46	9 SAG 10	10 PIS 00
22	2 SAG 11	5 PIS 17	8 GEM 25	8 VIR 47	12 SAG 11	13 PIS 02
23	5 SAG 12	8 PIS 18	11 GEM 25	11 VIR 48	15 SAG 12	16 PIS 05
24	8 SAG 12	11 PIS 18	14 GEM 25	14 VIR 49	18 SAG 12	19 PIS 07
25	11 SAG 12	14 PIS 18	17 GEM 25	17 VIR 50	21 SAG 13	22 PIS 09
26	14 SAG 12	17 PIS 18	20 GEM 26	20 VIR 51	24 SAG 14	25 PIS 11
27	17 SAG 13	20 PIS 18	23 GEM 26	23 VIR 52	27 SAG 14	28 PIS 13
28	20 SAG 13	23 PIS 18	26 GEM 26	26 VIR 53	0 CAP 15	1 ARI 15
29	23 SAG 13	26 PIS 19	29 GEM 26	29 VIR 54	3 CAP 16	4 ARI 18
30	26 SAG 13	29 PIS 19	2 CAN 27	2 LIB 55	6 CAP 16	7 ARI 20
31	29 SAG 14	2 ARI 19		5 LIB 56		10 ARI 22

1968   LILITH EPHEMERIS

DAY	JAN	FEB	MAR	APR	MAY	JUN
1	13 ARI 24	17 CAN 31	14 LIB 34	18 CAP 41	19 ARI 46	23 CAN 09
2	16 ARI 26	20 CAN 31	17 LIB 36	21 CAP 43	22 ARI 47	26 CAN 09
3	19 ARI 28	23 CAN 31	20 LIB 38	24 CAP 45	25 ARI 47	29 CAN 09
4	22 ARI 30	26 CAN 31	23 LIB 40	27 CAP 47	28 ARI 48	2 LEO 09
5	25 ARI 33	29 CAN 31	26 LIB 43	0 AQU 50	1 TAU 49	5 LEO 09
6	28 ARI 35	2 LEO 32	29 LIB 45	3 AQU 52	4 TAU 50	8 LEO 10
7	1 TAU 37	5 LEO 32	2 SCO 47	6 AQU 54	7 TAU 50	11 LEO 10
8	4 TAU 39	8 LEO 32	5 SCO 49	9 AQU 56	10 TAU 51	14 LEO 10
9	7 TAU 41	11 LEO 32	8 SCO 51	12 AQU 58	13 TAU 52	17 LEO 10
10	10 TAU 43	14 LEO 32	11 SCO 53	16 AQU 00	16 TAU 53	20 LEO 10
11	13 TAU 46	17 LEO 32	14 SCO 56	19 AQU 03	19 TAU 53	23 LEO 10
12	16 TAU 48	20 LEO 32	17 SCO 58	22 AQU 05	22 TAU 54	26 LEO 10
13	19 TAU 50	23 LEO 32	20 SCO 60	25 AQU 07	25 TAU 55	29 LEO 10
14	22 TAU 52	26 LEO 32	24 SCO 02	28 AQU 09	28 TAU 56	2 VIR 10
15	25 TAU 54	29 LEO 32	27 SCO 04	1 PIS 11	1 GEM 56	5 VIR 10
16	28 TAU 56	2 VIR 33	0 SAG 06	4 PIS 13	4 GEM 57	8 VIR 10
17	1 GEM 59	5 VIR 33	3 SAG 09	7 PIS 16	7 GEM 58	11 VIR 11
18	5 GEM 01	8 VIR 33	6 SAG 11	10 PIS 18	10 GEM 59	14 VIR 11
19	8 GEM 03	11 VIR 33	9 SAG 13	13 PIS 20	13 GEM 59	17 VIR 11
20	11 GEM 05	14 VIR 33	12 SAG 15	16 PIS 22	17 GEM 00	20 VIR 11
21	14 GEM 07	17 VIR 33	15 SAG 17	19 PIS 24	20 GEM 01	23 VIR 11
22	17 GEM 09	20 VIR 33	18 SAG 19	22 PIS 26	23 GEM 02	26 VIR 11
23	20 GEM 12	23 VIR 33	21 SAG 22	25 PIS 29	26 GEM 02	29 VIR 11
24	23 GEM 14	26 VIR 33	24 SAG 24	28 PIS 31	29 GEM 03	2 LIB 11
25	26 GEM 16	29 VIR 33	27 SAG 26	1 ARI 33	2 CAN 04	5 LIB 11
26	29 GEM 18	2 LIB 34	0 CAP 28	4 ARI 35	5 CAN 05	8 LIB 11
27	2 CAN 20	5 LIB 34	3 CAP 30	7 ARI 37	8 CAN 05	11 LIB 12
28	5 CAN 22	8 LIB 34	6 CAP 32	10 ARI 39	11 CAN 06	14 LIB 12
29	8 CAN 25	11 LIB 34	9 CAP 35	13 ARI 42	14 CAN 07	17 LIB 12
30	11 CAN 27		12 CAP 37	16 ARI 44	17 CAN 08	20 LIB 12
31	14 CAN 29		15 CAP 39		20 CAN 08	

LILITH EPHEMERIS 1968

DAY	JUL	AUG	SEP	OCT	NOV	DEC
1	23 LIB 12	26 CAP 15	29 ARI 18	29 CAN 21	2 SCO 24	3 AQU 28
2	26 LIB 12	29 CAP 15	2 TAU 18	2 LEO 21	5 SCO 26	6 AQU 30
3	29 LIB 12	2 AQU 15	5 TAU 18	5 LEO 21	8 SCO 28	9 AQU 33
4	2 SCO 12	5 AQU 15	8 TAU 18	8 LEO 21	11 SCO 30	12 AQU 35
5	5 SCO 12	8 AQU 15	11 TAU 18	11 LEO 21	14 SCO 33	15 AQU 37
6	8 SCO 12	11 AQU 16	14 TAU 19	14 LEO 21	17 SCO 35	18 AQU 39
7	11 SCO 13	14 AQU 16	17 TAU 19	17 LEO 22	20 SCO 37	21 AQU 42
8	14 SCO 13	17 AQU 16	20 TAU 19	20 LEO 22	23 SCO 39	24 AQU 44
9	17 SCO 13	20 AQU 16	23 TAU 19	23 LEO 22	26 SCO 41	27 AQU 46
10	20 SCO 13	23 AQU 16	26 TAU 19	26 LEO 22	29 SCO 43	0 PIS 48
11	23 SCO 13	26 AQU 16	29 TAU 19	29 LEO 22	2 SAG 45	3 PIS 51
12	26 SCO 13	29 AQU 16	2 GEM 19	2 VIR 22	5 SAG 47	6 PIS 53
13	29 SCO 13	2 PIS 16	5 GEM 19	5 VIR 22	8 SAG 50	9 PIS 55
14	2 SAG 13	5 PIS 16	8 GEM 19	8 VIR 22	11 SAG 52	12 PIS 57
15	5 SAG 13	8 PIS 16	11 GEM 19	11 VIR 22	14 SAG 54	15 PIS 60
16	8 SAG 13	11 PIS 16	14 GEM 20	14 VIR 22	17 SAG 56	19 PIS 02
17	11 SAG 14	14 PIS 17	17 GEM 20	17 VIR 23	20 SAG 58	22 PIS 04
18	14 SAG 14	17 PIS 17	20 GEM 20	20 VIR 23	24 SAG 00	25 PIS 06
19	17 SAG 14	20 PIS 17	23 GEM 20	23 VIR 23	27 SAG 02	28 PIS 09
20	20 SAG 14	23 PIS 17	26 GEM 20	26 VIR 23	0 CAP 05	1 ARI 11
21	23 SAG 14	26 PIS 17	29 GEM 20	29 VIR 23	3 CAP 07	4 ARI 13
22	26 SAG 14	29 PIS 17	2 CAN 20	2 LIB 23	6 CAP 09	7 ARI 15
23	29 SAG 14	2 ARI 17	5 CAN 20	5 LIB 23	9 CAP 11	10 ARI 18
24	2 CAP 14	5 ARI 17	8 CAN 20	8 LIB 23	12 CAP 13	13 ARI 20
25	5 CAP 14	8 ARI 17	11 CAN 20	11 LIB 23	15 CAP 15	16 ARI 22
26	8 CAP 14	11 ARI 17	14 CAN 21	14 LIB 24	18 CAP 17	19 ARI 24
27	11 CAP 15	14 ARI 18	17 CAN 21	17 LIB 24	21 CAP 19	22 ARI 27
28	14 CAP 15	17 ARI 18	20 CAN 21	20 LIB 24	24 CAP 22	25 ARI 29
29	17 CAP 15	20 ARI 18	23 CAN 21	23 LIB 24	27 CAP 24	28 ARI 31
30	20 CAP 15	23 ARI 18	26 CAN 21	26 LIB 24	0 AQU 26	1 TAU 33
31	23 CAP 15	26 ARI 18		29 LIB 24		4 TAU 36

1969   LILITH EPHEMERIS

DAY	JAN	FEB	MAR	APR	MAY	JUN
1	7 TAU 38	11 LEO 50	6 SCO 55	11 AQU 06	12 TAU 13	15 LEO 02
2	10 TAU 40	14 LEO 52	9 SCO 57	14 AQU 08	15 TAU 13	18 LEO 02
3	13 TAU 43	17 LEO 55	12 SCO 60	17 AQU 10	18 TAU 12	21 LEO 03
4	16 TAU 45	20 LEO 57	16 SCO 02	20 AQU 13	21 TAU 12	24 LEO 03
5	19 TAU 47	23 LEO 59	19 SCO 04	23 AQU 15	24 TAU 12	27 LEO 03
6	22 TAU 50	27 LEO 02	22 SCO 06	26 AQU 17	27 TAU 11	0 VIR 04
7	25 TAU 52	0 VIR 04	25 SCO 09	29 AQU 19	0 GEM 11	3 VIR 04
8	28 TAU 54	3 VIR 06	28 SCO 11	2 PIS 22	3 GEM 11	6 VIR 04
9	1 GEM 57	6 VIR 09	1 SAG 13	5 PIS 24	6 GEM 10	9 VIR 05
10	4 GEM 59	9 VIR 11	4 SAG 16	8 PIS 26	9 GEM 10	12 VIR 05
11	8 GEM 01	12 VIR 13	7 SAG 18	11 PIS 28	12 GEM 09	15 VIR 05
12	11 GEM 04	15 VIR 16	10 SAG 20	14 PIS 31	15 GEM 09	18 VIR 06
13	14 GEM 06	18 VIR 18	13 SAG 22	17 PIS 33	18 GEM 09	21 VIR 06
14	17 GEM 08	21 VIR 20	16 SAG 25	20 PIS 35	21 GEM 08	24 VIR 06
15	20 GEM 11	24 VIR 23	19 SAG 27	23 PIS 37	24 GEM 08	27 VIR 07
16	23 GEM 13	27 VIR 25	22 SAG 29	26 PIS 39	27 GEM 08	0 LIB 07
17	26 GEM 15	0 LIB 27	25 SAG 32	29 PIS 42	0 CAN 07	3 LIB 07
18	29 GEM 17	3 LIB 29	28 SAG 34	2 ARI 44	3 CAN 07	6 LIB 08
19	2 CAN 20	6 LIB 32	1 CAP 36	5 ARI 46	6 CAN 07	9 LIB 08
20	5 CAN 22	9 LIB 34	4 CAP 39	8 ARI 48	9 CAN 06	12 LIB 08
21	8 CAN 24	12 LIB 36	7 CAP 41	11 ARI 51	12 CAN 06	15 LIB 09
22	11 CAN 27	15 LIB 39	10 CAP 43	14 ARI 53	15 CAN 06	18 LIB 09
23	14 CAN 29	18 LIB 41	13 CAP 45	17 ARI 55	18 CAN 05	21 LIB 09
24	17 CAN 31	21 LIB 43	16 CAP 48	20 ARI 57	21 CAN 05	24 LIB 10
25	20 CAN 34	24 LIB 46	19 CAP 50	23 ARI 60	24 CAN 04	27 LIB 10
26	23 CAN 36	27 LIB 48	22 CAP 52	27 ARI 02	27 CAN 04	0 SCO 10
27	26 CAN 38	0 SCO 50	25 CAP 55	0 TAU 04	0 LEO 04	3 SCO 11
28	29 CAN 41	3 SCO 53	28 CAP 57	3 TAU 06	3 LEO 03	6 SCO 11
29	2 LEO 43		1 AQU 59	6 TAU 09	6 LEO 03	9 SCO 11
30	5 LEO 45		5 AQU 01	9 TAU 11	9 LEO 03	12 SCO 12
31	8 LEO 48		8 AQU 04		12 LEO 02	

LILITH EPHEMERIS 1969

DAY	JUL	AUG	SEP	OCT	NOV	DEC
1	15 SCO 12	18 AQU 11	21 TAU 10	21 LEO 10	24 SCO 29	25 AQU 41
2	18 SCO 12	21 AQU 11	24 TAU 10	24 LEO 11	27 SCO 31	28 AQU 43
3	21 SCO 12	24 AQU 11	27 TAU 10	27 LEO 11	0 SAG 34	1 PIS 46
4	24 SCO 12	27 AQU 11	0 GEM 10	0 VIR 12	3 SAG 36	4 PIS 48
5	27 SCO 12	0 PIS 11	3 GEM 10	3 VIR 12	6 SAG 39	7 PIS 51
6	0 SAG 12	3 PIS 11	6 GEM 10	6 VIR 13	9 SAG 41	10 PIS 53
7	3 SAG 12	6 PIS 11	9 GEM 10	9 VIR 14	12 SAG 43	13 PIS 55
8	6 SAG 12	9 PIS 11	12 GEM 10	12 VIR 14	15 SAG 46	16 PIS 58
9	9 SAG 12	12 PIS 11	15 GEM 10	15 VIR 15	18 SAG 48	20 PIS 00
10	12 SAG 12	15 PIS 11	18 GEM 10	18 VIR 16	21 SAG 51	23 PIS 02
11	15 SAG 12	18 PIS 11	21 GEM 10	21 VIR 16	24 SAG 53	26 PIS 05
12	18 SAG 12	21 PIS 11	24 GEM 10	24 VIR 17	27 SAG 55	29 PIS 07
13	21 SAG 12	24 PIS 11	27 GEM 10	27 VIR 17	0 CAP 58	2 ARI 10
14	24 SAG 12	27 PIS 11	0 CAN 10	0 LIB 18	4 CAP 00	5 ARI 12
15	27 SAG 12	0 ARI 11	3 CAN 10	3 LIB 19	7 CAP 03	8 ARI 14
16	0 CAP 12	3 ARI 11	6 CAN 10	6 LIB 19	10 CAP 05	11 ARI 17
17	3 CAP 11	6 ARI 10	9 CAN 10	9 LIB 20	13 CAP 07	14 ARI 19
18	6 CAP 11	9 ARI 10	12 CAN 10	12 LIB 20	16 CAP 10	17 ARI 22
19	9 CAP 11	12 ARI 10	15 CAN 10	15 LIB 21	19 CAP 12	20 ARI 24
20	12 CAP 11	15 ARI 10	18 CAN 10	18 LIB 22	22 CAP 15	23 ARI 26
21	15 CAP 11	18 ARI 10	21 CAN 10	21 LIB 22	25 CAP 17	26 ARI 29
22	18 CAP 11	21 ARI 10	24 CAN 10	24 LIB 23	28 CAP 19	29 ARI 31
23	21 CAP 11	24 ARI 10	27 CAN 10	27 LIB 23	1 AQU 22	2 TAU 34
24	24 CAP 11	27 ARI 10	0 LEO 10	0 SCO 24	4 AQU 24	5 TAU 36
25	27 CAP 11	0 TAU 10	3 LEO 10	3 SCO 25	7 AQU 27	8 TAU 38
26	0 AQU 11	3 TAU 10	6 LEO 10	6 SCO 25	10 AQU 29	11 TAU 41
27	3 AQU 11	6 TAU 10	9 LEO 10	9 SCO 26	13 AQU 31	14 TAU 43
28	6 AQU 11	9 TAU 10	12 LEO 10	12 SCO 27	16 AQU 34	17 TAU 45
29	9 AQU 11	12 TAU 10	15 LEO 10	15 SCO 27	19 AQU 36	20 TAU 48
30	12 AQU 11	15 TAU 10	18 LEO 10	18 SCO 28	22 AQU 39	23 TAU 50
31	15 AQU 11	18 TAU 10		21 SCO 28		26 TAU 53

1970   LILITH EPHEMERIS

DAY	JAN	FEB	MAR	APR	MAY	JUN
1	29 TAU 55	4 VIR 09	29 SCO 17	3 PIS 31	4 GEM 15	7 VIR 12
2	2 GEM 57	7 VIR 11	2 SAG 19	6 PIS 32	7 GEM 15	10 VIR 12
3	5 GEM 60	10 VIR 14	5 SAG 22	9 PIS 34	10 GEM 15	13 VIR 12
4	9 GEM 02	13 VIR 16	8 SAG 24	12 PIS 35	13 GEM 15	16 VIR 12
5	12 GEM 05	16 VIR 19	11 SAG 27	15 PIS 37	16 GEM 15	19 VIR 12
6	15 GEM 07	19 VIR 21	14 SAG 29	18 PIS 38	19 GEM 15	22 VIR 12
7	18 GEM 09	22 VIR 24	17 SAG 31	21 PIS 40	22 GEM 14	25 VIR 11
8	21 GEM 12	25 VIR 26	20 SAG 34	24 PIS 41	25 GEM 14	28 VIR 11
9	24 GEM 14	28 VIR 28	23 SAG 36	27 PIS 43	28 GEM 14	1 LIB 11
10	27 GEM 16	1 LIB 31	26 SAG 38	0 ARI 44	1 CAN 14	4 LIB 11
11	0 CAN 19	4 LIB 33	29 SAG 41	3 ARI 46	4 CAN 14	7 LIB 11
12	3 CAN 21	7 LIB 36	2 CAP 43	6 ARI 47	7 CAN 14	10 LIB 11
13	6 CAN 24	10 LIB 38	5 CAP 46	9 ARI 49	10 CAN 14	13 LIB 11
14	9 CAN 26	13 LIB 41	8 CAP 48	12 ARI 50	13 CAN 14	16 LIB 11
15	12 CAN 28	16 LIB 43	11 CAP 50	15 ARI 52	16 CAN 14	19 LIB 11
16	15 CAN 31	19 LIB 45	14 CAP 53	18 ARI 53	19 CAN 14	22 LIB 11
17	18 CAN 33	22 LIB 48	17 CAP 55	21 ARI 54	22 CAN 13	25 LIB 10
18	21 CAN 36	25 LIB 50	20 CAP 58	24 ARI 56	25 CAN 13	28 LIB 10
19	24 CAN 38	28 LIB 53	23 CAP 60	27 ARI 57	28 CAN 13	1 SCO 10
20	27 CAN 40	1 SCO 55	27 CAP 02	0 TAU 59	1 LEO 13	4 SCO 10
21	0 LEO 43	4 SCO 58	0 AQU 05	4 TAU 00	4 LEO 13	7 SCO 10
22	3 LEO 45	7 SCO 60	3 AQU 07	7 TAU 02	7 LEO 13	10 SCO 10
23	6 LEO 48	11 SCO 02	6 AQU 10	10 TAU 03	10 LEO 13	13 SCO 10
24	9 LEO 50	14 SCO 05	9 AQU 12	13 TAU 05	13 LEO 13	16 SCO 10
25	12 LEO 52	17 SCO 07	12 AQU 14	16 TAU 06	16 LEO 13	19 SCO 10
26	15 LEO 55	20 SCO 10	15 AQU 17	19 TAU 08	19 LEO 13	22 SCO 10
27	18 LEO 57	23 SCO 12	18 AQU 19	22 TAU 09	22 LEO 12	25 SCO 10
28	21 LEO 59	26 SCO 15	21 AQU 21	25 TAU 11	25 LEO 12	28 SCO 09
29	25 LEO 02		24 AQU 24	28 TAU 12	28 LEO 12	1 SAG 09
30	28 LEO 04		27 AQU 26	1 GEM 14	1 VIR 12	4 SAG 09
31	1 VIR 07		0 PIS 29		4 VIR 12	

LILITH EPHEMERIS 1970

DAY	JUL	AUG	SEP	OCT	NOV	DEC
1	7 SAG 09	10 PIS 05	13 GEM 03	13 VIR 00	16 SAG 46	18 PIS 00
2	10 SAG 09	13 PIS 05	16 GEM 03	16 VIR 01	19 SAG 48	21 PIS 02
3	13 SAG 09	16 PIS 05	19 GEM 03	19 VIR 03	22 SAG 51	24 PIS 05
4	16 SAG 08	19 PIS 05	22 GEM 03	22 VIR 04	25 SAG 53	27 PIS 07
5	19 SAG 08	22 PIS 05	25 GEM 03	25 VIR 06	28 SAG 56	0 ARI 10
6	22 SAG 08	25 PIS 05	28 GEM 02	28 VIR 07	1 CAP 58	3 ARI 12
7	25 SAG 08	28 PIS 05	1 CAN 02	1 LIB 09	5 CAP 01	6 ARI 15
8	28 SAG 08	1 ARI 05	4 CAN 02	4 LIB 10	8 CAP 03	9 ARI 17
9	1 CAP 08	4 ARI 04	7 CAN 02	7 LIB 12	11 CAP 06	12 ARI 20
10	4 CAP 08	7 ARI 04	10 CAN 02	10 LIB 13	14 CAP 08	15 ARI 22
11	7 CAP 08	10 ARI 04	13 CAN 02	13 LIB 15	17 CAP 11	18 ARI 25
12	10 CAP 08	13 ARI 04	16 CAN 02	16 LIB 16	20 CAP 13	21 ARI 27
13	13 CAP 07	16 ARI 04	19 CAN 02	19 LIB 18	23 CAP 16	24 ARI 29
14	16 CAP 07	19 ARI 04	22 CAN 02	22 LIB 19	26 CAP 18	27 ARI 32
15	19 CAP 07	22 ARI 04	25 CAN 02	25 LIB 21	29 CAP 21	0 TAU 34
16	22 CAP 07	25 ARI 04	28 CAN 01	28 LIB 22	2 AQU 23	3 TAU 37
17	25 CAP 07	28 ARI 04	1 LEO 01	1 SCO 24	5 AQU 25	6 TAU 39
18	28 CAP 07	1 TAU 04	4 LEO 01	4 SCO 25	8 AQU 28	9 TAU 42
19	1 AQU 07	4 TAU 04	7 LEO 01	7 SCO 27	11 AQU 30	12 TAU 44
20	4 AQU 07	7 TAU 04	10 LEO 01	10 SCO 28	14 AQU 33	15 TAU 47
21	7 AQU 06	10 TAU 04	13 LEO 01	13 SCO 30	17 AQU 35	18 TAU 49
22	10 AQU 06	13 TAU 04	16 LEO 01	16 SCO 31	20 AQU 38	21 TAU 51
23	13 AQU 06	16 TAU 04	19 LEO 01	19 SCO 33	23 AQU 40	24 TAU 54
24	16 AQU 06	19 TAU 04	22 LEO 01	22 SCO 34	26 AQU 43	27 TAU 56
25	19 AQU 06	22 TAU 03	25 LEO 01	25 SCO 36	29 AQU 45	0 GEM 59
26	22 AQU 06	25 TAU 03	28 LEO 00	28 SCO 37	2 PIS 48	4 GEM 01
27	25 AQU 06	28 TAU 03	1 VIR 00	1 SAG 39	5 PIS 50	7 GEM 04
28	28 AQU 06	1 GEM 03	4 VIR 00	4 SAG 40	8 PIS 53	10 GEM 06
29	1 PIS 05	4 GEM 03	7 VIR 00	7 SAG 42	11 PIS 55	13 GEM 09
30	4 PIS 05	7 GEM 03	10 VIR 00	10 SAG 43	14 PIS 58	16 GEM 11
31	7 PIS 05	10 GEM 03		13 SAG 45		19 GEM 14

1971   LILITH EPHEMERIS

DAY	JAN	FEB	MAR	APR	MAY	JUN
1	22 GEM 16	26 VIR 32	21 SAG 43	25 PIS 59	26 GEM 13	29 VIR 09
2	25 GEM 18	29 VIR 35	24 SAG 45	28 PIS 59	29 GEM 13	2 LIB 09
3	28 GEM 21	2 LIB 37	27 SAG 48	1 ARI 60	2 CAN 13	5 LIB 09
4	1 CAN 23	5 LIB 40	0 CAP 50	5 ARI 00	5 CAN 13	8 LIB 08
5	4 CAN 26	8 LIB 42	3 CAP 53	8 ARI 01	8 CAN 12	11 LIB 08
6	7 CAN 28	11 LIB 45	6 CAP 55	11 ARI 01	11 CAN 12	14 LIB 08
7	10 CAN 31	14 LIB 47	9 CAP 58	14 ARI 02	14 CAN 12	17 LIB 08
8	13 CAN 33	17 LIB 50	13 CAP 00	17 ARI 02	17 CAN 12	20 LIB 08
9	16 CAN 36	20 LIB 52	16 CAP 03	20 ARI 03	20 CAN 12	23 LIB 08
10	19 CAN 38	23 LIB 55	19 CAP 05	23 ARI 03	23 CAN 12	26 LIB 08
11	22 CAN 41	26 LIB 57	22 CAP 08	26 ARI 04	26 CAN 12	29 LIB 08
12	25 CAN 43	29 LIB 60	25 CAP 10	29 ARI 04	29 CAN 12	2 SCO 08
13	28 CAN 45	3 SCO 02	28 CAP 12	2 TAU 05	2 LEO 11	5 SCO 07
14	1 LEO 48	6 SCO 05	1 AQU 15	5 TAU 05	5 LEO 11	8 SCO 07
15	4 LEO 50	9 SCO 07	4 AQU 17	8 TAU 06	8 LEO 11	11 SCO 07
16	7 LEO 53	12 SCO 10	7 AQU 20	11 TAU 06	11 LEO 11	14 SCO 07
17	10 LEO 55	15 SCO 13	10 AQU 22	14 TAU 06	14 LEO 11	17 SCO 07
18	13 LEO 58	18 SCO 15	13 AQU 25	17 TAU 07	17 LEO 11	20 SCO 07
19	17 LEO 00	21 SCO 18	16 AQU 27	20 TAU 07	20 LEO 11	23 SCO 07
20	20 LEO 03	24 SCO 20	19 AQU 30	23 TAU 08	23 LEO 11	26 SCO 06
21	23 LEO 05	27 SCO 23	22 AQU 32	26 TAU 08	26 LEO 11	29 SCO 06
22	26 LEO 07	0 SAG 25	25 AQU 34	29 TAU 09	29 LEO 10	2 SAG 06
23	29 LEO 10	3 SAG 28	28 AQU 37	2 GEM 09	2 VIR 10	5 SAG 06
24	2 VIR 12	6 SAG 30	1 PIS 39	5 GEM 10	5 VIR 10	8 SAG 06
25	5 VIR 15	9 SAG 33	4 PIS 42	8 GEM 10	8 VIR 10	11 SAG 06
26	8 VIR 17	12 SAG 35	7 PIS 44	11 GEM 11	11 VIR 10	14 SAG 06
27	11 VIR 20	15 SAG 38	10 PIS 47	14 GEM 11	14 VIR 10	17 SAG 06
28	14 VIR 22	18 SAG 40	13 PIS 49	17 GEM 12	17 VIR 10	20 SAG 05
29	17 VIR 25		16 PIS 52	20 GEM 12	20 VIR 09	23 SAG 05
30	20 VIR 27		19 PIS 54	23 GEM 13	23 VIR 09	26 SAG 05
31	23 VIR 30		22 PIS 57		26 VIR 09	

150

LILITH EPHEMERIS   1971

DAY	JUL	AUG	SEP	OCT	NOV	DEC
1	29 SAG 05	2 ARI 01	4 CAN 57	4 LIB 54	9 CAP 10	10 ARI 24
2	2 CAP 05	5 ARI 01	7 CAN 57	7 LIB 56	12 CAP 12	13 ARI 26
3	5 CAP 05	8 ARI 01	10 CAN 57	10 LIB 59	15 CAP 15	16 ARI 29
4	8 CAP 05	11 ARI 01	13 CAN 57	14 LIB 01	18 CAP 17	19 ARI 31
5	11 CAP 04	14 ARI 00	16 CAN 57	17 LIB 04	21 CAP 20	22 ARI 34
6	14 CAP 04	17 ARI 00	19 CAN 56	20 LIB 06	24 CAP 22	25 ARI 36
7	17 CAP 04	20 ARI 00	22 CAN 56	23 LIB 09	27 CAP 25	28 ARI 39
8	20 CAP 04	23 ARI 00	25 CAN 56	26 LIB 11	0 AQU 27	1 TAU 41
9	23 CAP 04	25 ARI 60	28 CAN 56	29 LIB 14	3 AQU 30	4 TAU 44
10	26 CAP 04	28 ARI 60	1 LEO 56	2 SCO 16	6 AQU 32	7 TAU 46
11	29 CAP 04	1 TAU 60	4 LEO 56	5 SCO 19	9 AQU 35	10 TAU 49
12	2 AQU 04	4 TAU 60	7 LEO 56	8 SCO 21	12 AQU 37	13 TAU 51
13	5 AQU 03	7 TAU 59	10 LEO 56	11 SCO 23	15 AQU 40	16 TAU 53
14	8 AQU 03	10 TAU 59	13 LEO 56	14 SCO 26	18 AQU 42	19 TAU 56
15	11 AQU 03	13 TAU 59	16 LEO 56	17 SCO 28	21 AQU 45	22 TAU 58
16	14 AQU 03	16 TAU 59	19 LEO 55	20 SCO 31	24 AQU 47	26 TAU 01
17	17 AQU 03	19 TAU 59	22 LEO 55	23 SCO 33	27 AQU 49	29 TAU 03
18	20 AQU 03	22 TAU 59	25 LEO 55	26 SCO 36	0 PIS 52	2 GEM 06
19	23 AQU 03	25 TAU 59	28 LEO 55	29 SCO 38	3 PIS 54	5 GEM 08
20	26 AQU 03	28 TAU 59	1 VIR 55	2 SAG 41	6 PIS 57	8 GEM 11
21	29 AQU 02	1 GEM 58	4 VIR 55	5 SAG 43	9 PIS 59	11 GEM 13
22	2 PIS 02	4 GEM 58	7 VIR 55	8 SAG 45	13 PIS 02	14 GEM 15
23	5 PIS 02	7 GEM 58	10 VIR 55	11 SAG 48	16 PIS 04	17 GEM 18
24	8 PIS 02	10 GEM 58	13 VIR 55	14 SAG 50	19 PIS 07	20 GEM 20
25	11 PIS 02	13 GEM 58	16 VIR 55	17 SAG 53	22 PIS 09	23 GEM 23
26	14 PIS 02	16 GEM 58	19 VIR 55	20 SAG 55	25 PIS 12	26 GEM 25
27	17 PIS 02	19 GEM 58	22 VIR 54	23 SAG 58	28 PIS 14	29 GEM 28
28	20 PIS 02	22 GEM 58	25 VIR 54	27 SAG 00	1 ARI 17	2 CAN 30
29	23 PIS 01	25 GEM 57	28 VIR 54	0 CAP 03	4 ARI 19	5 CAN 33
30	26 PIS 01	28 GEM 57	1 LIB 54	3 CAP 05	7 ARI 22	8 CAN 35
31	29 PIS 01	1 CAN 57		6 CAP 08		11 CAN 38

1972 LILITH EPHEMERIS

DAY	JAN	FEB	MAR	APR	MAY	JUN
1	14 CAN 40	18 LIB 56	17 CAP 04	21 ARI 10	21 CAN 07	24 LIB 05
2	17 CAN 42	21 LIB 58	20 CAP 06	24 ARI 10	24 CAN 07	27 LIB 05
3	20 CAN 45	25 LIB 01	23 CAP 08	27 ARI 10	27 CAN 07	0 SCO 05
4	23 CAN 47	28 LIB 03	26 CAP 10	0 TAU 10	0 LEO 07	3 SCO 05
5	26 CAN 50	1 SCO 05	29 CAP 13	3 TAU 10	3 LEO 07	6 SCO 04
6	29 CAN 52	4 SCO 08	2 AQU 15	6 TAU 09	6 LEO 07	9 SCO 04
7	2 LEO 55	7 SCO 10	5 AQU 17	9 TAU 09	9 LEO 07	12 SCO 04
8	5 LEO 57	10 SCO 12	8 AQU 19	12 TAU 09	12 LEO 07	15 SCO 04
9	8 LEO 60	13 SCO 15	11 AQU 21	15 TAU 09	15 LEO 06	18 SCO 04
10	12 LEO 02	16 SCO 17	14 AQU 23	18 TAU 09	18 LEO 06	21 SCO 04
11	15 LEO 05	19 SCO 19	17 AQU 25	21 TAU 09	21 LEO 06	24 SCO 04
12	18 LEO 07	22 SCO 22	20 AQU 27	24 TAU 09	24 LEO 06	27 SCO 04
13	21 LEO 09	25 SCO 24	23 AQU 30	27 TAU 09	27 LEO 06	0 SAG 03
14	24 LEO 12	28 SCO 26	26 AQU 32	0 GEM 09	0 VIR 06	3 SAG 03
15	27 LEO 14	1 SAG 29	29 AQU 34	3 GEM 09	3 VIR 06	6 SAG 03
16	0 VIR 17	4 SAG 31	2 PIS 36	6 GEM 08	6 VIR 06	9 SAG 03
17	3 VIR 19	7 SAG 34	5 PIS 38	9 GEM 08	9 VIR 06	12 SAG 03
18	6 VIR 22	10 SAG 36	8 PIS 40	12 GEM 08	12 VIR 06	15 SAG 03
19	9 VIR 24	13 SAG 38	11 PIS 42	15 GEM 08	15 VIR 06	18 SAG 03
20	12 VIR 27	16 SAG 41	14 PIS 44	18 GEM 08	18 VIR 06	21 SAG 02
21	15 VIR 29	19 SAG 43	17 PIS 47	21 GEM 08	21 VIR 06	24 SAG 02
22	18 VIR 31	22 SAG 45	20 PIS 49	24 GEM 08	24 VIR 06	27 SAG 02
23	21 VIR 34	25 SAG 48	23 PIS 51	27 GEM 08	27 VIR 06	0 CAP 02
24	24 VIR 36	28 SAG 50	26 PIS 53	0 CAN 08	0 LIB 06	3 CAP 02
25	27 VIR 39	1 CAP 52	29 PIS 55	3 CAN 08	3 LIB 05	6 CAP 02
26	0 LIB 41	4 CAP 55	2 ARI 57	6 CAN 07	6 LIB 05	9 CAP 02
27	3 LIB 44	7 CAP 57	5 ARI 59	9 CAN 07	9 LIB 05	12 CAP 02
28	6 LIB 46	10 CAP 59	9 ARI 01	12 CAN 07	12 LIB 05	15 CAP 01
29	9 LIB 49	14 CAP 02	12 ARI 04	15 CAN 07	15 LIB 05	18 CAP 01
30	12 LIB 51		15 ARI 06	18 CAN 07	18 LIB 05	21 CAP 01
31	15 LIB 54		18 ARI 08		21 LIB 05	

LILITH EPHEMERIS 1972

DAY	JUL	AUG	SEP	OCT	NOV	DEC
1	24 CAP 01	26 ARI 58	29 CAN 54	0 SCO 20	4 AQU 35	5 TAU 48
2	27 CAP 01	29 ARI 58	2 LEO 55	3 SCO 22	7 AQU 37	8 TAU 50
3	0 AQU 01	2 TAU 58	5 LEO 56	6 SCO 25	10 AQU 40	11 TAU 53
4	3 AQU 01	5 TAU 58	8 LEO 57	9 SCO 27	13 AQU 42	14 TAU 55
5	6 AQU 01	8 TAU 57	11 LEO 57	12 SCO 30	16 AQU 45	17 TAU 58
6	9 AQU 01	11 TAU 57	14 LEO 58	15 SCO 32	19 AQU 47	21 TAU 00
7	12 AQU 00	14 TAU 57	17 LEO 59	18 SCO 35	22 AQU 50	24 TAU 03
8	15 AQU 00	17 TAU 57	21 LEO 00	21 SCO 37	25 AQU 52	27 TAU 05
9	18 AQU 00	20 TAU 57	24 LEO 01	24 SCO 39	28 AQU 54	0 GEM 08
10	21 AQU 00	23 TAU 57	27 LEO 02	27 SCO 42	1 PIS 57	3 GEM 10
11	24 AQU 00	26 TAU 57	0 VIR 03	0 SAG 44	4 PIS 59	6 GEM 13
12	26 AQU 60	29 TAU 57	3 VIR 04	3 SAG 47	8 PIS 02	9 GEM 15
13	29 AQU 60	2 GEM 56	6 VIR 04	6 SAG 49	11 PIS 04	12 GEM 18
14	2 PIS 60	5 GEM 56	9 VIR 05	9 SAG 51	14 PIS 07	15 GEM 20
15	5 PIS 60	8 GEM 56	12 VIR 06	12 SAG 54	17 PIS 09	18 GEM 23
16	8 PIS 60	11 GEM 56	15 VIR 07	15 SAG 56	20 PIS 12	21 GEM 25
17	11 PIS 59	14 GEM 56	18 VIR 08	18 SAG 59	23 PIS 14	24 GEM 28
18	14 PIS 59	17 GEM 56	21 VIR 09	22 SAG 01	26 PIS 16	27 GEM 30
19	17 PIS 59	20 GEM 56	24 VIR 10	25 SAG 04	29 PIS 19	0 CAN 33
20	20 PIS 59	23 GEM 56	27 VIR 10	28 SAG 06	2 ARI 21	3 CAN 35
21	23 PIS 59	26 GEM 55	0 LIB 11	1 CAP 08	5 ARI 24	6 CAN 38
22	26 PIS 59	29 GEM 55	3 LIB 12	4 CAP 11	8 ARI 26	9 CAN 40
23	29 PIS 59	2 CAN 55	6 LIB 13	7 CAP 13	11 ARI 29	12 CAN 43
24	2 ARI 59	5 CAN 55	9 LIB 14	10 CAP 16	14 ARI 31	15 CAN 45
25	5 ARI 59	8 CAN 55	12 LIB 15	13 CAP 18	17 ARI 33	18 CAN 48
26	8 ARI 59	11 CAN 55	15 LIB 16	16 CAP 20	20 ARI 36	21 CAN 50
27	11 ARI 58	14 CAN 55	18 LIB 17	19 CAP 23	23 ARI 38	24 CAN 53
28	14 ARI 58	17 CAN 55	21 LIB 17	22 CAP 25	26 ARI 41	27 CAN 55
29	17 ARI 58	20 CAN 54	24 LIB 18	25 CAP 28	29 ARI 43	0 LEO 58
30	20 ARI 58	23 CAN 54	27 LIB 19	28 CAP 30	2 TAU 46	4 LEO 00
31	23 ARI 58	26 CAN 54		1 AQU 33		7 LEO 03

1973   LILITH EPHEMERIS

DAY	JAN	FEB	MAR	APR	MAY	JUN
1	10 LEO 05	14 SCO 18	9 AQU 26	13 TAU 01	13 LEO 00	15 SCO 57
2	13 LEO 07	17 SCO 20	12 AQU 27	16 TAU 01	15 LEO 60	18 SCO 57
3	16 LEO 10	20 SCO 23	15 AQU 28	19 TAU 01	18 LEO 60	21 SCO 57
4	19 LEO 12	23 SCO 25	18 AQU 29	22 TAU 01	21 LEO 60	24 SCO 57
5	22 LEO 14	26 SCO 28	21 AQU 31	25 TAU 01	24 LEO 60	27 SCO 57
6	25 LEO 17	29 SCO 30	24 AQU 32	28 TAU 01	27 LEO 60	0 SAG 57
7	28 LEO 19	2 SAG 33	27 AQU 33	1 GEM 01	0 VIR 59	3 SAG 57
8	1 VIR 21	5 SAG 35	0 PIS 34	4 GEM 01	3 VIR 59	6 SAG 57
9	4 VIR 24	8 SAG 37	3 PIS 35	7 GEM 01	6 VIR 59	9 SAG 57
10	7 VIR 26	11 SAG 40	6 PIS 36	10 GEM 01	9 VIR 59	12 SAG 57
11	10 VIR 29	14 SAG 42	9 PIS 37	13 GEM 01	12 VIR 59	15 SAG 57
12	13 VIR 31	17 SAG 45	12 PIS 38	16 GEM 01	15 VIR 59	18 SAG 57
13	16 VIR 33	20 SAG 47	15 PIS 40	19 GEM 01	18 VIR 59	21 SAG 57
14	19 VIR 36	23 SAG 50	18 PIS 41	22 GEM 01	21 VIR 59	24 SAG 57
15	22 VIR 38	26 SAG 52	21 PIS 42	25 GEM 01	24 VIR 59	27 SAG 57
16	25 VIR 40	29 SAG 54	24 PIS 43	28 GEM 00	27 VIR 59	0 CAP 57
17	28 VIR 43	2 CAP 57	27 PIS 44	1 CAN 00	0 LIB 58	3 CAP 57
18	1 LIB 45	5 CAP 59	0 ARI 45	4 CAN 00	3 LIB 58	6 CAP 57
19	4 LIB 47	9 CAP 02	3 ARI 46	7 CAN 00	6 LIB 58	9 CAP 57
20	7 LIB 50	12 CAP 04	6 ARI 47	10 CAN 00	9 LIB 58	12 CAP 57
21	10 LIB 52	15 CAP 07	9 ARI 49	13 CAN 00	12 LIB 58	15 CAP 57
22	13 LIB 54	18 CAP 09	12 ARI 50	16 CAN 00	15 LIB 58	18 CAP 57
23	16 LIB 57	21 CAP 11	15 ARI 51	19 CAN 00	18 LIB 58	21 CAP 57
24	19 LIB 59	24 CAP 14	18 ARI 52	22 CAN 00	21 LIB 58	24 CAP 57
25	23 LIB 02	27 CAP 16	21 ARI 53	25 CAN 00	24 LIB 58	27 CAP 57
26	26 LIB 04	0 AQU 19	24 ARI 54	28 CAN 00	27 LIB 58	0 AQU 57
27	29 LIB 06	3 AQU 21	27 ARI 55	1 LEO 00	0 SCO 57	3 AQU 57
28	2 SCO 09	6 AQU 24	0 TAU 56	4 LEO 00	3 SCO 57	6 AQU 57
29	5 SCO 11		3 TAU 58	7 LEO 00	6 SCO 57	9 AQU 57
30	8 SCO 13		6 TAU 59	10 LEO 00	9 SCO 57	12 AQU 57
31	11 SCO 16		9 TAU 60		12 SCO 57	

LILITH EPHEMERIS   1973

DAY	JUL	AUG	SEP	OCT	NOV	DEC
1	15 AQU 57	18 TAU 56	21 LEO 55	22 SCO 47	26 AQU 58	28 TAU 10
2	18 AQU 57	21 TAU 56	24 LEO 57	25 SCO 49	0 PIS 00	1 GEM 12
3	21 AQU 57	24 TAU 56	27 LEO 58	28 SCO 52	3 PIS 03	4 GEM 15
4	24 AQU 57	27 TAU 56	1 VIR 00	1 SAG 54	6 PIS 05	7 GEM 17
5	27 AQU 57	0 GEM 56	4 VIR 02	4 SAG 56	9 PIS 08	10 GEM 19
6	0 PIS 57	3 GEM 56	7 VIR 04	7 SAG 58	12 PIS 10	13 GEM 21
7	3 PIS 57	6 GEM 56	10 VIR 05	11 SAG 01	15 PIS 12	16 GEM 24
8	6 PIS 57	9 GEM 56	13 VIR 07	14 SAG 03	18 PIS 15	19 GEM 26
9	9 PIS 57	12 GEM 56	16 VIR 09	17 SAG 05	21 PIS 17	22 GEM 28
10	12 PIS 57	15 GEM 56	19 VIR 11	20 SAG 08	24 PIS 20	25 GEM 31
11	15 PIS 57	18 GEM 56	22 VIR 12	23 SAG 10	27 PIS 22	28 GEM 33
12	18 PIS 57	21 GEM 56	25 VIR 14	26 SAG 12	0 ARI 24	1 CAN 35
13	21 PIS 57	24 GEM 56	28 VIR 16	29 SAG 14	3 ARI 27	4 CAN 37
14	24 PIS 57	27 GEM 56	1 LIB 18	2 CAP 17	6 ARI 29	7 CAN 40
15	27 PIS 57	0 CAN 56	4 LIB 19	5 CAP 19	9 ARI 32	10 CAN 42
16	0 ARI 57	3 CAN 56	7 LIB 21	8 CAP 21	12 ARI 34	13 CAN 44
17	3 ARI 56	6 CAN 55	10 LIB 23	11 CAP 24	15 ARI 36	16 CAN 47
18	6 ARI 56	9 CAN 55	13 LIB 24	14 CAP 26	18 ARI 39	19 CAN 49
19	9 ARI 56	12 CAN 55	16 LIB 26	17 CAP 28	21 ARI 41	22 CAN 51
20	12 ARI 56	15 CAN 55	19 LIB 28	20 CAP 31	24 ARI 44	25 CAN 54
21	15 ARI 56	18 CAN 55	22 LIB 30	23 CAP 33	27 ARI 46	28 CAN 56
22	18 ARI 56	21 CAN 55	25 LIB 31	26 CAP 35	0 TAU 48	1 LEO 58
23	21 ARI 56	24 CAN 55	28 LIB 33	29 CAP 37	3 TAU 51	5 LEO 00
24	24 ARI 56	27 CAN 55	1 SCO 35	2 AQU 40	6 TAU 53	8 LEO 03
25	27 ARI 56	0 LEO 55	4 SCO 37	5 AQU 42	9 TAU 56	11 LEO 05
26	0 TAU 56	3 LEO 55	7 SCO 38	8 AQU 44	12 TAU 58	14 LEO 07
27	3 TAU 56	6 LEO 55	10 SCO 40	11 AQU 47	16 TAU 00	17 LEO 10
28	6 TAU 56	9 LEO 55	13 SCO 42	14 AQU 49	19 TAU 03	20 LEO 12
29	9 TAU 56	12 LEO 55	16 SCO 44	17 AQU 51	22 TAU 05	23 LEO 14
30	12 TAU 56	15 LEO 55	19 SCO 45	20 AQU 53	25 TAU 08	26 LEO 16
31	15 TAU 56	18 LEO 55		23 AQU 56		29 LEO 19

1974 LILITH EPHEMERIS

DAY	JAN	FEB	MAR	APR	MAY	JUN
1	2 VIR 21	6 SAG 37	1 PIS 39	4 GEM 50	4 VIR 52	7 SAG 54
2	5 VIR 23	9 SAG 39	4 PIS 39	7 GEM 50	7 VIR 52	10 SAG 54
3	8 VIR 26	12 SAG 41	7 PIS 40	10 GEM 50	10 VIR 52	13 SAG 54
4	11 VIR 28	15 SAG 44	10 PIS 40	13 GEM 50	13 VIR 52	16 SAG 54
5	14 VIR 31	18 SAG 46	13 PIS 40	16 GEM 50	16 VIR 52	19 SAG 54
6	17 VIR 33	21 SAG 48	16 PIS 41	19 GEM 50	19 VIR 52	22 SAG 54
7	20 VIR 36	24 SAG 50	19 PIS 41	22 GEM 50	22 VIR 52	25 SAG 54
8	23 VIR 38	27 SAG 53	22 PIS 41	25 GEM 50	25 VIR 52	28 SAG 54
9	26 VIR 41	0 CAP 55	25 PIS 42	28 GEM 51	28 VIR 53	1 CAP 55
10	29 VIR 43	3 CAP 57	28 PIS 42	1 CAN 51	1 LIB 53	4 CAP 55
11	2 LIB 46	6 CAP 59	1 ARI 43	4 CAN 51	4 LIB 53	7 CAP 55
12	5 LIB 48	10 CAP 01	4 ARI 43	7 CAN 51	7 LIB 53	10 CAP 55
13	8 LIB 50	13 CAP 04	7 ARI 43	10 CAN 51	10 LIB 53	13 CAP 55
14	11 LIB 53	16 CAP 06	10 ARI 44	13 CAN 51	13 LIB 53	16 CAP 55
15	14 LIB 55	19 CAP 08	13 ARI 44	16 CAN 51	16 LIB 53	19 CAP 55
16	17 LIB 58	22 CAP 10	16 ARI 44	19 CAN 51	19 LIB 53	22 CAP 55
17	21 LIB 00	25 CAP 12	19 ARI 45	22 CAN 51	22 LIB 53	25 CAP 55
18	24 LIB 03	28 CAP 15	22 ARI 45	25 CAN 51	25 LIB 53	28 CAP 55
19	27 LIB 05	1 AQU 17	25 ARI 45	28 CAN 51	28 LIB 53	1 AQU 55
20	0 SCO 08	4 AQU 19	28 ARI 46	1 LEO 51	1 SCO 53	4 AQU 55
21	3 SCO 10	7 AQU 21	1 TAU 46	4 LEO 51	4 SCO 53	7 AQU 55
22	6 SCO 12	10 AQU 24	4 TAU 46	7 LEO 51	7 SCO 53	10 AQU 55
23	9 SCO 15	13 AQU 26	7 TAU 47	10 LEO 51	10 SCO 53	13 AQU 55
24	12 SCO 17	16 AQU 28	10 TAU 47	13 LEO 52	13 SCO 53	16 AQU 56
25	15 SCO 20	19 AQU 30	13 TAU 48	16 LEO 52	16 SCO 54	19 AQU 56
26	18 SCO 22	22 AQU 32	16 TAU 48	19 LEO 52	19 SCO 54	22 AQU 56
27	21 SCO 25	25 AQU 35	19 TAU 48	22 LEO 52	22 SCO 54	25 AQU 56
28	24 SCO 27	28 AQU 37	22 TAU 49	25 LEO 52	25 SCO 54	28 AQU 56
29	27 SCO 30		25 TAU 49	28 LEO 52	28 SCO 54	1 PIS 56
30	0 SAG 32		28 TAU 49	1 VIR 52	1 SAG 54	4 PIS 56
31	3 SAG 35		1 GEM 50		4 SAG 54	

LILITH EPHEMERIS 1974

DAY	JUL	AUG	SEP	OCT	NOV	DEC
1	7 PIS 56	10 GEM 59	14 VIR 08	15 SAG 14	19 PIS 22	20 GEM 28
2	10 PIS 56	13 GEM 59	17 VIR 10	18 SAG 16	22 PIS 24	23 GEM 30
3	13 PIS 56	16 GEM 60	20 VIR 12	21 SAG 18	25 PIS 26	26 GEM 32
4	16 PIS 56	19 GEM 60	23 VIR 15	24 SAG 21	28 PIS 29	29 GEM 35
5	19 PIS 56	23 GEM 00	26 VIR 17	27 SAG 23	1 ARI 31	2 CAN 37
6	22 PIS 56	26 GEM 00	29 VIR 19	0 CAP 25	4 ARI 33	5 CAN 39
7	25 PIS 57	29 GEM 01	2 LIB 21	3 CAP 27	7 ARI 35	8 CAN 41
8	28 PIS 57	2 CAN 01	5 LIB 23	6 CAP 29	10 ARI 37	11 CAN 43
9	1 ARI 57	5 CAN 01	8 LIB 26	9 CAP 32	13 ARI 40	14 CAN 46
10	4 ARI 57	8 CAN 02	11 LIB 28	12 CAP 34	16 ARI 42	17 CAN 48
11	7 ARI 57	11 CAN 02	14 LIB 30	15 CAP 36	19 ARI 44	20 CAN 50
12	10 ARI 57	14 CAN 02	17 LIB 32	18 CAP 38	22 ARI 46	23 CAN 52
13	13 ARI 57	17 CAN 02	20 LIB 34	21 CAP 40	25 ARI 48	26 CAN 54
14	16 ARI 57	20 CAN 03	23 LIB 37	24 CAP 43	28 ARI 51	29 CAN 57
15	19 ARI 57	23 CAN 03	26 LIB 39	27 CAP 45	1 TAU 53	2 LEO 59
16	22 ARI 57	26 CAN 03	29 LIB 41	0 AQU 47	4 TAU 55	6 LEO 01
17	25 ARI 58	29 CAN 04	2 SCO 43	3 AQU 49	7 TAU 57	9 LEO 03
18	28 ARI 58	2 LEO 04	5 SCO 45	6 AQU 51	10 TAU 59	12 LEO 05
19	1 TAU 58	5 LEO 04	8 SCO 48	9 AQU 53	14 TAU 02	15 LEO 07
20	4 TAU 58	8 LEO 05	11 SCO 50	12 AQU 56	17 TAU 04	18 LEO 10
21	7 TAU 58	11 LEO 05	14 SCO 52	15 AQU 58	20 TAU 06	21 LEO 12
22	10 TAU 58	14 LEO 05	17 SCO 54	19 AQU 00	23 TAU 08	24 LEO 14
23	13 TAU 58	17 LEO 05	20 SCO 56	22 AQU 02	26 TAU 10	27 LEO 16
24	16 TAU 58	20 LEO 06	23 SCO 59	25 AQU 04	29 TAU 13	0 VIR 18
25	19 TAU 58	23 LEO 06	27 SCO 01	28 AQU 07	2 GEM 15	3 VIR 21
26	22 TAU 58	26 LEO 06	0 SAG 03	1 PIS 09	5 GEM 17	6 VIR 23
27	25 TAU 59	29 LEO 07	3 SAG 05	4 PIS 11	8 GEM 19	9 VIR 25
28	28 TAU 59	2 VIR 07	6 SAG 07	7 PIS 13	11 GEM 21	12 VIR 27
29	1 GEM 59	5 VIR 07	9 SAG 10	10 PIS 15	14 GEM 24	15 VIR 29
30	4 GEM 59	8 VIR 07	12 SAG 12	13 PIS 18	17 GEM 26	18 VIR 32
31	7 GEM 59	11 VIR 08		16 PIS 20		21 VIR 34

1975   LILITH EPHEMERIS

DAY	JAN	FEB	MAR	APR	MAY	JUN
1	24 VIR 36	28 SAG 44	23 PIS 38	26 GEM 45	26 VIR 53	29 SAG 58
2	27 VIR 38	1 CAP 46	26 PIS 38	29 GEM 45	29 VIR 53	2 CAP 58
3	0 LIB 40	4 CAP 48	29 PIS 38	2 CAN 46	2 LIB 53	5 CAP 58
4	3 LIB 43	7 CAP 50	2 ARI 39	5 CAN 46	5 LIB 53	8 CAP 59
5	6 LIB 45	10 CAP 52	5 ARI 39	8 CAN 46	8 LIB 54	11 CAP 59
6	9 LIB 47	13 CAP 54	8 ARI 39	11 CAN 47	11 LIB 54	14 CAP 59
7	12 LIB 49	16 CAP 56	11 ARI 39	14 CAN 47	14 LIB 54	17 CAP 59
8	15 LIB 51	19 CAP 58	14 ARI 40	17 CAN 47	17 LIB 54	20 CAP 59
9	18 LIB 54	22 CAP 59	17 ARI 40	20 CAN 47	20 LIB 54	23 CAP 60
10	21 LIB 56	26 CAP 01	20 ARI 40	23 CAN 47	23 LIB 54	26 CAP 60
11	24 LIB 58	29 CAP 03	23 ARI 40	26 CAN 48	26 LIB 55	29 CAP 60
12	28 LIB 00	2 AQU 05	26 ARI 40	29 CAN 48	29 LIB 55	3 AQU 00
13	1 SCO 02	5 AQU 07	29 ARI 41	2 LEO 48	2 SCO 55	6 AQU 00
14	4 SCO 05	8 AQU 09	2 TAU 41	5 LEO 48	5 SCO 55	9 AQU 01
15	7 SCO 07	11 AQU 11	5 TAU 41	8 LEO 49	8 SCO 55	12 AQU 01
16	10 SCO 09	14 AQU 13	8 TAU 41	11 LEO 49	11 SCO 55	15 AQU 01
17	13 SCO 11	17 AQU 15	11 TAU 42	14 LEO 49	14 SCO 56	18 AQU 01
18	16 SCO 13	20 AQU 17	14 TAU 42	17 LEO 50	17 SCO 56	21 AQU 01
19	19 SCO 15	23 AQU 19	17 TAU 42	20 LEO 50	20 SCO 56	24 AQU 02
20	22 SCO 18	26 AQU 21	20 TAU 42	23 LEO 50	23 SCO 56	27 AQU 02
21	25 SCO 20	29 AQU 23	23 TAU 43	26 LEO 50	26 SCO 56	0 PIS 02
22	28 SCO 22	2 PIS 25	26 TAU 43	29 LEO 51	29 SCO 56	3 PIS 02
23	1 SAG 24	5 PIS 26	29 TAU 43	2 VIR 51	2 SAG 57	6 PIS 02
24	4 SAG 26	8 PIS 28	2 GEM 43	5 VIR 51	5 SAG 57	9 PIS 03
25	7 SAG 29	11 PIS 30	5 GEM 44	8 VIR 51	8 SAG 57	12 PIS 03
26	10 SAG 31	14 PIS 32	8 GEM 44	11 VIR 52	11 SAG 57	15 PIS 03
27	13 SAG 33	17 PIS 34	11 GEM 44	14 VIR 52	14 SAG 57	18 PIS 03
28	16 SAG 35	20 PIS 36	14 GEM 44	17 VIR 52	17 SAG 58	21 PIS 03
29	19 SAG 37		17 GEM 44	20 VIR 52	20 SAG 58	24 PIS 04
30	22 SAG 40		20 GEM 45	23 VIR 53	23 SAG 58	27 PIS 04
31	25 SAG 42		23 GEM 45		26 SAG 58	

LILITH EPHEMERIS 1975

DAY	JUL	AUG	SEP	OCT	NOV	DEC
1	0 ARI 04	3 CAN 10	6 LIB 41	7 CAP 43	11 ARI 47	12 CAN 47
2	3 ARI 04	6 CAN 11	9 LIB 43	10 CAP 45	14 ARI 49	15 CAN 49
3	6 ARI 04	9 CAN 12	12 LIB 45	13 CAP 47	17 ARI 51	18 CAN 51
4	9 ARI 05	12 CAN 13	15 LIB 47	16 CAP 49	20 ARI 53	21 CAN 53
5	12 ARI 05	15 CAN 14	18 LIB 49	19 CAP 51	23 ARI 55	24 CAN 56
6	15 ARI 05	18 CAN 15	21 LIB 51	22 CAP 53	26 ARI 57	27 CAN 58
7	18 ARI 05	21 CAN 16	24 LIB 53	25 CAP 55	29 ARI 59	0 LEO 60
8	21 ARI 05	24 CAN 17	27 LIB 55	28 CAP 57	3 TAU 01	4 LEO 02
9	24 ARI 06	27 CAN 18	0 SCO 58	1 AQU 60	6 TAU 03	7 LEO 04
10	27 ARI 06	0 LEO 19	3 SCO 60	5 AQU 02	9 TAU 05	10 LEO 06
11	0 TAU 06	3 LEO 20	7 SCO 02	8 AQU 04	12 TAU 07	13 LEO 09
12	3 TAU 06	6 LEO 21	10 SCO 04	11 AQU 06	15 TAU 09	16 LEO 11
13	6 TAU 06	9 LEO 22	13 SCO 06	14 AQU 08	18 TAU 11	19 LEO 13
14	9 TAU 07	12 LEO 23	16 SCO 08	17 AQU 10	21 TAU 13	22 LEO 15
15	12 TAU 07	15 LEO 24	19 SCO 10	20 AQU 12	24 TAU 15	25 LEO 17
16	15 TAU 07	18 LEO 25	22 SCO 12	23 AQU 14	27 TAU 17	28 LEO 19
17	18 TAU 07	21 LEO 26	25 SCO 14	26 AQU 16	0 GEM 19	1 VIR 22
18	21 TAU 07	24 LEO 27	28 SCO 16	29 AQU 18	3 GEM 21	4 VIR 24
19	24 TAU 07	27 LEO 28	1 SAG 18	2 PIS 20	6 GEM 23	7 VIR 26
20	27 TAU 08	0 VIR 29	4 SAG 20	5 PIS 22	9 GEM 25	10 VIR 28
21	0 GEM 08	3 VIR 30	7 SAG 22	8 PIS 24	12 GEM 27	13 VIR 30
22	3 GEM 08	6 VIR 31	10 SAG 24	11 PIS 26	15 GEM 29	16 VIR 32
23	6 GEM 08	9 VIR 32	13 SAG 26	14 PIS 28	18 GEM 31	19 VIR 35
24	9 GEM 08	12 VIR 33	16 SAG 29	17 PIS 30	21 GEM 33	22 VIR 37
25	12 GEM 08	15 VIR 34	19 SAG 31	20 PIS 33	24 GEM 35	25 VIR 39
26	15 GEM 09	18 VIR 35	22 SAG 33	23 PIS 35	27 GEM 37	28 VIR 41
27	18 GEM 09	21 VIR 36	25 SAG 35	26 PIS 37	0 CAN 39	1 LIB 43
28	21 GEM 09	24 VIR 37	28 SAG 37	29 PIS 39	3 CAN 41	4 LIB 45
29	24 GEM 09	27 VIR 38	1 CAP 39	2 ARI 41	6 CAN 43	7 LIB 48
30	27 GEM 10	0 LIB 39	4 CAP 41	5 ARI 43	9 CAN 45	10 LIB 50
31	0 CAN 10	3 LIB 40		8 ARI 45		13 LIB 52

1976   LILITH EPHEMERIS

DAY	JAN	FEB	MAR	APR	MAY	JUN
1	16 LIB 54	20 CAP 57	18 ARI 24	21 CAN 36	21 LIB 48	25 CAP 00
2	19 LIB 56	23 CAP 58	21 ARI 24	24 CAN 36	24 LIB 48	28 CAP 00
3	22 LIB 58	26 CAP 59	24 ARI 25	27 CAN 37	27 LIB 49	1 AQU 01
4	26 LIB 00	29 CAP 60	27 ARI 25	0 LEO 37	0 SCO 49	4 AQU 01
5	29 LIB 02	3 AQU 01	0 TAU 26	3 LEO 38	3 SCO 50	7 AQU 02
6	2 SCO 04	6 AQU 02	3 TAU 26	6 LEO 38	6 SCO 50	10 AQU 02
7	5 SCO 06	9 AQU 03	6 TAU 26	9 LEO 38	9 SCO 50	13 AQU 02
8	8 SCO 08	12 AQU 04	9 TAU 27	12 LEO 39	12 SCO 51	16 AQU 03
9	11 SCO 10	15 AQU 04	12 TAU 27	15 LEO 39	15 SCO 51	19 AQU 03
10	14 SCO 12	18 AQU 05	15 TAU 27	18 LEO 40	18 SCO 51	22 AQU 04
11	17 SCO 14	21 AQU 06	18 TAU 28	21 LEO 40	21 SCO 52	25 AQU 04
12	20 SCO 16	24 AQU 07	21 TAU 28	24 LEO 40	24 SCO 52	28 AQU 04
13	23 SCO 18	27 AQU 08	24 TAU 29	27 LEO 41	27 SCO 53	1 PIS 05
14	26 SCO 20	0 PIS 09	27 TAU 29	0 VIR 41	0 SAG 53	4 PIS 05
15	29 SCO 22	3 PIS 10	0 GEM 29	3 VIR 42	3 SAG 53	7 PIS 06
16	2 SAG 24	6 PIS 11	3 GEM 30	6 VIR 42	6 SAG 54	10 PIS 06
17	5 SAG 27	9 PIS 12	6 GEM 30	9 VIR 42	9 SAG 54	13 PIS 06
18	8 SAG 29	12 PIS 13	9 GEM 31	12 VIR 43	12 SAG 55	16 PIS 07
19	11 SAG 31	15 PIS 14	12 GEM 31	15 VIR 43	15 SAG 55	19 PIS 07
20	14 SAG 33	18 PIS 15	15 GEM 31	18 VIR 44	18 SAG 55	22 PIS 08
21	17 SAG 35	21 PIS 16	18 GEM 32	21 VIR 44	21 SAG 56	25 PIS 08
22	20 SAG 37	24 PIS 17	21 GEM 32	24 VIR 44	24 SAG 56	28 PIS 08
23	23 SAG 39	27 PIS 17	24 GEM 33	27 VIR 45	27 SAG 57	1 ARI 09
24	26 SAG 41	0 ARI 18	27 GEM 33	0 LIB 45	0 CAP 57	4 ARI 09
25	29 SAG 43	3 ARI 19	0 CAN 33	3 LIB 46	3 CAP 57	7 ARI 10
26	2 CAP 45	6 ARI 20	3 CAN 34	6 LIB 46	6 CAP 58	10 ARI 10
27	5 CAP 47	9 ARI 21	6 CAN 34	9 LIB 46	9 CAP 58	13 ARI 10
28	8 CAP 49	12 ARI 22	9 CAN 34	12 LIB 47	12 CAP 58	16 ARI 11
29	11 CAP 51	15 ARI 23	12 CAN 35	15 LIB 47	15 CAP 59	19 ARI 11
30	14 CAP 53		15 CAN 35	18 LIB 48	18 CAP 59	22 ARI 12
31	17 CAP 55		18 CAN 36		21 CAP 60	

160

LILITH EPHEMERIS   1976

DAY	JUL	AUG	SEP	OCT	NOV	DEC
1	25 ARI 12	28 CAN 24	2 SCO 15	3 AQU 10	7 TAU 07	8 LEO 02
2	28 ARI 12	1 LEO 26	5 SCO 17	6 AQU 12	10 TAU 09	11 LEO 04
3	1 TAU 13	4 LEO 27	8 SCO 19	9 AQU 14	13 TAU 11	14 LEO 05
4	4 TAU 13	7 LEO 29	11 SCO 20	12 AQU 16	16 TAU 12	17 LEO 07
5	7 TAU 14	10 LEO 31	14 SCO 22	15 AQU 17	19 TAU 14	20 LEO 09
6	10 TAU 14	13 LEO 32	17 SCO 24	18 AQU 19	22 TAU 16	23 LEO 11
7	13 TAU 14	16 LEO 34	20 SCO 26	21 AQU 21	25 TAU 18	26 LEO 12
8	16 TAU 15	19 LEO 36	23 SCO 28	24 AQU 23	28 TAU 20	29 LEO 14
9	19 TAU 15	22 LEO 37	26 SCO 30	27 AQU 25	1 GEM 22	2 VIR 16
10	22 TAU 15	25 LEO 39	29 SCO 31	0 PIS 27	4 GEM 23	5 VIR 17
11	25 TAU 16	28 LEO 40	2 SAG 33	3 PIS 28	7 GEM 25	8 VIR 19
12	28 TAU 16	1 VIR 42	5 SAG 35	6 PIS 30	10 GEM 27	11 VIR 21
13	1 GEM 17	4 VIR 44	8 SAG 37	9 PIS 32	13 GEM 29	14 VIR 23
14	4 GEM 17	7 VIR 45	11 SAG 39	12 PIS 34	16 GEM 31	17 VIR 24
15	7 GEM 17	10 VIR 47	14 SAG 41	15 PIS 36	19 GEM 33	20 VIR 26
16	10 GEM 18	13 VIR 49	17 SAG 42	18 PIS 38	22 GEM 34	23 VIR 28
17	13 GEM 18	16 VIR 50	20 SAG 44	21 PIS 39	25 GEM 36	26 VIR 29
18	16 GEM 19	19 VIR 52	23 SAG 46	24 PIS 41	28 GEM 38	29 VIR 31
19	19 GEM 19	22 VIR 54	26 SAG 48	27 PIS 43	1 CAN 40	2 LIB 33
20	22 GEM 19	25 VIR 55	29 SAG 50	0 ARI 45	4 CAN 42	5 LIB 34
21	25 GEM 20	28 VIR 57	2 CAP 52	3 ARI 47	7 CAN 44	8 LIB 36
22	28 GEM 20	1 LIB 59	5 CAP 53	6 ARI 49	10 CAN 46	11 LIB 38
23	1 CAN 21	5 LIB 00	8 CAP 55	9 ARI 50	13 CAN 47	14 LIB 40
24	4 CAN 21	8 LIB 02	11 CAP 57	12 ARI 52	16 CAN 49	17 LIB 41
25	7 CAN 21	11 LIB 03	14 CAP 59	15 ARI 54	19 CAN 51	20 LIB 43
26	10 CAN 22	14 LIB 05	18 CAP 01	18 ARI 56	22 CAN 53	23 LIB 45
27	13 CAN 22	17 LIB 07	21 CAP 03	21 ARI 58	25 CAN 55	26 LIB 46
28	16 CAN 22	20 LIB 08	24 CAP 04	24 ARI 60	28 CAN 57	29 LIB 48
29	19 CAN 23	23 LIB 10	27 CAP 06	28 ARI 01	1 LEO 58	2 SCO 50
30	22 CAN 23	26 LIB 12	0 AQU 08	1 TAU 03	5 LEO 00	5 SCO 52
31	25 CAN 24	29 LIB 13		4 TAU 05		8 SCO 53

1977   LILITH EPHEMERIS

DAY	JAN	FEB	MAR	APR	MAY	JUN
1	11 SCO 55	15 AQU 48	10 TAU 08	13 LEO 26	13 SCO 44	17 AQU 03
2	14 SCO 57	18 AQU 49	13 TAU 09	16 LEO 27	16 SCO 45	20 AQU 04
3	17 SCO 58	21 AQU 49	16 TAU 09	19 LEO 27	19 SCO 45	23 AQU 04
4	21 SCO 00	24 AQU 50	19 TAU 10	22 LEO 28	22 SCO 46	26 AQU 05
5	24 SCO 02	27 AQU 51	22 TAU 10	25 LEO 28	25 SCO 46	29 AQU 05
6	27 SCO 04	0 PIS 52	25 TAU 11	28 LEO 29	28 SCO 47	2 PIS 06
7	0 SAG 05	3 PIS 52	28 TAU 11	1 VIR 30	1 SAG 48	5 PIS 07
8	3 SAG 07	6 PIS 53	1 GEM 12	4 VIR 30	4 SAG 48	8 PIS 07
9	6 SAG 09	9 PIS 54	4 GEM 13	7 VIR 31	7 SAG 49	11 PIS 08
10	9 SAG 10	12 PIS 54	7 GEM 13	10 VIR 31	10 SAG 50	14 PIS 08
11	12 SAG 12	15 PIS 55	10 GEM 14	13 VIR 32	13 SAG 50	17 PIS 09
12	15 SAG 14	18 PIS 56	13 GEM 14	16 VIR 33	16 SAG 51	20 PIS 10
13	18 SAG 16	21 PIS 57	16 GEM 15	19 VIR 33	19 SAG 51	23 PIS 10
14	21 SAG 17	24 PIS 57	19 GEM 16	22 VIR 34	22 SAG 52	26 PIS 11
15	24 SAG 19	27 PIS 58	22 GEM 16	25 VIR 34	25 SAG 53	29 PIS 11
16	27 SAG 21	0 ARI 59	25 GEM 17	28 VIR 35	28 SAG 53	2 ARI 12
17	0 CAP 22	3 ARI 59	28 GEM 17	1 LIB 36	1 CAP 54	5 ARI 13
18	3 CAP 24	7 ARI 00	1 CAN 18	4 LIB 36	4 CAP 54	8 ARI 13
19	6 CAP 26	10 ARI 01	4 CAN 18	7 LIB 37	7 CAP 55	11 ARI 14
20	9 CAP 27	13 ARI 02	7 CAN 19	10 LIB 37	10 CAP 56	14 ARI 14
21	12 CAP 29	16 ARI 02	10 CAN 20	13 LIB 38	13 CAP 56	17 ARI 15
22	15 CAP 31	19 ARI 03	13 CAN 20	16 LIB 39	16 CAP 57	20 ARI 16
23	18 CAP 33	22 ARI 03	16 CAN 21	19 LIB 39	19 CAP 57	23 ARI 16
24	21 CAP 34	25 ARI 04	19 CAN 21	22 LIB 40	22 CAP 58	26 ARI 17
25	24 CAP 36	28 ARI 05	22 CAN 22	25 LIB 40	25 CAP 59	29 ARI 17
26	27 CAP 38	1 TAU 06	25 CAN 23	28 LIB 41	28 CAP 59	2 TAU 18
27	0 AQU 39	4 TAU 07	28 CAN 23	1 SCO 42	1 AQU 60	5 TAU 19
28	3 AQU 41	7 TAU 07	1 LEO 24	4 SCO 42	5 AQU 01	8 TAU 19
29	6 AQU 43		4 LEO 24	7 SCO 43	8 AQU 01	11 TAU 20
30	9 AQU 45		7 LEO 25	10 SCO 43	11 AQU 02	14 TAU 20
31	12 AQU 46		10 LEO 25		14 AQU 02	

LILITH EPHEMERIS 1977

DAY	JUL	AUG	SEP	OCT	NOV	DEC
1	17 TAU 21	20 LEO 48	24 SCO 38	25 AQU 26	29 TAU 16	0 VIR 06
2	20 TAU 22	23 LEO 50	27 SCO 40	28 AQU 28	2 GEM 18	3 VIR 08
3	23 TAU 23	26 LEO 51	0 SAG 41	1 PIS 29	5 GEM 19	6 VIR 09
4	26 TAU 24	29 LEO 53	3 SAG 43	4 PIS 31	8 GEM 21	9 VIR 11
5	29 TAU 24	2 VIR 54	6 SAG 44	7 PIS 32	11 GEM 23	12 VIR 12
6	2 GEM 25	5 VIR 56	9 SAG 46	10 PIS 34	14 GEM 24	15 VIR 14
7	5 GEM 26	8 VIR 58	12 SAG 48	13 PIS 36	17 GEM 26	18 VIR 16
8	8 GEM 27	11 VIR 59	15 SAG 49	16 PIS 37	20 GEM 28	21 VIR 17
9	11 GEM 28	15 VIR 01	18 SAG 51	19 PIS 39	23 GEM 29	24 VIR 19
10	14 GEM 29	18 VIR 03	21 SAG 52	22 PIS 41	26 GEM 31	27 VIR 21
11	17 GEM 30	21 VIR 04	24 SAG 54	25 PIS 42	29 GEM 33	0 LIB 22
12	20 GEM 31	24 VIR 06	27 SAG 56	28 PIS 44	2 CAN 34	3 LIB 24
13	23 GEM 31	27 VIR 07	0 CAP 57	1 ARI 45	5 CAN 36	6 LIB 25
14	26 GEM 32	0 LIB 09	3 CAP 59	4 ARI 47	8 CAN 38	9 LIB 27
15	29 GEM 33	3 LIB 11	7 CAP 00	7 ARI 49	11 CAN 39	12 LIB 29
16	2 CAN 34	6 LIB 12	10 CAP 02	10 ARI 50	14 CAN 41	15 LIB 30
17	5 CAN 35	9 LIB 14	13 CAP 04	13 ARI 52	17 CAN 43	18 LIB 32
18	8 CAN 36	12 LIB 15	16 CAP 05	16 ARI 53	20 CAN 44	21 LIB 33
19	11 CAN 37	15 LIB 17	19 CAP 07	19 ARI 55	23 CAN 46	24 LIB 35
20	14 CAN 38	18 LIB 19	22 CAP 08	22 ARI 57	26 CAN 48	27 LIB 37
21	17 CAN 38	21 LIB 20	25 CAP 10	25 ARI 58	29 CAN 49	0 SCO 38
22	20 CAN 39	24 LIB 22	28 CAP 12	28 ARI 60	2 LEO 51	3 SCO 40
23	23 CAN 40	27 LIB 23	1 AQU 13	2 TAU 01	5 LEO 53	6 SCO 41
24	26 CAN 41	0 SCO 25	4 AQU 15	5 TAU 03	8 LEO 54	9 SCO 43
25	29 CAN 42	3 SCO 27	7 AQU 16	8 TAU 05	11 LEO 56	12 SCO 45
26	2 LEO 43	6 SCO 28	10 AQU 18	11 TAU 06	14 LEO 58	15 SCO 46
27	5 LEO 44	9 SCO 30	13 AQU 20	14 TAU 08	17 LEO 59	18 SCO 48
28	8 LEO 45	12 SCO 32	16 AQU 21	17 TAU 10	21 LEO 01	21 SCO 50
29	11 LEO 45	15 SCO 33	19 AQU 23	20 TAU 11	24 LEO 03	24 SCO 51
30	14 LEO 46	18 SCO 35	22 AQU 24	23 TAU 13	27 LEO 04	27 SCO 53
31	17 LEO 47	21 SCO 36		26 TAU 14		0 SAG 54

163

1978   LILITH EPHEMERIS

DAY	JAN	FEB	MAR	APR	MAY	JUN
1	3 SAG 56	7 PIS 31	1 GEM 54	5 VIR 23	5 SAG 48	9 PIS 15
2	6 SAG 57	10 PIS 32	4 GEM 55	8 VIR 24	8 SAG 49	12 PIS 16
3	9 SAG 58	13 PIS 33	7 GEM 56	11 VIR 25	11 SAG 50	15 PIS 17
4	12 SAG 59	16 PIS 33	10 GEM 57	14 VIR 25	14 SAG 51	18 PIS 18
5	16 SAG 01	19 PIS 34	13 GEM 58	17 VIR 26	17 SAG 51	21 PIS 19
6	19 SAG 02	22 PIS 35	16 GEM 59	20 VIR 27	20 SAG 52	24 PIS 19
7	22 SAG 03	25 PIS 35	19 GEM 60	23 VIR 28	23 SAG 53	27 PIS 20
8	25 SAG 04	28 PIS 37	23 GEM 01	26 VIR 29	26 SAG 54	0 ARI 21
9	28 SAG 05	1 ARI 38	26 GEM 01	29 VIR 30	29 SAG 55	3 ARI 22
10	1 CAP 06	4 ARI 38	29 GEM 02	2 LIB 30	2 CAP 56	6 ARI 23
11	4 CAP 07	7 ARI 39	2 CAN 03	5 LIB 31	5 CAP 57	9 ARI 24
12	7 CAP 08	10 ARI 40	5 CAN 04	8 LIB 32	8 CAP 58	12 ARI 25
13	10 CAP 10	13 ARI 41	8 CAN 05	11 LIB 33	11 CAP 58	15 ARI 25
14	13 CAP 11	16 ARI 42	11 CAN 06	14 LIB 34	14 CAP 59	18 ARI 26
15	16 CAP 12	19 ARI 42	14 CAN 07	17 LIB 35	18 CAP 00	21 ARI 27
16	19 CAP 13	22 ARI 43	17 CAN 08	20 LIB 35	21 CAP 01	24 ARI 28
17	22 CAP 14	25 ARI 44	20 CAN 09	23 LIB 36	24 CAP 02	27 ARI 29
18	25 CAP 15	28 ARI 45	23 CAN 10	26 LIB 37	27 CAP 03	0 TAU 30
19	28 CAP 16	1 TAU 46	26 CAN 11	29 LIB 38	0 AQU 04	3 TAU 31
20	1 AQU 17	4 TAU 47	29 CAN 12	2 SCO 39	3 AQU 05	6 TAU 31
21	4 AQU 19	7 TAU 47	2 LEO 13	5 SCO 40	6 AQU 05	9 TAU 32
22	7 AQU 20	10 TAU 48	5 LEO 14	8 SCO 40	9 AQU 06	12 TAU 33
23	10 AQU 21	13 TAU 49	8 LEO 15	11 SCO 41	12 AQU 07	15 TAU 34
24	13 AQU 22	16 TAU 50	11 LEO 16	14 SCO 42	15 AQU 08	18 TAU 35
25	16 AQU 23	19 TAU 51	14 LEO 16	17 SCO 43	18 AQU 09	21 TAU 36
26	19 AQU 24	22 TAU 52	17 LEO 17	20 SCO 44	21 AQU 10	24 TAU 37
27	22 AQU 25	25 TAU 52	20 LEO 18	23 SCO 45	24 AQU 11	27 TAU 38
28	25 AQU 26	28 TAU 53	23 LEO 19	26 SCO 45	27 AQU 12	0 GEM 38
29	28 AQU 28		26 LEO 20	29 SCO 46	0 PIS 12	3 GEM 39
30	1 PIS 29		29 LEO 21	2 SAG 47	3 PIS 13	6 GEM 40
31	4 PIS 30		2 VIR 22		6 PIS 14	

LILITH EPHEMERIS 1978

DAY	JUL	AUG	SEP	OCT	NOV	DEC
1	9 GEM 41	13 VIR 19	17 SAG 00	17 PIS 40	21 GEM 22	22 VIR 00
2	12 GEM 42	16 VIR 20	20 SAG 01	20 PIS 41	24 GEM 23	25 VIR 01
3	15 GEM 43	19 VIR 22	23 SAG 03	23 PIS 43	27 GEM 25	28 VIR 03
4	18 GEM 45	22 VIR 23	26 SAG 04	26 PIS 44	0 CAN 26	1 LIB 04
5	21 GEM 46	25 VIR 24	29 SAG 05	29 PIS 45	3 CAN 27	4 LIB 05
6	24 GEM 47	28 VIR 26	2 CAP 07	2 ARI 47	6 CAN 28	7 LIB 07
7	27 GEM 48	1 LIB 27	5 CAP 08	5 ARI 48	9 CAN 30	10 LIB 08
8	0 CAN 50	4 LIB 28	8 CAP 09	8 ARI 49	12 CAN 31	13 LIB 09
9	3 CAN 51	7 LIB 30	11 CAP 11	11 ARI 51	15 CAN 32	16 LIB 11
10	6 CAN 52	10 LIB 31	14 CAP 12	14 ARI 52	18 CAN 33	19 LIB 12
11	9 CAN 53	13 LIB 32	17 CAP 13	17 ARI 54	21 CAN 35	22 LIB 14
12	12 CAN 54	16 LIB 34	20 CAP 15	20 ARI 55	24 CAN 36	25 LIB 15
13	15 CAN 56	19 LIB 35	23 CAP 16	23 ARI 56	27 CAN 37	28 LIB 16
14	18 CAN 57	22 LIB 36	26 CAP 17	26 ARI 58	0 LEO 38	1 SCO 18
15	21 CAN 58	25 LIB 38	29 CAP 19	29 ARI 59	3 LEO 40	4 SCO 19
16	24 CAN 59	28 LIB 39	2 AQU 20	3 TAU 00	6 LEO 41	7 SCO 20
17	28 CAN 01	1 SCO 40	5 AQU 21	6 TAU 02	9 LEO 42	10 SCO 22
18	1 LEO 02	4 SCO 41	8 AQU 23	9 TAU 03	12 LEO 44	13 SCO 23
19	4 LEO 03	7 SCO 43	11 AQU 24	12 TAU 04	15 LEO 45	16 SCO 24
20	7 LEO 04	10 SCO 44	14 AQU 25	15 TAU 06	18 LEO 46	19 SCO 26
21	10 LEO 06	13 SCO 45	17 AQU 27	18 TAU 07	21 LEO 47	22 SCO 27
22	13 LEO 07	16 SCO 47	20 AQU 28	21 TAU 08	24 LEO 49	25 SCO 28
23	16 LEO 08	19 SCO 48	23 AQU 29	24 TAU 10	27 LEO 50	28 SCO 30
24	19 LEO 09	22 SCO 49	26 AQU 31	27 TAU 11	0 VIR 51	1 SAG 31
25	22 LEO 10	25 SCO 51	29 AQU 32	0 GEM 13	3 VIR 52	4 SAG 33
26	25 LEO 12	28 SCO 52	2 PIS 33	3 GEM 14	6 VIR 54	7 SAG 34
27	28 LEO 13	1 SAG 53	5 PIS 35	6 GEM 15	9 VIR 55	10 SAG 35
28	1 VIR 14	4 SAG 55	8 PIS 36	9 GEM 17	12 VIR 56	13 SAG 37
29	4 VIR 15	7 SAG 56	11 PIS 37	12 GEM 18	15 VIR 57	16 SAG 38
30	7 VIR 17	10 SAG 57	14 PIS 39	15 GEM 19	18 VIR 59	19 SAG 39
31	10 VIR 18	13 SAG 59		18 GEM 21		22 SAG 41

1979 LILITH EPHEMERIS

DAY	JAN	FEB	MAR	APR	MAY	JUN
1	25 SAG 42	29 PIS 20	23 GEM 53	27 VIR 27	28 SAG 00	1 ARI 35
2	28 SAG 43	2 ARI 21	26 GEM 54	0 LIB 28	1 CAP 01	4 ARI 36
3	1 CAP 44	5 ARI 22	29 GEM 55	3 LIB 29	4 CAP 02	7 ARI 37
4	4 CAP 46	8 ARI 24	2 CAN 56	6 LIB 30	7 CAP 03	10 ARI 38
5	7 CAP 47	11 ARI 25	5 CAN 57	9 LIB 31	10 CAP 05	13 ARI 39
6	10 CAP 48	14 ARI 26	8 CAN 58	12 LIB 32	13 CAP 06	16 ARI 41
7	13 CAP 49	17 ARI 27	11 CAN 60	15 LIB 34	16 CAP 07	19 ARI 42
8	16 CAP 51	20 ARI 28	15 CAN 01	18 LIB 35	19 CAP 08	22 ARI 43
9	19 CAP 52	23 ARI 29	18 CAN 02	21 LIB 36	22 CAP 09	25 ARI 44
10	22 CAP 53	26 ARI 31	21 CAN 03	24 LIB 37	25 CAP 10	28 ARI 45
11	25 CAP 54	29 ARI 32	24 CAN 04	27 LIB 38	28 CAP 11	1 TAU 46
12	28 CAP 55	2 TAU 33	27 CAN 05	0 SCO 39	1 AQU 12	4 TAU 47
13	1 AQU 57	5 TAU 34	0 LEO 06	3 SCO 40	4 AQU 14	7 TAU 48
14	4 AQU 58	8 TAU 35	3 LEO 07	6 SCO 41	7 AQU 15	10 TAU 49
15	7 AQU 59	11 TAU 37	6 LEO 08	9 SCO 42	10 AQU 16	13 TAU 50
16	11 AQU 00	14 TAU 38	9 LEO 09	12 SCO 43	13 AQU 17	16 TAU 52
17	14 AQU 02	17 TAU 39	12 LEO 11	15 SCO 45	16 AQU 18	19 TAU 53
18	17 AQU 03	20 TAU 40	15 LEO 12	18 SCO 46	19 AQU 19	22 TAU 54
19	20 AQU 04	23 TAU 41	18 LEO 13	21 SCO 47	22 AQU 20	25 TAU 55
20	23 AQU 05	26 TAU 42	21 LEO 14	24 SCO 48	25 AQU 21	28 TAU 56
21	26 AQU 07	29 TAU 44	24 LEO 15	27 SCO 49	28 AQU 23	1 GEM 57
22	29 AQU 08	2 GEM 45	27 LEO 16	0 SAG 50	1 PIS 24	4 GEM 58
23	2 PIS 09	5 GEM 46	0 VIR 17	3 SAG 51	4 PIS 25	7 GEM 59
24	5 PIS 10	8 GEM 47	3 VIR 18	6 SAG 52	7 PIS 26	11 GEM 00
25	8 PIS 11	11 GEM 48	6 VIR 19	9 SAG 53	10 PIS 27	14 GEM 01
26	11 PIS 13	14 GEM 49	9 VIR 20	12 SAG 54	13 PIS 28	17 GEM 03
27	14 PIS 14	17 GEM 51	12 VIR 22	15 SAG 56	16 PIS 29	20 GEM 04
28	17 PIS 15	20 GEM 52	15 VIR 23	18 SAG 57	19 PIS 30	23 GEM 05
29	20 PIS 16		18 VIR 24	21 SAG 58	22 PIS 32	26 GEM 06
30	23 PIS 18		21 VIR 25	24 SAG 59	25 PIS 33	29 GEM 07
31	26 PIS 19		24 VIR 26		28 PIS 34	

LILITH EPHEMERIS 1979

DAY	JUL	AUG	SEP	OCT	NOV	DEC
1	2 CAN 08	5 LIB 43	9 CAP 17	9 ARI 30	13 CAN 24	13 LIB 57
2	5 CAN 09	8 LIB 44	12 CAP 17	12 ARI 32	16 CAN 25	16 LIB 58
3	8 CAN 10	11 LIB 45	15 CAP 18	15 ARI 33	19 CAN 26	19 LIB 59
4	11 CAN 11	14 LIB 46	18 CAP 18	18 ARI 35	22 CAN 27	23 LIB 00
5	14 CAN 13	17 LIB 47	21 CAP 19	21 ARI 37	25 CAN 28	26 LIB 02
6	17 CAN 14	20 LIB 48	24 CAP 19	24 ARI 39	28 CAN 30	29 LIB 03
7	20 CAN 15	23 LIB 50	27 CAP 20	27 ARI 40	1 LEO 31	2 SCO 04
8	23 CAN 16	26 LIB 51	0 AQU 20	0 TAU 42	4 LEO 32	5 SCO 05
9	26 CAN 17	29 LIB 52	3 AQU 20	3 TAU 44	7 LEO 33	8 SCO 06
10	29 CAN 18	2 SCO 53	6 AQU 21	6 TAU 46	10 LEO 34	11 SCO 07
11	2 LEO 19	5 SCO 54	9 AQU 21	9 TAU 47	13 LEO 35	14 SCO 09
12	5 LEO 20	8 SCO 55	12 AQU 22	12 TAU 49	16 LEO 36	17 SCO 10
13	8 LEO 22	11 SCO 56	15 AQU 22	15 TAU 51	19 LEO 37	20 SCO 11
14	11 LEO 23	14 SCO 57	18 AQU 23	18 TAU 53	22 LEO 38	23 SCO 12
15	14 LEO 24	17 SCO 58	21 AQU 23	21 TAU 54	25 LEO 39	26 SCO 13
16	17 LEO 25	20 SCO 59	24 AQU 24	24 TAU 56	28 LEO 40	29 SCO 14
17	20 LEO 26	24 AQU 01	27 AQU 24	27 TAU 58	1 VIR 42	2 SAG 16
18	23 LEO 27	27 SCO 02	0 PIS 24	0 GEM 60	4 VIR 43	5 SAG 17
19	26 LEO 28	0 SAG 03	3 PIS 25	4 GEM 01	7 VIR 44	8 SAG 18
20	29 LEO 29	3 SAG 04	6 PIS 25	7 GEM 03	10 VIR 45	11 SAG 19
21	2 VIR 31	6 SAG 05	9 PIS 26	10 GEM 05	13 VIR 46	14 SAG 20
22	5 VIR 32	9 SAG 06	12 PIS 26	13 GEM 07	16 VIR 47	17 SAG 21
23	8 VIR 33	12 SAG 07	15 PIS 27	16 GEM 08	19 VIR 48	20 SAG 23
24	11 VIR 34	15 SAG 08	18 PIS 27	19 GEM 10	22 VIR 49	23 SAG 24
25	14 VIR 35	18 SAG 09	21 PIS 27	22 GEM 12	25 VIR 50	26 SAG 25
26	17 VIR 36	21 SAG 10	24 PIS 28	25 GEM 14	28 VIR 51	29 SAG 26
27	20 VIR 37	24 SAG 12	27 PIS 28	28 GEM 15	1 LIB 53	2 CAP 27
28	23 VIR 38	27 SAG 13	0 ARI 29	1 CAN 17	4 LIB 54	5 CAP 28
29	26 VIR 40	0 CAP 14	3 ARI 29	4 CAN 19	7 LIB 55	8 CAP 30
30	29 VIR 41	3 CAP 15	6 ARI 30	7 CAN 21	10 LIB 56	11 CAP 31
31	2 LIB 42	6 CAP 16		10 CAN 22		14 CAP 32

1980 LILITH EPHEMERIS

DAY	JAN	FEB	MAR	APR	MAY	JUN
1	17 CAP 33	21 ARI 15	18 CAN 54	22 LIB 36	23 CAP 17	26 ARI 59
2	20 CAP 34	24 ARI 16	21 CAN 55	25 LIB 37	26 CAP 18	0 TAU 00
3	23 CAP 36	27 ARI 18	24 CAN 57	28 LIB 39	29 CAP 20	3 TAU 01
4	26 CAP 37	0 TAU 19	27 CAN 58	1 SCO 40	2 AQU 21	6 TAU 03
5	29 CAP 38	3 TAU 20	0 LEO 59	4 SCO 41	5 AQU 22	9 TAU 04
6	2 AQU 40	6 TAU 22	4 LEO 01	7 SCO 43	8 AQU 24	12 TAU 05
7	5 AQU 41	9 TAU 23	7 LEO 02	10 SCO 44	11 AQU 25	15 TAU 06
8	8 AQU 42	12 TAU 24	10 LEO 03	13 SCO 46	14 AQU 26	18 TAU 08
9	11 AQU 44	15 TAU 26	13 LEO 05	16 SCO 47	17 AQU 28	21 TAU 09
10	14 AQU 45	18 TAU 27	16 LEO 06	19 SCO 48	20 AQU 29	24 TAU 10
11	17 AQU 47	21 TAU 28	19 LEO 08	22 SCO 50	23 AQU 31	27 TAU 11
12	20 AQU 48	24 TAU 30	22 LEO 09	25 SCO 51	26 AQU 32	0 GEM 13
13	23 AQU 49	27 TAU 31	25 LEO 10	28 SCO 52	29 AQU 33	3 GEM 14
14	26 AQU 51	0 GEM 32	28 LEO 12	1 SAG 54	2 PIS 35	6 GEM 15
15	29 AQU 52	3 GEM 34	1 VIR 13	4 SAG 55	5 PIS 36	9 GEM 16
16	2 PIS 53	6 GEM 35	4 VIR 14	7 SAG 56	8 PIS 37	12 GEM 18
17	5 PIS 55	9 GEM 37	7 VIR 16	10 SAG 58	11 PIS 39	15 GEM 19
18	8 PIS 56	12 GEM 38	10 VIR 17	13 SAG 59	14 PIS 40	18 GEM 20
19	11 PIS 57	15 GEM 39	13 VIR 18	17 SAG 01	17 PIS 41	21 GEM 21
20	14 PIS 59	18 GEM 41	16 VIR 20	20 SAG 02	20 PIS 43	24 GEM 22
21	18 PIS 00	21 GEM 42	19 VIR 21	23 SAG 03	23 PIS 44	27 GEM 24
22	21 PIS 01	24 GEM 43	22 VIR 22	26 SAG 05	26 PIS 45	0 CAN 25
23	24 PIS 03	27 GEM 45	25 VIR 24	29 SAG 06	29 PIS 47	3 CAN 26
24	27 PIS 04	0 CAN 46	28 VIR 25	2 CAP 07	2 ARI 48	6 CAN 27
25	0 ARI 06	3 CAN 47	1 LIB 27	5 CAP 09	5 ARI 50	9 CAN 29
26	3 ARI 07	6 CAN 49	4 LIB 28	8 CAP 10	8 ARI 51	12 CAN 30
27	6 ARI 08	9 CAN 50	7 LIB 29	11 CAP 12	11 ARI 52	15 CAN 31
28	9 ARI 10	12 CAN 51	10 LIB 31	14 CAP 13	14 ARI 54	18 CAN 32
29	12 ARI 11	15 CAN 53	13 LIB 32	17 CAP 14	17 ARI 55	21 CAN 34
30	15 ARI 12		16 LIB 33	20 CAP 16	20 ARI 56	24 CAN 35
31	18 ARI 14		19 LIB 35		23 ARI 58	

LILITH EPHEMERIS 1980

DAY	JUL	AUG	SEP	OCT	NOV	DEC
1	27 CAN 36	1 SCO 03	4 AQU 28	4 TAU 54	8 LEO 20	8 SCO 46
2	0 LEO 37	4 SCO 04	7 AQU 29	7 TAU 55	11 LEO 21	11 SCO 48
3	3 LEO 38	7 SCO 05	10 AQU 30	10 TAU 56	14 LEO 22	14 SCO 49
4	6 LEO 39	10 SCO 05	13 AQU 31	13 TAU 57	17 LEO 23	17 SCO 51
5	9 LEO 39	13 SCO 06	16 AQU 31	16 TAU 57	20 LEO 23	20 SCO 52
6	12 LEO 40	16 SCO 07	19 AQU 32	19 TAU 58	23 LEO 24	23 SCO 54
7	15 LEO 41	19 SCO 08	22 AQU 33	22 TAU 59	26 LEO 25	26 SCO 55
8	18 LEO 42	22 SCO 09	25 AQU 34	25 TAU 60	29 LEO 26	29 SCO 57
9	21 LEO 43	25 SCO 09	28 AQU 35	29 TAU 01	2 VIR 27	2 SAG 59
10	24 LEO 44	28 SCO 10	1 PIS 36	2 GEM 02	5 VIR 28	6 SAG 00
11	27 LEO 45	1 SAG 11	4 PIS 37	5 GEM 02	8 VIR 29	9 SAG 02
12	0 VIR 46	4 SAG 12	7 PIS 38	8 GEM 03	11 VIR 30	12 SAG 03
13	3 VIR 46	7 SAG 13	10 PIS 39	11 GEM 04	14 VIR 30	15 SAG 05
14	6 VIR 47	10 SAG 13	13 PIS 39	14 GEM 05	17 VIR 31	18 SAG 07
15	9 VIR 48	13 SAG 14	16 PIS 40	17 GEM 06	20 VIR 32	21 SAG 08
16	12 VIR 49	16 SAG 15	19 PIS 41	20 GEM 07	23 VIR 33	24 SAG 10
17	15 VIR 50	19 SAG 16	22 PIS 42	23 GEM 07	26 VIR 34	27 SAG 11
18	18 VIR 51	22 SAG 17	25 PIS 43	26 GEM 08	29 VIR 35	0 CAP 13
19	21 VIR 52	25 SAG 18	28 PIS 44	29 GEM 09	2 LIB 36	3 CAP 14
20	24 VIR 53	28 SAG 18	1 ARI 44	2 CAN 10	5 LIB 36	6 CAP 16
21	27 VIR 53	1 CAP 19	4 ARI 45	5 CAN 11	8 LIB 37	9 CAP 18
22	0 LIB 54	4 CAP 20	7 ARI 46	8 CAN 12	11 LIB 38	12 CAP 19
23	3 LIB 55	7 CAP 21	10 ARI 47	11 CAN 12	14 LIB 39	15 CAP 21
24	6 LIB 56	10 CAP 22	13 ARI 48	14 CAN 13	17 LIB 40	18 CAP 22
25	9 LIB 57	13 CAP 22	16 ARI 49	17 CAN 14	20 LIB 41	21 CAP 24
26	12 LIB 58	16 CAP 23	19 ARI 50	20 CAN 15	23 LIB 42	24 CAP 26
27	15 LIB 59	19 CAP 24	22 ARI 51	23 CAN 16	26 LIB 43	27 CAP 27
28	18 LIB 60	22 CAP 25	25 ARI 51	26 CAN 17	29 LIB 43	0 AQU 29
29	22 LIB 00	25 CAP 26	28 ARI 52	29 CAN 17	2 SCO 44	3 AQU 30
30	25 LIB 01	28 CAP 26	1 TAU 53	2 LEO 18	5 SCO 45	6 AQU 32
31	28 LIB 02	1 AQU 27		5 LEO 19		9 AQU 33

1981   LILITH EPHEMERIS

DAY	JAN	FEB	MAR	APR	MAY	JUN
1	12 AQU 35	16 TAU 13	10 LEO 58	14 SCO 48	15 AQU 37	19 TAU 28
2	15 AQU 36	19 TAU 15	13 LEO 60	17 SCO 50	18 AQU 39	22 TAU 29
3	18 AQU 37	22 TAU 16	17 LEO 01	20 SCO 51	21 AQU 40	25 TAU 30
4	21 AQU 39	25 TAU 18	20 LEO 03	23 SCO 53	24 AQU 42	28 TAU 31
5	24 AQU 40	28 TAU 19	23 LEO 04	26 SCO 55	27 AQU 44	1 GEM 32
6	27 AQU 41	1 GEM 21	26 LEO 06	29 SCO 56	0 PIS 45	4 GEM 33
7	0 PIS 42	4 GEM 23	29 LEO 08	2 SAG 58	3 PIS 47	7 GEM 34
8	3 PIS 44	7 GEM 24	2 VIR 09	5 SAG 59	6 PIS 49	10 GEM 35
9	6 PIS 45	10 GEM 26	5 VIR 11	9 SAG 01	9 PIS 50	13 GEM 36
10	9 PIS 46	13 GEM 27	8 VIR 13	12 SAG 03	12 PIS 52	16 GEM 37
11	12 PIS 47	16 GEM 29	11 VIR 14	15 SAG 04	15 PIS 53	19 GEM 38
12	15 PIS 48	19 GEM 31	14 VIR 16	18 SAG 06	18 PIS 55	22 GEM 39
13	18 PIS 50	22 GEM 32	17 VIR 17	21 SAG 08	21 PIS 57	25 GEM 40
14	21 PIS 51	25 GEM 34	20 VIR 19	24 SAG 09	24 PIS 58	28 GEM 41
15	24 PIS 52	28 GEM 36	23 VIR 21	27 SAG 11	28 PIS 00	1 CAN 42
16	27 PIS 53	1 CAN 37	26 VIR 22	0 CAP 13	1 ARI 02	4 CAN 43
17	0 ARI 55	4 CAN 39	29 VIR 24	3 CAP 14	4 ARI 03	7 CAN 44
18	3 ARI 56	7 CAN 40	2 LIB 25	6 CAP 16	7 ARI 05	10 CAN 45
19	6 ARI 57	10 CAN 42	5 LIB 27	9 CAP 17	10 ARI 07	13 CAN 46
20	9 ARI 58	13 CAN 44	8 LIB 29	12 CAP 19	13 ARI 08	16 CAN 47
21	12 ARI 60	16 CAN 45	11 LIB 30	15 CAP 21	16 ARI 10	19 CAN 48
22	16 ARI 01	19 CAN 47	14 LIB 32	18 CAP 22	19 ARI 12	22 CAN 4'
23	19 ARI 02	22 CAN 48	17 LIB 33	21 CAP 24	22 ARI 13	25 CAN 50
24	22 ARI 03	25 CAN 50	20 LIB 35	24 CAP 26	25 ARI 15	28 CAN 51
25	25 ARI 04	28 CAN 52	23 LIB 37	27 CAP 27	28 ARI 16	1 LEO 52
26	28 ARI 06	1 LEO 53	26 LIB 38	0 AQU 29	1 TAU 18	4 LEO 53
27	1 TAU 07	4 LEO 55	29 LIB 40	3 AQU 30	4 TAU 20	7 LEO 54
28	4 TAU 08	7 LEO 56	2 SCO 42	6 AQU 32	7 TAU 21	10 LEO 55
29	7 TAU 09		5 SCO 43	9 AQU 34	10 TAU 23	13 LEO 56
30	10 TAU 11		8 SCO 45	12 AQU 35	13 TAU 25	16 LEO 57
31	13 TAU 12		11 SCO 46		16 TAU 26	

170

LILITH EPHEMERIS 1981

DAY	JUL	AUG	SEP	OCT	NOV	DEC
1	19 LEO 58	23 SCO 16	26 AQU 34	26 TAU 52	0 VIR 10	0 SAG 28
2	22 LEO 59	26 SCO 17	29 AQU 35	29 TAU 53	3 VIR 11	3 SAG 30
3	25 LEO 59	29 SCO 17	2 PIS 35	2 GEM 53	6 VIR 11	6 SAG 32
4	28 LEO 60	2 SAG 18	5 PIS 36	5 GEM 54	9 VIR 12	9 SAG 33
5	2 VIR 00	5 SAG 18	8 PIS 36	8 GEM 54	12 VIR 12	12 SAG 35
6	5 VIR 01	8 SAG 19	11 PIS 37	11 GEM 55	15 VIR 13	15 SAG 37
7	8 VIR 01	11 SAG 19	14 PIS 38	14 GEM 55	18 VIR 14	18 SAG 39
8	11 VIR 02	14 SAG 20	17 PIS 38	17 GEM 56	21 VIR 14	21 SAG 40
9	14 VIR 03	17 SAG 21	20 PIS 39	20 GEM 57	24 VIR 15	24 SAG 42
10	17 VIR 03	20 SAG 21	23 PIS 39	23 GEM 57	27 VIR 15	27 SAG 44
11	20 VIR 04	23 SAG 22	26 PIS 40	26 GEM 58	0 LIB 16	0 CAP 46
12	23 VIR 04	26 SAG 22	29 PIS 41	29 GEM 58	3 LIB 17	3 CAP 48
13	26 VIR 05	29 SAG 23	2 ARI 41	2 CAN 59	6 LIB 17	6 CAP 49
14	29 VIR 06	2 CAP 24	5 ARI 42	5 CAN 60	9 LIB 18	9 CAP 51
15	2 LIB 06	5 CAP 24	8 ARI 42	9 CAN 00	12 LIB 18	12 CAP 53
16	5 LIB 07	8 CAP 25	11 ARI 43	12 CAN 01	15 LIB 19	15 CAP 55
17	8 LIB 07	11 CAP 25	14 ARI 44	15 CAN 01	18 LIB 20	18 CAP 56
18	11 LIB 08	14 CAP 26	17 ARI 44	18 CAN 02	21 LIB 20	21 CAP 58
19	14 LIB 08	17 CAP 26	20 ARI 45	21 CAN 02	24 LIB 21	24 CAP 60
20	17 LIB 09	20 CAP 27	23 ARI 45	24 CAN 03	27 LIB 21	28 CAP 02
21	20 LIB 10	23 CAP 28	26 ARI 46	27 CAN 04	0 SCO 22	1 AQU 03
22	23 LIB 10	26 CAP 28	29 ARI 47	0 LEO 04	3 SCO 23	4 AQU 05
23	26 LIB 11	29 CAP 29	2 TAU 47	3 LEO 05	6 SCO 23	7 AQU 07
24	29 LIB 11	2 AQU 29	5 TAU 48	6 LEO 05	9 SCO 24	10 AQU 09
25	2 SCO 12	5 AQU 30	8 TAU 48	9 LEO 06	12 SCO 24	13 AQU 11
26	5 SCO 13	8 AQU 31	11 TAU 49	12 LEO 07	15 SCO 25	16 AQU 12
27	8 SCO 13	11 AQU 31	14 TAU 49	15 LEO 07	18 SCO 26	19 AQU 14
28	11 SCO 14	14 AQU 32	17 TAU 50	18 LEO 08	21 SCO 26	22 AQU 16
29	14 SCO 14	17 AQU 32	20 TAU 51	21 LEO 08	24 SCO 27	25 AQU 18
30	17 SCO 15	20 AQU 33	23 TAU 51	24 LEO 09	27 SCO 27	28 AQU 19
31	20 SCO 15	23 AQU 33		27 LEO 09		1 PIS 21

1982   LILITH EPHEMERIS

DAY	JAN	FEB	MAR	APR	MAY	JUN
1	4 PIS 23	8 GEM 18	3 VIR 14	7 SAG 09	8 PIS 04	12 GEM 00
2	7 PIS 25	11 GEM 20	6 VIR 16	10 SAG 11	11 PIS 06	15 GEM 00
3	10 PIS 27	14 GEM 22	9 VIR 18	13 SAG 13	14 PIS 08	18 GEM 01
4	13 PIS 28	17 GEM 24	12 VIR 19	16 SAG 14	17 PIS 09	21 GEM 01
5	16 PIS 30	20 GEM 26	15 VIR 21	19 SAG 16	20 PIS 11	24 GEM 02
6	19 PIS 32	23 GEM 28	18 VIR 23	22 SAG 18	23 PIS 13	27 GEM 02
7	22 PIS 34	26 GEM 30	21 VIR 25	25 SAG 20	26 PIS 15	0 CAN 03
8	25 PIS 35	29 GEM 32	24 VIR 26	28 SAG 22	29 PIS 17	3 CAN 03
9	28 PIS 37	2 CAN 34	27 VIR 28	1 CAP 24	2 ARI 18	6 CAN 04
10	1 ARI 39	5 CAN 36	0 LIB 30	4 CAP 25	5 ARI 20	9 CAN 04
11	4 ARI 41	8 CAN 38	3 LIB 32	7 CAP 27	8 ARI 22	12 CAN 04
12	7 ARI 43	11 CAN 40	6 LIB 34	10 CAP 29	11 ARI 24	15 CAN 05
13	10 ARI 44	14 CAN 42	9 LIB 35	13 CAP 31	14 ARI 26	18 CAN 05
14	13 ARI 46	17 CAN 44	12 LIB 37	16 CAP 33	17 ARI 27	21 CAN 06
15	16 ARI 48	20 CAN 46	15 LIB 39	19 CAP 35	20 ARI 29	24 CAN 06
16	19 ARI 50	23 CAN 48	18 LIB 41	22 CAP 37	23 ARI 31	27 CAN 06
17	22 ARI 51	26 CAN 50	21 LIB 42	25 CAP 38	26 ARI 33	0 LEO 06
18	25 ARI 53	29 CAN 52	24 LIB 44	28 CAP 40	29 ARI 35	3 LEO 07
19	28 ARI 55	2 LEO 54	27 LIB 46	1 AQU 42	2 TAU 37	6 LEO 07
20	1 TAU 57	5 LEO 56	0 SCO 48	4 AQU 44	5 TAU 38	9 LEO 08
21	4 TAU 58	8 LEO 58	3 SCO 49	7 AQU 46	8 TAU 40	12 LEO 08
22	8 TAU 00	12 LEO 00	6 SCO 51	10 AQU 48	11 TAU 42	15 LEO 08
23	11 TAU 02	15 LEO 02	9 SCO 53	13 AQU 49	14 TAU 44	18 LEO 09
24	14 TAU 04	18 LEO 04	12 SCO 55	16 AQU 51	17 TAU 46	21 LEO 09
25	17 TAU 06	21 LEO 06	15 SCO 57	19 AQU 53	20 TAU 47	24 LEO 10
26	20 TAU 07	24 LEO 08	18 SCO 58	22 AQU 55	23 TAU 49	27 LEO 10
27	23 TAU 09	27 LEO 10	22 SCO 00	25 AQU 57	26 TAU 51	0 VIR 10
28	26 TAU 11	0 VIR 12	25 SCO 02	28 AQU 59	29 TAU 53	3 VIR 11
29	29 TAU 13		28 SCO 04	2 PIS 00	2 GEM 55	6 VIR 11
30	2 GEM 14		1 SAG 05	5 PIS 02	5 GEM 56	9 VIR 12
31	5 GEM 16		4 SAG 07		8 GEM 58	

172

LILITH EPHEMERIS 1982

DAY	JUL	AUG	SEP	OCT	NOV	DEC
1	12 VIR 12	15 SAG 24	18 PIS 36	18 GEM 48	22 VIR 00	22 SAG 25
2	15 VIR 12	18 SAG 24	21 PIS 36	21 GEM 48	25 VIR 01	25 SAG 27
3	18 VIR 13	21 SAG 25	24 PIS 37	24 GEM 49	28 VIR 02	28 SAG 29
4	21 VIR 13	24 SAG 25	27 PIS 37	27 GEM 49	1 LIB 02	1 CAP 31
5	24 VIR 14	27 SAG 26	0 ARI 38	0 CAN 50	4 LIB 03	4 CAP 33
6	27 VIR 14	0 CAP 26	3 ARI 38	3 CAN 50	7 LIB 04	7 CAP 35
7	0 LIB 14	3 CAP 27	6 ARI 38	6 CAN 50	10 LIB 05	10 CAP 37
8	3 LIB 15	6 CAP 27	9 ARI 39	9 CAN 51	13 LIB 06	13 CAP 39
9	6 LIB 15	9 CAP 27	12 ARI 39	12 CAN 51	16 LIB 07	16 CAP 41
10	9 LIB 15	12 CAP 27	15 ARI 40	15 CAN 51	19 LIB 07	19 CAP 43
11	12 LIB 16	15 CAP 28	18 ARI 40	18 CAN 52	22 LIB 08	22 CAP 45
12	15 LIB 16	18 CAP 28	21 ARI 40	21 CAN 52	25 LIB 09	25 CAP 47
13	18 LIB 17	21 CAP 29	24 ARI 41	24 CAN 53	28 LIB 10	28 CAP 49
14	21 LIB 17	24 CAP 29	27 ARI 41	27 CAN 53	1 SCO 11	1 AQU 51
15	24 LIB 17	27 CAP 29	0 TAU 42	0 LEO 53	4 SCO 12	4 AQU 53
16	27 LIB 18	0 AQU 30	3 TAU 42	3 LEO 54	7 SCO 12	7 AQU 55
17	0 SCO 18	3 AQU 30	6 TAU 42	6 LEO 54	10 SCO 13	10 AQU 58
18	3 SCO 19	6 AQU 31	9 TAU 43	9 LEO 55	13 SCO 14	13 AQU 60
19	6 SCO 19	9 AQU 31	12 TAU 43	12 LEO 55	16 SCO 15	17 AQU 02
20	9 SCO 19	12 AQU 31	15 TAU 44	15 LEO 55	19 SCO 16	20 AQU 04
21	12 SCO 20	15 AQU 32	18 TAU 44	18 LEO 56	22 SCO 17	23 AQU 06
22	15 SCO 20	18 AQU 32	21 TAU 44	21 LEO 56	25 SCO 17	26 AQU 08
23	18 SCO 21	21 AQU 33	24 TAU 45	24 LEO 57	28 SCO 18	29 AQU 10
24	21 SCO 21	24 AQU 33	27 TAU 45	27 LEO 57	1 SAG 19	2 PIS 12
25	24 SCO 21	27 AQU 33	0 GEM 46	0 VIR 57	4 SAG 20	5 PIS 14
26	27 SCO 22	0 PIS 34	3 GEM 46	3 VIR 58	7 SAG 21	8 PIS 16
27	0 SAG 22	3 PIS 34	6 GEM 46	6 VIR 58	10 SAG 22	11 PIS 18
28	3 SAG 22	6 PIS 34	9 GEM 47	9 VIR 58	13 SAG 22	14 PIS 20
29	6 SAG 23	9 PIS 35	12 GEM 47	12 VIR 59	16 SAG 23	17 PIS 22
30	9 SAG 23	12 PIS 35	15 GEM 48	15 VIR 59	19 SAG 24	20 PIS 24
31	12 SAG 24	15 PIS 36		18 VIR 60		23 PIS 26

1983 LILITH EPHEMERIS

DAY	JAN	FEB	MAR	APR	MAY	JUN
1	26 PIS 28	0 CAN 31	25 VIR 31	29 SAG 34	0 ARI 35	4 CAN 16
2	29 PIS 30	3 CAN 33	28 VIR 33	2 CAP 36	3 ARI 36	7 CAN 16
3	2 ARI 32	6 CAN 35	1 LIB 35	5 CAP 38	6 ARI 38	10 CAN 16
4	5 ARI 34	9 CAN 37	4 LIB 37	8 CAP 40	9 ARI 39	13 CAN 17
5	8 ARI 36	12 CAN 40	7 LIB 39	11 CAP 42	12 ARI 40	16 CAN 17
6	11 ARI 38	15 CAN 42	10 LIB 41	14 CAP 44	15 ARI 42	19 CAN 17
7	14 ARI 40	18 CAN 44	13 LIB 43	17 CAP 46	18 ARI 43	22 CAN 17
8	17 ARI 42	21 CAN 46	16 LIB 45	20 CAP 48	21 ARI 44	25 CAN 17
9	20 ARI 44	24 CAN 48	19 LIB 47	23 CAP 50	24 ARI 46	28 CAN 18
10	23 ARI 46	27 CAN 50	22 LIB 49	26 CAP 52	27 ARI 47	1 LEO 18
11	26 ARI 48	0 LEO 52	25 LIB 51	29 CAP 54	0 TAU 48	4 LEO 18
12	29 ARI 50	3 LEO 55	28 LIB 53	2 AQU 56	3 TAU 50	7 LEO 18
13	2 TAU 52	6 LEO 57	1 SCO 55	5 AQU 58	6 TAU 51	10 LEO 18
14	5 TAU 54	9 LEO 59	4 SCO 57	9 AQU 00	9 TAU 52	13 LEO 19
15	8 TAU 56	13 LEO 01	7 SCO 59	12 AQU 02	12 TAU 54	16 LEO 19
16	11 TAU 58	16 LEO 03	11 SCO 01	15 AQU 04	15 TAU 55	19 LEO 19
17	15 TAU 01	19 LEO 05	14 SCO 04	18 AQU 07	18 TAU 56	22 LEO 19
18	18 TAU 03	22 LEO 07	17 SCO 06	21 AQU 09	21 TAU 57	25 LEO 20
19	21 TAU 05	25 LEO 10	20 SCO 08	24 AQU 11	24 TAU 59	28 LEO 20
20	24 TAU 07	28 LEO 12	23 SCO 10	27 AQU 13	28 TAU 00	1 VIR 20
21	27 TAU 09	1 VIR 14	26 SCO 12	0 PIS 15	1 GEM 01	4 VIR 20
22	0 GEM 11	4 VIR 16	29 SCO 14	3 PIS 17	4 GEM 03	7 VIR 20
23	3 GEM 13	7 VIR 18	2 SAG 16	6 PIS 19	7 GEM 04	10 VIR 20
24	6 GEM 15	10 VIR 20	5 SAG 18	9 PIS 21	10 GEM 05	13 VIR 21
25	9 GEM 17	13 VIR 22	8 SAG 20	12 PIS 23	13 GEM 07	16 VIR 21
26	12 GEM 19	16 VIR 25	11 SAG 22	15 PIS 25	16 GEM 08	19 VIR 21
27	15 GEM 21	19 VIR 27	14 SAG 24	18 PIS 27	19 GEM 09	22 VIR 21
28	18 GEM 23	22 VIR 29	17 SAG 26	21 PIS 29	22 GEM 11	25 VIR 21
29	21 GEM 25		20 SAG 28	24 PIS 31	25 GEM 12	28 VIR 22
30	24 GEM 27		23 SAG 30	27 PIS 33	28 GEM 13	1 LIB 22
31	27 GEM 29		26 SAG 32		1 CAN 15	

174

LILITH EPHEMERIS 1983

DAY	JUL	AUG	SEP	OCT	NOV	DEC
1	4 LIB 22	7 CAP 28	10 ARI 34	10 CAN 40	13 LIB 46	14 CAP 32
2	7 LIB 22	10 CAP 28	13 ARI 34	13 CAN 40	16 LIB 48	17 CAP 34
3	10 LIB 22	13 CAP 28	16 ARI 34	16 CAN 40	19 LIB 49	20 CAP 36
4	13 LIB 23	16 CAP 29	19 ARI 35	19 CAN 41	22 LIB 51	23 CAP 39
5	16 LIB 23	19 CAP 29	22 ARI 35	22 CAN 41	25 LIB 52	26 CAP 41
6	19 LIB 23	22 CAP 29	25 ARI 35	25 CAN 41	28 LIB 54	29 CAP 43
7	22 LIB 23	25 CAP 29	28 ARI 35	28 CAN 41	1 SCO 55	2 AQU 45
8	25 LIB 23	28 CAP 29	1 TAU 35	1 LEO 41	4 SCO 57	5 AQU 47
9	28 LIB 24	1 AQU 30	4 TAU 36	4 LEO 42	7 SCO 58	8 AQU 50
10	1 SCO 24	4 AQU 30	7 TAU 36	7 LEO 42	10 SCO 60	11 AQU 52
11	4 SCO 24	7 AQU 30	10 TAU 36	10 LEO 42	14 SCO 01	14 AQU 54
12	7 SCO 24	10 AQU 30	13 TAU 36	13 LEO 42	17 SCO 03	17 AQU 56
13	10 SCO 24	13 AQU 30	16 TAU 36	16 LEO 42	20 SCO 04	20 AQU 58
14	13 SCO 25	16 AQU 31	19 TAU 37	19 LEO 43	23 SCO 06	24 AQU 01
15	16 SCO 25	19 AQU 31	22 TAU 37	22 LEO 43	26 SCO 07	27 AQU 03
16	19 SCO 25	22 AQU 31	25 TAU 37	25 LEO 43	29 SCO 09	0 PIS 05
17	22 SCO 25	25 AQU 31	28 TAU 37	28 LEO 43	2 SAG 11	3 PIS 07
18	25 SCO 25	28 AQU 31	1 GEM 37	1 VIR 43	5 SAG 12	6 PIS 09
19	28 SCO 25	1 PIS 31	4 GEM 38	4 VIR 43	8 SAG 14	9 PIS 11
20	1 SAG 26	4 PIS 32	7 GEM 38	7 VIR 44	11 SAG 15	12 PIS 14
21	4 SAG 26	7 PIS 32	10 GEM 38	10 VIR 44	14 SAG 17	15 PIS 16
22	7 SAG 26	10 PIS 32	13 GEM 38	13 VIR 44	17 SAG 18	18 PIS 18
23	10 SAG 26	13 PIS 32	16 GEM 38	16 VIR 44	20 SAG 20	21 PIS 20
24	13 SAG 26	16 PIS 32	19 GEM 39	19 VIR 44	23 SAG 21	24 PIS 22
25	16 SAG 27	19 PIS 33	22 GEM 39	22 VIR 45	26 SAG 23	27 PIS 25
26	19 SAG 27	22 PIS 33	25 GEM 39	25 VIR 45	29 SAG 24	0 ARI 27
27	22 SAG 27	25 PIS 33	28 GEM 39	28 VIR 45	2 CAP 26	3 ARI 29
28	25 SAG 27	28 PIS 33	1 CAN 39	1 LIB 45	5 CAP 27	6 ARI 31
29	28 SAG 27	1 ARI 33	4 CAN 40	4 LIB 45	8 CAP 29	9 ARI 33
30	1 CAP 28	4 ARI 34	7 CAN 40	7 LIB 46	11 CAP 30	12 ARI 36
31	4 CAP 28	7 ARI 34		10 LIB 46		15 ARI 38

1984　　　　　　　　　　　LILITH EPHEMERIS

DAY	JAN	FEB	MAR	APR	MAY	JUN
1	18 ARI 40	22 CAN 48	20 LIB 50	24 CAP 58	26 ARI 05	29 CAN 22
2	21 ARI 42	25 CAN 50	23 LIB 52	28 CAP 00	29 ARI 06	2 LEO 22
3	24 ARI 44	28 CAN 52	26 LIB 54	1 AQU 02	2 TAU 06	5 LEO 22
4	27 ARI 47	1 LEO 54	29 LIB 57	4 AQU 05	5 TAU 07	8 LEO 22
5	0 TAU 49	4 LEO 57	2 SCO 59	7 AQU 07	8 TAU 07	11 LEO 22
6	3 TAU 51	7 LEO 59	6 SCO 01	10 AQU 09	11 TAU 08	14 LEO 22
7	6 TAU 53	11 LEO 01	9 SCO 03	13 AQU 11	14 TAU 08	17 LEO 22
8	9 TAU 55	14 LEO 03	12 SCO 05	16 AQU 14	17 TAU 09	20 LEO 22
9	12 TAU 58	17 LEO 05	15 SCO 08	19 AQU 16	20 TAU 09	23 LEO 23
10	15 TAU 60	20 LEO 07	18 SCO 10	22 AQU 18	23 TAU 10	26 LEO 23
11	19 TAU 02	23 LEO 09	21 SCO 12	25 AQU 20	26 TAU 10	29 LEO 23
12	22 TAU 04	26 LEO 12	24 SCO 14	28 AQU 23	29 TAU 11	2 VIR 23
13	25 TAU 06	29 LEO 14	27 SCO 16	1 PIS 25	2 GEM 12	5 VIR 23
14	28 TAU 09	2 VIR 16	0 SAG 19	4 PIS 27	5 GEM 12	8 VIR 23
15	1 GEM 11	5 VIR 18	3 SAG 21	7 PIS 29	8 GEM 13	11 VIR 23
16	4 GEM 13	8 VIR 20	6 SAG 23	10 PIS 31	11 GEM 13	14 VIR 23
17	7 GEM 15	11 VIR 22	9 SAG 25	13 PIS 34	14 GEM 14	17 VIR 23
18	10 GEM 17	14 VIR 24	12 SAG 27	16 PIS 36	17 GEM 14	20 VIR 23
19	13 GEM 19	17 VIR 26	15 SAG 29	19 PIS 38	20 GEM 15	23 VIR 23
20	16 GEM 22	20 VIR 29	18 SAG 32	22 PIS 40	23 GEM 15	26 VIR 23
21	19 GEM 24	23 VIR 31	21 SAG 34	25 PIS 43	26 GEM 16	29 VIR 23
22	22 GEM 26	26 VIR 33	24 SAG 36	28 PIS 45	29 GEM 17	2 LIB 23
23	25 GEM 28	29 VIR 35	27 SAG 38	1 ARI 47	2 CAN 17	5 LIB 23
24	28 GEM 30	2 LIB 37	0 CAP 40	4 ARI 49	5 CAN 18	8 LIB 24
25	1 CAN 33	5 LIB 39	3 CAP 43	7 ARI 52	8 CAN 18	11 LIB 24
26	4 CAN 35	8 LIB 41	6 CAP 45	10 ARI 54	11 CAN 19	14 LIB 24
27	7 CAN 37	11 LIB 44	9 CAP 47	13 ARI 56	14 CAN 19	17 LIB 24
28	10 CAN 39	14 LIB 46	12 CAP 49	16 ARI 58	17 CAN 20	20 LIB 24
29	13 CAN 41	17 LIB 48	15 CAP 51	20 ARI 01	20 CAN 20	23 LIB 24
30	16 CAN 44		18 CAP 54	23 ARI 03	23 CAN 21	26 LIB 24
31	19 CAN 46		21 CAP 56		26 CAN 21	

LILITH EPHEMERIS 1984

DAY	JUL	AUG	SEP	OCT	NOV	DEC
1	29 LIB 24	2 AQU 26	5 TAU 28	5 LEO 30	8 SCO 32	9 AQU 42
2	2 SCO 24	5 AQU 26	8 TAU 28	8 LEO 30	11 SCO 34	12 AQU 44
3	5 SCO 24	8 AQU 26	11 TAU 28	11 LEO 30	14 SCO 37	15 AQU 47
4	8 SCO 24	11 AQU 26	14 TAU 28	14 LEO 30	17 SCO 39	18 AQU 49
5	11 SCO 24	14 AQU 26	17 TAU 28	17 LEO 30	20 SCO 41	21 AQU 51
6	14 SCO 24	17 AQU 26	20 TAU 28	20 LEO 30	23 SCO 44	24 AQU 54
7	17 SCO 24	20 AQU 26	23 TAU 28	23 LEO 30	26 SCO 46	27 AQU 56
8	20 SCO 24	23 AQU 26	26 TAU 28	26 LEO 30	29 SCO 48	0 PIS 58
9	23 SCO 25	26 AQU 26	29 TAU 29	29 LEO 31	2 SAG 51	4 PIS 01
10	26 SCO 25	29 AQU 27	2 GEM 29	2 VIR 31	5 SAG 53	7 PIS 03
11	29 SCO 25	2 PIS 27	5 GEM 29	5 VIR 31	8 SAG 55	10 PIS 05
12	2 SAG 25	5 PIS 27	8 GEM 29	8 VIR 31	11 SAG 58	13 PIS 08
13	5 SAG 25	8 PIS 27	11 GEM 29	11 VIR 31	14 SAG 60	16 PIS 10
14	8 SAG 25	11 PIS 27	14 GEM 29	14 VIR 31	18 SAG 02	19 PIS 12
15	11 SAG 25	14 PIS 27	17 GEM 29	17 VIR 31	21 SAG 05	22 PIS 15
16	14 SAG 25	17 PIS 27	20 GEM 29	20 VIR 31	24 SAG 07	25 PIS 17
17	17 SAG 25	20 PIS 27	23 GEM 29	23 VIR 31	27 SAG 09	28 PIS 19
18	20 SAG 25	23 PIS 27	26 GEM 29	26 VIR 31	0 CAP 12	1 ARI 21
19	23 SAG 25	26 PIS 27	29 GEM 29	29 VIR 31	3 CAP 14	4 ARI 24
20	26 SAG 25	29 PIS 27	2 CAN 29	2 LIB 31	6 CAP 16	7 ARI 26
21	29 SAG 25	2 ARI 27	5 CAN 29	5 LIB 31	9 CAP 19	10 ARI 28
22	2 CAP 25	5 ARI 27	8 CAN 29	8 LIB 31	12 CAP 21	13 ARI 31
23	5 CAP 25	8 ARI 27	11 CAN 29	11 LIB 31	15 CAP 23	16 ARI 33
24	8 CAP 25	11 ARI 27	14 CAN 30	14 LIB 31	18 CAP 26	19 ARI 35
25	11 CAP 26	14 ARI 28	17 CAN 30	17 LIB 32	21 CAP 28	22 ARI 38
26	14 CAP 26	17 ARI 28	20 CAN 30	20 LIB 32	24 CAP 30	25 ARI 40
27	17 CAP 26	20 ARI 28	23 CAN 30	23 LIB 32	27 CAP 33	28 ARI 42
28	20 CAP 26	23 ARI 28	26 CAN 30	26 LIB 32	0 AQU 35	1 TAU 45
29	23 CAP 26	26 ARI 28	29 CAN 30	29 LIB 32	3 AQU 37	4 TAU 47
30	26 CAP 26	29 ARI 28	2 LEO 30	2 SCO 32	6 AQU 40	7 TAU 49
31	29 CAP 26	2 TAU 28		5 SCO 32		10 TAU 52

1985   LILITH EPHEMERIS

DAY	JAN	FEB	MAR	APR	MAY	JUN
1	13 TAU 54	18 LEO 06	13 SCO 12	17 AQU 24	18 TAU 28	21 LEO 23
2	16 TAU 56	21 LEO 08	16 SCO 14	20 AQU 26	21 TAU 28	24 LEO 23
3	19 TAU 59	24 LEO 11	19 SCO 17	23 AQU 28	24 TAU 28	27 LEO 23
4	23 TAU 01	27 LEO 13	22 SCO 19	26 AQU 30	27 TAU 28	0 VIR 23
5	26 TAU 03	0 VIR 15	25 SCO 21	29 AQU 33	0 GEM 27	3 VIR 23
6	29 TAU 06	3 VIR 18	28 SCO 24	2 PIS 35	3 GEM 27	6 VIR 23
7	2 GEM 08	6 VIR 20	1 SAG 26	5 PIS 37	6 GEM 27	9 VIR 23
8	5 GEM 10	9 VIR 23	4 SAG 28	8 PIS 39	9 GEM 27	12 VIR 23
9	8 GEM 13	12 VIR 25	7 SAG 31	11 PIS 41	12 GEM 27	15 VIR 22
10	11 GEM 15	15 VIR 27	10 SAG 33	14 PIS 43	15 GEM 27	18 VIR 22
11	14 GEM 17	18 VIR 30	13 SAG 35	17 PIS 45	18 GEM 26	21 VIR 22
12	17 GEM 20	21 VIR 32	16 SAG 38	20 PIS 47	21 GEM 26	24 VIR 22
13	20 GEM 22	24 VIR 34	19 SAG 40	23 PIS 50	24 GEM 26	27 VIR 22
14	23 GEM 24	27 VIR 37	22 SAG 42	26 PIS 52	27 GEM 26	0 LIB 22
15	26 GEM 27	0 LIB 39	25 SAG 45	29 PIS 54	0 CAN 26	3 LIB 22
16	29 GEM 29	3 LIB 41	28 SAG 47	2 ARI 56	3 CAN 26	6 LIB 22
17	2 CAN 31	6 LIB 44	1 CAP 49	5 ARI 58	6 CAN 25	9 LIB 22
18	5 CAN 33	9 LIB 46	4 CAP 51	9 ARI 00	9 CAN 25	12 LIB 22
19	8 CAN 36	12 LIB 48	7 CAP 54	12 ARI 02	12 CAN 25	15 LIB 22
20	11 CAN 38	15 LIB 51	10 CAP 56	15 ARI 05	15 CAN 25	18 LIB 22
21	14 CAN 40	18 LIB 53	13 CAP 58	18 ARI 07	18 CAN 25	21 LIB 22
22	17 CAN 43	21 LIB 56	17 CAP 01	21 ARI 09	21 CAN 25	24 LIB 22
23	20 CAN 45	24 LIB 58	20 CAP 03	24 ARI 11	24 CAN 24	27 LIB 22
24	23 CAN 47	28 LIB 00	23 CAP 05	27 ARI 13	27 CAN 24	0 SCO 21
25	26 CAN 50	1 SCO 03	26 CAP 08	0 TAU 15	0 LEO 24	3 SCO 21
26	29 CAN 52	4 SCO 05	29 CAP 10	3 TAU 17	3 LEO 24	6 SCO 21
27	2 LEO 54	7 SCO 07	2 AQU 12	6 TAU 19	6 LEO 24	9 SCO 21
28	5 LEO 57	10 SCO 10	5 AQU 15	9 TAU 22	9 LEO 24	12 SCO 21
29	8 LEO 59		8 AQU 17	12 TAU 24	12 LEO 23	15 SCO 21
30	12 LEO 01		11 AQU 19	15 TAU 26	15 LEO 23	18 SCO 21
31	15 LEO 04		14 AQU 22		18 LEO 23	

LILITH EPHEMERIS 1985

DAY	JUL	AUG	SEP	OCT	NOV	DEC
1	21 SCO 21	24 AQU 20	27 TAU 19	27 LEO 18	0 SAG 48	2 PIS 01
2	24 SCO 21	27 AQU 20	0 GEM 19	0 VIR 19	3 SAG 50	5 PIS 03
3	27 SCO 21	0 PIS 20	3 GEM 19	3 VIR 20	6 SAG 53	8 PIS 06
4	0 SAG 21	3 PIS 20	6 GEM 19	6 VIR 21	9 SAG 55	11 PIS 08
5	3 SAG 21	6 PIS 20	9 GEM 19	9 VIR 22	12 SAG 58	14 PIS 11
6	6 SAG 21	9 PIS 20	12 GEM 19	12 VIR 23	16 SAG 00	17 PIS 13
7	9 SAG 21	12 PIS 20	15 GEM 19	15 VIR 24	19 SAG 03	20 PIS 16
8	12 SAG 21	15 PIS 20	18 GEM 19	18 VIR 25	22 SAG 05	23 PIS 18
9	15 SAG 21	18 PIS 20	21 GEM 19	21 VIR 26	25 SAG 07	26 PIS 20
10	18 SAG 21	21 PIS 20	24 GEM 19	24 VIR 27	28 SAG 10	29 PIS 23
11	21 SAG 21	24 PIS 20	27 GEM 19	27 VIR 28	1 CAP 12	2 ARI 25
12	24 SAG 21	27 PIS 20	0 CAN 19	0 LIB 29	4 CAP 15	5 ARI 28
13	27 SAG 21	0 ARI 20	3 CAN 19	3 LIB 30	7 CAP 17	8 ARI 30
14	0 CAP 21	3 ARI 20	6 CAN 19	6 LIB 31	10 CAP 20	11 ARI 32
15	3 CAP 21	6 ARI 20	9 CAN 19	9 LIB 32	13 CAP 22	14 ARI 35
16	6 CAP 21	9 ARI 20	12 CAN 19	12 LIB 33	16 CAP 25	17 ARI 37
17	9 CAP 20	12 ARI 19	15 CAN 18	15 LIB 33	19 CAP 27	20 ARI 40
18	12 CAP 20	15 ARI 19	18 CAN 18	18 LIB 34	22 CAP 29	23 ARI 42
19	15 CAP 20	18 ARI 19	21 CAN 18	21 LIB 35	25 CAP 32	26 ARI 45
20	18 CAP 20	21 ARI 19	24 CAN 18	24 LIB 36	28 CAP 34	29 ARI 47
21	21 CAP 20	24 ARI 19	27 CAN 18	27 LIB 37	1 AQU 37	2 TAU 49
22	24 CAP 20	27 ARI 19	0 LEO 18	0 SCO 38	4 AQU 39	5 TAU 52
23	27 CAP 20	0 TAU 19	3 LEO 18	3 SCO 39	7 AQU 42	8 TAU 54
24	0 AQU 20	3 TAU 19	6 LEO 18	6 SCO 40	10 AQU 44	11 TAU 57
25	3 AQU 20	6 TAU 19	9 LEO 18	9 SCO 41	13 AQU 46	14 TAU 59
26	6 AQU 20	9 TAU 19	12 LEO 18	12 SCO 42	16 AQU 49	18 TAU 01
27	9 AQU 20	12 TAU 19	15 LEO 18	15 SCO 43	19 AQU 51	21 TAU 04
28	12 AQU 20	15 TAU 19	18 LEO 18	18 SCO 44	22 AQU 54	24 TAU 06
29	15 AQU 20	18 TAU 19	21 LEO 18	21 SCO 45	25 AQU 56	27 TAU 09
30	18 AQU 20	21 TAU 19	24 LEO 18	24 SCO 46	28 AQU 59	0 GEM 11
31	21 AQU 20	24 TAU 19		27 SCO 47		3 GEM 14

1986   LILITH EPHEMERIS

DAY	JAN	FEB	MAR	APR	MAY	JUN
1	6 GEM 16	10 VIR 31	5 SAG 40	9 PIS 55	10 GEM 25	13 VIR 22
2	9 GEM 18	13 VIR 33	8 SAG 42	12 PIS 56	13 GEM 25	16 VIR 22
3	12 GEM 21	16 VIR 36	11 SAG 45	15 PIS 57	16 GEM 25	19 VIR 22
4	15 GEM 23	19 VIR 38	14 SAG 47	18 PIS 58	19 GEM 25	22 VIR 22
5	18 GEM 26	22 VIR 41	17 SAG 50	21 PIS 59	22 GEM 25	25 VIR 22
6	21 GEM 28	25 VIR 43	20 SAG 52	25 PIS 00	25 GEM 25	28 VIR 22
7	24 GEM 31	28 VIR 46	23 SAG 55	28 PIS 01	28 GEM 24	1 LIB 21
8	27 GEM 33	1 LIB 48	26 SAG 57	1 ARI 02	1 CAN 24	4 LIB 21
9	0 CAN 35	4 LIB 51	29 SAG 59	4 ARI 03	4 CAN 24	7 LIB 21
10	3 CAN 38	7 LIB 53	3 CAP 02	7 ARI 04	7 CAN 24	10 LIB 21
11	6 CAN 40	10 LIB 56	6 CAP 04	10 ARI 05	10 CAN 24	13 LIB 21
12	9 CAN 43	13 LIB 58	9 CAP 07	13 ARI 06	13 CAN 24	16 LIB 21
13	12 CAN 45	17 LIB 01	12 CAP 09	16 ARI 07	16 CAN 24	19 LIB 21
14	15 CAN 47	20 LIB 03	15 CAP 11	19 ARI 08	19 CAN 24	22 LIB 21
15	18 CAN 50	23 LIB 06	18 CAP 14	22 ARI 09	22 CAN 24	25 LIB 21
16	21 CAN 52	26 LIB 08	21 CAP 16	25 ARI 10	25 CAN 24	28 LIB 21
17	24 CAN 55	29 LIB 10	24 CAP 19	28 ARI 11	28 CAN 23	1 SCO 20
18	27 CAN 57	2 SCO 13	27 CAP 21	1 TAU 12	1 LEO 23	4 SCO 20
19	0 LEO 60	5 SCO 15	0 AQU 24	4 TAU 13	4 LEO 23	7 SCO 20
20	4 LEO 02	8 SCO 18	3 AQU 26	7 TAU 14	7 LEO 23	10 SCO 20
21	7 LEO 04	11 SCO 20	6 AQU 28	10 TAU 15	10 LEO 23	13 SCO 20
22	10 LEO 07	14 SCO 23	9 AQU 31	13 TAU 16	13 LEO 23	16 SCO 20
23	13 LEO 09	17 SCO 25	12 AQU 33	16 TAU 17	16 LEO 23	19 SCO 20
24	16 LEO 12	20 SCO 28	15 AQU 36	19 TAU 18	19 LEO 23	22 SCO 20
25	19 LEO 14	23 SCO 30	18 AQU 38	22 TAU 19	22 LEO 23	25 SCO 20
26	22 LEO 16	26 SCO 33	21 AQU 40	25 TAU 20	25 LEO 23	28 SCO 20
27	25 LEO 19	29 SCO 35	24 AQU 43	28 TAU 21	28 LEO 22	1 SAG 19
28	28 LEO 21	2 SAG 38	27 AQU 45	1 GEM 22	1 VIR 22	4 SAG 19
29	1 VIR 24		0 PIS 48	4 GEM 23	4 VIR 22	7 SAG 19
30	4 VIR 26		3 PIS 50	7 GEM 24	7 VIR 22	10 SAG 19
31	7 VIR 29		6 PIS 53		10 VIR 22	

LILITH EPHEMERIS 1986

DAY	JUL	AUG	SEP	OCT	NOV	DEC
1	13 SAG 19	16 PIS 16	19 GEM 13	19 VIR 10	23 SAG 04	24 PIS 18
2	16 SAG 19	19 PIS 16	22 GEM 13	22 VIR 12	26 SAG 06	27 PIS 20
3	19 SAG 19	22 PIS 16	25 GEM 13	25 VIR 13	29 SAG 09	0 ARI 23
4	22 SAG 19	25 PIS 16	28 GEM 13	28 VIR 15	2 CAP 11	3 ARI 25
5	25 SAG 19	28 PIS 16	1 CAN 13	1 LIB 17	5 CAP 14	6 ARI 28
6	28 SAG 19	1 ARI 16	4 CAN 12	4 LIB 19	8 CAP 16	9 ARI 30
7	1 CAP 18	4 ARI 15	7 CAN 12	7 LIB 20	11 CAP 19	12 ARI 33
8	4 CAP 18	7 ARI 15	10 CAN 12	10 LIB 22	14 CAP 21	15 ARI 35
9	7 CAP 18	10 ARI 15	13 CAN 12	13 LIB 24	17 CAP 24	18 ARI 38
10	10 CAP 18	13 ARI 15	16 CAN 12	16 LIB 26	20 CAP 26	21 ARI 40
11	13 CAP 18	16 ARI 15	19 CAN 12	19 LIB 27	23 CAP 29	24 ARI 43
12	16 CAP 18	19 ARI 15	22 CAN 12	22 LIB 29	26 CAP 31	27 ARI 45
13	19 CAP 18	22 ARI 15	25 CAN 12	25 LIB 31	29 CAP 34	0 TAU 47
14	22 CAP 18	25 ARI 15	28 CAN 12	28 LIB 33	2 AQU 36	3 TAU 50
15	25 CAP 18	28 ARI 15	1 LEO 12	1 SCO 34	5 AQU 39	6 TAU 52
16	28 CAP 18	1 TAU 15	4 LEO 11	4 SCO 36	8 AQU 41	9 TAU 55
17	1 AQU 17	4 TAU 14	7 LEO 11	7 SCO 38	11 AQU 43	12 TAU 57
18	4 AQU 17	7 TAU 14	10 LEO 11	10 SCO 40	14 AQU 46	15 TAU 60
19	7 AQU 17	10 TAU 14	13 LEO 11	13 SCO 41	17 AQU 48	19 TAU 02
20	10 AQU 17	13 TAU 14	16 LEO 11	16 SCO 43	20 AQU 51	22 TAU 05
21	13 AQU 17	16 TAU 14	19 LEO 11	19 SCO 45	23 AQU 53	25 TAU 07
22	16 AQU 17	19 TAU 14	22 LEO 11	22 SCO 47	26 AQU 56	28 TAU 09
23	19 AQU 17	22 TAU 14	25 LEO 11	25 SCO 48	29 AQU 58	1 GEM 12
24	22 AQU 17	25 TAU 14	28 LEO 11	28 SCO 50	3 PIS 01	4 GEM 14
25	25 AQU 17	28 TAU 14	1 VIR 11	1 SAG 52	6 PIS 03	7 GEM 17
26	28 AQU 17	1 GEM 14	4 VIR 10	4 SAG 54	9 PIS 06	10 GEM 19
27	1 PIS 16	4 GEM 13	7 VIR 10	7 SAG 55	12 PIS 08	13 GEM 22
28	4 PIS 16	7 GEM 13	10 VIR 10	10 SAG 57	15 PIS 11	16 GEM 24
29	7 PIS 16	10 GEM 13	13 VIR 10	13 SAG 59	18 PIS 13	19 GEM 27
30	10 PIS 16	13 GEM 13	16 VIR 10	17 SAG 01	21 PIS 16	22 GEM 29
31	13 PIS 16	16 GEM 13		20 SAG 02		25 GEM 32

1987   LILITH EPHEMERIS

DAY	JAN	FEB	MAR	APR	MAY	JUN
1	28 GEM 34	2 LIB 51	28 SAG 03	2 ARI 19	2 CAN 23	5 LIB 19
2	1 CAN 36	5 LIB 54	1 CAP 05	5 ARI 19	5 CAN 23	8 LIB 19
3	4 CAN 39	8 LIB 56	4 CAP 08	8 ARI 19	8 CAN 23	11 LIB 19
4	7 CAN 41	11 LIB 59	7 CAP 10	11 ARI 19	11 CAN 23	14 LIB 19
5	10 CAN 44	15 LIB 01	10 CAP 13	14 ARI 20	14 CAN 22	17 LIB 18
6	13 CAN 46	18 LIB 04	13 CAP 15	17 ARI 20	17 CAN 22	20 LIB 18
7	16 CAN 49	21 LIB 06	16 CAP 18	20 ARI 20	20 CAN 22	23 LIB 18
8	19 CAN 51	24 LIB 09	19 CAP 21	23 ARI 20	23 CAN 22	26 LIB 18
9	22 CAN 54	27 LIB 12	22 CAP 23	26 ARI 20	26 CAN 22	29 LIB 18
10	25 CAN 56	0 SCO 14	25 CAP 25	29 ARI 20	29 CAN 22	2 SCO 18
11	28 CAN 59	3 SCO 17	28 CAP 28	2 TAU 20	2 LEO 22	5 SCO 18
12	2 LEO 01	6 SCO 19	1 AQU 30	5 TAU 20	5 LEO 22	8 SCO 18
13	5 LEO 04	9 SCO 22	4 AQU 32	8 TAU 21	8 LEO 21	11 SCO 17
14	8 LEO 06	12 SCO 24	7 AQU 35	11 TAU 21	11 LEO 21	14 SCO 17
15	11 LEO 09	15 SCO 27	10 AQU 37	14 TAU 21	14 LEO 21	17 SCO 17
16	14 LEO 11	18 SCO 30	13 AQU 40	17 TAU 21	17 LEO 21	20 SCO 17
17	17 LEO 14	21 SCO 32	16 AQU 42	20 TAU 21	20 LEO 21	23 SCO 17
18	20 LEO 16	24 SCO 35	19 AQU 45	23 TAU 21	23 LEO 21	26 SCO 17
19	23 LEO 19	27 SCO 37	22 AQU 47	26 TAU 21	26 LEO 21	29 SCO 17
20	26 LEO 21	0 SAG 40	25 AQU 50	29 TAU 22	29 LEO 21	2 SAG 16
21	29 LEO 24	3 SAG 42	28 AQU 52	2 GEM 22	2 VIR 20	5 SAG 16
22	2 VIR 26	6 SAG 45	1 PIS 54	5 GEM 22	5 VIR 20	8 SAG 16
23	5 VIR 29	9 SAG 48	4 PIS 57	8 GEM 22	8 VIR 20	11 SAG 16
24	8 VIR 31	12 SAG 50	7 PIS 59	11 GEM 22	11 VIR 20	14 SAG 16
25	11 VIR 34	15 SAG 53	11 PIS 02	14 GEM 22	14 VIR 20	17 SAG 16
26	14 VIR 36	18 SAG 55	14 PIS 04	17 GEM 22	17 VIR 20	20 SAG 16
27	17 VIR 39	21 SAG 58	17 PIS 07	20 GEM 22	20 VIR 20	23 SAG 16
28	20 VIR 41	25 SAG 00	20 PIS 09	23 GEM 23	23 VIR 20	26 SAG 15
29	23 VIR 44		23 PIS 12	26 GEM 23	26 VIR 19	29 SAG 15
30	26 VIR 46		26 PIS 14	29 GEM 23	29 VIR 19	2 CAP 15
31	29 VIR 49		29 PIS 17		2 LIB 19	

LILITH EPHEMERIS 1987

DAY	JUL	AUG	SEP	OCT	NOV	DEC
1	5 CAP 15	8 ARI 11	11 CAN 07	11 LIB 12	15 CAP 27	16 ARI 41
2	8 CAP 15	11 ARI 11	14 CAN 07	14 LIB 14	18 CAP 29	19 ARI 43
3	11 CAP 15	14 ARI 11	17 CAN 07	17 LIB 17	21 CAP 32	22 ARI 46
4	14 CAP 15	17 ARI 11	20 CAN 07	20 LIB 19	24 CAP 34	25 ARI 48
5	17 CAP 14	20 ARI 10	23 CAN 08	23 LIB 22	27 CAP 37	28 ARI 51
6	20 CAP 14	23 ARI 10	26 CAN 08	26 LIB 24	0 AQU 39	1 TAU 53
7	23 CAP 14	26 ARI 10	29 CAN 08	29 LIB 27	3 AQU 42	4 TAU 56
8	26 CAP 14	29 ARI 10	2 LEO 08	2 SCO 29	6 AQU 44	7 TAU 58
9	29 CAP 14	2 TAU 10	5 LEO 08	5 SCO 31	9 AQU 47	11 TAU 01
10	2 AQU 14	5 TAU 10	8 LEO 08	8 SCO 34	12 AQU 49	14 TAU 03
11	5 AQU 14	8 TAU 10	11 LEO 09	11 SCO 36	15 AQU 52	17 TAU 06
12	8 AQU 13	11 TAU 10	14 LEO 09	14 SCO 39	18 AQU 54	20 TAU 08
13	11 AQU 13	14 TAU 09	17 LEO 09	17 SCO 41	21 AQU 57	23 TAU 10
14	14 AQU 13	17 TAU 09	20 LEO 09	20 SCO 43	24 AQU 59	26 TAU 13
15	17 AQU 13	20 TAU 09	23 LEO 09	23 SCO 46	28 AQU 02	29 TAU 15
16	20 AQU 13	23 TAU 09	26 LEO 09	26 SCO 48	1 PIS 04	2 GEM 18
17	23 AQU 13	26 TAU 09	29 LEO 10	29 SCO 51	4 PIS 06	5 GEM 20
18	26 AQU 13	29 TAU 09	2 VIR 10	2 SAG 53	7 PIS 09	8 GEM 23
19	29 AQU 13	2 GEM 09	5 VIR 10	5 SAG 56	10 PIS 11	11 GEM 25
20	2 PIS 13	5 GEM 09	8 VIR 10	8 SAG 58	13 PIS 14	14 GEM 28
21	5 PIS 12	8 GEM 08	11 VIR 10	12 SAG 00	16 PIS 16	17 GEM 30
22	8 PIS 12	11 GEM 08	14 VIR 11	15 SAG 03	19 PIS 19	20 GEM 32
23	11 PIS 12	14 GEM 08	17 VIR 11	18 SAG 05	22 PIS 21	23 GEM 35
24	14 PIS 12	17 GEM 08	20 VIR 11	21 SAG 08	25 PIS 24	26 GEM 37
25	17 PIS 12	20 GEM 08	23 VIR 11	24 SAG 10	28 PIS 26	29 GEM 40
26	20 PIS 12	23 GEM 08	26 VIR 11	27 SAG 12	1 ARI 29	2 CAN 42
27	23 PIS 12	26 GEM 08	29 VIR 11	0 CAP 15	4 ARI 31	5 CAN 45
28	26 PIS 12	29 GEM 08	2 LIB 12	3 CAP 17	7 ARI 34	8 CAN 47
29	29 PIS 11	2 CAN 07	5 LIB 12	6 CAP 20	10 ARI 36	11 CAN 50
30	2 ARI 11	5 CAN 07	8 LIB 12	9 CAP 22	13 ARI 39	14 CAN 52
31	5 ARI 11	8 CAN 07		12 CAP 25		17 CAN 55

1988   LILITH EPHEMERIS

DAY	JAN	FEB	MAR	APR	MAY	JUN
1	20 CAN 57	25 LIB 12	23 CAP 23	27 ARI 19	27 CAN 16	0 SCO 13
2	23 CAN 59	28 LIB 14	26 CAP 25	0 TAU 19	0 LEO 16	3 SCO 13
3	27 CAN 02	1 SCO 17	29 CAP 27	3 TAU 19	3 LEO 16	6 SCO 13
4	0 LEO 04	4 SCO 19	2 AQU 28	6 TAU 19	6 LEO 16	9 SCO 13
5	3 LEO 07	7 SCO 22	5 AQU 30	9 TAU 19	9 LEO 16	12 SCO 13
6	6 LEO 09	10 SCO 24	8 AQU 32	12 TAU 18	12 LEO 16	15 SCO 13
7	9 LEO 12	13 SCO 27	11 AQU 34	15 TAU 18	15 LEO 15	18 SCO 13
8	12 LEO 14	16 SCO 29	14 AQU 36	18 TAU 18	18 LEO 15	21 SCO 13
9	15 LEO 16	19 SCO 32	17 AQU 37	21 TAU 18	21 LEO 15	24 SCO 12
10	18 LEO 19	22 SCO 34	20 AQU 39	24 TAU 18	24 LEO 15	27 SCO 12
11	21 LEO 21	25 SCO 36	23 AQU 41	27 TAU 18	27 LEO 15	0 SAG 12
12	24 LEO 24	28 SCO 39	26 AQU 43	0 GEM 18	0 VIR 15	3 SAG 12
13	27 LEO 26	1 SAG 41	29 AQU 45	3 GEM 18	3 VIR 15	6 SAG 12
14	0 VIR 28	4 SAG 44	2 PIS 46	6 GEM 18	6 VIR 15	9 SAG 12
15	3 VIR 31	7 SAG 46	5 PIS 48	9 GEM 18	9 VIR 15	12 SAG 12
16	6 VIR 33	10 SAG 49	8 PIS 50	12 GEM 17	12 VIR 15	15 SAG 12
17	9 VIR 36	13 SAG 51	11 PIS 52	15 GEM 17	15 VIR 14	18 SAG 12
18	12 VIR 38	16 SAG 54	14 PIS 54	18 GEM 17	18 VIR 14	21 SAG 12
19	15 VIR 41	19 SAG 56	17 PIS 56	21 GEM 17	21 VIR 14	24 SAG 12
20	18 VIR 43	22 SAG 59	20 PIS 57	24 GEM 17	24 VIR 14	27 SAG 12
21	21 VIR 45	26 SAG 01	23 PIS 59	27 GEM 17	27 VIR 14	0 CAP 12
22	24 VIR 48	29 SAG 03	27 PIS 01	0 CAN 17	0 LIB 14	3 CAP 12
23	27 VIR 50	2 CAP 06	0 ARI 03	3 CAN 17	3 LIB 14	6 CAP 12
24	0 LIB 53	5 CAP 08	3 ARI 05	6 CAN 17	6 LIB 14	9 CAP 11
25	3 LIB 55	8 CAP 11	6 ARI 06	9 CAN 17	9 LIB 14	12 CAP 11
26	6 LIB 57	11 CAP 13	9 ARI 08	12 CAN 16	12 LIB 14	15 CAP 11
27	9 LIB 60	14 CAP 16	12 ARI 10	15 CAN 16	15 LIB 13	18 CAP 11
28	13 LIB 02	17 CAP 18	15 ARI 12	18 CAN 16	18 LIB 13	21 CAP 11
29	16 LIB 05	20 CAP 21	18 ARI 14	21 CAN 16	21 LIB 13	24 CAP 11
30	19 LIB 07		21 ARI 15	24 CAN 16	24 LIB 13	27 CAP 11
31	22 LIB 10		24 ARI 17		27 LIB 13	

LILITH EPHEMERIS 1988

DAY	JUL	AUG	SEP	OCT	NOV	DEC
1	0 AQU 11	3 TAU 08	6 LEO 06	6 SCO 39	10 AQU 52	12 TAU 04
2	3 AQU 11	6 TAU 08	9 LEO 07	9 SCO 41	13 AQU 54	15 TAU 06
3	6 AQU 11	9 TAU 08	12 LEO 08	12 SCO 44	16 AQU 57	18 TAU 09
4	9 AQU 11	12 TAU 08	15 LEO 09	15 SCO 46	19 AQU 59	21 TAU 11
5	12 AQU 11	15 TAU 08	18 LEO 10	18 SCO 48	23 AQU 02	24 TAU 14
6	15 AQU 11	18 TAU 08	21 LEO 11	21 SCO 51	26 AQU 04	27 TAU 16
7	18 AQU 10	21 TAU 08	24 LEO 13	24 SCO 53	29 AQU 06	0 GEM 19
8	21 AQU 10	24 TAU 08	27 LEO 14	27 SCO 55	2 PIS 09	3 GEM 21
9	24 AQU 10	27 TAU 07	0 VIR 15	0 SAG 58	5 PIS 11	6 GEM 23
10	27 AQU 10	0 GEM 07	3 VIR 16	4 SAG 00	8 PIS 14	9 GEM 26
11	0 PIS 10	3 GEM 07	6 VIR 17	7 SAG 03	11 PIS 16	12 GEM 28
12	3 PIS 10	6 GEM 07	9 VIR 18	10 SAG 05	14 PIS 18	15 GEM 31
13	6 PIS 10	9 GEM 07	12 VIR 19	13 SAG 07	17 PIS 21	18 GEM 33
14	9 PIS 10	12 GEM 07	15 VIR 20	16 SAG 10	20 PIS 23	21 GEM 35
15	12 PIS 10	15 GEM 07	18 VIR 21	19 SAG 12	23 PIS 26	24 GEM 38
16	15 PIS 10	18 GEM 07	21 VIR 22	22 SAG 14	26 PIS 28	27 GEM 40
17	18 PIS 09	21 GEM 07	24 VIR 24	25 SAG 17	29 PIS 30	0 CAN 43
18	21 PIS 09	24 GEM 07	27 VIR 25	28 SAG 19	2 ARI 33	3 CAN 45
19	24 PIS 09	27 GEM 07	0 LIB 26	1 CAP 21	5 ARI 35	6 CAN 48
20	27 PIS 09	0 CAN 07	3 LIB 27	4 CAP 24	8 ARI 38	9 CAN 50
21	0 ARI 09	3 CAN 07	6 LIB 28	7 CAP 26	11 ARI 40	12 CAN 52
22	3 ARI 09	6 CAN 07	9 LIB 29	10 CAP 28	14 ARI 42	15 CAN 55
23	6 ARI 09	9 CAN 07	12 LIB 30	13 CAP 31	17 ARI 45	18 CAN 57
24	9 ARI 09	12 CAN 07	15 LIB 31	16 CAP 33	20 ARI 47	21 CAN 60
25	12 ARI 09	15 CAN 06	18 LIB 32	19 CAP 36	23 ARI 50	25 CAN 02
26	15 ARI 09	18 CAN 06	21 LIB 33	22 CAP 38	26 ARI 52	28 CAN 04
27	18 ARI 08	21 CAN 06	24 LIB 34	25 CAP 40	29 ARI 54	1 LEO 07
28	21 ARI 08	24 CAN 06	27 LIB 35	28 CAP 43	2 TAU 57	4 LEO 09
29	24 ARI 08	27 CAN 06	0 SCO 37	1 AQU 45	5 TAU 59	7 LEO 12
30	27 ARI 08	0 LEO 06	3 SCO 38	4 AQU 47	9 TAU 02	10 LEO 14
31	0 TAU 08	3 LEO 06		7 AQU 50		13 LEO 17

185

1989   LILITH EPHEMERIS

DAY	JAN	FEB	MAR	APR	MAY	JUN
1	16 LEO 19	20 SCO 34	15 AQU 41	19 TAU 09	19 LEO 10	22 SCO 09
2	19 LEO 21	23 SCO 36	18 AQU 42	22 TAU 09	22 LEO 10	25 SCO 09
3	22 LEO 24	26 SCO 39	21 AQU 43	25 TAU 09	25 LEO 10	28 SCO 09
4	25 LEO 26	29 SCO 41	24 AQU 44	28 TAU 09	28 LEO 10	1 SAG 09
5	28 LEO 29	2 SAG 44	27 AQU 45	1 GEM 09	1 VIR 10	4 SAG 09
6	1 VIR 31	5 SAG 46	0 PIS 46	4 GEM 09	4 VIR 10	7 SAG 09
7	4 VIR 34	8 SAG 48	3 PIS 46	7 GEM 09	7 VIR 10	10 SAG 09
8	7 VIR 36	11 SAG 51	6 PIS 47	10 GEM 09	10 VIR 10	13 SAG 09
9	10 VIR 38	14 SAG 53	9 PIS 48	13 GEM 09	13 VIR 10	16 SAG 09
10	13 VIR 41	17 SAG 56	12 PIS 49	16 GEM 09	16 VIR 10	19 SAG 09
11	16 VIR 43	20 SAG 58	15 PIS 50	19 GEM 09	19 VIR 10	22 SAG 09
12	19 VIR 46	24 SAG 00	18 PIS 51	22 GEM 09	22 VIR 10	25 SAG 09
13	22 VIR 48	27 SAG 03	21 PIS 52	25 GEM 09	25 VIR 10	28 SAG 09
14	25 VIR 50	0 CAP 05	24 PIS 53	28 GEM 09	28 VIR 10	1 CAP 09
15	28 VIR 53	3 CAP 07	27 PIS 54	1 CAN 09	1 LIB 10	4 CAP 09
16	1 LIB 55	6 CAP 10	0 ARI 55	4 CAN 09	4 LIB 10	7 CAP 09
17	4 LIB 58	9 CAP 12	3 ARI 55	7 CAN 10	7 LIB 09	10 CAP 09
18	8 LIB 00	12 CAP 15	6 ARI 56	10 CAN 10	10 LIB 09	13 CAP 09
19	11 LIB 03	15 CAP 17	9 ARI 57	13 CAN 10	13 LIB 09	16 CAP 09
20	14 LIB 05	18 CAP 19	12 ARI 58	16 CAN 10	16 LIB 09	19 CAP 09
21	17 LIB 07	21 CAP 22	15 ARI 59	19 CAN 10	19 LIB 09	22 CAP 09
22	20 LIB 10	24 CAP 24	18 ARI 60	22 CAN 10	22 LIB 09	25 CAP 09
23	23 LIB 12	27 CAP 27	22 ARI 01	25 CAN 10	25 LIB 09	28 CAP 09
24	26 LIB 15	0 AQU 29	25 ARI 02	28 CAN 10	28 LIB 09	1 AQU 09
25	29 LIB 17	3 AQU 31	28 ARI 03	1 LEO 10	1 SCO 09	4 AQU 09
26	2 SCO 19	6 AQU 34	1 TAU 04	4 LEO 10	4 SCO 09	7 AQU 09
27	5 SCO 22	9 AQU 36	4 TAU 04	7 LEO 10	7 SCO 09	10 AQU 09
28	8 SCO 24	12 AQU 39	7 TAU 05	10 LEO 10	10 SCO 09	13 AQU 09
29	11 SCO 27		10 TAU 06	13 LEO 10	13 SCO 09	16 AQU 09
30	14 SCO 29		13 TAU 07	16 LEO 10	16 SCO 09	19 AQU 09
31	17 SCO 32		16 TAU 08		19 SCO 09	

LILITH EPHEMERIS 1989

DAY	JUL	AUG	SEP	OCT	NOV	DEC
1	22 AQU 09	25 TAU 08	28 LEO 08	29 SCO 05	3 PIS 16	4 GEM 27
2	25 AQU 09	28 TAU 08	1 VIR 10	2 SAG 07	6 PIS 18	7 GEM 29
3	28 AQU 09	1 GEM 08	4 VIR 12	5 SAG 10	9 PIS 21	10 GEM 32
4	1 PIS 09	4 GEM 08	7 VIR 14	8 SAG 12	12 PIS 23	13 GEM 34
5	4 PIS 09	7 GEM 08	10 VIR 16	11 SAG 14	15 PIS 25	16 GEM 36
6	7 PIS 09	10 GEM 08	13 VIR 18	14 SAG 16	18 PIS 28	19 GEM 38
7	10 PIS 09	13 GEM 08	16 VIR 19	17 SAG 19	21 PIS 30	22 GEM 41
8	13 PIS 09	16 GEM 08	19 VIR 21	20 SAG 21	24 PIS 33	25 GEM 43
9	16 PIS 09	19 GEM 08	22 VIR 23	23 SAG 23	27 PIS 35	28 GEM 45
10	19 PIS 09	22 GEM 08	25 VIR 25	26 SAG 26	0 ARI 37	1 CAN 48
11	22 PIS 09	25 GEM 08	28 VIR 27	29 SAG 28	3 ARI 40	4 CAN 50
12	25 PIS 09	28 GEM 08	1 LIB 29	2 CAP 30	6 ARI 42	7 CAN 52
13	28 PIS 09	1 CAN 08	4 LIB 31	5 CAP 32	9 ARI 44	10 CAN 54
14	1 ARI 09	4 CAN 08	7 LIB 33	8 CAP 35	12 ARI 47	13 CAN 57
15	4 ARI 09	7 CAN 08	10 LIB 35	11 CAP 37	15 ARI 49	16 CAN 59
16	7 ARI 09	10 CAN 08	13 LIB 37	14 CAP 39	18 ARI 52	20 CAN 01
17	10 ARI 08	13 CAN 08	16 LIB 38	17 CAP 42	21 ARI 54	23 CAN 04
18	13 ARI 08	16 CAN 08	19 LIB 40	20 CAP 44	24 ARI 56	26 CAN 06
19	16 ARI 08	19 CAN 08	22 LIB 42	23 CAP 46	27 ARI 59	29 CAN 08
20	19 ARI 08	22 CAN 08	25 LIB 44	26 CAP 49	1 TAU 01	2 LEO 11
21	22 ARI 08	25 CAN 08	28 LIB 46	29 CAP 51	4 TAU 03	5 LEO 13
22	25 ARI 08	28 CAN 08	1 SCO 48	2 AQU 53	7 TAU 06	8 LEO 15
23	28 ARI 08	1 LEO 08	4 SCO 50	5 AQU 55	10 TAU 08	11 LEO 17
24	1 TAU 08	4 LEO 08	7 SCO 52	8 AQU 58	13 TAU 10	14 LEO 20
25	4 TAU 08	7 LEO 08	10 SCO 54	11 AQU 60	16 TAU 13	17 LEO 22
26	7 TAU 08	10 LEO 08	13 SCO 56	15 AQU 02	19 TAU 15	20 LEO 24
27	10 TAU 08	13 LEO 08	16 SCO 57	18 AQU 05	22 TAU 18	23 LEO 27
28	13 TAU 08	16 LEO 08	19 SCO 59	21 AQU 07	25 TAU 20	26 LEO 29
29	16 TAU 08	19 LEO 08	23 SCO 01	24 AQU 09	28 TAU 22	29 LEO 31
30	19 TAU 08	22 LEO 08	26 SCO 03	27 AQU 11	1 GEM 25	2 VIR 33
31	22 TAU 08	25 LEO 08		0 PIS 14		5 VIR 36

1990   LILITH EPHEMERIS

DAY	JAN	FEB	MAR	APR	MAY	JUN
1	8 VIR 38	12 SAG 49	7 PIS 52	10 GEM 58	11 VIR 02	14 SAG 05
2	11 VIR 40	15 SAG 51	10 PIS 52	13 GEM 58	14 VIR 02	17 SAG 05
3	14 VIR 43	18 SAG 53	13 PIS 52	16 GEM 58	17 VIR 02	20 SAG 05
4	17 VIR 45	21 SAG 56	16 PIS 53	19 GEM 58	20 VIR 02	23 SAG 05
5	20 VIR 47	24 SAG 58	19 PIS 53	22 GEM 59	23 VIR 02	26 SAG 05
6	23 VIR 49	28 SAG 00	22 PIS 53	25 GEM 59	26 VIR 02	29 SAG 05
7	26 VIR 52	1 CAP 02	25 PIS 53	28 GEM 59	29 VIR 03	2 CAP 06
8	29 VIR 54	4 CAP 05	28 PIS 53	1 CAN 59	2 LIB 03	5 CAP 06
9	2 LIB 56	7 CAP 07	1 ARI 54	4 CAN 59	5 LIB 03	8 CAP 06
10	5 LIB 59	10 CAP 09	4 ARI 54	7 CAN 59	8 LIB 03	11 CAP 06
11	9 LIB 01	13 CAP 12	7 ARI 54	10 CAN 59	11 LIB 03	14 CAP 06
12	12 LIB 03	16 CAP 14	10 ARI 54	13 CAN 59	14 LIB 03	17 CAP 06
13	15 LIB 05	19 CAP 16	13 ARI 54	16 CAN 60	17 LIB 03	20 CAP 06
14	18 LIB 08	22 CAP 18	16 ARI 55	19 CAN 60	20 LIB 03	23 CAP 06
15	21 LIB 10	25 CAP 21	19 ARI 55	22 CAN 60	23 LIB 03	26 CAP 06
16	24 LIB 12	28 CAP 23	22 ARI 55	25 CAN 60	26 LIB 03	29 CAP 06
17	27 LIB 15	1 AQU 25	25 ARI 55	29 CAN 00	29 LIB 04	2 AQU 07
18	0 SCO 17	4 AQU 27	28 ARI 55	2 LEO 00	2 SCO 04	5 AQU 07
19	3 SCO 19	7 AQU 30	1 TAU 55	5 LEO 00	5 SCO 04	8 AQU 07
20	6 SCO 22	10 AQU 32	4 TAU 56	8 LEO 01	8 SCO 04	11 AQU 07
21	9 SCO 24	13 AQU 34	7 TAU 56	11 LEO 01	11 SCO 04	14 AQU 07
22	12 SCO 26	16 AQU 36	10 TAU 56	14 LEO 01	14 SCO 04	17 AQU 07
23	15 SCO 28	19 AQU 38	13 TAU 56	17 LEO 01	17 SCO 04	20 AQU 07
24	18 SCO 31	22 AQU 41	16 TAU 56	20 LEO 01	20 SCO 04	23 AQU 07
25	21 SCO 33	25 AQU 43	19 TAU 57	23 LEO 01	23 SCO 04	26 AQU 07
26	24 SCO 35	28 AQU 45	22 TAU 57	26 LEO 01	26 SCO 04	29 AQU 07
27	27 SCO 38	1 PIS 47	25 TAU 57	29 LEO 01	29 SCO 05	2 PIS 08
28	0 SAG 40	4 PIS 50	28 TAU 57	2 VIR 02	2 SAG 05	5 PIS 08
29	3 SAG 42		1 GEM 57	5 VIR 02	5 SAG 05	8 PIS 08
30	6 SAG 44		4 GEM 58	8 VIR 02	8 SAG 05	11 PIS 08
31	9 SAG 47		7 GEM 58		11 SAG 05	

LILITH EPHEMERIS 1990

DAY	JUL	AUG	SEP	OCT	NOV	DEC
1	14 PIS 08	17 GEM 12	20 VIR 29	21 SAG 34	25 PIS 40	26 GEM 45
2	17 PIS 08	20 GEM 13	23 VIR 31	24 SAG 36	28 PIS 42	29 GEM 47
3	20 PIS 08	23 GEM 13	26 VIR 33	27 SAG 38	1 ARI 44	2 CAN 49
4	23 PIS 08	26 GEM 14	29 VIR 36	0 CAP 40	4 ARI 46	5 CAN 51
5	26 PIS 09	29 GEM 14	2 LIB 38	3 CAP 43	7 ARI 49	8 CAN 54
6	29 PIS 09	2 CAN 15	5 LIB 40	6 CAP 45	10 ARI 51	11 CAN 56
7	2 ARI 09	5 CAN 15	8 LIB 42	9 CAP 47	13 ARI 53	14 CAN 58
8	5 ARI 09	8 CAN 16	11 LIB 44	12 CAP 49	16 ARI 55	17 CAN 60
9	8 ARI 09	11 CAN 16	14 LIB 46	15 CAP 51	19 ARI 57	21 CAN 02
10	11 ARI 09	14 CAN 17	17 LIB 49	18 CAP 53	22 ARI 59	24 CAN 04
11	14 ARI 09	17 CAN 17	20 LIB 51	21 CAP 55	26 ARI 02	27 CAN 06
12	17 ARI 09	20 CAN 18	23 LIB 53	24 CAP 57	29 ARI 04	0 LEO 08
13	20 ARI 10	23 CAN 19	26 LIB 55	27 CAP 60	2 TAU 06	3 LEO 11
14	23 ARI 10	26 CAN 19	29 LIB 57	1 AQU 02	5 TAU 08	6 LEO 13
15	26 ARI 10	29 CAN 20	2 SCO 59	4 AQU 04	8 TAU 10	9 LEO 15
16	29 ARI 10	2 LEO 20	6 SCO 02	7 AQU 06	11 TAU 12	12 LEO 17
17	2 TAU 10	5 LEO 21	9 SCO 04	10 AQU 08	14 TAU 15	15 LEO 19
18	5 TAU 10	8 LEO 21	12 SCO 06	13 AQU 10	17 TAU 17	18 LEO 21
19	8 TAU 10	11 LEO 22	15 SCO 08	16 AQU 12	20 TAU 19	21 LEO 23
20	11 TAU 10	14 LEO 22	18 SCO 10	19 AQU 14	23 TAU 21	24 LEO 25
21	14 TAU 11	17 LEO 23	21 SCO 12	22 AQU 17	26 TAU 23	27 LEO 28
22	17 TAU 11	20 LEO 23	24 SCO 15	25 AQU 19	29 TAU 25	0 VIR 30
23	20 TAU 11	23 LEO 24	27 SCO 17	28 AQU 21	2 GEM 28	3 VIR 32
24	23 TAU 11	26 LEO 25	0 SAG 19	1 PIS 23	5 GEM 30	6 VIR 34
25	26 TAU 11	29 LEO 25	3 SAG 21	4 PIS 25	8 GEM 32	9 VIR 36
26	29 TAU 11	2 VIR 26	6 SAG 23	7 PIS 27	11 GEM 34	12 VIR 38
27	2 GEM 11	5 VIR 26	9 SAG 25	10 PIS 29	14 GEM 36	15 VIR 40
28	5 GEM 11	8 VIR 27	12 SAG 28	13 PIS 31	17 GEM 38	18 VIR 42
29	8 GEM 12	11 VIR 27	15 SAG 30	16 PIS 34	20 GEM 41	21 VIR 45
30	11 GEM 12	14 VIR 28	18 SAG 32	19 PIS 36	23 GEM 43	24 VIR 47
31	14 GEM 12	17 VIR 28		22 PIS 38		27 VIR 49

1991   LILITH EPHEMERIS

DAY	JAN	FEB	MAR	APR	MAY	JUN
1	0 LIB 51	4 CAP 57	29 PIS 39	2 CAN 47	2 LIB 55	6 CAP 04
2	3 LIB 53	7 CAP 59	2 ARI 39	5 CAN 47	5 LIB 55	9 CAP 04
3	6 LIB 55	11 CAP 00	5 ARI 40	8 CAN 48	8 LIB 56	12 CAP 05
4	9 LIB 57	14 CAP 01	8 ARI 40	11 CAN 48	11 LIB 56	15 CAP 05
5	12 LIB 60	17 CAP 03	11 ARI 40	14 CAN 48	14 LIB 56	18 CAP 05
6	16 LIB 02	20 CAP 05	14 ARI 41	17 CAN 49	17 LIB 56	21 CAP 05
7	19 LIB 04	23 CAP 06	17 ARI 41	20 CAN 49	20 LIB 57	24 CAP 06
8	22 LIB 06	26 CAP 08	20 ARI 41	23 CAN 49	23 LIB 57	27 CAP 06
9	25 LIB 08	29 CAP 09	23 ARI 41	26 CAN 49	26 LIB 57	0 AQU 06
10	28 LIB 10	2 AQU 10	26 ARI 41	29 CAN 49	29 LIB 58	3 AQU 06
11	1 SCO 12	5 AQU 12	29 ARI 42	2 LEO 50	2 SCO 58	6 AQU 07
12	4 SCO 14	8 AQU 14	2 TAU 42	5 LEO 50	5 SCO 58	9 AQU 07
13	7 SCO 17	11 AQU 15	5 TAU 42	8 LEO 50	8 SCO 58	12 AQU 07
14	10 SCO 19	14 AQU 16	8 TAU 42	11 LEO 51	11 SCO 59	15 AQU 07
15	13 SCO 21	17 AQU 18	11 TAU 43	14 LEO 51	14 SCO 59	18 AQU 08
16	16 SCO 23	20 AQU 20	14 TAU 43	17 LEO 51	17 SCO 59	21 AQU 08
17	19 SCO 25	23 AQU 21	17 TAU 43	20 LEO 51	20 SCO 60	24 AQU 08
18	22 SCO 27	26 AQU 23	20 TAU 43	23 LEO 52	23 SCO 60	27 AQU 09
19	25 SCO 29	29 AQU 24	23 TAU 44	26 LEO 52	27 SCO 00	0 PIS 09
20	28 SCO 31	2 PIS 25	26 TAU 44	29 LEO 52	0 SAG 01	3 PIS 09
21	1 SAG 34	5 PIS 27	29 TAU 44	2 VIR 52	3 SAG 01	6 PIS 09
22	4 SAG 36	8 PIS 29	2 GEM 44	5 VIR 53	6 SAG 01	9 PIS 10
23	7 SAG 38	11 PIS 30	5 GEM 45	8 VIR 53	9 SAG 01	12 PIS 10
24	10 SAG 40	14 PIS 31	8 GEM 45	11 VIR 53	12 SAG 02	15 PIS 10
25	13 SAG 42	17 PIS 33	11 GEM 45	14 VIR 53	15 SAG 02	18 PIS 10
26	16 SAG 44	20 PIS 35	14 GEM 45	17 VIR 54	18 SAG 02	21 PIS 11
27	19 SAG 46	23 PIS 36	17 GEM 46	20 VIR 54	21 SAG 03	24 PIS 11
28	22 SAG 48	26 PIS 38	20 GEM 46	23 VIR 54	24 SAG 03	27 PIS 11
29	25 SAG 51		23 GEM 46	26 VIR 54	27 SAG 03	0 ARI 11
30	28 SAG 53		26 GEM 46	29 VIR 55	0 CAP 03	3 ARI 12
31	1 CAP 55		29 GEM 47		3 CAP 04	

LILITH EPHEMERIS 1991

DAY	JUL	AUG	SEP	OCT	NOV	DEC
1	6 ARI 12	9 CAN 21	13 LIB 00	14 CAP 01	18 ARI 01	19 CAN 01
2	9 ARI 12	12 CAN 22	16 LIB 02	17 CAP 03	21 ARI 03	22 CAN 03
3	12 ARI 13	15 CAN 24	19 LIB 04	20 CAP 05	24 ARI 05	25 CAN 05
4	15 ARI 13	18 CAN 25	22 LIB 06	23 CAP 07	27 ARI 07	28 CAN 07
5	18 ARI 13	21 CAN 26	25 LIB 08	26 CAP 09	0 TAU 11	1 LEO 09
6	21 ARI 13	24 CAN 27	28 LIB 10	29 CAP 11	3 TAU 13	4 LEO 11
7	24 ARI 14	27 CAN 29	1 SCO 12	2 AQU 13	6 TAU 15	7 LEO 13
8	27 ARI 14	0 LEO 30	4 SCO 14	5 AQU 15	9 TAU 17	10 LEO 15
9	0 TAU 14	3 LEO 31	7 SCO 16	8 AQU 16	12 TAU 17	13 LEO 17
10	3 TAU 15	6 LEO 32	10 SCO 18	11 AQU 18	15 TAU 19	16 LEO 19
11	6 TAU 15	9 LEO 34	13 SCO 20	14 AQU 20	18 TAU 21	19 LEO 21
12	9 TAU 15	12 LEO 35	16 SCO 22	17 AQU 22	21 TAU 23	22 LEO 23
13	12 TAU 15	15 LEO 36	19 SCO 24	20 AQU 24	24 TAU 25	25 LEO 25
14	15 TAU 16	18 LEO 37	22 SCO 26	23 AQU 26	27 TAU 27	28 LEO 27
15	18 TAU 16	21 LEO 39	25 SCO 28	26 AQU 28	0 GEM 29	1 VIR 29
16	21 TAU 16	24 LEO 40	28 SCO 30	29 AQU 30	3 GEM 31	4 VIR 31
17	24 TAU 17	27 LEO 41	1 SAG 33	2 PIS 32	6 GEM 33	7 VIR 32
18	27 TAU 17	0 VIR 42	4 SAG 35	5 PIS 34	9 GEM 35	10 VIR 34
19	0 GEM 17	3 VIR 44	7 SAG 37	8 PIS 36	12 GEM 37	13 VIR 36
20	3 GEM 18	6 VIR 45	10 SAG 39	11 PIS 38	15 GEM 39	16 VIR 38
21	6 GEM 18	9 VIR 46	13 SAG 41	14 PIS 40	18 GEM 41	19 VIR 40
22	9 GEM 18	12 VIR 47	16 SAG 43	17 PIS 42	21 GEM 43	22 VIR 42
23	12 GEM 18	15 VIR 49	19 SAG 45	20 PIS 44	24 GEM 45	25 VIR 44
24	15 GEM 19	18 VIR 50	22 SAG 47	23 PIS 46	27 GEM 47	28 VIR 46
25	18 GEM 19	21 VIR 51	25 SAG 49	26 PIS 47	0 CAN 49	1 LIB 48
26	21 GEM 19	24 VIR 52	28 SAG 51	29 PIS 49	3 CAN 51	4 LIB 50
27	24 GEM 20	27 VIR 54	1 CAP 53	2 ARI 51	6 CAN 53	7 LIB 52
28	27 GEM 20	0 LIB 55	4 CAP 55	5 ARI 53	9 CAN 55	10 LIB 54
29	0 CAN 20	3 LIB 56	7 CAP 57	8 ARI 55	12 CAN 57	13 LIB 56
30	3 CAN 20	6 LIB 57	10 CAP 59	11 ARI 57	15 CAN 59	16 LIB 58
31	6 CAN 21	9 LIB 59		14 ARI 59		20 LIB 00

1992   LILITH EPHEMERIS

DAY	JAN	FEB	MAR	APR	MAY	JUN
1	23 LIB 02	27 CAP 03	24 ARI 25	27 CAN 39	27 LIB 53	1 AQU 08
2	26 LIB 04	0 AQU 04	27 ARI 25	0 LEO 39	0 SCO 53	4 AQU 08
3	29 LIB 06	3 AQU 05	0 TAU 26	3 LEO 40	3 SCO 54	7 AQU 09
4	2 SCO 08	6 AQU 05	3 TAU 26	6 LEO 40	6 SCO 54	10 AQU 09
5	5 SCO 10	9 AQU 06	6 TAU 27	9 LEO 41	9 SCO 55	13 AQU 10
6	8 SCO 12	12 AQU 07	9 TAU 27	12 LEO 41	12 SCO 55	16 AQU 10
7	11 SCO 14	15 AQU 08	12 TAU 28	15 LEO 42	15 SCO 56	19 AQU 11
8	14 SCO 16	18 AQU 08	15 TAU 28	18 LEO 42	18 SCO 56	22 AQU 11
9	17 SCO 18	21 AQU 09	18 TAU 29	21 LEO 43	21 SCO 57	25 AQU 12
10	20 SCO 20	24 AQU 10	21 TAU 29	24 LEO 43	24 SCO 57	28 AQU 12
11	23 SCO 22	27 AQU 11	24 TAU 30	27 LEO 44	27 SCO 58	1 PIS 13
12	26 SCO 24	0 PIS 11	27 TAU 30	0 VIR 44	0 SAG 58	4 PIS 13
13	29 SCO 26	3 PIS 12	0 GEM 30	3 VIR 45	3 SAG 59	7 PIS 14
14	2 SAG 28	6 PIS 13	3 GEM 31	6 VIR 45	6 SAG 59	10 PIS 14
15	5 SAG 30	9 PIS 14	6 GEM 31	9 VIR 46	9 SAG 60	13 PIS 15
16	8 SAG 32	12 PIS 14	9 GEM 32	12 VIR 46	13 SAG 00	16 PIS 15
17	11 SAG 33	15 PIS 15	12 GEM 32	15 VIR 46	16 SAG 01	19 PIS 15
18	14 SAG 35	18 PIS 16	15 GEM 33	18 VIR 47	19 SAG 01	22 PIS 16
19	17 SAG 37	21 PIS 17	18 GEM 33	21 VIR 47	22 SAG 02	25 PIS 16
20	20 SAG 39	24 PIS 17	21 GEM 34	24 VIR 48	25 SAG 02	28 PIS 17
21	23 SAG 41	27 PIS 18	24 GEM 34	27 VIR 48	28 SAG 03	1 ARI 17
22	26 SAG 43	0 ARI 19	27 GEM 34	0 LIB 49	1 CAP 03	4 ARI 18
23	29 SAG 45	3 ARI 20	0 CAN 35	3 LIB 49	4 CAP 04	7 ARI 18
24	2 CAP 47	6 ARI 20	3 CAN 35	6 LIB 50	7 CAP 04	10 ARI 19
25	5 CAP 49	9 ARI 21	6 CAN 36	9 LIB 50	10 CAP 05	13 ARI 19
26	8 CAP 51	12 ARI 22	9 CAN 36	12 LIB 51	13 CAP 05	16 ARI 20
27	11 CAP 53	15 ARI 23	12 CAN 37	15 LIB 51	16 CAP 06	19 ARI 20
28	14 CAP 55	18 ARI 23	15 CAN 37	18 LIB 52	19 CAP 06	22 ARI 21
29	17 CAP 57	21 ARI 24	18 CAN 38	21 LIB 52	22 CAP 07	25 ARI 21
30	20 CAP 59		21 CAN 38	24 LIB 53	25 CAP 07	28 ARI 22
31	24 CAP 01		24 CAN 39		28 CAP 08	

LILITH EPHEMERIS 1992

DAY	JUL	AUG	SEP	OCT	NOV	DEC
1	1 TAU 22	4 LEO 37	8 SCO 29	9 AQU 22	13 TAU 16	14 LEO 10
2	4 TAU 22	7 LEO 39	11 SCO 31	12 AQU 24	16 TAU 18	17 LEO 12
3	7 TAU 23	10 LEO 40	14 SCO 33	15 AQU 25	19 TAU 20	20 LEO 13
4	10 TAU 23	13 LEO 42	17 SCO 34	18 AQU 27	22 TAU 21	23 LEO 15
5	13 TAU 23	16 LEO 44	20 SCO 36	21 AQU 29	25 TAU 23	26 LEO 17
6	16 TAU 24	19 LEO 45	23 SCO 38	24 AQU 31	28 TAU 25	29 LEO 19
7	19 TAU 25	22 LEO 47	26 SCO 40	27 AQU 32	1 GEM 27	2 VIR 20
8	22 TAU 25	25 LEO 49	29 SAG 41	0 PIS 34	4 GEM 29	5 VIR 22
9	25 TAU 26	28 LEO 50	2 SAG 43	3 PIS 36	7 GEM 30	8 VIR 24
10	28 TAU 26	1 VIR 52	5 SAG 45	6 PIS 38	10 GEM 32	11 VIR 26
11	1 GEM 27	4 VIR 54	8 SAG 47	9 PIS 39	13 GEM 34	14 VIR 27
12	4 GEM 27	7 VIR 55	11 SAG 48	12 PIS 41	16 GEM 36	17 VIR 29
13	7 GEM 28	10 VIR 57	14 SAG 50	15 PIS 43	19 GEM 38	20 VIR 31
14	10 GEM 28	13 VIR 59	17 SAG 52	18 PIS 45	22 GEM 39	23 VIR 33
15	13 GEM 29	17 VIR 00	20 SAG 54	21 PIS 46	25 GEM 41	26 VIR 34
16	16 GEM 29	20 VIR 02	23 SAG 55	24 PIS 48	28 GEM 43	29 VIR 36
17	19 GEM 30	23 VIR 04	26 SAG 57	27 PIS 50	1 CAN 45	2 LIB 38
18	22 GEM 30	26 VIR 06	29 SAG 59	0 ARI 52	4 CAN 47	5 LIB 40
19	25 GEM 31	29 VIR 07	3 CAP 01	3 ARI 53	7 CAN 48	8 LIB 41
20	28 GEM 31	2 LIB 09	6 CAP 03	6 ARI 55	10 CAN 50	11 LIB 43
21	1 CAN 32	5 LIB 11	9 CAP 04	9 ARI 57	13 CAN 52	14 LIB 45
22	4 CAN 32	8 LIB 12	12 CAP 06	12 ARI 59	16 CAN 54	17 LIB 47
23	7 CAN 33	11 LIB 14	15 CAP 08	16 ARI 00	19 CAN 56	20 LIB 48
24	10 CAN 33	14 LIB 16	18 CAP 10	19 ARI 02	22 CAN 57	23 LIB 50
25	13 CAN 34	17 LIB 17	21 CAP 11	22 ARI 04	25 CAN 59	26 LIB 52
26	16 CAN 34	20 LIB 19	24 CAP 13	25 ARI 06	29 CAN 01	29 LIB 54
27	19 CAN 35	23 LIB 21	27 CAP 15	28 ARI 07	2 LEO 03	2 SCO 55
28	22 CAN 35	26 LIB 22	0 AQU 17	1 TAU 09	5 LEO 05	5 SCO 57
29	25 CAN 36	29 LIB 24	3 AQU 18	4 TAU 11	8 LEO 06	8 SCO 59
30	28 CAN 36	2 SCO 26	6 AQU 20	7 TAU 13	11 LEO 08	12 SCO 01
31	1 LEO 37	5 SCO 27		10 TAU 14		15 SCO 02

1993   LILITH EPHEMERIS

DAY	JAN	FEB	MAR	APR	MAY	JUN
1	18 SCO 04	21 AQU 53	16 TAU 13	19 LEO 35	19 SCO 56	23 AQU 17
2	21 SCO 06	24 AQU 54	19 TAU 14	22 LEO 36	22 SCO 57	26 AQU 18
3	24 SCO 07	27 AQU 54	22 TAU 14	25 LEO 36	25 SCO 57	29 AQU 18
4	27 SCO 09	0 PIS 55	25 TAU 15	28 LEO 37	28 SCO 58	2 PIS 19
5	0 SAG 10	3 PIS 56	28 TAU 16	1 VIR 38	1 SAG 59	5 PIS 20
6	3 SAG 12	6 PIS 57	1 GEM 17	4 VIR 39	4 SAG 59	8 PIS 20
7	6 SAG 13	9 PIS 57	4 GEM 18	7 VIR 39	8 SAG 00	11 PIS 21
8	9 SAG 15	12 PIS 58	7 GEM 18	10 VIR 40	11 SAG 01	14 PIS 22
9	12 SAG 17	15 PIS 59	10 GEM 19	13 VIR 41	14 SAG 01	17 PIS 23
10	15 SAG 18	18 PIS 59	13 GEM 19	16 VIR 41	17 SAG 02	20 PIS 23
11	18 SAG 20	22 PIS 00	16 GEM 20	19 VIR 42	20 SAG 03	23 PIS 24
12	21 SAG 21	25 PIS 01	19 GEM 21	22 VIR 43	23 SAG 03	26 PIS 25
13	24 SAG 23	28 PIS 02	22 GEM 22	25 VIR 43	26 SAG 04	29 PIS 25
14	27 SAG 25	1 ARI 02	25 GEM 22	28 VIR 44	29 SAG 05	2 ARI 26
15	0 CAP 26	4 ARI 03	28 GEM 23	1 LIB 45	2 CAP 05	5 ARI 27
16	3 CAP 28	7 ARI 04	1 CAN 24	4 LIB 46	5 CAP 06	8 ARI 27
17	6 CAP 29	10 ARI 04	4 CAN 24	7 LIB 46	8 CAP 07	11 ARI 28
18	9 CAP 31	13 ARI 05	7 CAN 25	10 LIB 47	11 CAP 08	14 ARI 29
19	12 CAP 32	16 ARI 06	10 CAN 26	13 LIB 48	14 CAP 08	17 ARI 30
20	15 CAP 34	19 ARI 07	13 CAN 26	16 LIB 48	17 CAP 09	20 ARI 30
21	18 CAP 36	22 ARI 07	16 CAN 27	19 LIB 49	20 CAP 10	23 ARI 31
22	21 CAP 37	25 ARI 08	19 CAN 28	22 LIB 50	23 CAP 10	26 ARI 32
23	24 CAP 39	28 ARI 09	22 CAN 29	25 LIB 50	26 CAP 11	29 ARI 32
24	27 CAP 40	1 TAU 09	25 CAN 29	28 LIB 51	29 CAP 12	2 TAU 33
25	0 AQU 42	4 TAU 10	28 CAN 30	1 SCO 52	2 AQU 12	5 TAU 34
26	3 AQU 44	7 TAU 11	1 LEO 31	4 SCO 53	5 AQU 13	8 TAU 34
27	6 AQU 45	10 TAU 12	4 LEO 31	7 SCO 53	8 AQU 14	11 TAU 35
28	9 AQU 47	13 TAU 12	7 LEO 32	10 SCO 54	11 AQU 14	14 TAU 36
29	12 AQU 48		10 LEO 33	13 SCO 55	14 AQU 15	17 TAU 37
30	15 AQU 50		13 LEO 34	16 SCO 55	17 AQU 16	20 TAU 37
31	18 AQU 51		16 LEO 34		20 AQU 16	

LILITH EPHEMERIS 1993

DAY	JUL	AUG	SEP	OCT	NOV	DEC
1	23 TAU 38	27 LEO 07	0 SAG 55	1 PIS 44	5 GEM 30	6 VIR 15
2	26 TAU 39	0 VIR 09	3 SAG 57	4 PIS 45	8 GEM 32	9 VIR 17
3	29 TAU 40	3 VIR 10	6 SAG 58	7 PIS 47	11 GEM 33	12 VIR 18
4	2 GEM 41	6 VIR 12	9 SAG 60	10 PIS 48	14 GEM 34	15 VIR 20
5	5 GEM 42	9 VIR 13	13 SAG 02	13 PIS 50	17 GEM 36	18 VIR 21
6	8 GEM 43	12 VIR 15	16 SAG 03	16 PIS 51	20 GEM 38	21 VIR 23
7	11 GEM 44	15 VIR 16	19 SAG 05	19 PIS 53	23 GEM 39	24 VIR 24
8	14 GEM 45	18 VIR 18	22 SAG 06	22 PIS 54	26 GEM 41	27 VIR 26
9	17 GEM 45	21 VIR 19	25 SAG 08	25 PIS 56	29 GEM 42	0 LIB 27
10	20 GEM 46	24 VIR 21	28 SAG 10	28 PIS 57	2 CAN 43	3 LIB 29
11	23 GEM 47	27 VIR 22	1 CAP 11	1 ARI 59	5 CAN 45	6 LIB 30
12	26 GEM 48	0 LIB 24	4 CAP 13	5 ARI 00	8 CAN 47	9 LIB 32
13	29 GEM 49	3 LIB 26	7 CAP 15	8 ARI 02	11 CAN 48	12 LIB 33
14	2 CAN 50	6 LIB 27	10 CAP 16	11 ARI 03	14 CAN 49	15 LIB 35
15	5 CAN 51	9 LIB 29	13 CAP 18	14 ARI 05	17 CAN 51	18 LIB 36
16	8 CAN 52	12 LIB 30	16 CAP 20	17 ARI 06	20 CAN 53	21 LIB 38
17	11 CAN 53	15 LIB 32	19 CAP 21	20 ARI 08	23 CAN 54	24 LIB 39
18	14 CAN 54	18 LIB 33	22 CAP 23	23 ARI 09	26 CAN 56	27 LIB 41
19	17 CAN 55	21 LIB 35	25 CAP 24	26 ARI 11	29 CAN 57	0 SCO 42
20	20 CAN 56	24 LIB 36	28 CAP 26	29 ARI 12	2 LEO 58	3 SCO 44
21	23 CAN 57	27 LIB 38	1 AQU 28	2 TAU 14	6 LEO 00	6 SCO 45
22	26 CAN 58	0 SCO 40	4 AQU 29	5 TAU 15	9 LEO 01	9 SCO 47
23	29 CAN 59	3 SCO 41	7 AQU 31	8 TAU 17	12 LEO 03	12 SCO 48
24	2 LEO 60	6 SCO 43	10 AQU 33	11 TAU 18	15 LEO 04	15 SCO 50
25	6 LEO 00	9 SCO 44	13 AQU 34	14 TAU 20	18 LEO 06	18 SCO 51
26	9 LEO 01	12 SCO 46	16 AQU 36	17 TAU 21	21 LEO 08	21 SCO 53
27	12 LEO 02	15 SCO 47	19 AQU 37	20 TAU 23	24 LEO 09	24 SCO 54
28	15 LEO 03	18 SCO 49	22 AQU 39	23 TAU 24	27 LEO 11	27 SCO 56
29	18 LEO 04	21 SCO 50	25 AQU 41	26 TAU 26	0 VIR 12	0 SAG 57
30	21 LEO 05	24 SCO 52	28 AQU 42	29 TAU 27	3 VIR 14	3 SAG 59
31	24 LEO 06	27 SCO 53		2 GEM 29		7 SAG 00

195

1994   LILITH EPHEMERIS

DAY	JAN	FEB	MAR	APR	MAY	JUN
1	10 SAG 02	13 PIS 39	8 GEM 05	11 VIR 34	12 SAG 02	15 PIS 32
2	13 SAG 03	16 PIS 40	11 GEM 06	14 VIR 35	15 SAG 03	18 PIS 33
3	16 SAG 04	19 PIS 41	14 GEM 07	17 VIR 36	18 SAG 04	21 PIS 34
4	19 SAG 06	22 PIS 42	17 GEM 08	20 VIR 37	21 SAG 05	24 PIS 35
5	22 SAG 07	25 PIS 43	20 GEM 09	23 VIR 38	24 SAG 06	27 PIS 36
6	25 SAG 08	28 PIS 44	23 GEM 10	26 VIR 39	27 SAG 07	0 ARI 37
7	28 SAG 09	1 ARI 45	26 GEM 11	29 VIR 40	0 CAP 08	3 ARI 38
8	1 CAP 10	4 ARI 46	29 GEM 12	2 LIB 41	3 CAP 09	6 ARI 39
9	4 CAP 12	7 ARI 46	2 CAN 12	5 LIB 41	6 CAP 10	9 ARI 39
10	7 CAP 13	10 ARI 47	5 CAN 13	8 LIB 42	9 CAP 11	12 ARI 40
11	10 CAP 14	13 ARI 48	8 CAN 14	11 LIB 43	12 CAP 12	15 ARI 41
12	13 CAP 15	16 ARI 49	11 CAN 15	14 LIB 44	15 CAP 13	18 ARI 42
13	16 CAP 16	19 ARI 50	14 CAN 16	17 LIB 45	18 CAP 14	21 ARI 43
14	19 CAP 18	22 ARI 51	17 CAN 17	20 LIB 46	21 CAP 15	24 ARI 44
15	22 CAP 19	25 ARI 52	20 CAN 18	23 LIB 47	24 CAP 16	27 ARI 45
16	25 CAP 20	28 ARI 53	23 CAN 19	26 LIB 48	27 CAP 17	0 TAU 46
17	28 CAP 21	1 TAU 55	26 CAN 20	29 LIB 49	0 AQU 17	3 TAU 47
18	1 AQU 22	4 TAU 55	29 CAN 21	2 SCO 50	3 AQU 18	6 TAU 48
19	4 AQU 23	7 TAU 56	2 LEO 22	5 SCO 51	6 AQU 19	9 TAU 49
20	7 AQU 25	10 TAU 57	5 LEO 23	8 SCO 52	9 AQU 20	12 TAU 50
21	10 AQU 26	13 TAU 58	8 LEO 24	11 SCO 53	12 AQU 21	15 TAU 51
22	13 AQU 27	16 TAU 59	11 LEO 25	14 SCO 54	15 AQU 22	18 TAU 52
23	16 AQU 28	19 TAU 59	14 LEO 26	17 SCO 55	18 AQU 23	21 TAU 53
24	19 AQU 29	23 TAU 00	17 LEO 27	20 SCO 55	21 AQU 24	24 TAU 53
25	22 AQU 31	26 TAU 01	20 LEO 27	23 SCO 56	24 AQU 25	27 TAU 54
26	25 AQU 32	29 TAU 02	23 LEO 28	26 SCO 57	27 AQU 26	0 GEM 55
27	28 AQU 33	2 GEM 03	26 LEO 29	29 SCO 58	0 PIS 27	3 GEM 56
28	1 PIS 34	5 GEM 04	29 LEO 30	2 SAG 59	3 PIS 28	6 GEM 57
29	4 PIS 35		2 VIR 31	6 SAG 00	6 PIS 29	9 GEM 58
30	7 PIS 37		5 VIR 32	9 SAG 01	9 PIS 30	12 GEM 59
31	10 PIS 38		8 VIR 33		12 PIS 31	

LILITH EPHEMERIS 1994

DAY	JUL	AUG	SEP	OCT	NOV	DEC
1	16 GEM 00	19 VIR 35	23 SAG 15	23 PIS 53	27 GEM 33	28 VIR 12
2	19 GEM 01	22 VIR 36	26 SAG 16	26 PIS 54	0 CAN 34	1 LIB 13
3	22 GEM 02	25 VIR 38	29 SAG 18	29 PIS 56	3 CAN 36	4 LIB 15
4	25 GEM 03	28 VIR 39	2 CAP 19	2 ARI 57	6 CAN 37	7 LIB 16
5	28 GEM 05	1 LIB 40	5 CAP 20	5 ARI 58	9 CAN 38	10 LIB 17
6	1 CAN 06	4 LIB 41	8 CAP 21	8 ARI 59	12 CAN 39	13 LIB 18
7	4 CAN 07	7 LIB 43	11 CAP 23	12 ARI 01	15 CAN 41	16 LIB 20
8	7 CAN 08	10 LIB 44	14 CAP 24	15 ARI 02	18 CAN 42	19 LIB 21
9	10 CAN 09	13 LIB 45	17 CAP 25	18 ARI 03	21 CAN 43	22 LIB 22
10	13 CAN 10	16 LIB 47	20 CAP 26	21 ARI 05	24 CAN 45	25 LIB 24
11	16 CAN 11	19 LIB 48	23 CAP 28	24 ARI 06	27 CAN 46	28 LIB 25
12	19 CAN 12	22 LIB 49	26 CAP 29	27 ARI 07	0 LEO 47	1 SCO 26
13	22 CAN 14	25 LIB 50	29 CAP 30	0 TAU 08	3 LEO 49	4 SCO 27
14	25 CAN 15	28 LIB 52	2 AQU 31	3 TAU 10	6 LEO 50	7 SCO 29
15	28 CAN 16	1 SCO 53	5 AQU 33	6 TAU 11	9 LEO 51	10 SCO 30
16	1 LEO 17	4 SCO 54	8 AQU 34	9 TAU 12	12 LEO 52	13 SCO 31
17	4 LEO 18	7 SCO 56	11 AQU 35	12 TAU 14	15 LEO 54	16 SCO 33
18	7 LEO 19	10 SCO 57	14 AQU 37	15 TAU 15	18 LEO 55	19 SCO 34
19	10 LEO 20	13 SCO 58	17 AQU 38	18 TAU 16	21 LEO 56	22 SCO 35
20	13 LEO 21	16 SCO 60	20 AQU 39	21 TAU 18	24 LEO 58	25 SCO 37
21	16 LEO 23	20 SCO 01	23 AQU 40	24 TAU 19	27 LEO 59	28 SCO 38
22	19 LEO 24	23 SCO 02	26 AQU 42	27 TAU 20	1 VIR 00	1 SAG 39
23	22 LEO 25	26 SCO 03	29 AQU 43	0 GEM 21	4 VIR 02	4 SAG 40
24	25 LEO 26	29 SCO 05	2 PIS 44	3 GEM 23	7 VIR 03	7 SAG 42
25	28 LEO 27	2 SAG 06	5 PIS 45	6 GEM 24	10 VIR 04	10 SAG 43
26	1 VIR 28	5 SAG 07	8 PIS 47	9 GEM 25	13 VIR 05	13 SAG 44
27	4 VIR 29	8 SAG 09	11 PIS 48	12 GEM 27	16 VIR 07	16 SAG 46
28	7 VIR 30	11 SAG 10	14 PIS 49	15 GEM 28	19 VIR 08	19 SAG 47
29	10 VIR 32	14 SAG 11	17 PIS 50	18 GEM 29	22 VIR 09	22 SAG 48
30	13 VIR 33	17 SAG 12	20 PIS 52	21 GEM 30	25 VIR 11	25 SAG 49
31	16 VIR 34	20 SAG 14		24 GEM 32		28 SAG 51

1995 LILITH EPHEMERIS

DAY	JAN	FEB	MAR	APR	MAY	JUN
1	1 CAP 52	5 ARI 29	0 CAN 04	4 LIB 14	4 CAP 17	7 ARI 43
2	4 CAP 53	8 ARI 30	3 CAN 06	7 LIB 14	7 CAP 18	10 ARI 45
3	7 CAP 54	11 ARI 31	6 CAN 09	10 LIB 14	10 CAP 19	13 ARI 46
4	10 CAP 56	14 ARI 33	9 CAN 11	13 LIB 14	13 CAP 20	16 ARI 47
5	13 CAP 57	17 ARI 34	12 CAN 13	16 LIB 14	16 CAP 20	19 ARI 49
6	16 CAP 58	20 ARI 35	15 CAN 15	19 LIB 14	19 CAP 21	22 ARI 51
7	19 CAP 59	23 ARI 37	18 CAN 18	22 LIB 15	22 CAP 22	25 ARI 52
8	23 CAP 00	26 ARI 38	21 CAN 20	25 LIB 15	25 CAP 23	28 ARI 53
9	26 CAP 02	29 ARI 39	24 CAN 22	28 LIB 15	28 CAP 24	1 TAU 55
10	29 CAP 03	2 TAU 40	27 CAN 24	1 SCO 15	1 AQU 25	4 TAU 56
11	2 AQU 04	5 TAU 41	0 LEO 27	4 SCO 15	4 AQU 25	7 TAU 58
12	5 AQU 05	8 TAU 43	3 LEO 29	7 SCO 15	7 AQU 26	10 TAU 59
13	8 AQU 06	11 TAU 44	6 LEO 31	10 SCO 15	10 AQU 27	14 TAU 01
14	11 AQU 08	14 TAU 45	9 LEO 33	13 SCO 15	13 AQU 28	17 TAU 03
15	14 AQU 09	17 TAU 47	12 LEO 36	16 SCO 15	16 AQU 29	20 TAU 04
16	17 AQU 10	20 TAU 48	15 LEO 38	19 SCO 15	19 AQU 30	23 TAU 06
17	20 AQU 11	23 TAU 49	18 LEO 40	22 SCO 16	22 AQU 30	26 TAU 07
18	23 AQU 12	26 TAU 50	21 LEO 42	25 SCO 16	25 AQU 31	29 TAU 08
19	26 AQU 13	29 TAU 52	24 LEO 45	28 SCO 16	28 AQU 32	2 GEM 10
20	29 AQU 15	2 GEM 53	27 LEO 47	1 SAG 16	1 PIS 33	5 GEM 11
21	2 PIS 16	5 GEM 54	0 VIR 49	4 SAG 16	4 PIS 34	8 GEM 13
22	5 PIS 17	8 GEM 55	3 VIR 51	7 SAG 16	7 PIS 35	11 GEM 15
23	8 PIS 18	11 GEM 56	6 VIR 54	10 SAG 16	10 PIS 35	14 GEM 16
24	11 PIS 19	14 GEM 58	9 VIR 56	13 SAG 16	13 PIS 36	17 GEM 17
25	14 PIS 21	17 GEM 59	12 VIR 58	16 SAG 16	16 PIS 37	20 GEM 19
26	17 PIS 22	21 GEM 00	16 VIR 00	19 SAG 16	19 PIS 38	23 GEM 21
27	20 PIS 23	24 GEM 02	19 VIR 03	22 SAG 17	22 PIS 39	26 GEM 22
28	23 PIS 24	27 GEM 03	22 VIR 05	25 SAG 17	25 PIS 40	29 GEM 24
29	26 PIS 25		25 VIR 07	28 SAG 17	28 PIS 40	2 CAN 25
30	29 PIS 27		28 VIR 09	1 CAP 17	1 ARI 41	5 CAN 26
31	2 ARI 28		1 LIB 12		4 ARI 42	

198

LILITH EPHEMERIS 1995

DAY	JUL	AUG	SEP	OCT	NOV	DEC
1	8 CAN 28	12 LIB 00	15 CAP 32	15 ARI 48	19 CAN 35	20 LIB 06
2	11 CAN 29	15 LIB 01	18 CAP 33	18 ARI 50	22 CAN 36	23 LIB 07
3	14 CAN 30	18 LIB 02	21 CAP 33	21 ARI 51	25 CAN 37	26 LIB 08
4	17 CAN 31	21 LIB 03	24 CAP 34	24 ARI 53	28 CAN 38	29 LIB 09
5	20 CAN 32	24 LIB 04	27 CAP 34	27 ARI 54	1 LEO 39	2 SCO 11
6	23 CAN 33	27 LIB 05	0 AQU 35	0 TAU 56	4 LEO 40	5 SCO 12
7	26 CAN 34	0 SCO 06	3 AQU 35	3 TAU 57	7 LEO 41	8 SCO 13
8	29 CAN 35	3 SCO 07	6 AQU 36	6 TAU 59	10 LEO 42	11 SCO 14
9	2 LEO 36	6 SCO 08	9 AQU 36	10 TAU 00	13 LEO 43	14 SCO 15
10	5 LEO 37	9 SCO 09	12 AQU 37	13 TAU 02	16 LEO 44	17 SCO 16
11	8 LEO 38	12 SCO 10	15 AQU 37	16 TAU 03	19 LEO 45	20 SCO 18
12	11 LEO 39	15 SCO 11	18 AQU 38	19 TAU 05	22 LEO 46	23 SCO 19
13	14 LEO 40	18 SCO 12	21 AQU 38	22 TAU 06	25 LEO 47	26 SCO 20
14	17 LEO 41	21 SCO 13	24 AQU 39	25 TAU 08	28 LEO 48	29 SCO 21
15	20 LEO 42	24 SCO 14	27 AQU 39	28 TAU 09	1 VIR 49	2 SAG 22
16	23 LEO 43	27 SCO 15	0 PIS 40	1 GEM 11	4 VIR 50	5 SAG 23
17	26 LEO 45	0 SAG 17	3 PIS 41	4 GEM 12	7 VIR 52	8 SAG 25
18	29 LEO 46	3 SAG 18	6 PIS 41	7 GEM 14	10 VIR 53	11 SAG 26
19	2 VIR 47	6 SAG 19	9 PIS 42	10 GEM 15	13 VIR 54	14 SAG 27
20	5 VIR 48	9 SAG 20	12 PIS 42	13 GEM 17	16 VIR 55	17 SAG 28
21	8 VIR 49	12 SAG 21	15 PIS 43	16 GEM 18	19 VIR 56	20 SAG 29
22	11 VIR 50	15 SAG 22	18 PIS 43	19 GEM 20	22 VIR 57	23 SAG 30
23	14 VIR 51	18 SAG 23	21 PIS 44	22 GEM 21	25 VIR 58	26 SAG 32
24	17 VIR 52	21 SAG 24	24 PIS 44	25 GEM 23	28 VIR 59	29 SAG 33
25	20 VIR 53	24 SAG 25	27 PIS 45	28 GEM 24	1 LIB 60	2 CAP 34
26	23 VIR 54	27 SAG 26	0 ARI 45	1 CAN 26	5 LIB 01	5 CAP 35
27	26 VIR 55	0 CAP 27	3 ARI 46	4 CAN 27	8 LIB 02	8 CAP 36
28	29 VIR 56	3 CAP 28	6 ARI 46	7 CAN 29	11 LIB 03	11 CAP 37
29	2 LIB 57	6 CAP 29	9 ARI 47	10 CAN 30	14 LIB 04	14 CAP 39
30	5 LIB 58	9 CAP 30	12 ARI 47	13 CAN 32	17 LIB 05	17 CAP 40
31	8 LIB 59	12 CAP 31		16 CAN 33		20 CAP 41

199

1996   LILITH EPHEMERIS

DAY	JAN	FEB	MAR	APR	MAY	JUN
1	23 CAP 42	27 ARI 25	25 CAN 06	28 LIB 50	29 CAP 33	3 TAU 17
2	26 CAP 43	0 TAU 26	28 CAN 07	1 SCO 51	2 AQU 34	6 TAU 18
3	29 CAP 45	3 TAU 28	1 LEO 09	4 SCO 53	5 AQU 36	9 TAU 19
4	2 AQU 46	6 TAU 29	4 LEO 10	7 SCO 54	8 AQU 37	12 TAU 21
5	5 AQU 48	9 TAU 31	7 LEO 12	10 SCO 56	11 AQU 39	15 TAU 22
6	8 AQU 49	12 TAU 32	10 LEO 13	13 SCO 57	14 AQU 40	18 TAU 23
7	11 AQU 50	15 TAU 33	13 LEO 15	16 SCO 59	17 AQU 42	21 TAU 24
8	14 AQU 52	18 TAU 35	16 LEO 16	20 SCO 00	20 AQU 43	24 TAU 25
9	17 AQU 53	21 TAU 36	19 LEO 17	23 SCO 01	23 AQU 44	27 TAU 27
10	20 AQU 54	24 TAU 38	22 LEO 19	26 SCO 03	26 AQU 46	0 GEM 28
11	23 AQU 56	27 TAU 39	25 LEO 20	29 SCO 04	29 AQU 47	3 GEM 29
12	26 AQU 57	0 GEM 41	28 LEO 22	2 SAG 06	2 PIS 49	6 GEM 30
13	29 AQU 59	3 GEM 42	1 VIR 23	5 SAG 07	5 PIS 50	9 GEM 31
14	3 PIS 00	6 GEM 43	4 VIR 24	8 SAG 09	8 PIS 51	12 GEM 33
15	6 PIS 01	9 GEM 45	7 VIR 26	11 SAG 10	11 PIS 53	15 GEM 34
16	9 PIS 03	12 GEM 46	10 VIR 27	14 SAG 12	14 PIS 54	18 GEM 35
17	12 PIS 04	15 GEM 48	13 VIR 29	17 SAG 13	17 PIS 56	21 GEM 36
18	15 PIS 06	18 GEM 49	16 VIR 30	20 SAG 14	20 PIS 57	24 GEM 37
19	18 PIS 07	21 GEM 50	19 VIR 32	23 SAG 16	23 PIS 59	27 GEM 39
20	21 PIS 08	24 GEM 52	22 VIR 33	26 SAG 17	26 PIS 60	0 CAN 40
21	24 PIS 10	27 GEM 53	25 VIR 34	29 SAG 19	0 ARI 01	3 CAN 41
22	27 PIS 11	0 CAN 55	28 VIR 36	2 CAP 20	3 ARI 03	6 CAN 42
23	0 ARI 13	3 CAN 56	1 LIB 37	5 CAP 22	6 ARI 04	9 CAN 43
24	3 ARI 14	6 CAN 58	4 LIB 39	8 CAP 23	9 ARI 06	12 CAN 45
25	6 ARI 15	9 CAN 59	7 LIB 40	11 CAP 24	12 ARI 07	15 CAN 46
26	9 ARI 17	13 CAN 00	10 LIB 41	14 CAP 26	15 ARI 08	18 CAN 47
27	12 ARI 18	16 CAN 02	13 LIB 43	17 CAP 27	18 ARI 10	21 CAN 48
28	15 ARI 19	19 CAN 03	16 LIB 44	20 CAP 29	21 ARI 11	24 CAN 49
29	18 ARI 21	22 CAN 05	19 LIB 46	23 CAP 30	24 ARI 13	27 CAN 51
30	21 ARI 22		22 LIB 47	26 CAP 32	27 ARI 14	0 LEO 52
31	24 ARI 24		25 LIB 49		0 TAU 16	

200

LILITH EPHEMERIS 1996

DAY	JUL	AUG	SEP	OCT	NOV	DEC
1	3 LEO 53	7 SCO 18	10 AQU 43	11 TAU 06	14 LEO 31	14 SCO 54
2	6 LEO 54	10 SCO 19	13 AQU 44	14 TAU 07	17 LEO 32	17 SCO 55
3	9 LEO 55	13 SCO 20	16 AQU 45	17 TAU 08	20 LEO 33	20 SCO 57
4	12 LEO 55	16 SCO 20	19 AQU 45	20 TAU 08	23 LEO 33	23 SCO 58
5	15 LEO 56	19 SCO 21	22 AQU 46	23 TAU 09	26 LEO 34	26 SCO 59
6	18 LEO 57	22 SCO 22	25 AQU 47	26 TAU 10	29 LEO 35	0 SAG 01
7	21 LEO 58	25 SCO 23	28 AQU 48	29 TAU 11	2 VIR 36	3 SAG 02
8	24 LEO 59	28 SCO 24	1 PIS 48	2 GEM 12	5 VIR 36	6 SAG 03
9	27 LEO 59	1 SAG 24	4 PIS 49	5 GEM 12	8 VIR 37	9 SAG 05
10	1 VIR 00	4 SAG 25	7 PIS 50	8 GEM 13	11 VIR 38	12 SAG 06
11	4 VIR 01	7 SAG 26	10 PIS 51	11 GEM 14	14 VIR 39	15 SAG 07
12	7 VIR 02	10 SAG 27	13 PIS 51	14 GEM 15	17 VIR 39	18 SAG 09
13	10 VIR 03	13 SAG 28	16 PIS 52	17 GEM 16	20 VIR 40	21 SAG 10
14	13 VIR 03	16 SAG 28	19 PIS 53	20 GEM 16	23 VIR 41	24 SAG 11
15	16 VIR 04	19 SAG 29	22 PIS 54	23 GEM 17	26 VIR 42	27 SAG 13
16	19 VIR 05	22 SAG 30	25 PIS 55	26 GEM 18	29 VIR 42	0 CAP 14
17	22 VIR 06	25 SAG 31	28 PIS 55	29 GEM 19	2 LIB 43	3 CAP 15
18	25 VIR 07	28 SAG 32	1 ARI 56	2 CAN 20	5 LIB 44	6 CAP 16
19	28 VIR 08	1 CAP 33	4 ARI 57	5 CAN 21	8 LIB 45	9 CAP 18
20	1 LIB 08	4 CAP 33	7 ARI 58	8 CAN 21	11 LIB 46	12 CAP 19
21	4 LIB 09	7 CAP 34	10 ARI 58	11 CAN 22	14 LIB 46	15 CAP 20
22	7 LIB 10	10 CAP 35	13 ARI 59	14 CAN 23	17 LIB 47	18 CAP 22
23	10 LIB 11	13 CAP 36	16 ARI 60	17 CAN 24	20 LIB 48	21 CAP 23
24	13 LIB 12	16 CAP 37	20 ARI 01	20 CAN 25	23 LIB 49	24 CAP 24
25	16 LIB 12	19 CAP 37	23 ARI 01	23 CAN 25	26 LIB 49	27 CAP 26
26	19 LIB 13	22 CAP 38	26 ARI 02	26 CAN 26	29 LIB 50	0 AQU 27
27	22 LIB 14	25 CAP 39	29 ARI 03	29 CAN 27	2 SCO 51	3 AQU 28
28	25 LIB 15	28 CAP 40	2 TAU 04	2 LEO 28	5 SCO 52	6 AQU 30
29	28 LIB 16	1 AQU 41	5 TAU 04	5 LEO 29	8 SCO 52	9 AQU 31
30	1 SCO 16	4 AQU 41	8 TAU 05	8 LEO 29	11 SCO 53	12 AQU 32
31	4 SCO 17	7 AQU 42		11 LEO 30		15 AQU 34

1997   LILITH EPHEMERIS

DAY	JAN	FEB	MAR	APR	MAY	JUN
1	18 AQU 35	22 TAU 27	17 LEO 14	21 SCO 12	21 AQU 56	25 TAU 48
2	21 AQU 37	25 TAU 29	20 LEO 16	24 SCO 13	24 AQU 58	28 TAU 49
3	24 AQU 38	28 TAU 30	23 LEO 18	27 SCO 15	27 AQU 59	1 GEM 50
4	27 AQU 40	1 GEM 32	26 LEO 20	0 SAG 16	1 PIS 01	4 GEM 50
5	0 PIS 42	4 GEM 34	29 LEO 21	3 SAG 18	4 PIS 03	7 GEM 51
6	3 PIS 43	7 GEM 35	2 VIR 23	6 SAG 19	7 PIS 04	10 GEM 52
7	6 PIS 45	10 GEM 37	5 VIR 25	9 SAG 21	10 PIS 06	13 GEM 53
8	9 PIS 47	13 GEM 39	8 VIR 27	12 SAG 22	13 PIS 08	16 GEM 54
9	12 PIS 48	16 GEM 40	11 VIR 29	15 SAG 24	16 PIS 09	19 GEM 54
10	15 PIS 50	19 GEM 42	14 VIR 31	18 SAG 25	19 PIS 11	22 GEM 55
11	18 PIS 52	22 GEM 44	17 VIR 33	21 SAG 27	22 PIS 13	25 GEM 56
12	21 PIS 53	25 GEM 45	20 VIR 35	24 SAG 28	25 PIS 14	28 GEM 57
13	24 PIS 55	28 GEM 47	23 VIR 36	27 SAG 30	28 PIS 16	1 CAN 58
14	27 PIS 57	1 CAN 49	26 VIR 38	0 CAP 31	1 ARI 18	4 CAN 58
15	0 ARI 58	4 CAN 51	29 VIR 40	3 CAP 33	4 ARI 19	7 CAN 59
16	4 ARI 00	7 CAN 52	2 LIB 42	6 CAP 34	7 ARI 21	10 CAN 60
17	7 ARI 02	10 CAN 54	5 LIB 44	9 CAP 35	10 ARI 23	14 CAN 01
18	10 ARI 04	13 CAN 56	8 LIB 46	12 CAP 37	13 ARI 25	17 CAN 02
19	13 ARI 05	16 CAN 57	11 LIB 48	15 CAP 38	16 ARI 26	20 CAN 02
20	16 ARI 07	19 CAN 59	14 LIB 50	18 CAP 40	19 ARI 28	23 CAN 03
21	19 ARI 09	23 CAN 01	17 LIB 51	21 CAP 41	22 ARI 30	26 CAN 04
22	22 ARI 10	26 CAN 02	20 LIB 53	24 CAP 43	25 ARI 31	29 CAN 05
23	25 ARI 12	29 CAN 04	23 LIB 55	27 CAP 44	28 ARI 33	2 LEO 06
24	28 ARI 14	2 LEO 06	26 LIB 57	0 AQU 46	1 TAU 35	5 LEO 06
25	1 TAU 15	5 LEO 07	29 LIB 59	3 AQU 47	4 TAU 36	8 LEO 07
26	4 TAU 17	8 LEO 09	3 SCO 01	6 AQU 49	7 TAU 38	11 LEO 08
27	7 TAU 19	11 LEO 11	6 SCO 03	9 AQU 50	10 TAU 40	14 LEO 09
28	10 TAU 20	14 LEO 12	9 SCO 05	12 AQU 52	13 TAU 41	17 LEO 10
29	13 TAU 22		12 SCO 06	15 AQU 53	16 TAU 43	20 LEO 10
30	16 TAU 24		15 SCO 08	18 AQU 55	19 TAU 45	23 LEO 11
31	19 TAU 25		18 SCO 10		22 TAU 46	

LILITH EPHEMERIS 1997

DAY	JUL	AUG	SEP	OCT	NOV	DEC
1	26 LEO 12	29 SCO 29	2 PIS 46	3 GEM 05	6 VIR 20	6 SAG 37
2	29 LEO 13	2 SAG 30	5 PIS 47	6 GEM 05	9 VIR 21	9 SAG 39
3	2 VIR 13	5 SAG 30	8 PIS 47	9 GEM 06	12 VIR 21	12 SAG 41
4	5 VIR 14	8 SAG 31	11 PIS 48	12 GEM 06	15 VIR 22	15 SAG 43
5	8 VIR 14	11 SAG 31	14 PIS 49	15 GEM 07	18 VIR 22	18 SAG 45
6	11 VIR 15	14 SAG 32	17 PIS 49	18 GEM 07	21 VIR 23	21 SAG 47
7	14 VIR 15	17 SAG 32	20 PIS 50	21 GEM 08	24 VIR 23	24 SAG 48
8	17 VIR 16	20 SAG 33	23 PIS 50	24 GEM 08	27 VIR 24	27 SAG 50
9	20 VIR 16	23 SAG 33	26 PIS 51	27 GEM 09	0 LIB 25	0 CAP 52
10	23 VIR 17	26 SAG 34	29 PIS 52	0 CAN 09	3 LIB 25	3 CAP 54
11	26 VIR 17	29 SAG 34	2 ARI 52	3 CAN 10	6 LIB 26	6 CAP 56
12	29 VIR 18	2 CAP 35	5 ARI 53	6 CAN 10	9 LIB 26	9 CAP 58
13	2 LIB 19	5 CAP 36	8 ARI 54	9 CAN 11	12 LIB 27	12 CAP 60
14	5 LIB 19	8 CAP 36	11 ARI 55	12 CAN 11	15 LIB 27	16 CAP 02
15	8 LIB 20	11 CAP 37	14 ARI 55	15 CAN 12	18 LIB 28	19 CAP 04
16	11 LIB 20	14 CAP 37	17 ARI 55	18 CAN 12	21 LIB 28	22 CAP 06
17	14 LIB 21	17 CAP 38	20 ARI 56	21 CAN 13	24 LIB 29	25 CAP 07
18	17 LIB 21	20 CAP 38	23 ARI 57	24 CAN 13	27 LIB 30	28 CAP 09
19	20 LIB 22	23 CAP 39	26 ARI 57	27 CAN 14	0 SCO 30	1 AQU 11
20	23 LIB 22	26 CAP 39	29 ARI 58	0 LEO 14	3 SCO 31	4 AQU 13
21	26 LIB 23	29 CAP 40	2 TAU 59	3 LEO 15	6 SCO 31	7 AQU 15
22	29 LIB 24	2 AQU 41	5 TAU 59	6 LEO 15	9 SCO 32	10 AQU 17
23	2 SCO 24	5 AQU 41	8 TAU 60	9 LEO 16	12 SCO 32	13 AQU 19
24	5 SCO 25	8 AQU 42	12 TAU 01	12 LEO 16	15 SCO 33	16 AQU 21
25	8 SCO 25	11 AQU 42	15 TAU 01	15 LEO 17	18 SCO 34	19 AQU 23
26	11 SCO 26	14 AQU 43	18 TAU 02	18 LEO 17	21 SCO 34	22 AQU 25
27	14 SCO 26	17 AQU 43	21 TAU 02	21 LEO 18	24 SCO 35	25 AQU 26
28	17 SCO 27	20 AQU 44	24 TAU 03	24 LEO 18	27 SCO 35	28 AQU 28
29	20 SCO 27	23 AQU 44	27 TAU 04	27 LEO 19	0 SAG 36	1 PIS 30
30	23 SCO 28	26 AQU 45	0 GEM 04	0 VIR 19	3 SAG 36	4 PIS 32
31	26 SCO 28	29 AQU 45		3 VIR 20		7 PIS 34

1998   LILITH EPHEMERIS

DAY	JAN	FEB	MAR	APR	MAY	JUN
1	10 PIS 36	14 GEM 32	9 VIR 26	13 SAG 22	14 PIS 18	18 GEM 11
2	13 PIS 38	17 GEM 34	12 VIR 28	16 SAG 24	17 PIS 20	21 GEM 11
3	16 PIS 40	20 GEM 36	15 VIR 30	19 SAG 26	20 PIS 21	24 GEM 12
4	19 PIS 41	23 GEM 38	18 VIR 31	22 SAG 28	23 PIS 23	27 GEM 12
5	22 PIS 43	26 GEM 40	21 VIR 33	25 SAG 29	26 PIS 25	0 CAN 13
6	25 PIS 45	29 GEM 42	24 VIR 35	28 SAG 31	29 PIS 27	3 CAN 13
7	28 PIS 47	2 CAN 44	27 VIR 37	1 CAP 33	2 ARI 28	6 CAN 14
8	1 ARI 49	5 CAN 46	0 LIB 39	4 CAP 35	5 ARI 30	9 CAN 14
9	4 ARI 50	8 CAN 47	3 LIB 40	7 CAP 37	8 ARI 32	12 CAN 14
10	7 ARI 52	11 CAN 49	6 LIB 42	10 CAP 39	11 ARI 33	15 CAN 15
11	10 ARI 54	14 CAN 51	9 LIB 44	13 CAP 41	14 ARI 35	18 CAN 15
12	13 ARI 56	17 CAN 53	12 LIB 46	16 CAP 43	17 ARI 37	21 CAN 15
13	16 ARI 58	20 CAN 55	15 LIB 48	19 CAP 44	20 ARI 39	24 CAN 15
14	19 ARI 59	23 CAN 57	18 LIB 49	22 CAP 46	23 ARI 40	27 CAN 16
15	23 ARI 01	26 CAN 59	21 LIB 51	25 CAP 48	26 ARI 42	0 LEO 16
16	26 ARI 03	0 LEO 01	24 LIB 53	28 CAP 50	29 ARI 44	3 LEO 17
17	29 ARI 05	3 LEO 03	27 LIB 55	1 AQU 52	2 TAU 45	6 LEO 17
18	2 TAU 07	6 LEO 05	0 SCO 57	4 AQU 54	5 TAU 47	9 LEO 17
19	5 TAU 09	9 LEO 07	3 SCO 59	7 AQU 56	8 TAU 49	12 LEO 18
20	8 TAU 10	12 LEO 09	7 SCO 00	10 AQU 57	11 TAU 50	15 LEO 18
21	11 TAU 12	15 LEO 11	10 SCO 02	13 AQU 59	14 TAU 52	18 LEO 18
22	14 TAU 14	18 LEO 13	13 SCO 04	17 AQU 01	17 TAU 54	21 LEO 19
23	17 TAU 16	21 LEO 14	16 SCO 06	20 AQU 03	20 TAU 56	24 LEO 19
24	20 TAU 18	24 LEO 16	19 SCO 08	23 AQU 05	23 TAU 57	27 LEO 19
25	23 TAU 19	27 LEO 18	22 SCO 09	26 AQU 07	26 TAU 59	0 VIR 20
26	26 TAU 21	0 VIR 20	25 SCO 11	29 AQU 09	0 GEM 01	3 VIR 20
27	29 TAU 23	3 VIR 22	28 SCO 13	2 PIS 11	3 GEM 02	6 VIR 21
28	2 GEM 25	6 VIR 24	1 SAG 15	5 PIS 12	6 GEM 04	9 VIR 21
29	5 GEM 27		4 SAG 17	8 PIS 14	9 GEM 06	12 VIR 21
30	8 GEM 28		7 SAG 18	11 PIS 16	12 GEM 08	15 VIR 22
31	11 GEM 30		10 SAG 20		15 GEM 09	

LILITH EPHEMERIS 1998

DAY	JUL	AUG	SEP	OCT	NOV	DEC
1	18 VIR 22	21 SAG 33	24 PIS 44	24 GEM 55	28 VIR 16	28 SAG 37
2	21 VIR 22	24 SAG 33	27 PIS 44	27 GEM 56	1 LIB 17	1 CAP 39
3	24 VIR 23	27 SAG 34	0 ARI 45	0 CAN 56	4 LIB 17	4 CAP 41
4	27 VIR 23	0 CAP 34	3 ARI 45	3 CAN 57	7 LIB 18	7 CAP 43
5	0 LIB 23	3 CAP 34	6 ARI 45	6 CAN 58	10 LIB 19	10 CAP 45
6	3 LIB 24	6 CAP 35	9 ARI 46	9 CAN 58	13 LIB 20	13 CAP 47
7	6 LIB 24	9 CAP 35	12 ARI 46	12 CAN 59	16 LIB 20	16 CAP 49
8	9 LIB 24	12 CAP 35	15 ARI 47	15 CAN 60	19 LIB 21	19 CAP 51
9	12 LIB 25	15 CAP 36	18 ARI 47	19 CAN 00	22 LIB 22	22 CAP 53
10	15 LIB 25	18 CAP 36	21 ARI 47	22 CAN 01	25 LIB 22	25 CAP 55
11	18 LIB 26	21 CAP 37	24 ARI 48	25 CAN 02	28 LIB 23	28 CAP 57
12	21 LIB 26	24 CAP 37	27 ARI 48	28 CAN 02	1 SCO 24	1 AQU 59
13	24 LIB 26	27 CAP 37	0 TAU 48	1 LEO 03	4 SCO 24	5 AQU 01
14	27 LIB 27	0 AQU 38	3 TAU 49	4 LEO 04	7 SCO 25	8 AQU 03
15	0 SCO 27	3 AQU 38	6 TAU 49	7 LEO 04	10 SCO 26	11 AQU 05
16	3 SCO 27	6 AQU 38	9 TAU 50	10 LEO 05	13 SCO 27	14 AQU 07
17	6 SCO 28	9 AQU 39	12 TAU 50	13 LEO 06	16 SCO 27	17 AQU 10
18	9 SCO 28	12 AQU 39	15 TAU 50	16 LEO 07	19 SCO 28	20 AQU 12
19	12 SCO 28	15 AQU 39	18 TAU 51	19 LEO 07	22 SCO 29	23 AQU 14
20	15 SCO 29	18 AQU 40	21 TAU 51	22 LEO 08	25 SCO 29	26 AQU 16
21	18 SCO 29	21 AQU 40	24 TAU 51	25 LEO 09	28 SCO 30	29 AQU 18
22	21 SCO 29	24 AQU 40	27 TAU 52	28 LEO 09	1 SAG 31	2 PIS 20
23	24 SCO 30	27 AQU 41	0 GEM 52	1 VIR 10	4 SAG 31	5 PIS 22
24	27 SCO 30	0 PIS 41	3 GEM 52	4 VIR 11	7 SAG 32	8 PIS 24
25	0 SAG 31	3 PIS 42	6 GEM 53	7 VIR 11	10 SAG 33	11 PIS 26
26	3 SAG 31	6 PIS 42	9 GEM 53	10 VIR 12	13 SAG 34	14 PIS 28
27	6 SAG 31	9 PIS 42	12 GEM 54	13 VIR 13	16 SAG 34	17 PIS 30
28	9 SAG 32	12 PIS 43	15 GEM 54	16 VIR 13	19 SAG 35	20 PIS 32
29	12 SAG 32	15 PIS 43	18 GEM 54	19 VIR 14	22 SAG 36	23 PIS 34
30	15 SAG 32	18 PIS 43	21 GEM 55	22 VIR 15	25 SAG 36	26 PIS 36
31	18 SAG 33	21 PIS 44		25 VIR 15		29 PIS 38

1999   LILITH EPHEMERIS

DAY	JAN	FEB	MAR	APR	MAY	JUN
1	2 ARI 40	6 CAN 44	1 LIB 45	5 CAP 49	6 ARI 50	10 CAN 26
2	5 ARI 42	9 CAN 46	4 LIB 47	8 CAP 51	9 ARI 51	13 CAN 26
3	8 ARI 44	12 CAN 48	7 LIB 49	11 CAP 53	12 ARI 52	16 CAN 26
4	11 ARI 46	15 CAN 51	10 LIB 51	14 CAP 55	15 ARI 53	19 CAN 27
5	14 ARI 48	18 CAN 53	13 LIB 53	17 CAP 57	18 ARI 55	22 CAN 27
6	17 ARI 50	21 CAN 55	16 LIB 55	20 CAP 59	21 ARI 56	25 CAN 27
7	20 ARI 52	24 CAN 57	19 LIB 57	24 CAP 01	24 ARI 57	28 CAN 27
8	23 ARI 54	27 CAN 59	22 LIB 59	27 CAP 03	27 ARI 58	1 LEO 27
9	26 ARI 57	1 LEO 01	26 LIB 02	0 AQU 05	0 TAU 59	4 LEO 28
10	29 ARI 59	4 LEO 04	29 LIB 04	3 AQU 07	4 TAU 00	7 LEO 28
11	3 TAU 01	7 LEO 06	2 SCO 06	6 AQU 09	7 TAU 02	10 LEO 28
12	6 TAU 03	10 LEO 08	5 SCO 08	9 AQU 11	10 TAU 03	13 LEO 28
13	9 TAU 05	13 LEO 10	8 SCO 10	12 AQU 13	13 TAU 04	16 LEO 28
14	12 TAU 07	16 LEO 12	11 SCO 12	15 AQU 15	16 TAU 05	19 LEO 29
15	15 TAU 09	19 LEO 15	14 SCO 14	18 AQU 17	19 TAU 06	22 LEO 29
16	18 TAU 11	22 LEO 17	17 SCO 16	21 AQU 19	22 TAU 07	25 LEO 29
17	21 TAU 13	25 LEO 19	20 SCO 18	24 AQU 22	25 TAU 09	28 LEO 29
18	24 TAU 15	28 LEO 21	23 SCO 20	27 AQU 24	28 TAU 10	1 VIR 29
19	27 TAU 17	1 VIR 23	26 SCO 22	0 PIS 26	1 GEM 11	4 VIR 30
20	0 GEM 19	4 VIR 25	29 SCO 24	3 PIS 28	4 GEM 12	7 VIR 30
21	3 GEM 21	7 VIR 28	2 SAG 26	6 PIS 30	7 GEM 13	10 VIR 30
22	6 GEM 23	10 VIR 30	5 SAG 28	9 PIS 32	10 GEM 14	13 VIR 30
23	9 GEM 25	13 VIR 32	8 SAG 30	12 PIS 34	13 GEM 16	16 VIR 30
24	12 GEM 27	16 VIR 34	11 SAG 32	15 PIS 36	16 GEM 17	19 VIR 31
25	15 GEM 30	19 VIR 36	14 SAG 35	18 PIS 38	19 GEM 18	22 VIR 31
26	18 GEM 32	22 VIR 38	17 SAG 37	21 PIS 40	22 GEM 19	25 VIR 31
27	21 GEM 34	25 VIR 41	20 SAG 39	24 PIS 42	25 GEM 20	28 VIR 31
28	24 GEM 36	28 VIR 43	23 SAG 41	27 PIS 44	28 GEM 21	1 LIB 31
29	27 GEM 38		26 SAG 43	0 ARI 46	1 CAN 23	4 LIB 32
30	0 CAN 40		29 SAG 45	3 ARI 48	4 CAN 24	7 LIB 32
31	3 CAN 42		2 CAP 47		7 CAN 25	

LILITH EPHEMERIS 1999

DAY	JUL	AUG	SEP	OCT	NOV	DEC
1	10 LIB 32	13 CAP 38	16 ARI 44	16 CAN 50	19 LIB 56	20 CAP 57
2	13 LIB 32	16 CAP 38	19 ARI 44	19 CAN 50	22 LIB 58	23 CAP 60
3	16 LIB 32	19 CAP 38	22 ARI 44	22 CAN 50	26 LIB 00	27 CAP 03
4	19 LIB 33	22 CAP 39	25 ARI 45	25 CAN 51	29 LIB 02	0 AQU 06
5	22 LIB 33	25 CAP 39	28 ARI 45	28 CAN 51	2 SCO 04	3 AQU 08
6	25 LIB 33	28 CAP 39	1 TAU 45	1 LEO 51	5 SCO 06	6 AQU 11
7	28 LIB 33	1 AQU 39	4 TAU 45	4 LEO 51	8 SCO 08	9 AQU 14
8	1 SCO 33	4 AQU 39	7 TAU 45	7 LEO 51	11 SCO 10	12 AQU 17
9	4 SCO 34	7 AQU 40	10 TAU 46	10 LEO 52	14 SCO 12	15 AQU 20
10	7 SCO 34	10 AQU 40	13 TAU 46	13 LEO 52	17 SCO 14	18 AQU 23
11	10 SCO 34	13 AQU 40	16 TAU 46	16 LEO 52	20 SCO 16	21 AQU 25
12	13 SCO 34	16 AQU 40	19 TAU 46	19 LEO 52	23 SCO 18	24 AQU 28
13	16 SCO 34	19 AQU 40	22 TAU 46	22 LEO 52	26 SCO 20	27 AQU 31
14	19 SCO 35	22 AQU 41	25 TAU 47	25 LEO 53	29 SCO 22	0 PIS 34
15	22 SCO 35	25 AQU 41	28 TAU 47	28 LEO 53	2 SAG 24	3 PIS 37
16	25 SCO 35	28 AQU 41	1 GEM 47	1 VIR 53	5 SAG 26	6 PIS 40
17	28 SCO 35	1 PIS 41	4 GEM 47	4 VIR 53	8 SAG 29	9 PIS 42
18	1 SAG 35	4 PIS 41	7 GEM 47	7 VIR 53	11 SAG 31	12 PIS 45
19	4 SAG 35	7 PIS 41	10 GEM 48	10 VIR 53	14 SAG 33	15 PIS 48
20	7 SAG 36	10 PIS 42	13 GEM 48	13 VIR 54	17 SAG 35	18 PIS 51
21	10 SAG 36	13 PIS 42	16 GEM 48	16 VIR 54	20 SAG 37	21 PIS 54
22	13 SAG 36	16 PIS 42	19 GEM 48	19 VIR 54	23 SAG 39	24 PIS 57
23	16 SAG 36	19 PIS 42	22 GEM 48	22 VIR 54	26 SAG 41	27 PIS 59
24	19 SAG 36	22 PIS 42	25 GEM 49	25 VIR 54	29 SAG 43	1 ARI 02
25	22 SAG 37	25 PIS 43	28 GEM 49	28 VIR 55	2 CAP 45	4 ARI 05
26	25 SAG 37	28 PIS 43	1 CAN 49	1 LIB 55	5 CAP 47	7 ARI 08
27	28 SAG 37	1 ARI 43	4 CAN 49	4 LIB 55	8 CAP 49	10 ARI 11
28	1 CAP 37	4 ARI 43	7 CAN 49	7 LIB 55	11 CAP 51	13 ARI 14
29	4 CAP 37	7 ARI 43	10 CAN 50	10 LIB 55	14 CAP 53	16 ARI 16
30	7 CAP 38	10 ARI 44	13 CAN 50	13 LIB 56	17 CAP 55	19 ARI 19
31	10 CAP 38	13 ARI 44		16 LIB 56		22 ARI 22

2000 LILITH EPHEMERIS

DAY	JAN	FEB	MAR	APR	MAY	JUN
1	25 ARI 25	29 CAN 51	28 LIB 03	2 AQU 13	3 TAU 37	7 LEO 48
2	28 ARI 28	2 LEO 53	1 SCO 05	5 AQU 16	6 TAU 39	10 LEO 48
3	1 TAU 31	5 LEO 56	4 SCO 08	8 AQU 19	9 TAU 42	13 LEO 49
4	4 TAU 33	8 LEO 58	7 SCO 10	11 AQU 21	12 TAU 44	16 LEO 49
5	7 TAU 36	12 LEO 01	10 SCO 12	14 AQU 24	15 TAU 46	19 LEO 49
6	10 TAU 39	15 LEO 03	13 SCO 14	17 AQU 27	18 TAU 48	22 LEO 50
7	13 TAU 42	18 LEO 06	16 SCO 17	20 AQU 30	21 TAU 51	25 LEO 50
8	16 TAU 44	21 LEO 08	19 SCO 19	23 AQU 33	24 TAU 53	28 LEO 50
9	19 TAU 47	24 LEO 11	22 SCO 21	26 AQU 35	27 TAU 55	1 VIR 50
10	22 TAU 50	27 LEO 13	25 SCO 23	29 AQU 38	0 GEM 58	4 VIR 51
11	25 TAU 53	0 VIR 16	28 SCO 26	2 PIS 41	3 GEM 60	7 VIR 51
12	28 TAU 56	3 VIR 18	1 SAG 28	5 PIS 44	7 GEM 02	10 VIR 51
13	1 GEM 58	6 VIR 21	4 SAG 30	8 PIS 47	10 GEM 04	13 VIR 52
14	5 GEM 01	9 VIR 23	7 SAG 32	11 PIS 49	13 GEM 07	16 VIR 52
15	8 GEM 04	12 VIR 26	10 SAG 35	14 PIS 52	16 GEM 09	19 VIR 52
16	11 GEM 07	15 VIR 28	13 SAG 37	17 PIS 55	19 GEM 11	22 VIR 52
17	14 GEM 09	18 VIR 31	16 SAG 39	20 PIS 58	22 GEM 14	25 VIR 53
18	17 GEM 12	21 VIR 33	19 SAG 41	24 PIS 01	25 GEM 16	28 VIR 53
19	20 GEM 15	24 VIR 36	22 SAG 44	27 PIS 03	28 GEM 18	1 LIB 53
20	23 GEM 18	27 VIR 38	25 SAG 46	0 ARI 06	1 CAN 21	4 LIB 54
21	26 GEM 20	0 LIB 41	28 SAG 48	3 ARI 09	4 CAN 23	7 LIB 54
22	29 GEM 23	3 LIB 43	1 CAP 50	6 ARI 12	7 CAN 25	10 LIB 55
23	2 CAN 26	6 LIB 46	4 CAP 53	9 ARI 15	10 CAN 27	13 LIB 55
24	5 CAN 29	9 LIB 48	7 CAP 55	12 ARI 17	13 CAN 30	16 LIB 55
25	8 CAN 32	12 LIB 51	10 CAP 57	15 ARI 20	16 CAN 32	19 LIB 55
26	11 CAN 34	15 LIB 53	13 CAP 59	18 ARI 23	19 CAN 34	22 LIB 55
27	14 CAN 37	18 LIB 56	17 CAP 02	21 ARI 26	22 CAN 37	25 LIB 56
28	17 CAN 40	21 LIB 58	20 CAP 04	24 ARI 29	25 CAN 39	28 LIB 56
29	20 CAN 43	25 LIB 01	23 CAP 06	27 ARI 31	28 CAN 41	1 SCO 56
30	23 CAN 45		26 CAP 08	0 TAU 34	1 LEO 43	4 SCO 57
31	26 CAN 48		29 CAP 11		4 LEO 46	

208

LILITH EPHEMERIS 2000

DAY	JUL	AUG	SEP	OCT	NOV	DEC
1	7 SCO 57	11 AQU 10	14 TAU 23	14 LEO 23	17 SCO 32	18 AQU 43
2	10 SCO 57	14 AQU 10	17 TAU 23	17 LEO 23	20 SCO 34	21 AQU 45
3	13 SCO 58	17 AQU 11	20 TAU 23	20 LEO 24	23 SCO 37	24 AQU 47
4	16 SCO 58	20 AQU 11	23 TAU 23	23 LEO 24	26 SCO 39	27 AQU 49
5	19 SCO 59	23 AQU 12	26 TAU 23	26 LEO 24	29 SCO 41	0 PIS 51
6	22 SCO 59	26 AQU 12	29 TAU 23	29 LEO 24	2 SAG 44	3 PIS 53
7	25 SCO 60	29 AQU 13	2 GEM 23	2 VIR 25	5 SAG 46	6 PIS 55
8	28 SCO 60	2 PIS 13	5 GEM 23	5 VIR 25	8 SAG 49	9 PIS 57
9	2 SAG 00	5 PIS 13	8 GEM 23	8 VIR 25	11 SAG 51	12 PIS 59
10	5 SAG 01	8 PIS 14	11 GEM 23	11 VIR 26	14 SAG 53	16 PIS 01
11	8 SAG 01	11 PIS 14	14 GEM 23	14 VIR 26	17 SAG 56	19 PIS 03
12	11 SAG 02	14 PIS 15	17 GEM 23	17 VIR 26	20 SAG 58	22 PIS 05
13	14 SAG 02	17 PIS 15	20 GEM 23	20 VIR 26	24 SAG 00	25 PIS 07
14	17 SAG 02	20 PIS 15	23 GEM 23	23 VIR 27	27 SAG 03	28 PIS 09
15	20 SAG 03	23 PIS 16	26 GEM 23	26 VIR 27	0 CAP 05	1 ARI 11
16	23 SAG 03	26 PIS 16	29 GEM 23	29 VIR 27	3 CAP 07	4 ARI 13
17	26 SAG 04	29 PIS 17	2 CAN 23	2 LIB 28	6 CAP 10	7 ARI 15
18	29 SAG 04	2 ARI 17	5 CAN 23	5 LIB 28	9 CAP 12	10 ARI 17
19	2 CAP 05	5 ARI 18	8 CAN 23	8 LIB 28	12 CAP 15	13 ARI 19
20	5 CAP 05	8 ARI 18	11 CAN 23	11 LIB 29	15 CAP 17	16 ARI 21
21	8 CAP 05	11 ARI 18	14 CAN 23	14 LIB 29	18 CAP 19	19 ARI 23
22	11 CAP 06	14 ARI 19	17 CAN 23	17 LIB 29	21 CAP 22	22 ARI 25
23	14 CAP 06	17 ARI 19	20 CAN 23	20 LIB 29	24 CAP 24	25 ARI 27
24	17 CAP 07	20 ARI 20	23 CAN 23	23 LIB 30	27 CAP 26	28 ARI 29
25	20 CAP 07	23 ARI 20	26 CAN 23	26 LIB 30	0 AQU 29	1 TAU 31
26	23 CAP 07	26 ARI 20	29 CAN 23	29 LIB 30	3 AQU 31	4 TAU 33
27	26 CAP 08	29 ARI 21	2 LEO 23	2 SCO 31	6 AQU 34	7 TAU 35
28	29 CAP 08	2 TAU 21	5 LEO 23	5 SCO 31	9 AQU 36	10 TAU 37
29	2 AQU 09	5 TAU 22	8 LEO 23	8 SCO 31	12 AQU 38	13 TAU 39
30	5 AQU 09	8 TAU 22	11 LEO 23	11 SCO 31	15 AQU 41	16 TAU 41
31	8 AQU 10	11 TAU 23		14 SCO 32		19 TAU 43